Peter Bender:
Die »Neue Ostpolitik« und ihre Folgen
Vom Mauerbau bis zur Vereinigung

Deutscher
Taschenbuch
Verlag

Der Autor dankt der Stiftung Volkswagenwerk, ohne deren Hilfe dieses Buch nicht geschrieben worden wäre.

Originalausgabe
1. Auflage Mai 1986
Titel: Neue Ostpolitik. Vom Mauerbau bis zum Moskauer Vertrag
3. überarbeitete und erweiterte Neuausgabe
Februar 1995: 15.–17. Tausend
© Deutscher Taschenbuch Verlag GmbH & Co. KG,
München
Umschlaggestaltung: Celestino Piatti
Umschlagfoto: Am Tag nach der Öffnung der Berliner Mauer:
10. 11. 1989 am Brandenburger Tor (Bilderdienst Süddeutscher
Verlag)
Gesamtherstellung: C. H. Beck'sche Buchdruckerei,
Nördlingen
Printed in Germany · ISBN 3-423-04528-0

Inhalt

Abkürzungen

Adenauer, Erinnerungen	Konrad Adenauer, Erinnerungen 1945–1963. 4 Bde, Stuttgart 1965 bis 1968.
Adenauer, Reden	Hans-Peter Schwarz (Hrsg.), Konrad Adenauer. Reden 1917–1967. Eine Auswahl. Stuttgart 1975.
Baring, Machtwechsel	Arnulf Baring, Machtwechsel. Die Ära Brandt-Scheel. Stuttgart 1982.
Brandt, Begegnungen	Willy Brandt, Begegnungen und Einsichten. Die Jahre 1960–1975. Hamburg 1976.
Bulletin	Bulletin des Presse- und Informationsamtes der Bundesregierung, Bonn.
Dokumente	Bundesministerium für gesamtdeutsche Fragen (seit Ende 1969: für innerdeutsche Beziehungen, Hrsg.), Dokumente zur Deutschlandpolitik. III. Reihe 1955 ff., IV. Reihe 1958 ff., V. Reihe, 1. 12. 1966 ff. Frankfurt a. M. u. Berlin seit 1961.
Kissinger, Memoiren	Henry A. Kissinger, Memoiren. 1968–1973. München 1979.
Krone, Aufzeichnungen	Heinrich Krone, Aufzeichnungen zur Deutschland- und Ostpolitik 1954–1969. In: Rudolf Morsey und Konrad Repgen (Hrsg.), Adenauer-Studien III. Mainz 1974.
Meißner	Boris Meißner (Hrsg.), Die deutsche Ostpolitik 1961–1970. Kontinuität und Wandel. Dokumentation. Köln 1970.
Texte	Bundesministerium für gesamtdeutsche Fragen (seit Ende 1969: für innerdeutsche Beziehungen, Hrsg.), Texte zur Deutschlandpolitik. Bonn u. Berlin seit 1968.

Zündorf, Ostverträge

Benno Zündorf, Die Ostverträge. Die Verträge von Moskau, Warschau, Prag, das Berlin-Abkommen und die Verträge mit der DDR. München 1979.

Das Thema

»Wir tragen alle die nationale Einheit im Herzen, aber für den rechnenden Politiker kommt zuerst das Notwendige und dann das Wünschenswerte, also zuerst der Ausbau des Hauses und dann dessen Erweiterung.« Ob Konrad Adenauer diesen Bismarck-Satz aus dem Jahre 1868 kannte, weiß man nicht, doch er handelte, als sei dies seine Maxime. Er tat das Notwendige, die Bundesrepublik als Teil des Westens ist sein Werk; aber bei allem, was danach geschehen mußte, war er hilflos und hinterließ seinen Nachfolgern ungelöste Probleme.

Deutschland war viergeteilt: in die Gebiete östlich von Oder und Neiße, die DDR, Westberlin und die Bundesrepublik. Durften, konnten oder mußten die Deutschen sich damit abfinden? Alle außer den Kommunisten sagten nein, aber das war noch keine Politik.

Im Westen hatte Adenauer Gleichberechtigung, Verständigung, sogar Achtung und Versöhnung erreicht – im Osten hingegen waren Unverständnis und Mißtrauen geblieben, stellenweise wuchs neue Feindschaft.

Deutschland bildete das Frontgebiet des Kampfes zwischen Demokratie und Kommunismus. Was für andere Länder außenpolitische Spannung bedeutete, wurde zwischen Bundesrepublik und DDR zum politischen Bürgerkrieg. Mußte zwischen den Deutschen die Ost-West-Auseinandersetzung am schlimmsten sein? Oder war noch deutsche Politik zwischen den ideologischen Fronten möglich?

Die Bundesrepublik wuchs in den Westen, die DDR in den Osten hinein. Die Bundesbürger waren auf Mallorca zu Hause, aber wußten kaum mehr, wo Rügen liegt. Die DDR-Bürger durften in die Tschechoslowakei, aber nicht nach Bayern. Berliner, die zwei Straßen voneinander entfernt wohnten, konnten nicht miteinander telefonieren.

Bundesrepublik und DDR wurden politisch einflußreich, aber nur jeweils in ihrem Teil Europas. Bonn sperrte die DDR aus dem Westen und sich selbst halb aus dem Osten aus, Briefe der Ostberliner Regierung gingen ungeöffnet zurück. Politik war, wo selbst die formalen Voraussetzungen fehlten, unmöglich; und da Deutschland im Zentrum Europas liegt, wurde

11

Politik auf dem ganzen Kontinent durch die Deutschen behindert.

1969 machte sich Willy Brandt daran, Adenauers Hinterlassenschaft zu ordnen. Er bewahrte die Westbindung, aber öffnete die Bundesrepublik zum Osten und den Osten zur Bundesrepublik. Er beendete den Kalten Krieg mit der DDR und begann, im östlichen Europa nachzuholen, was im westlichen längst getan war. Er brachte die Bundesrepublik außenpolitisch ins Gleichgewicht: aus einem Frontstaat der NATO wurde ein westliches Land in der Mitte Europas.

Brandts Nachfolger, nicht nur der Sozialdemokrat Helmut Schmidt, auch der Christdemokrat Helmut Kohl, setzten seine Politik fort. Spätestens Mitte der achtziger Jahre war sie im wesentlichen akzeptiert. Interessenausgleich und Verständigung mit dem Ostteil Europas erschienen allen politischen Lagern als Notwendigkeit für die Bundesrepublik und als einzige Möglichkeit, den Zusammenhalt der geteilten Nation zu wahren. Ein Ende der Teilung war nicht abzusehen; soweit es noch Hoffnung auf irgendeine Form von Vereinigung gab, wurde sie weit ins nächste Jahrhundert vertagt.

Mit dem Ende des Sowjetimperiums fand auch die Neue Ostpolitik ihr Ende, sie war ein Kind des gespaltenen Europa und ist nun ein abgeschlossener Vorgang. Deshalb wurde die erforderliche Neuauflage zu einer Neuausgabe erweitert und in groben Zügen skizziert, was nach dem Ausscheiden Brandts und Scheels im Jahr 1974 aus ihrer Politik wurde und was sie bewirkte. Diese Abrundung kann auch darum nützlich sein, weil nach der Vereinigung der alte Streit um diese Politik von neuem begonnen hat.

I. Die Westdeutschen und der Kommunismus

Reisen von Ost nach West

Am 18. November 1963 bestieg Horst Benz in Erfurt die Eisenbahn und fuhr nach Berlin, um dort als Delegierter am 6. Kongreß der DDR-Gewerkschaft FDGB teilzunehmen. Aber daraus wurde nichts. Denn am nächsten Tag, als der Kongreß begann, mußte er sich im FDGB-Haus Unter den Linden melden, wo er einen anderen Delegierten, Franz Moritz aus Leipzig, kennenlernte. Beide erhielten den Auftrag, nach Düsseldorf zu fahren und dort dem Bundeskongreß des Deutschen Gewerkschaftsbundes (DGB) eine Grußadresse abzugeben; auf politische Diskussionen sollten sie sich aber nicht einlassen, sondern sogleich zurückkehren. Noch am selben Abend fuhren sie los, in der Tasche die Grußadresse, ein längliches Schreiben, in dem sich der FDGB-Vorsitzende Herbert Warnke an die »lieben Kolleginnen und Kollegen« in Düsseldorf wandte. Benz überflog den Text kurz, Moritz ersparte es sich. Sie passierten die bundesdeutsche Grenze, sagten auf Befragen, wohin und wozu sie auf dem Weg seien, suchten sich in Düsseldorf ein Quartier, spazierten durch die Stadt und gingen am nächsten Morgen gegen 9 Uhr zur Kongreßhalle, wo der Gewerkschaftsbund tagte. Ein Ordner führte sie zum Büro der Kongreßleitung, doch der DGB-Vertreter dort weigerte sich, das Schreiben aus dem Osten anzunehmen. Benz und Moritz mußten wieder gehen. Als sie das Tagungsgebäude verlassen hatten, wurden sie festgenommen und in Untersuchungshaft gebracht. Vier Wochen später, am 17. Dezember, erging das Urteil der IV. Großen Strafkammer des Landgerichts Düsseldorf; Benz erhielt acht Monate Gefängnis, Moritz sechs Monate mit Bewährung. Begründung: »Verstoß gegen das Verbot der KPD in Tateinheit mit Einfuhr staatsgefährdender Schriften.«[1]

Die KPD war im August 1956 vom Bundesverfassungsgericht verboten worden, weil sie das Ziel verfolgte, die Demokratie durch eine kommunistische Diktatur abzulösen. Dieses Verbot,

---

[1] Aktenzeichen IV 1065/63; 8 I KLs 16/63.

so führten die Düsseldorfer Richter aus, gelte auch für »Ersatzorganisationen«; und da der FDGB mit der SED übereinstimme und die SED wiederum mit der KPD, sei der Gewerkschaftsbund der DDR »eine Ersatzorganisation der KPD, soweit er in der Bundesrepublik tätig wird«. Benz und Moritz waren »tätig« geworden, weil sie das FDGB-Schreiben in der Bundesrepublik verbreiten wollten.

Die Grußadresse enthielt vor allem dreierlei. Zunächst die Warnung, Deutschland solle nicht zur Atomwüste werden, von deutschem Boden dürfe niemals wieder ein Weltkrieg ausgehen. Als zweites die Mahnung, die deutschen Staaten müßten sich verständigen und einander nähern, damit werde der Weg zur Wiedervereinigung geebnet. Als drittes den Aufruf zum Klassenkampf: auch in Westdeutschland sei es nötig, den »Monopolherren und Militaristen« die Macht zu nehmen; die Arbeiterklasse solle sich mit den Bauern, der Intelligenz und den Mittelschichten zusammenschließen; so komme der Fortschritt in ganz Deutschland zum Sieg. Es folgten viel Selbstlob der DDR, viel Polemik gegen Bonn und schließlich die Aufforderung, der DGB möge »normale und kollegiale Beziehungen« zum FDGB aufnehmen.

Nach Auffassung der Richter wurde damit »unverhohlen für die Errichtung einer kommunistischen Diktatur« nach DDR-Art geworben. Moritz wandte ein, er denke lediglich an Nahziele wie »friedliche Koexistenz und Verständigung zwischen den deutschen Staaten«, doch die Richter wußten es besser: die Nahziele tarnten nur das Fernziel, die Errichtung einer kommunistischen Diktatur in Gesamtdeutschland. Allerdings erkannten auch sie das »geringe konkrete Gewicht der Tat«, denn während man Benz und Moritz festnahm, brachte die Bundespost den DGB-Delegierten etwa 470 Exemplare der Grußadresse, sie waren am Tag zuvor als Briefe in Düsseldorfer Briefkästen gesteckt worden, vermutlich von KPD-Leuten. Doch obwohl Benz und Moritz nur einen »demonstrativen Botengang« unternommen hatten – »die Bestrebungen«, denen sie dienten, erschienen den Richtern »für die freiheitlich demokratische Ordnung der Bundesrepublik besonders gefährlich«. Denn hinter alledem stehe der »Machtapparat der staatsbeherrschenden SED«.

So wurden die Angeklagten verurteilt. Hauptamtliche FDGB-Funktionäre waren beide, doch Benz mußte für acht Monate ins Gefängnis; er erschien den Richtern als »intelligen-

14

ter und zielbewußter Funktionär eines totalitären Regimes, der dessen Ziele mit großer Bedenkenlosigkeit vertritt«. Moritz kam mit sechs Monaten und mit Bewährung davon, denn der ehemalige Sozialdemokrat sei »nur als Aushängeschild« mitgeschickt worden. Doch den Ausschlag gab, daß Moritz ein Vierteljahr später, mit seinem 67. Geburtstag, in den Ruhestand treten wollte; Benz hingegen war erst 36 Jahre alt, bei ihm kam es auf »Abschreckung« an, und die mußte, um zu wirken, »fühlbar und hart« sein.

Was war das für eine Zeit, was waren das für Verhältnisse, als die »freiheitlich demokratische Ordnung« jährlich etwa 10000 staatsanwaltliche Ermittlungsverfahren und (zu Beginn der sechziger Jahre) 450 bis 500 Verurteilungen zu erfordern schien[2]? Als 1962 das sowjetische Parteiprogramm samt Reden des Parteichefs Chruschtschow beschlagnahmt und gegen den Verleger ermittelt wurde? Als sowjetische Zeitschriften ihre Abonnenten nicht oder nur manchmal erreichten, als die DDR-Presse nur mit Sondergenehmigung bezogen werden durfte und es noch 1968 als »mutiger Schritt nach vorn« galt, daß die rechtlichen Voraussetzungen für einen freien Zeitungsaustausch mit der DDR geschaffen wurden[3]? Als Privatbriefe aus der DDR auf politischen Inhalt kontrolliert wurden? Als einer seine Stellung riskierte oder ein Verfahren gewärtigen mußte, wenn er der Einladung einer DDR-Organisation folgte? Als schon das Adressensammeln für derartige Einladungen strafbar war? Als ein Dozent für Russisch sich genötigt fühlte, die Staatsanwaltschaft zu fragen, ob er seinen Schülern »zu sprachlichen Zwecken die Lektüre sowjetischer Zeitschriften nahelegen« könne? Als einem dieser Schüler vom Verfassungsschutz vorgehalten wurde: »Sie kommen doch aus der Ostzone. Warum lernen Sie da Russisch? ... Da sind Sie also kommunistischer Anhänger.«

Die Staatsschutzbestimmungen stammten aus dem Jahre 1951, damals meinten auch liberale Juristen, gegen die »Unter-

[2] Lutz Lehmann, Legal & Opportun. Politische Justiz in der Bundesrepublik. Berlin 1966, S. 120–125. Sichere Zahlen über die Ermittlungsverfahren gibt es nicht. Diether Posser, der spätere Justizminister von Nordrhein-Westfalen, früher als Sozius von Gustav Heinemann bekannter Anwalt in Kommunistenprozessen, rechnete von 1951 bis 1960 mit 100000. Diether Posser, Politische Strafjustiz aus der Sicht des Verteidigers. Karlsruhe 1961, S. 42. – Die folgenden Angaben beruhen auf Lehmann und auf Quellen aus dem Archiv Der Spiegel.

[3] Adolf Müller-Emmert, stellvertretender Vorsitzender des Sonderausschusses für die Strafrechtsreform, im Bundestag am 29. 5. 1968.

grundarbeit« der Kommunisten seien gesetzliche Sicherungen notwendig. Damals herrschte der Kalte Krieg, und das war mehr als ein Krieg der Beschimpfungen und Verleumdungen. Es war mehr als die SED-Behauptungen, die Imperialisten hätten Kartoffelkäfer auf DDR-Feldern ausgestreut und Bonn bereite nach Hitlers Vorbild einen »Blitzkrieg« vor. Es war ein Kampf bis zum »Menschenraub«, zur Entführung politischer Gegner von West- nach Ostberlin – manchmal ohne Wiederkehr[4]. Es war ein Kampf, in dem beide Seiten es für normal hielten, im Bereich des anderen ein Netz eigener Parteigänger zu haben – selbst wenn sie nichts anderes taten, als aus der DDR zu melden, auf welcher LPG die Rüben verfaulten, und aus der Bundesrepublik, was die Winterkartoffeln kosteten: Propagandamaterial gegen kommunistische Mißwirtschaft und kapitalistische Ausbeutung. Die Strafen, die solche Informanten trafen, fielen im Osten jedoch ungleich härter aus als im Westen.

»Im politischen Strafrecht zeigt sich, wieviel Selbstvertrauen und Selbstbewußtsein ein Staat besitzt« – dieser Satz des SPD-Abgeordneten Müller-Emmert[5] enthüllte die Schwäche beider deutscher Staaten, ihre Angst voreinander. Der Unterschied lag jedoch darin, daß die DDR Grund hatte, um ihren Bestand zu fürchten, die Bundesrepublik aber nicht. Sie war größer, reicher und demokratisch, wurde von der überwältigenden Mehrheit ihrer Bürger getragen und blieb dennoch in tiefer Furcht vor dem »Osten« befangen – erklärlich aus der jüngsten Vergangenheit.

Seit Ende 1944 waren die Deutschen ein Volk auf der Flucht, auf der Flucht von Ost nach West. Jeder Soldat und jede Wehrmachtseinheit sah zu, nicht in sowjetische, sondern in englische oder amerikanische Gefangenschaft zu kommen. Wer in den östlichen Provinzen wohnte, ging auf den Treck; wer blieb, wurde meist bald ausgewiesen. Die Schrecken des sowjetischen Einmarsches bestätigten manche Schreckensbilder, die der Propagandaminister Goebbels gemalt hatte. Auch als der Krieg zu Ende war, hielt der Kalte Krieg die Sorgen lebendig. Noch durch die ganzen fünfziger Jahre blieb die Ungewißheit, ob »die

[4] A bis Z. Ein Taschen- und Nachschlagebuch über den anderen Teil Deutschlands. Hrsg. v. Bundesministerium für gesamtdeutsche Fragen. 11. Aufl., Bonn 1969, S. 409. Karl Wilhelm Fricke, Politik und Justiz in der DDR. Zur Geschichte der politischen Verfolgung 1945–1968. Köln 1979, S. 62 ff. und 219 ff.
[5] Im Bundestag am 29. 5. 1968.

Russen kommen«. Sie standen schon an der Elbe – eine unglaubliche Tatsache. Was lag näher als anzunehmen, sie würden zum Rhein oder gleich bis zum Atlantik weitermarschieren? Krieg erschien jederzeit wieder möglich; man hatte den letzten noch im Gefühl, und der Umgangston der Staatsmänner in Ost und West ließ wenig Gutes erwarten. Das Hauptproblem seit 1943, Deutschland und Europa vor »Asien« zu schützen, blieb auch nach 1945 das Hauptproblem der Westdeutschen; Goebbels-Propaganda und das allgemeine Empfinden gingen ohne Bruch in die neue Demokratie über. Auch wer gegen Hitler gewesen oder vom Glauben an ihn geheilt war, schwamm im Strom der Bolschewistenangst mit.

Die Verhältnisse in der Ostzone, später in der DDR wirkten als Bestätigung. Dort gab es wieder, was man selbst gerade hinter sich hatte: diktatorische Parteiherrschaft, Scheinwahlen, Aufhebung aller Werte zugunsten einer allein gültigen Doktrin, Gesinnungszwang, Spitzelfurcht und das Gefühl gänzlicher Ratlosigkeit, außerdem seit der Währungsreform deutlich schlechtere Lebensverhältnisse. Und wieder sah man Deutsche auf der Flucht, wiederum von Ost nach West. Hunderttausende, am Ende drei Millionen kamen aus der »Zone«, wurden über die ganze Bundesrepublik verteilt und verbreiteten ihre Erfahrungen mit allem, was Ulbricht »Klassenkampf« nannte. Auch das östliche Deutschland war nun »Osten«. Viele wagten nicht, dorthin zu fahren – bis in die siebziger Jahre hielt sich die Scheu. Viele wagten nicht einmal, nach Berlin zu fahren, die Behörden rieten bestimmten Gruppen dringend davon ab. Aber auch wer nichts zu befürchten hatte, fühlte sich erleichtert, wenn er wieder im »Westen« war. Noch Mitte der sechziger Jahre gab es politische Journalisten, die sich nicht einmal auf dem Luftweg nach Westberlin getrauten – irgendwann hatten sie sich ja abfällig über die DDR geäußert. Begründete und übertriebene Sorgen mischten sich, eine einseitige, manchmal hysterische Berichterstattung verstellte den Blick dafür, wieviel Normalität sich auch in der DDR entwickelte, wieviel Idealismus in der Ideologie dort und wieviel Sozialismus im Kommunismus steckten.

Kommunismus war für die Westdeutschen damals das grundsätzlich andere, nicht zu messen mit den gleichen Maßstäben wie die übrige Welt. Kommunisten waren nicht Menschen mit anderer politischer Auffassung, sondern Kranke oder Kriminelle, entweder nicht normal oder nicht moralisch, in jedem Falle aber gefährlich. Auch wenn man sich als Demokrat überlegen fühlt – gegen »Infektion« hilft nicht gutes Zureden, sondern Quarantäne, und gegen Verbrecher braucht man die Polizei.

Für den Osten galten auch die üblichen Begriffe der Politik nur bedingt. Er war nicht Gegner, sondern Feind, sogar Todfeind. Hier ging es nicht nur um Macht und Interessen, sondern um Prinzipien; hier gab es weder Kompromiß noch Neutralität, sondern nur Sieg oder Niederlage; die Welt würde entweder kommunistisch werden oder demokratisch, dieser globalen Auseinandersetzung war alles unterzuordnen. Die Staatsmänner der Dritten Welt, Indiens Nehru oder Ägyptens Nasser, die eine eigene Stellung zwischen Ost und West suchten, galten als fragwürdige Leute; Neutralität erschien, wo es ums Ganze ging, als Drückebergerei oder Grundsatzlosigkeit. Die Sozialdemokraten, die sich eine Wiedervereinigung nur vorstellen konnten, wenn Deutschland weder zum Osten noch zum Westen gehörte, sprachen lediglich von »Bündnisfreiheit«. Wenn ihnen Neigung zur Neutralität vorgeworfen wurde, wehrten sie sich verzweifelt, als seien sie einer unsittlichen Handlung verdächtig. »Neutralismus«, das war schon halber Kommunismus.

Wenn die Unionsparteien die SPD tödlich treffen wollten, spielten sie mit der Assoziationskette Sozialdemokraten – Sozialisten – Kommunisten. Eines der bekanntesten Wahlplakate der fünfziger Jahre zeigt einen Rotarmisten, der den Betrachter starr fixiert, davor breite Streifen, die konzentrisch auf ihn zulaufen, darunter: »Alle Wege des Marxismus führen nach Moskau. Darum CDU.« Noch 1966, als zwischen der SPD und der SED ein »Redneraustausch« anstand, überlegten Sozialdemokraten, ob man den Leuten von der östlichen Partei die Hand geben könne: die Bilder würden um die Welt gehen und den Eindruck einer Verbrüderung vermitteln. Selbst der Normalbürger mußte aufpassen. Wer »Ostkontakte« hatte, erschien im besten Fall als naiv, sonst als »anfällig«, unzuverlässig, als »fellow traveller« oder schon als heimlicher Kommunist. »Selbst wer über die Kommunisten nur etwas weiß, erweckt bei unseren älteren Herren bereits Mißtrauen«, bemerkte 1961 der FDP-Abgeordnete Wolfgang Döring[6].

Sogar die diplomatischen Umgangsformen waren teilweise außer Kraft gesetzt. Den polnischen Plan für eine atomwaffenfreie Zone, der Bonn über Schweden zugestellt worden war,

[6] Im Privatgespräch.

18

beantwortete die Bundesregierung nicht einmal formell. Sich vom ersten sowjetischen Botschafter in Bonn einladen zu lassen, galt 1956 als heikel; manche versuchten, sich mit Vertretern der anderen Parteien zu verständigen, ob man hingehen solle. Wer dann bei Sorin zum Abendessen war, beschwor, daß es nicht die geringste politische Bedeutung gehabt habe[7]. Selbst Adenauer kritisierte später: »Wir haben die Russen falsch behandelt.«[8] Der Kanzler dachte und handelte viel politischer, als er sprach; aber er sprach eben Jahr um Jahr vom christlichen Abendland und vom gottlosen Kommunismus und bemühte zu Weihnachten 1952 sogar die himmlischen Heerscharen als Fürsprecher der Westeuropäischen Verteidigungsgemeinschaft (EVG)[9]. Gustav Heinemann mußte daran erinnern, »daß Christus nicht gegen Karl Marx gestorben ist, sondern für uns alle«[10].

Hinter der »neuen Ostfeindschaft«, die Heinemann dem Kanzler vorwarf, stand die alte Ostangst: die Berührungsfurcht vor einem Gegner, dem sich viele in der Bundesrepublik nicht gewachsen fühlten. Lenins Berufsrevolutionär, der ebenso fanatisch wie befähigt, ebenso skrupellos wie geschult sein Leben der Aufgabe weiht, den Kapitalismus zu unterminieren und den Kommunismus zum Sieg zu bringen – in der staatlich geförderten Aufklärung, die oft zur Indoktrination geriet, wurde dieses Idealbild zum Normalbild des Kommunisten überhaupt. Solchen Übermenschen mußte jeder Durchschnittsdemokrat unterlegen sein; gegen die Raffinesse kommunistischer »Dialektik« konnte auch gesunder Menschenverstand nicht bestehen. Der Geschlossenheit des kommunistischen Weltbilds und dem Absolutheitsanspruch der kommunistischen Lehre hatte westlicher Pluralismus nichts entgegenzusetzen. Die scheinbar unbeirrbare Konsequenz und scheinbar stählerne Härte des Ostens machten glauben, daß westliche Vielfalt Schwäche sei. So erhob sich immer wieder die Forderung nach einer »Gegenideologie«. So entstand das apokalyptische Bild eines letzten Gefechts zwischen Kommunisten und Ex-Kommunisten – nur wer die Hölle kannte, schien dem Teufel gewachsen. So legte Innenminister Gerhard Schröder Ende 1960 einen Gesetzent-

[7] Die Weltwoche v. 20. 4. 1956; Journal de Genève, zit. in: Frankfurter Allgemeine Zeitung v. 19. 6. 1956. Die Welt v. 10. 7. 1956.

[8] Brandt, Begegnungen, S. 68.

[9] Adenauer, Reden, S. 288 ff.

[10] Dokumente III/4, S. 405.

wurf vor, der die Einreise aus der DDR administrativ kontrollierbar machen sollte; die Vorlage scheiterte aber im Bundestag. Der Antikommunismus näherte sich an Rigorosität dem Kommunismus, die Verteidigung drohte zu gefährden, was verteidigt werden sollte.

Wo Abwehr oberstes Gebot war, blieb für Politik wenig Raum. Als der sowjetische Parteichef Nikita S. Chruschtschow 1956 die »friedliche Koexistenz« zwischen Ost und West proklamierte, meinte Adenauer, die neue Taktik sei sogar »gefährlicher als das alte brutale Vorgehen, denn sie spekuliert auf die Friedenssehnsucht, die allen Menschen eigen ist«[11]. Zwei Jahre später wurde Walter Ulbrichts »Kronprinz« Karl Schirdewan aller Ämter enthoben; zu den Vorwürfen gehörte: er habe die westliche »Unterminierung« der DDR unterschätzt und die Gefahren nicht gesehen, wenn man die »Einheit Deutschlands um jeden Preis herbeizuführen« suche. In Bonner Regierungskreisen zeigte sich Erleichterung; denn ein Sieg Schirdewans über Ulbricht hätte den Kommunismus in Deutschland attraktiv und damit gefährlicher machen können.

Man sprach es nicht aus, aber hinter allem stand das Gefühl, mit Kommunisten könne man Politik erst machen, wenn sie nicht mehr Kommunisten sind. So hieß es zu Ulbrichts Vorschlägen, aus der Bundesrepublik und der DDR eine Konföderation zu bilden, nur Gleiches mit Gleichem lasse sich verbinden. Daß Demokraten gegen Kommunisten politisch gewinnen könnten, schied als Überlegung aus. Als die SPD im März 1959 auf eben diese Überlegung ihren »Deutschlandplan« gründete und die Durchsetzung der Demokratie in Gesamtdeutschland den Demokraten überließ und zutraute[12], verfiel dieser Plan so allgemeiner Verdammung wie keiner vor- und nachher. »Hier wird das Tor für die Kommunisten in den Westen hinein aufgemacht«, notierte Heinrich Krone, CDU-Abgeordneter aus Berlin[13]. Die ersten Nachkriegserfahrungen dort und in der sowjetischen Zone wirkten – bei allen Parteien – traumatisch nach. Noch 1966 erinnerte Ernst Lemmer, einst zweiter Vorsitzender der Ost-CDU, an Sozialdemokraten, die 1946 auf ihre Überlegenheit von zehn zu eins vertraut hätten, als sie sich in der sowjetischen Zone mit der KPD zur SED vereinten. Die Bun-

---

[11] Am 11. 6. 1956 in der Yale-University. Bulletin 12. 6. 1956, S. 1025 f.
[12] Besonders deutlich Carlo Schmid: Dokumente IV/1, S. 1202.
[13] Krone, Aufzeichnungen, S. 152.

desrepublik würde, wenn sie sich mit der DDR auf eine Konföderation einließe, »dieselbe Tragödie« erleben. Hatte Lemmer vergessen, daß hinter den Kommunisten damals die sowjetische Besatzungsmacht stand? Ihm erschien für alle Zeit sicher: wenn Demokraten sich mit Kommunisten einließen, werde »der totalitäre Teil ... von vornherein der Überlegene sein«[14].

Was die Deutschen nicht wagten, sollte die internationale Politik leisten. Innenminister Schröder verlangte für eine Wiedervereinigung ein »völkerrechtlich garantiertes Instrument«: »Der Vollzug der Wiedervereinigung kann erst beginnen, wenn Klarheit über den Vorgang im einzelnen besteht und die notwendige Sicherheit für den reibungslosen Ablauf des vereinbarten Vorgangs gegeben ist.«[15] Selbst das geringste Risiko sollte vorher ausgeschlossen werden. Deshalb beharrten Bundesregierung und Bundestag Anfang der fünfziger Jahre darauf, freie Wahlen für die Wiedervereinigung müßten international kontrolliert werden. Da standen 50 Millionen Westdeutsche gegen 18 Millionen Ostdeutsche, die innerlich größtenteils dem Westen anhingen; selbst bei schlimmster Manipulation in der DDR wären nicht mehr als 25 bis 30 Prozent Kommunisten ins gesamtdeutsche Parlament eingezogen, aber das erschien zu gefährlich. Die Angst tarnte sich demokratisch.

Reisen von West nach Ost

Im Oktober 1956 wählte das polnische Zentralkomitee Wladislaw Gomulka zum Ersten Sekretär, ein fast unglaublicher Vorgang: Gomulka war in der Stalin-Zeit inhaftiert gewesen, Chruschtschow flog unangemeldet nach Warschau, um diese Wahl zu verhindern, mußte sich aber nach harten Verhandlungen dem Widerstandswillen der Polen beugen. Gomulka wurde zum ersten Parteichef im Osten, dem breite Zustimmung, zuerst sogar Begeisterung im Volk entgegenschlug. Und Polen bewies als erstes Land, daß der »Ostblock« nicht »monolithisch« war, wie man im Westen meinte. Polen war, was es nach

[14] Welt am Sonntag v. 24. 4. 1966.
[15] Bulletin 12. 6. 1958, S. 1048.

westlicher Theorie nicht geben konnte, ein Staat im Sowjetbereich, der vom sowjetischen Modell auf wichtigen Gebieten abwich: er kehrte zur privaten Landwirtschaft zurück, respektierte die Kirche, obwohl er sie bekämpfte, ließ der Kunst freien Raum, zeit- und teilweise sogar der Presse, und schuf ein allgemeines Klima im Lande, das unvergleichbar war mit allen anderen Oststaaten. Erstmals seit Stalin zeigten sich Ansätze zu einer Entwicklung, die nicht auf Orwell zulief, sondern in die umgekehrte Richtung.

Die breite Diskussion, die im ganzen Westen über den »polnischen Oktober« ausbrach, ermutigte die Berliner »Falken«, die Jugendorganisation der SPD[16]. Sie fanden Verbindung zum polnischen Jugendverband ZMS; nach einem Auschwitzbesuch entstand der Gedanke, Reisen zu Gedenkstätten zu organisieren. Ende November 1959 fuhren 16 Busse über die Oder. Die Insassen, zunächst geplagt von »Ängsten« und »gemischten Gefühlen«, erlebten dann, was viele Polen-Reisende in den folgenden Jahrzehnten immer neu verwunderte. Westliche Zeitungen in einem Kulturzentrum: »was wir von der DDR überhaupt nicht kannten«. »Geistige Unabhängigkeit«: man hatte »mehr festgefügte Meinungen« erwartet, »also pro Rußland und pro DDR. Das war gar nicht so der Fall, das hat uns sehr überrascht.« In Krakau fiel auf, »wie voll die Kirchen waren«, sogar »Soldaten in Uniform in der Kirche, wo gab's denn so was?« 1962, beim ersten Warschaubesuch: »Das war ein Erlebnis, diese polnische Großstadt, dieses Modische, was uns so auffiel bei den Menschen ... ganz anders als in Ostberlin, viel lebenslustiger.« Eindrücke aus einem Studentenclub: »Fast jeder sprach französisch, deutsch oder englisch, wußte eine Menge über die Bundesrepublik und war lebhaft an Berichten aus dem Westen interessiert. Aus einem Nebenraum tönte heiße Musik: die Paare tanzten auf amerikanische Weise. Worin bestand nur der Unterschied zwischen uns und dieser polnischen Jugend? Groß konnte er jedenfalls nicht sein.«

Aber die Falken machten auch harte politische Erfahrungen – wie im Modell die gleichen, die später alle Ostpolitiker machten. Da war die plumpe Agitation eines engstirnigen Funktionärs, gegen die man sich – angemessen – wehren mußte. Da war

---

[16] Michael Schmidt, Die Falken in Berlin. Antifaschismus und Völkerverständigung. Eine Publikation des Franz Neumann-Archivs, hrsg. von Peter Weiß. Berlin 1987.

die Abhängigkeit der polnischen Partner von höheren Instanzen und der politischen Lage. Da waren die deutschen Konkurrenten von der FDJ, dem Jugendverband der DDR: »Wir sind bei unseren Reisen regelmäßig von Vertretern der FDJ – man kann schon beinahe sagen – verfolgt worden. Die haben uns in Prag, in Warschau, in Krakau, wo wir waren, regelrecht aufgelauert. Die saßen auf einmal in dem gleichen Restaurant, sie stellten sich zum Teil selber vor: Wir sind die Freunde von der FDJ und wußten, daß ihr herkommt, und wir möchten gerne mit euch diskutieren. Da hat es natürlich heiße Auseinandersetzungen gegeben. Wir haben denen ihren Paulus vorgeworfen, und die haben uns unsere SS-Nazis vorgeworfen, Globke und auch andere. Wir haben uns mit denen auf Hauen und Stechen gestritten. Es hat immer kurz vor einer Prügelei gestanden, weil wir mit diesen sogenannten Genossen von der FDJ einfach nicht klargekommen sind. Es hat überhaupt nur einen Argumentenaustausch gegeben, kein vernünftiges Gespräch. Das ist gravierend gewesen im Gegensatz zu den Freunden der polnischen und auch der tschechoslowakischen Jugend. Mit denen hatten wir ein ganz anderes Verhältnis, so eine Art Gastgeberverhältnis. Die haben uns freundlich behandelt.«

Schließlich die Erfahrungen mit der Innenpolitik. Die Falken waren jung, links und engagiert – drei Voraussetzungen, um Pannen zu produzieren, die dann auch eintraten. Den Hauptanlaß bildeten meist Reden, die Falken-Vertreter in Theresienstadt oder Majdanek hielten, mit kräftiger Kritik an Verhältnissen und Versäumnissen in der Bundesrepublik. Mehrfach distanzierten sich die SPD und der SPD-geführte Senat, sperrten aber nicht die finanzielle Unterstützung. Dennoch hatte man es schwer miteinander. Die Berliner Sozialdemokraten waren vom Kampf der Nachkriegsjahre gegen KPD und SED gezeichnet – »sie befürchteten hinter jedem Baum einen Kommunisten«, sagte Harry Ristock, der damalige Falken-Vorsitzende, später. Gegen die Fahrten junger Leute zu den Mahnstätten des Nazi-Terrors war nichts einzuwenden, aber mußten es ausgerechnet die Stätten in kommunistischen Ländern sein?

In der SPD gab es Vorbehalte, in der Öffentlichkeit wie im privaten Umkreis aber Verdächtigung, Ablehnung, bestenfalls Unverständnis. Die jungen Leute standen unter dem Eindruck von Auschwitz, aber zu Hause fragten die Kollegen, warum sie dorthin führen: »Das ist eine Sache, die ist doch erledigt. Da wollen wir nicht mehr dran rühren.« Für den Maschinenschlosser Helmut Walz »war ganz klar, daß wir etwas machten, was wir eigentlich nicht machen durften. Denn es waren vordergründig zwar Gedenkfahrten, aber für die Masse der Bevölkerung war das – ich will es mal überspitzt sagen – eine Verbrüderung mit dem Osten.« Dazu kam der Vorwurf der »Nestbeschmutzung«: »Denn wir haben uns ja ganz entschieden gegen die Globkes und wie sie alle hießen, die Nazis in der Bundesregierung, die ja nachweislich da waren, und die ganze Verschleppung der Kriegsverbrecher-Prozesse – diese ganzen Sachen haben wir damals angesprochen, haben an diesen Stätten gelobt: wir werden alles dafür tun, daß es endlich in Angriff genommen wird.« Dann der Vorwurf der Springer-Presse: »Wir hätten auf die geschichtlichen Verdienste der Deutschen eingeschlagen.« Walz fährt fort: »Dabei wurde gar nicht verstanden, was wir vorhatten. Wir wollten nach alledem, was passiert war, eine Aussöhnung. Wir konnten es ja nicht mehr gutmachen. Tote Menschen sind nicht wieder gutzumachen, sind nicht mehr zum Leben zu erwecken. Wir wußten also von vornherein, daß wir nur um Verständnis und Verzeihung bitten konnten, mehr nicht. Und wenn die Leute, die da so geschunden worden sind, das nicht angenommen hätten, hätten wir sie auch nicht dazu zwingen können. Wir haben es wenigstens versucht.«

Der Versuch aber litt darunter, daß der »Antikommunismus alles überdeckte« (Walz). Schon in der Bundesrepublik hatten Kommunisten es schwer, als Nazi-Verfolgte anerkannt zu werden; nach dem KPD-Verbot wurden sie von jedem Entschädigungsanspruch ausgeschlossen. Das gleiche im internationalen Maßstab: die Verfolgten in Westländern erhielten Wiedergutmachung, in Ostländern nicht (mit Ausnahme der Opfer pseudomedizinischer Versuche)[17]. Der Antikommunismus erlaubte die Bewußtseinsspaltung, die schon in den fünfziger Jahren kritisiert wurde, sich aber mancherorts bis in die achtziger Jahre hielt. Nach Westen sprach und handelte die Bundesrepublik europäisch, nach Osten national. Im Westen regelte sie Grenzfragen, im Osten verweigerte sie bis 1970 sogar jedes Gespräch darüber, weil die Polen »nicht frei« seien: »Niemals wird eine totalitäre … Regierung … in der Lage sein, eine gerechte Lösung auch nur anzustreben«, erklärte Außenminister Heinrich von Brentano 1956[18].

[17] Dörte von Westernhagen, Die Zeit (Dossier) v. 5. 10. 1984.
[18] Hans-Adolf Jacobsen (Hrsg.), Mißtrauische Nachbarn. Deutsche Ostpolitik 1919/1970. Dokumentation und Analyse. Düsseldorf 1970, S. 311.

Der Antikommunismus erlaubte es, die Beziehungen zu den östlichen Nachbarn zu ideologisieren. Wo es um das Verhältnis von Deutschen zu Russen, Polen oder Tschechen ging, entstand der Anschein, es handele sich um den großen Ost-West-Gegensatz. Wo alle Polen, auch die schärfsten Regimegegner, gleich dachten, nämlich in der Grenzfrage, tat Bonn, als habe es mit »totalitären« Ansprüchen zu tun.

Die Peinlichkeit, die in alledem lag, wurde kaum empfunden. Es war Hitlers Krieg, der den Polen den Kommunismus verschafft hatte – nun bestraften die Westdeutschen die Polen dafür, daß sie den Kommunismus hatten. Es waren die Nationen im Ostteil Europas, unter denen die SS und andere am meisten gemordet hatten; und es war der Osten, wo die größten Konzentrationslager gestanden hatten und die Mordmaschine gelaufen war – aber den Völkern dort versagte Bonn die Entschädigung.

Die Lehre vom Totalitarismus lieferte die Rechtfertigung. Was immer sie akademisch wert war – politisch brachte sie den Westdeutschen die Entlastung, nach der die Mehrzahl suchte. Wenn der Kommunismus die gleiche Deformation menschlicher Gesittung bildete wie der Nazismus, dann war alles nicht so einmalig, nicht so schlimm. »Majdanek, Auschwitz und Theresienstadt fanden ihre Fortsetzung in Bautzen, Waldheim und Torgau«, sagte 1963 der Staatssekretär für gesamtdeutsche Fragen[19]. Das hieß, Zuchthäuser mit Tötungsfabriken gleichsetzen, und das sollte bedeuten: Mit den Russen sind wir moralisch quitt. Da der Nazismus nicht mehr existierte, blieb nur noch ein Übel, der Kommunismus. Und da die Westdeutschen tüchtig gegen Stalin waren, durften sie Hitler allmählich vergessen. Dieses Mal standen sie auf der »richtigen« Seite, verdrängten, daß sie die Demokratie als Geschenk erhalten, nicht selbst erkämpft hatten, und entwickelten demokratische Arroganz. Das Überlegenheitsgefühl, das Deutsche früher gegenüber Slawen hegten, kehrte im Zeichen des Antikommunismus langsam wieder. Deutsches Selbstbewußtsein war nun demokratisch begründet – die beste Begründung, die es je gab, wäre sie nur nicht mit der unbewußten Verachtung anderer und einer Verleugnung der eigenen Vergangenheit verknüpft gewesen.

Bemüht wurde deutsche Schuld hingegen zur Begründung deutscher Ansprüche. Um wiedergutzumachen, »was im deut-

---

[19] Bulletin 1. 2. 1963, S. 175.

schen Namen ganz Europa angetan wurde«, dürfe die Bundesrepublik den Status quo nicht anerkennen[20]. Da unter Hitler Unrecht herrschte und geschah, müßten die Deutschen jetzt allem Unrecht widerstehen, dürften also das Unrecht der Teilung und der Oder-Neiße-Grenze nicht dulden[21]. Noch in den achtziger Jahren sprachen Landsmannschaftsvertreter nicht vom Wiedergewinn Schlesiens, sondern von der »Wiederherstellung des Rechts«.

Von der Heuchelei abgesehen war das meiste sehr menschlich. Man empfand vor allem die eigenen Leiden: die Ostgebiete abgetrennt, die Deutschen von dort vertrieben; zwischen Elbe und Oder ein kommunistischer Staat, den Deutschen dort auferlegt. Wer selbst Furcht hat, kann sich schwer vorstellen, daß auch der andere Furcht hat. Wer selbst Unrecht erlitt, erkennt das eigene Unrecht nur mühsam, besonders wenn es die Ursache des fremden Unrechts ist. So wirkte es als Sensation, als Adenauer im März 1966 seinen Parteifreunden drei Wahrheiten sagte, die sie sonst nicht hörten: die Sowjetunion sei »in die Reihe der Völker eingetreten, die den Frieden wollen«; das russische Volk fürchte sich vor den Deutschen, denn es habe fünfzehn Millionen Tote gehabt; und die »harten Wunden, die die Russen uns geschlagen haben«, seien »Vergeltung für harte Wunden, die den Russen unter Hitler geschlagen worden sind«[22]. Die Christdemokraten erkannten ihren ehemaligen Kanzler nicht wieder, als Kanzler hatte er das auch nicht gesagt. Fast alle Politiker, außer Emigranten oder Naziopfern, vermieden – soweit es irgend ging – das Thema der deutschen Verbrechen im Osten; und wenn sie es berührten, dann meist mit der – zur Formel gewordenen – Formulierung, es sei Unrecht verübt worden »im deutschen Namen«. Schon 1961 schrieb Golo Mann verärgert: »Schließlich war es nicht Hitler allein, der im Juni 1941 in Rußland eindrang..., es waren wir, die Deutschen. Mit einem Spazierstock hätte Hitler alles das ja nicht machen

[20] Rainer Barzel als Minister für gesamtdeutsche Fragen am 14. 9. 1963. Meißner, S. 56.
[21] Zum Beispiel Bundeskanzler Erhard und die Entschließung des Kongresses Ostdeutscher Landesvertretungen am 22. 3. 1964. Vgl. Dokumente IV/10, S. 444–447; Erich Mende als Minister für gesamtdeutsche Fragen am 17. 6. 1965. In: Meißner, S. 102; Adenauer und Brentano sprachen sogar von »göttlichem« Recht, vgl. Jacobsen, Mißtrauische Nachbarn; siehe auch Dokumente IV/12, S. 378.
[22] Dokumente IV/12, S. 377ff. Nach sowjetischen Angaben betrug die Zahl der Todesopfer 20 Millionen.

26

können. Und dies erklärt, warum die Russen sich zur Selbstbestimmung der Deutschen nicht ebenso freudig bekennen, wie wir es tun.«[23]

Aber der Selbsterkenntnis zu entgehen, wurde den Bürgern der Bundesrepublik leichtgemacht. Im Westen, mit dem sie vor allem zu tun hatten, gab es außer dem Saargebiet keine nationalen Streitfragen. Schon fünf Jahre nach Hitlers Tod wollten die Westmächte deutsche Soldaten gegen den Osten, nach zehn Jahren wurde die Bundesrepublik souverän, und wenige Jahre später fragten sich viele Besucher im Blick auf das »Wirtschaftswunder«, ob dies das Land sei, das den Krieg verloren habe. Vielen Siegern ging es schlechter. Die Westdeutschen waren, gemessen an der europäischen Katastrophe, die das »Dritte Reich« herbeigeführt hatte, erstaunlich gut davongekommen.

Nur wenn sie nach Osten sahen, zeigte sich, daß keineswegs alles wieder in Ordnung war; wohl auch deshalb blieb die Neigung begrenzt, dorthin zu sehen. Denn falls für den begonnenen und verlorenen Krieg bezahlt werden mußte, dann im Osten – durch den Verlust der Ostprovinzen und die Fortdauer der Teilung. So lag es nahe – nicht sachlich, aber psychologisch –, die Ursache der deutschen Ostprobleme allein im Kalten Krieg zu suchen; so entstand die vage Hoffnung, der vereinte Westen, geführt vom starken Amerika, werde durch Sieg im Kalten Krieg die Niederlage Deutschlands ausgleichen.

Von Anfang an, und jenseits aller Macht- und Interessenabwägung, war die westdeutsche Ostpolitik daher doppelt gehemmt: durch die Angst vor dem Kommunismus und durch die Furcht vor der eigenen Vergangenheit.

---

[23] Die Zeit v. 18. 8. 1961. Dokumente IV/7, S. 109.

II. Der weite Weg zur Wirklichkeit

1. Die drei Konflikte

1955 – das Ende der Einheit

Auf der Potsdamer Konferenz im Sommer 1945 fiel die erste Nachkriegsentscheidung über Deutschland. Das nördliche Ostpreußen wurde Teil der Sowjetunion; die übrigen Gebiete östlich der Oder und der Lausitzer Neiße kamen an Polen, der Form nach nur vorläufig, der Sache wie der Absicht nach aber endgültig, wie das Einverständnis der Amerikaner und Briten zur Aussiedlung der Deutschen zeigt. Die Sowjetunion hatte sich, indem sie vollendete Tatsachen schuf, durchgesetzt. Deutschland – nicht als Rechtsbegriff, aber als Realität – war danach nur noch das Land zwischen der französischen Grenze und der Oder; nur dort wohnten, von allmählich schwindenden Minderheiten im Osten abgesehen, noch Deutsche.

Zehn Jahre später, im Frühjahr 1955, war auch über das Schicksal dieses Deutschland entschieden, jedenfalls für die absehbare Zukunft. Mit dem Beitritt der Bundesrepublik zur NATO fand eine spannungsreiche Entwicklung ihr Ende, bei der diesmal die Amerikaner sich durchsetzten, indem sie vollendete Tatsachen schufen: eine westdeutsche Währung, einen westdeutschen Staat und schließlich einen westdeutschen Allianzpartner. Die Sowjetunion zog jeweils nach und gründete, als am 6. Mai 1955 der NATO-Beitritt der Bundesrepublik rechtskräftig geworden war, als Gegenstück zur NATO den Warschauer Pakt. Die DDR war eines der Gründungsmitglieder.

Deutschland war nicht mehr nur ideologisch und staatlich geteilt, Bundesrepublik und DDR gehörten zwei feindlichen Militärbündnissen an und wurden gegeneinander bewaffnet. Für die Dauer des Ost-West-Konfliktes schwand damals die letzte Chance für eine staatliche Einheit. Ob vorher dafür je Aussicht bestanden hatte, bleibt umstritten, ist aber unwahrscheinlich, denn von Anfang an fehlte für eine Wiedervereinigung die einfachste Voraussetzung, daß keine Großmacht einen Nachteil davon haben durfte. Das Übergewicht der drei westlichen Besatzungszonen über die sowjetische ließ gleichmäßigen Gewinn und Verlust nicht zu. Die Amerikaner, Briten und vielleicht auch die Franzosen hätten eine deutsche Einheit durch freie Wahlen akzeptiert, also durch Anschluß der DDR an die Bundesrepublik. Da Moskau sich dem widersetzte, waren ihnen drei Viertel Deutschlands auf ihrer Seite lieber als das ganze Deutschland bündnisfrei schwebend zwischen den Fronten. Für die Russen sah es umgekehrt aus: ein neutrales Deutschland erschien ihnen vorteilhafter, als den größeren und stärkeren Teil gegen sich zu haben; außerdem blieb ihnen noch die Hoffnung, ganz Deutschland in den eigenen Einflußbereich zu ziehen.

Aber 1955 war es auch damit vorbei. Die Sowjetunion stellte sich auf die dauerhafte Existenz zweier deutscher Staaten ein. Einerseits erkannte sie die Bundesrepublik an, lud Adenauer nach Moskau ein, versprach, die letzten Kriegsgefangenen zu entlassen, und drängte den Kanzler zur Aufnahme diplomatischer Beziehungen (13. September 1955). Andererseits garantierte sie die DDR nun auch politisch; die »sozialen Errungenschaften« könnten nicht geopfert werden, erklärte Parteichef Chruschtschow. Eine Woche nach Adenauer kam die Führung der Ostrepublik nach Moskau und erhielt die Souveränität (auch über den deutschen Verkehr zwischen Westberlin und der Bundesrepublik). Der Kreml tat, was er vorher angekündigt hatte. Er behielt zwar seine Siegerrechte »in Fragen, die Deutschland als Ganzes betreffen«, verweigerte aber Verhandlungen über die deutsche Einheit und erklärte, es sei Sache der Deutschen selbst, wie sie wieder zueinander fänden.

Damit gab es keinen Staat mehr, der an einer Wiedervereinigung interessiert war. Im Gegenteil: Bundesrepublik und DDR wurden für ihr jeweiliges Bündnis gebraucht, mit der Zeit sogar unentbehrlich; das galt besonders für die beiden Großmächte. Nachdem Washington sich Ende der vierziger Jahre entschlossen hatte, Europa nicht sich selbst zu überlassen, war es auf das ehemalige Besatzungsgebiet zwischen Rhein und Elbe angewiesen, das weiterhin einem Sonderstatus unterworfen blieb, weniger rechtlich zwar, aber politisch. Ohne das deutsche »Glacis« war der demokratische Teil des Kontinents nicht zu verteidigen, damit stimmten auch die Franzosen überein. Mit der Zeit folgte daraus die Übereinstimmung aller NATO-Mitglieder, daß die Allianz ohne die Bundesrepublik Deutschland nicht existenzfähig sei.

Für die Sowjetunion ergaben sich spiegelverkehrt die gleichen

Überlegungen. Nachdem ihr mißlungen war, die Bundesrepublik aus der NATO herauszuhalten, konnten sich Erwägungen durchsetzen, die vom Wert der DDR für die Sowjetunion ausgingen. Schon im Juni 1956 zitierte der französische Außenminister Christian Pineau Chruschtschow mit der Äußerung: »Ich habe lieber 20 Millionen Deutsche auf meiner Seite als 70 Millionen gegen uns. Selbst wenn Deutschland militärisch neutral wäre, genügt uns das nicht. Wir wollen auch, daß die sozialen und wirtschaftlichen Errungenschaften Ostdeutschlands beibehalten werden. Ostdeutschland auf unserer Seite zu halten, ist darüber hinaus für uns eine Frage des Prestiges.«[1] Mit einem Wort: Es sind zwar weniger, dafür aber »unsere« Deutschen, wie man in Moskau sagt. Die DDR bildet den Schlußstein des sowjetischen Imperiums: sie ermöglicht Moskau fast unbegrenzte Truppenstationierung in Mitteleuropa, flankiert die Tschechoslowakei und riegelt das unberechenbare Polen vom Westen ab.

Zu alledem kamen die historischen Erfahrungen. Hitlers Expansionen hatten in beiden Teilen des Kontinents den Eindruck wiederbelebt, daß ein vereintes Deutschland zu groß sei für Europa. Die früheren Pläne, es zu teilen, hatten sich zerschlagen oder waren aufgegeben worden; doch da es nun einmal geteilt war, nahm man die Vorteile dieses Zustands dankbar wahr und betrachtete ihn (nicht nur in Frankreich und Polen) allmählich als Gebot des Nationalinteresses und später sogar des Friedens in Europa.

Der Konflikt mit dem Osten

Sowjetunion

Für Moskau bedeutete das Jahr 1955 eine Niederlage. Die Westmächte hatten nicht nur den größeren und reicheren Teil Deutschlands, sie hatten ihn auch sicher, denn die Bürger der Bundesrepublik hielten aus eigener Überzeugung zum Westen. Die Sowjetunion bekam den kleineren und ärmeren Teil, und er

---

[1] Bulletin s. 23. 6. 1956, S. 1117, ähnlich 9. 6. 1956, S. 1014. Danach handelt es sich um öffentliche Äußerungen Pineaus in Washington und Paris. Adenauer, der Pineau zitierte, wurde von TASS dementiert. Dokumente III/2, S. 450, 462, 487.

war ihr nicht einmal sicher, denn über eine Million Menschen hatte die DDR bis 1955 bereits verlassen[2]. Am 17. Juni 1953 mußte die sowjetische Armee sogar einen Aufstand niederschlagen; schließlich machte der Westen dem Kreml auch noch streitig, was er besaß. Moskau erkannte die Bundesrepublik an, Washington, London und Paris aber weigerten sich, auch nur das Vorhandensein der DDR zu notieren – sie unterstützten vielmehr die Bundesrepublik und deren Anspruch, der einzige deutsche Staat zu sein, zuständig für alle Deutschen, auch für die Bewohner der DDR. Die Nicht-Anerkennung entsprang nicht allein demokratischer Überzeugung und der Rücksicht auf Bonn – eine Zeitlang schien sie auch Politik zu sein. Der amerikanische Außenminister John Foster Dulles sprach von der »Befreiung Osteuropas« und Adenauer prophezeite, eine Politik der Stärke werde die deutsche Wiedervereinigung bringen.

Die DDR, labil und nicht anerkannt, bildete nur den Extremfall eines größeren Problems. Alle Staaten, die mit dem Kriegsende unter sowjetische Macht gerieten und dem sowjetischen Modell angepaßt wurden, litten unter Instabilität im Inneren und Isolierung von außen. »Unsere Einstellung ähnelte der von Verteidigern einer belagerten Festung«, schrieb der ungarische Ministerpräsident Hegedüs später; auch nach Stalins Tod fühlte man sich vom Westen »weiterhin bedroht und eingekreist«[3]. Und es waren ausgerechnet Arbeiter, die in der DDR, Polen und Ungarn rebellierten. Alle Überzeugung, den Kapitalisten um eine historische Epoche voraus zu sein, änderte nichts daran: die Legitimität kommunistischer Herrschaft wurde für den Kreml zum Problem auch seiner Außenpolitik.

Noch Anfang der siebziger Jahre beklagten sich sowjetische Diplomaten, der Westen habe nicht einmal die baltischen Republiken als Teil der Sowjetunion anerkannt. Moskau wollte seine Kriegs- und Nachkriegserwerbungen völkerrechtlich bestätigt haben, und das konnte gar nicht oft und feierlich genug geschehen. Verträge und Erklärungen über die Unantastbarkeit der Grenzen, über den Verzicht auf Gewalt oder Nichteinmischung in die inneren Angelegenheiten – bloße Deklarationen genossen in der sowjetischen Politik eine Bedeutung, die in schwer begreiflichem Mißverhältnis zur tatsächlichen Macht Moskaus

[2] Siehe Übersicht S. 281/2.
[3] Vorwärts v. 14. 8. 1980.

stand. Sicher und endgültig erschien nur, was beurkundet, kodifiziert, verbrieft und besiegelt war.

Das Bedürfnis nach Anerkennung umfaßte alle Bedeutungen des Wortes. Außer der rechtlichen auch die »soziale« Anerkennung: Wie die französische Republik einst im Kreise der Monarchien, so wollten die kommunistischen Führungen nun von den westlichen Demokratien gewürdigt werden als Regierungen gleichen Rechts. Auch dahinter stand noch mehr, nämlich das historische Ressentiment europäischer Entwicklungsländer, die nicht zuletzt deshalb eigene Industrien hochtrieben, weil sie nicht mehr als agrarisches Anhängsel abhängig sein wollten vom Hochmut der reichen und fortgeschrittenen Nationen. Das »Ost-West-Gefälle« verringerte sich nach dem Zweiten Weltkrieg erheblich, verschwand aber nicht. Der entscheidende Unterschied blieb: ökonomisch wie psychologisch kann der »Westen« viel eher ohne den »Osten« leben als umgekehrt; und der »Osten« will mehr vom »Westen« als umgekehrt. Deshalb ging die Initiative meist vom Osten aus – von dort kamen die Vorschläge und die Vorstöße, die Anregungen an alle Europäer, sich zusammenzufinden, und die Angriffe auf westeuropäisch-amerikanische Vereinigungen, die sich gegen den Osten oder ohne ihn formierten.

Doch am Anfang aller sowjetischen Nachkriegspolitik stand der Schrecken des Krieges. 20 Millionen Tote, mehr als jedes andere Land der Welt, fast keine Familie ohne Opfer, Zerstörungen kaum schätzbaren Umfangs. Trotz Stalins Komplizenschaft mit Hitler gegen Dritte – es war die überraschende, unprovozierte Invasion der Deutschen im Juni 1941, die sich den sowjetischen Völkern für immer ins Bewußtsein grub. Es war die Erfahrung, daß die Deutschen das Russische Reich und die Sowjetunion beinahe umgebracht hatten. Da die sowjetische Propaganda das Wort Frieden entwertete, vergaß man im Westen leicht, daß auch die Moskauer Führung Frieden wollte. Und da die sowjetische Sicherheitspolitik in Machtpolitik überging, übersah man, daß es vor allem um Sicherheit ging. Adenauer, der lange von der »absolut aggressiven« Sowjetunion sprach, sagte 1961: »Bitte denken Sie einmal zurück, welche Beweggründe Stalin dazu gebracht haben, sich diese ganzen Satellitenstaaten vor Sowjetrußland hinzulegen ... Weil er fürchtete, daß eines Tages Rußland von Westen her angegriffen werden würde, wollte er dafür sorgen,

daß in diesen Ländern und nicht in Sowjetrußland die entscheidenden Schlachten eines solchen Krieges sich abspielen.«[4]

Aus Moskauer Sicht bildete die NATO den gefährlichsten
Teil einer globalen Einkreisung durch die Angelsachsen, dazu
kam Ende der fünfziger Jahre das Problem China. Zugleich
beunruhigte, daß sich im Westteil Europas die Deutschen ungehindert entfalten konnten. Es war immer die Beteiligung der
Bundesrepublik, die sowjetische Befürchtungen erweckte: die
Verbindung amerikanischer Militärmacht mit deutschem »Revanchismus« und die Verschmelzung der westeuropäischen
Wirtschaft mit der westdeutschen. Die NATO war unange-
nehm für den Kreml, doch sie wurde für ihn zur Gefahr erst
durch die Möglichkeit, daß die Westdeutschen einen Krieg
zwar nicht führen oder gar gewinnen, vielleicht aber auslösen
könnten. Auch die »Europäische Gemeinschaft« bereitete der
sowjetischen Führung nicht gerade Freude, aber zum Problem
wurde sie durch die Sorge, die Bundesrepublik werde darin zur
entscheidenden Macht aufsteigen. Amerikaner, Engländer und
Franzosen, obwohl selbst nicht frei von ähnlichen Sorgen, versuchten immer wieder, den Russen zu erklären, daß die verschiedenen innerwestlichen Zusammenschlüsse nicht zuletzt
der Kontrolle der Westdeutschen dienten. Doch in Moskau,
ebenso in Warschau, Prag und Budapest, überschätzte man die
Deutschen und nahm eher das Gegenteil an: die Bundesrepublik werde nicht gebändigt, sondern gestärkt werden, weil sie in
der EG eine Basis und in den USA einen Bundesgenossen bekommen habe, der ihr wieder Machtpolitik gegenüber dem
Osten erlaube.

Solche Befürchtungen steigerten sich, als – seit dem Frühjahr
1957 – die Bundeswehr Atomwaffen erhalten sollte. »Hitlerge-
neräle«, so schien es, bekämen das modernste Kampfmittel in
die Hand, mit dem sie erpressen oder sogar den großen Konflikt in Gang setzen könnten. Die Versicherung, daß Bonn nukleare Sprengmittel weder besitzen noch darüber verfügen werde, überzeugte nicht. Auch wenn weniger unklar geblieben wäre, ob Verteidigungsminister Strauß für eine fernere Zukunft
nicht doch eine Atommacht Bundesrepublik ins Auge faßte[5] –

[4] Wahlrede in Berlin am 3. 12. 1954, RIAS-Tonarchiv. Wahlrede in Regens-
burg am 14. 8. 1961. Adenauer, Reden, S. 422.
[5] Helga Haftendorn, Sicherheit und Entspannung. Zur Außenpolitik der Bundesrepublik Deutschland 1955–1982. Baden-Baden 1982, S. 164 ff.

für Russen, Polen, Tschechen und deutsche Kommunisten genügte es, daß sich nukleare Zerstörungskraft mit dem Volk verbinden sollte, das gerade halb Europa verwüstet hatte, und mit dem Staat, der im Osten wiederum Grenzen ändern wollte.

Tschechoslowakei, Polen, DDR

Die Tschechoslowakei hatte keinen wirklichen Grenzstreit mit der Bundesrepublik. Zwar forderte auch die Sudetendeutsche Landsmannschaft ein »Recht auf Heimat«, doch die Grenzen von 1937, Rechtsgrundlage der Bonner Politik, schlossen jede Revision aus. Problematisch aber blieb das Münchner Abkommen, das 1938 das »Sudetenland« dem Deutschen Reich zugesprochen hatte. Für ganz Europa war »München« zum Symbol geworden für brutale Gewaltandrohung und kurzsichtigschwächliches Nachgeben; für die Tschechoslowakei, die nicht einmal zum Münchner Verhandlungstisch zugelassen worden war, bedeutete es eine tiefe Verletzung ihres Selbstgefühls, ein Trauma, das Heilung verlangte. England, Frankreich und Italien hatten das Abkommen schon vor Kriegsschluß für erledigt oder nichtig erklärt. Etwas Entsprechendes erwartete Prag von den Deutschen, aber auch die DDR verzichtete 1950 nur auf Gebietsansprüche und erklärte die Aussiedlung der Deutschen für »gerecht und endgültig«; das Münchner Abkommen annullierte sie erst 1967[6].

Die Tschechoslowakei war Hitlers erstes Opfer gewesen, hatte aber bei weitem nicht so gelitten wie Polen; dort war die deutsche Okkupation das Schlimmste, was das Land in seiner Geschichte durchgemacht hat. Jeder sechste polnische Staatsbürger, insgesamt mehr als 6 Millionen, kam um, aber nur ein geringer Teil, etwa 10 Prozent, durch Kriegshandlungen. Die meisten starben infolge der Ausrottungsmaßnahmen gegen Juden, Intelligenz und Patrioten oder in Zwangsarbeits- und Konzentrationslagern. »Die Vernichtung Polens« nicht nur als Staat, sondern als Nation, die Degradierung der Polen zu »Sklaven des Großdeutschen Reiches« in einem »gigantischen Arbeitslager« – diese erklärten Ziele Hitlers und seiner Gefolgsleute[7] wurden dem Land zu einer Erinnerung, die alles andere überdeckte.

[6] Zündorf, Ostverträge, S. 97–100.
[7] Martin Broszat, Nationalsozialistische Polenpolitik 1939–1945. Stuttgart 1961, S. 9.

35

Auch die Einstellung zur Grenzfrage erklärte sich im Kern historisch, wobei die Behauptung, »urpolnischen« Boden wiedergewonnen zu haben, weniger Bedeutung hatte. Entscheidend war, daß der »Staat auf Rädern« endlich einen festen Platz auf der europäischen Landkarte haben wollte: nicht mehr zwischen Russen und Deutschen hin- und hergeschoben, nicht nochmals beschnitten, geteilt, unterdrückt, als minderwertig behandelt oder als unfähig zur Staatsbildung betrachtet. Die Integrität des polnischen Staatsgebiets wurde nach 1945 zum integrierenden Bestandteil des polnischen Staatsbewußtseins. Auch eine geringfügige Grenzänderung würde allgemeine Unsicherheit verursachen: was einmal geschieht, kann auch mehrmals geschehen; Sicherheit besteht nur, wenn nichts geschieht. Das Polen der Mitte des 20. Jahrhunderts war nun einmal das Polen, das sich zwischen Oder-Neiße und Bug eingerichtet, das Land in Besitz genommen und die Städte wieder aufgebaut hatte. Wer diesen zwar günstigen, aber nach schweren Leiden erworbenen Besitzstand bedrohte, schien den Bestand Polens zu bedrohen. Die Grenzfrage war die nationale Frage des Landes.

Die DDR mußte sich schon 1950, im Görlitzer Vertrag, damit abfinden, daß ganz Deutschland östlich von Oder und Neiße, und sogar Stettin, verloren waren. Schweren Herzens gab Ostberlin dem Druck aus Moskau nach.

Im Verhältnis zu Bonn ging es für die DDR buchstäblich um Sein oder Nichtsein. Wiedervereinigung im Sinne aller westdeutschen Parteien bedeutete Ausdehnung der Bundesrepublik auf das Territorium der »Sowjetischen Besatzungszone«. Die Nichtanerkennung der DDR war Ausdruck dieser Politik, damit wurde die Anerkennung zur Existenznotwendigkeit für den ostdeutschen Staat. Da er ein ungeliebter Staat war, brauchte er den Respekt der Außenwelt doppelt. Und da er Teil eines geteilten Landes war, hielt er sich für besonders gefährdet: Bonns Wiedervereinigungsanspruch hatte ungleich höhere Aussicht, von anderen Ländern unterstützt zu werden, als seine Gebietsforderungen an Polen.

Aber die SED begnügte sich nicht mit der Defensive. Bis mindestens Anfang der sechziger Jahre zeigten ihre Kader eine, gemessen an den Realitäten, erstaunliche Zuversicht, den Kommunismus auch im Westen durchzusetzen. Nicht um Deutschland zu teilen, sondern um es zu einigen, strebte die Partei nach Anerkennung der DDR – von der Basis eines gleichberechtigten Staates aus ließ sich der politische Bürgerkrieg besser führen.

Ulbrichts Vorschlag für eine Konföderation, erstmals Ende 1956 vorgebracht, erschien als geeignetes Instrument, um Anerkennung zu erreichen und sie zu nutzen. In jedem Fall war Anerkennung nötig: für eine starke DDR, um auf die Bundesrepublik einzuwirken, für eine schwache, um sich zu behaupten. Zur Politik kam auch hier Psychologie. Ihr Leben lang waren die Altkommunisten, die in Ostberlin regierten, aus der deutschen Nation ausgeschlossen worden – »Tote auf Urlaub«[8], »vaterlandslose Gesellen«, nach 1945 die Spalter Deutschlands; sogar ihr Widerstand gegen Hitler zählte nicht. Anerkennung bedeutete für sie daher auch Respektierung als deutsche Politiker. Nicht zuletzt daher kam die wütende Übertreibung, sich als die wahren Vertreter deutscher Interessen aufzuspielen. Entscheidend war, nicht diskriminiert zu sein. Bis in die achtziger Jahre blieb Gleichberechtigung die Kernforderung der DDR an die Bundesrepublik.

Östliche Politik bis 1958

Die sowjetische Politik nach 1955 zeigte eine bemerkenswerte Konsequenz. Wer auch jeweils in Moskau den Ton angab – der Zweck der verschiedensten Manöver, Angebote oder Pressionen war am Ende immer der gleiche: der Westen, vor allem die Bundesrepublik, sollte die politische Nachkriegsordnung östlich der Elbe sanktionieren. Dabei hatte der Kreml auch die überzeugte Unterstützung der anderen Ostregierungen, Unterschiede gab es nur im Grad des Engagements.

Auf drei Wegen versuchte Moskau, die vermuteten Gefahren zu neutralisieren und das Deutschlandproblem in seinem Sinne zu lösen. Zunächst durch Vorschläge zur Rüstungsbegrenzung – am bekanntesten wurde der 1957 vorgelegte Plan des polnischen Außenministers Adam Rapacki für eine atomwaffenfreie Zone, die im Westen die Bundesrepublik und im Osten DDR, Polen und die Tschechoslowakei umfassen sollte. Das Projekt diente gleichermaßen polnischen wie sowjetischen Interessen. Anfang 1958 versuchte Moskau einen methodisch anderen Ansatz. Es forderte einen deutschen Friedensvertrag, was zweierlei bedeutete: zunächst Verhandlungen mit Bonn und Ostberlin oder mit einer Konföderation aus beiden, also faktische Anerkennung der DDR; ferner Räumung Deutschlands von fremden Truppen.

[8] Sebastian Haffner im Stern v. 5. 5. 1963. Dokumente IV/9, S. 304.

Moskaus zweiter Grundgedanke, lebhaft unterstützt von seinen Verbündeten, war, Europa gegen Westeuropa ins Spiel zu bringen. Da der gegnerische Block zu stark wurde, sollte die Blockbildung überhaupt aufgehalten oder aufgehoben werden. Bis zum Ende der sechziger Jahre wiederholte der Warschauer Pakt Vorschläge dafür: Auflösung der Militärbündnisse oder deren Überwölbung durch ein gesamteuropäisches Sicherheitssystem oder zumindest eine gesamteuropäische Beratung über die Sicherheit; daraus wurde 1975 die »Konferenz für Sicherheit und Zusammenarbeit in Europa« (KSZE).

Schließlich versuchte man, mit der Bundesrepublik ins Gespräch und ins Geschäft zu kommen, wirtschaftlich und politisch. Polen und die Tschechoslowakei wünschten diplomatische Beziehungen zu Bonn, die DDR schlug immer neue Formen und Themen für Verhandlungen vor bis zur Konföderation. All dies geschah ohne formale Bedingungen, weder die Grenzen noch die Ungültigkeit des Münchner Abkommens noch die DDR sollten anerkannt werden, wenn man miteinander in Beziehung träte. Warschau, und wohl auch Prag, wollten wieder Anschluß ans westliche Europa bekommen, dabei konnten sie sich die Sowjetunion zum Vorbild nehmen. Moskau hatte bereits einen Botschafter an den Rhein geschickt, ohne von der Bundesrepublik zu verlangen, daß sie die sowjetische Besitzergreifung des nördlichen Ostpreußen anerkenne. Im Gegenteil: der Kreml hatte 1955 sogar einen Brief Adenauers akzeptiert, der Bonns Grenzvorbehalt und den Anspruch bekundete, auch die Deutschen in der DDR international zu vertreten[9]. An Formalitäten sollte nichts scheitern – das scheint damals allgemeine Auffassung im östlichen Europa gewesen zu sein. Rapacki erreichte sogar, obwohl mit Mühe, das sowjetische Einverständnis für eine zweite Fassung seines Plans: sie war so konstruiert, daß Bonn jeder direkte Kontakt mit Ostberlin erspart worden wäre[10].

Auch die Sowjetunion wünschte erweiterten Handel mit der Bundesrepublik. Unter Stalins Nachfolgern erhielt die Außenwirtschaft, ökonomisch wie politisch, erheblich größere Bedeutung. Als Adenauer im Herbst 1955 Moskau besuchte, wies

[9] Dokumente III/1, S. 337.
[10] Hansjakob Stehle, Nachbar Polen. Erweiterte Neuausgabe, Frankfurt a.M. 1968, S. 302. Bis 1958 hätte auch Warschau – nach Stehles Informationen als Korrespondent damals – bei Aufnahme diplomatischer Beziehungen einen Grenzvorbehalt Bonns hingenommen (S. 331).

Chruschtschow ihn bereits auf »große Möglichkeiten« im gegenseitigen Handel hin; als die Bundesregierung die verabredeten Sondergespräche darüber nicht einleitete, mahnte Moskau sie an. Das sowjetische Interesse blieb danach ungebrochen, und die Neigung nahm zu, einem Zusammenwirken von russischer Kraft und Größe mit deutscher Technik und Tüchtigkeit fast unbegrenzte Aussichten zu prophezeien.

1957/58 versuchte Chruschtschow, alle seine Mittel zu vereinen: eine Gipfelkonferenz beider Allianzen und neutraler Staaten sollte über den Rapacki-Plan und einen deutschen Friedensvertrag beraten. Als sich das Projekt als chancenlos erwies, brach er im Mai 1958 die Vorverhandlungen ab; er war mit seiner Diplomatie gescheitert, gab aber seine Ziele nicht auf, sondern wechselte nur die Methode. Die Anerkennung der DDR und der Oder-Neiße-Grenze sowie der Verzicht auf Atomwaffen blieben Moskaus Kernforderungen an Bonn; sie schufen einen Dauerkonflikt von zunehmender Schärfe, weil vitale Interessen gegeneinander standen.

Der Osten wollte die permanente Teilung Deutschlands, die Bundesrepublik wollte die Wiedervereinigung. Je mehr der Osten auf faktische oder gar formelle Bestätigung des Status quo drängte, desto stärker betonten die westdeutschen Politiker das Recht auf Selbstbestimmung. Ebenso umgekehrt: Je beharrlicher Bonn seinen Anspruch erhob, desto dringender erschien es dem Osten, seinen Besitzstand international zu festigen. Die Deutschen sahen in der östlichen Politik einen Anschlag auf Deutschland, der Osten sah in Bonns Politik einen Angriff auf Frieden und Sicherheit in Europa. Anerkennung oder Änderung der bestehenden Verhältnisse – dazwischen gab es keinen Kompromiß.

Der Konflikt mit dem Westen

Mit dem Jahr 1955 hatten die Vereinigten Staaten, England und Frankreich alles erreicht, was sie in Deutschland gemeinsam anstrebten: Territorium und Potential der Bundesrepublik waren für den Westen gesichert: die Bundeswehr, deren erste Soldaten Ende des Jahres in die Kasernen rückten, versprach, das sowjetische Übergewicht erheblich zu verringern. Allerdings – ganz glücklich waren mit dem Sieg nur die Amerikaner; die Briten und noch mehr die Franzosen befanden sich im Zwiespalt zwischen der russischen und der deutschen Gefahr. Sie begrüßten das Ende des Kampfes mit Moskau auch deshalb, weil sich nun wieder die Möglichkeit zum Arrangement eröffnete.

Wenn man sich mit dem Kreml über Rüstungsbegrenzung in Europa einige, so hofften sie, werde Westeuropa weniger abhängig vom Schutz durch eine deutsche Armee, die man brauchte, aber fürchtete. Vielleicht reichte auch eine kleinere Bundeswehr aus; ein witziger Kopf brachte deren ideale Größe auf die Formel, sie müsse stärker sein als die sowjetische Armee und schwächer als die französische. Außerdem empfanden die Europäer lebhafter als die Amerikaner, welche Gefahren und Mühen der Kalte Krieg mit sich brachte. Vor allem litten sie noch unter den Folgen des letzten Krieges, manche führten in ihren Kolonien neue Kriege, die Rüstungslasten drückten sie deshalb besonders. Aus alledem entstand ein Interesse, Sicherheit auch durch Übereinkunft mit Moskau zu suchen.

Die transatlantische Großmacht USA konnte sich eine starke deutsche Armee leisten und war auf deren ungestörten, ungekürzten und schnellen Aufbau bedacht – zumal sie die eigenen Truppen in Europa verringern wollte. Verhandlungen mit der Sowjetunion erschienen Washington weniger dringlich. Außenminister John Foster Dulles hoffte, Moskau werde durch die Instabilität seines Imperiums und durch den Druck unerschütterlicher Einheit des Westens in absehbarer Zeit gezwungen, seine Politik gründlich zu ändern. Doch der Kreml wurde nicht schwächer, sondern stärker; auch für die Amerikaner empfahl sich das Gespräch mit ihm – spätestens, als im Herbst 1957 der erste »Sputnik« in eine Erdumlaufbahn geschossen wurde und die Fähigkeit anzeigte, sowjetische Atomsprengköpfe zielsicher über den Atlantik zu befördern.

Die Jahre 1955 bis 1958 brachten den ersten, sehr begrenzten Entspannungsversuch. Zwar dauerte der Kalte Krieg noch an, aber die Ost-West-Struktur Europas war nicht so erstarrt und zur Gewohnheit geworden wie in den sechziger Jahren; politische Bewegung erschien noch möglich. Sogar das Wort »Entspannung« erfuhr eine erste Konjunktur, wie auch sonst schon damals das Vokabular und manche guten Absichten der folgenden Jahrzehnte auftauchten. Man wollte sich gegen Überraschungsangriffe sichern, Vertrauen begründen, friedliche Zusammenarbeit beginnen und am Ende eine europäische Friedensordnung schaffen.

Doch aus alledem wurde nichts, weil man sich über Deutschland nicht einigen konnte. Militärisch paßte manches, was besonders britische und sowjetische Politiker anregten, durchaus zusammen, doch eine Übereinkunft scheiterte, weil die alliierten Pläne mit dem unmittelbaren Vollzug einer demokratischen Wiedervereinigung gekoppelt waren, die Moskau strikt ablehnte. Alles westliche Bemühen um Rüstungsbeschränkung in Europa geriet damit in die Zwickmühle: man mußte entweder die Entspannung oder die deutsche Einheit zurückstellen.

Schon 1955 auf dem Genfer Gipfel zeigte sich diese Alternative. Der britische Premierminister Anthony Eden schlug eine militärische Inspektionszone vor, die beiderseits der Linie verlaufen sollte, »die jetzt Ost- und Westeuropa teilt«. Bei allem anderen, was Eden anregte, hatte er die deutsche Einheit berücksichtigt, doch wo sollte man die Truppen beider Seiten anders inspizieren und kontrollieren als dort, wo sie standen, also beiderseits der Linie, die Deutschland teilt? Adenauer aber fürchtete, schon ein militärisches Inspektionsabkommen werde die Linie zur Grenze erheben, vielleicht sogar eine Beteiligung der DDR nötig machen, was ein Schritt zu deren Anerkennung sein werde. Der Kanzler intervenierte bei Eden mit dem Erfolg, daß bei der folgenden Außenministerkonferenz die Grenze nach Osten rückte: die westlichen Vorschläge beruhten nun auf der »Demarkationslinie zwischen einem wiedervereinten Deutschland und den osteuropäischen Ländern«. Der Einheitsstandpunkt war gewahrt und ein Abkommen mit der Sowjetunion unmöglich geworden[11].

So konnte es auf die Dauer nicht gehen. Vor allem in Paris und London wuchs die Entschlossenheit, Rüstungsvereinbarungen nicht mehr vom Vorrang der Wiedervereinigung abhängig zu machen. Es kam zu Kompromissen mit Bonn, das ein bißchen Abrüstung (»einleitende Schritte«) zugestand, falls

---

[11] Dokumente III/1, S. 199, 493. Daß beiderseits der »Linie, die jetzt Ost- und Westeuropa teilt«, inspiziert werden sollte, fehlt in den ›Dokumenten‹, weil es in deren Quelle, dem Europa-Archiv (1955), S. 8113 fehlt. Der für die Bundesregierung anstößige Satz findet sich in: Documents on International Affairs 1955. London 1958, S. 41, ferner in einer Bonner Dokumentation für den Dienstgebrauch: Dokumentation zur Deutschlandfrage. Von der Atlantik-Charta 1941 bis zur Genfer Außenministerkonferenz 1959. Zusammengestellt von Dr. Heinrich von Siegler. Bundesdruckerei, 7. 59, S. 338. Vgl. Adenauer, Erinnerungen 1955–1959, S. 36ff.

dann die »umfassende« Abrüstung käme, die untrennbar mit der Wiedervereinigung verbunden sein müsse[12]. In einer offiziellen Polemik des Auswärtigen Amts gegen den französischen Ministerpräsidenten hieß es am 6. April 1956: »Keine deutsche Regierung wird bereit sein, Vorschläge ernsthaft zu diskutieren, die die Entspannung auf der Grundlage einer auch nur vorübergehenden Anerkennung oder stillschweigenden Hinnahme der Teilung Deutschlands bewirken wollen.«[13]

Obwohl dieser Standpunkt in der Praxis nicht immer so kompromißlos verfochten wurde, hatte Bonn doch Entspannung und Wiedervereinigung in Gegensatz gebracht und einen Konflikt mit den Verbündeten geschaffen, der sich als unüberbrückbar erwies. Die Bundesrepublik argumentierte, die deutsche Teilung sei die tiefste Spannungsursache, deshalb könne es wirkliche Entspannung nur durch Wiedervereinigung geben. Auch die Alliierten sahen in der Teilung Gefahren, doch sie konnten eine Wiedervereinigung weder erzwingen noch erkaufen. Wenn sie Entspannung suchten, mußten sie es unabhängig von der deutschen Frage tun.

Ihre Ostpolitik war damit erheblich behindert. Sie mußte einerseits Rücksicht auf Bonn nehmen, also Rücksicht auf ein unerreichbares und gar nicht sehr erwünschtes Ziel; andererseits konnte sie nicht für unabsehbare Zeit auf europäischen Interessenausgleich mit der Sowjetunion verzichten. Die Meinungsverschiedenheiten mit der Bundesregierung hielten sich so lange in erträglichen Grenzen, wie ein solcher Ausgleich nicht zwingend nötig wurde und die Amerikaner mehr auf Sieg als auf Verständigung mit Moskau setzten. Doch sobald sich beides änderte, mußte der Konflikt zwischen Bonn und seinen Verbündeten offen hervorbrechen.

Bonns Konflikt mit sich selbst

Für Bundeskanzler Adenauer bildete das Jahr 1955 den Beginn einer soliden Wiedervereinigungspolitik. Die Westdeutschen verstärkten die NATO, wurden dafür souverän und erhielten von ihren Verbündeten ein vertragliches Hilfeversprechen für ihr nationales Problem. Im Artikel 7, 2 des »Deutschlandver-

[12] Dokumente III/3, S. 1307.
[13] Dokumente III/2, S. 238.

trags« von 1954 verpflichteten sich die Alliierten auf das Ziel: »ein wiedervereinigtes Deutschland, das ... in die europäische Gemeinschaft integriert ist«. Bonn und die Westmächte waren sich einig: in Betracht kommt nur eine Einheit, die auch die DDR dem Westen angliedert. Man hatte sich eine Aufgabe gestellt, die damals gar nicht auszuführen war.

Ob Adenauer das bei der Vertragsunterzeichnung wußte oder erst zwei bis drei Jahre später erkannte, bleibt sein Geheimnis. In jedem Falle hatte er 1955 erreicht, was ihm als das Wichtigste erschien; er hatte den Teil Deutschlands, über den er verfügte, unlösbar mit dem Westen verbunden. Der alte Mann – er war 73, als er Kanzler wurde – mißtraute seinen Landsleuten. Nur wenn sie »in fest vorgezeichneten Bahnen gehen müssen«, glaubte er sie und Europa sicher vor neuer Vermessenheit und neuen Katastrophen[14]. So setzte er alles daran, die Bahnen so fest vorzuzeichnen, daß kein Nachfolger mehr davon abweichen konnte. Die Verklammerung mit dem demokratischen Europa wurde ihm zum Lebenswerk, jedes andere Ziel, auch die Wiedervereinigung, trat dahinter zurück.

Adenauer nutzte die Gunst der Stunde. Er gab den Alliierten den zuverlässigen Verbündeten, den sie verlangten, und gab den Westdeutschen die starken Verbündeten, in deren Schutz sich das besiegte und besorgte Volk sicher fühlte. Die Bundesrepublik wurde dabei vom besetzten zum souveränen Staat, gleichberechtigt mit anderen Staaten, allerdings noch nicht gleich geachtet. Gemessen an der Hoffnungslosigkeit der ersten Nachkriegszeit, als viele mit Jahrzehnten der Verachtung und des Elends für Deutschland rechneten, ein erstaunlicher Aufstieg – er war verursacht durch den Kalten Krieg, der die Westdeutschen für den Westen nötig werden ließ, aber ermöglicht durch die klare und konsequente Politik Adenauers. Zugleich entstand ein stabiles Gemeinwesen; die Verbindung von Demokratie und sozialer Marktwirtschaft entwickelte eine unschlagbare Überzeugungskraft; erstmals in der deutschen Geschichte wurde ein Teil Deutschlands auch innerlich zu einem Teil des Westens.

Aber um einen hohen Preis. Zu den Grundempfindungen der Nachkriegszeit bis in die sechziger Jahre gehörte neben der Ostangst die Selbstverständlichkeit der deutschen Einheit. Die

[14] Lothar Rühl über ein Gespräch Adenauers mit dem belgischen und luxemburgischen Außenminister in: Der Spiegel v. 6. 10. 1954.

Grenze an der Elbe war wie der Schnitt in einen lebenden Körper – als ob heute der Main plötzlich zwei Staaten trennte, Frankfurt gehörte zum einen, Offenbach zum anderen. Das gleiche galt für die Ostprovinzen: ein Viertel des Reichsgebiets war amputiert, als Dauerzustand erschien das unfaßbar und unerträglich, nicht zuletzt im Blick auf die 8,5 Millionen Flüchtlinge und Ausgesiedelten, die das Land überfluteten und außerordentliche soziale Probleme schufen. Das Deutsche Reich war die gewohnte staatliche Form; es war die einzige, die man kannte; niemand kam auf den Gedanken, sie in Frage zu stellen. Daß die Deutschen die längste Zeit ihrer Geschichte in vielen Staaten gelebt hatten und Bismarcks Schöpfung eher die Ausnahme bildete, war erst die Einsicht der sechziger und siebziger Jahre.

Ein Land zu teilen, ist etwas Ungeheuerliches. Selbst wenn es vollzogen ist, vergeht noch viel Zeit, bis es im Bewußtsein der Menschen nachvollzogen wird. Von den Zeitgenossen scheinen sich nur manche über die Bedeutung des Jahres 1955 klar gewesen zu sein; nur ein Fünftel der Bundesbürger meinte im September jenes Jahres, die Aussichten auf Wiedervereinigung seien schlecht[15]. Die Vorstellungskraft der meisten versagte vor dem Gedanken endgültiger Teilung. Daß es »so nicht ewig weitergehen« könne, war ein unbegründetes, aber allgemeines Gefühl; und vieles, was die Leute sahen, lasen und hörten, konnte sie darin bestärken. Überall und dauernd wurde von der Einheit gesprochen; selbst wenn nur die Schwierigkeiten und Gefahren dafür ausgebreitet wurden – die Einheit blieb Maß und Ziel. Auch im Ausland gab es fast niemanden, der sie öffentlich in Frage stellte, sogar im Osten nicht; und die Verbündeten bestätigten immer wieder, daß sie sich darum bemühen wollten.

Die fünf Prinzipien der Einheit

Adenauers Politik war leidenschaftlich umstritten; eine breite, nicht nur parlamentarische Opposition warf ihm vor, der Westbindung die Wiedervereinigung zu opfern. Doch die Auseinandersetzungen verbargen oft, daß in nationalen Grundfragen volle Einmütigkeit zwischen den Parteien herrschte, abgesehen

---

[15] DIVO-Institut (Hrsg.), Umfragen. Ereignisse und Probleme der Zeit im Urteil der Bevölkerung. Bd. 3/4, Frankfurt a. M. 1962, S. 33.

von den Kommunisten. Alle stimmten überein, daß Freiheit vor
Einheit gehe. Selbst die Wiedervereinigung rechtfertigte nicht,
die westdeutsche Demokratie einzuschränken oder gar zu gefährden. Auch ein wiedervereinigtes Deutschland war nur als
Demokratie vorstellbar und der Vollzug der Vereinigung nur
durch freie Wahlen. Alle Vorausplanung, soweit es sie gab, beschränkte sich auf die Frage, wie nach dem Tage X in der »SBZ«
möglichst bald Demokratie und Marktwirtschaft einzurichten
seien.

Einmütigkeit herrschte ebenfalls über Berlin – es galt als die
Hauptstadt Deutschlands und die Frontstadt gegen den Osten.
In Berlin und im Respekt vor Berlin ließ sich beweisen, daß
man es ernst meine mit der deutschen Einheit; man baute den
zerstörten Reichstag wieder auf als Sitz eines künftigen gesamtdeutschen Parlaments und begnügte sich in Bonn mit den unbedingt nötigen Neubauten. Da die Bundesrepublik sich als Pro-
visorium verstand, sollte auch ihr rheinischer Regierungssitz
provisorisch bleiben. Die Frontstadt Berlin entsprach der verbreiteten Vorstellung, daß alles darauf ankomme, den Kampf
gegen den Kommunismus zu gewinnen oder jedenfalls zu bestehen. Die Westberliner galten als die Frontkämpfer des Kalten
Krieges oder als Landsleute in schwieriger Lage, sie erhielten
viel ehrliche Achtung und echte Anteilnahme; aber auch die
schweigende Mehrheit, der die Inselstadt an der Spree ganz fern
lag, fand sich fast protestlos damit ab, daß viel von ihren Steuer-
geldern als Bundeshilfe nach Berlin floß. Ein Teil der Bonner
Beamtenschaft kam aus den Reichsministerien und bewahrte
lebenslang Erinnerungen, die der hilfebedürftigen Stadt zugute
kamen. Berlin war Sentiment, Symbol und Tabu, aber auch der
einzige Platz, der im Westen begreiflich machte, was mit
Deutschland geschehen war und weiter geschah. Politik für
Berlin war daher dem Parteienstreit großenteils entzogen; was
für Berlin notwendig war oder erschien, duldete keinen Widerspruch.

Übereinstimmung herrschte auch über die Grundsätze der
Deutschlandpolitik. Man war sich einig, daß die Wiederverein-
gung nicht Sache der Deutschen sei, sondern der vier ehemaligen Besatzungsmächte, die 1945 die oberste Regierungsgewalt
in Deutschland übernommen hatten. Auch die Sowjetunion
stand nach Bonner Auffassung in dieser Pflicht, die sie in der
gemeinsamen Direktive der Genfer Gipfelkonferenz 1955 sogar
ausdrücklich bestätigt habe; Chruschtschow widersprach dem

später[16]. Die Vier-Mächte-Verantwortung bildete die unerschütterliche Basis aller ost- und deutschlandpolitischen Überlegungen; sie war die rechtliche Klammer, die das mehrfach geteilte Deutschland verband – und das hieß immer: Deutschland in den Grenzen von 1937, bevor Hitlers Eroberungen anfingen.

Mit der Sowjetunion unterhielt Bonn zwar seit 1955 diplomatische Beziehungen, aber es nutzte sie kaum. Sprechen über die Einheit ja, aber verhandeln nein, sagte Außenminister Heinrich von Brentano[17], weil er – auch im Blick auf die Verbündeten – fürchtete, die Bundesrepublik werde sich zwischen alle Stühle setzen, wenn sie sich in einen Vorgang einmische, den allein die großen Vier zu regeln hatten. Außerdem wußte man in Bonn, daß aus Moskau nur die stereotype Antwort käme, man solle sich an die DDR wenden; die Sowjetunion sei gern bereit, dabei zu vermitteln.

Doch daß man mit der DDR nicht reden könne, war schon seit 1949 übereinstimmende Meinung aller Bundestagsparteien außer der KPD. Nach der Gründung des ostdeutschen Staates erklärte Adenauer: »In der Sowjetzone gibt es keinen freien Willen der deutschen Bevölkerung«, folglich sei die Bundesrepublik Deutschland »die alleinige legitimierte staatliche Organisation des deutschen Volkes« und »allein befugt, für das deutsche Volk zu sprechen«[18]. Aus dem demokratisch begründeten »Alleinvertretungsrecht« ergab sich die strikte Nichtanerkennung der DDR, all ihrer Institutionen, Gesetze und Maßnahmen. Um diese Rechtsauffassung auch international durchzusetzen, wurden die Verbündeten auf das Alleinvertretungsrecht verpflichtet und die übrige Welt durch die »Hallstein-Doktrin« abgeschreckt, die eine Aufnahme diplomatischer Beziehungen mit der DDR zu einem »unfreundlichen Akt« gegen die Bundesrepublik erklärte. Wie Bonn diesen Akt beantworten würde, hielt die Bundesregierung bewußt offen; doch als sie 1957 das erste Mal entscheiden mußte, griff sie zum äußersten Mittel: Jugoslawien hatte diplomatische Beziehungen zur DDR aufgenommen, Bonn brach daraufhin seine Beziehungen zu Belgrad ab.

Entstanden war die Hallstein-Doktrin, um die Konsequenzen

[16] Dokumente III/2, S. 512; III/4, S. 230.
[17] Dokumente III/2, S. 109.
[18] Siehe Dokument Nr. 1.

eigener Inkonsequenz aufzufangen. Getreu ihrem Grundsatz, daß nur die Bundesregierung das deutsche Volk vertreten können, hatte sie offizielle Beziehungen zum ganzen östlichen Europa vermieden, das die DDR schon 1949 sogleich nach deren Gründung anerkannt hatte. Doch im September 1955 durchbrach der Kanzler selbst das Prinzip, als er bei seinem Moskaubesuch einem Botschafter-Austausch mit der Sowjetunion zustimmte. Er durchbrach das Prinzip sogar an der entscheidenden Stelle, denn verantwortlich für die Existenz der illegitimen DDR war die Sowjetunion und nicht etwa Polen oder Bulgarien. Adenauer handelte auch gegen den Rat seines Außenministers von Brentano, seine praktische Vernunft siegte über dessen Dogmatismus. Der Kanzler hielt es für wichtiger, zu der vierten der vier Mächte eine eigene Verbindung zu bekommen, und so wurde der Regelverstoß dann auch gerechtfertigt: als einmalige Ausnahme wegen der besonderen Verantwortung der Sowjetunion für Deutschland. Aber da es nun einmal in Moskau zwei deutsche Botschafter gab, mußte man jeder Wiederholung vorbeugen: benannt nach dem damaligen Staatssekretär im Auswärtigen Amt, wurde die Hallstein-Doktrin beschlossen, ein Grundsatz und Handlungszwang, der die westdeutsche Politik fast anderthalb Jahrzehnte lang zuerst bestimmte und später belastete.

Das letzte, worauf sich alle Parteien, wiederum außer der KPD, schon 1949 einschworen, war die Offenhaltung der Grenzfrage im Osten. Rechtlich stützte man sich darauf, daß die Sache auch auf der Potsdamer Konferenz zwischen Truman, Stalin und Churchill nicht verbindlich geregelt worden war. So wurde es für 20 Jahre zur Doktrin ohne Namen, daß »die endgültige Festlegung der Grenzen Deutschlands bis zu einer frei vereinbarten friedensvertraglichen Regelung für ganz Deutschland aufgeschoben werden muß«. Die Oder-Neiße-Grenze jedenfalls, konsequent als Oder-Neiße-*Linie* bezeichnet, könne »das deutsche Volk nicht als gegenwärtige oder künftige Grenze Deutschlands akzeptieren«[19]. Eine Änderung mit Gewalt wurde aber ausgeschlossen, die ostdeutschen Landsmannschaften verzichteten 1949 in der ›Charta der Vertriebenen‹ auf »Rache und Vergeltung«.

Gänzlich unklar blieben jedoch die Ziele: Wollte man alles

---

[19] Außenminister von Brentano am 31. 1. 1957 im Bundestag. Dokumente III/3, S. 100.

wiederhaben, also Deutschland in den Grenzen von 1937? Vielleicht das Sudetengebiet dazu – auch dort waren die Deutschen ausgesiedelt worden. Oder ein Kompromiß, das den Polen einigen Erwerb erlaubte und den Deutschen einiges zurückgab? Aber was? Lieber Pommern oder Schlesien, die Neumark oder Oberschlesien? Mußte man Ostpreußen ganz abschreiben oder nur den sowjetisch gewordenen Teil? Oder ging es nur noch um kleine Korrekturen, um Stettin etwa, das westlich der Oder liegt? Oder wollte man lediglich einen Verhandlungstrumpf behalten? Weder die Politiker noch die höheren Verbandsfunktionäre äußerten sich zu alledem öffentlich – der Konsens beschränkte sich auf das Nein zur Oder-Neiße-Grenze.

Wiedervereinigungs-Versuche

Bonn hatte Grundsätze, aber keine Politik. Die Opposition mahnte und plante, doch niemand hörte auf sie. Die Regierung hoffte und wartete, doch die Aussichten wurden immer schlechter. Moskau blieb von westlicher Stärke unbeeindruckt; und die Verbündeten weigerten sich, den Kreml durch Rüstungskontroll-Angebote zur Wiedervereinigung zu drängen oder zu locken – der Hebel war zu kurz. 1958 mußte Adenauer das Ruder um 180 Grad herumlegen: Abrüstung sollte nun nicht mehr der Preis für die Einheit sein, sondern deren Voraussetzung. Noch jahrelang machte der Kanzler Hoffnung: »Wenn das mit der kontrollierten Abrüstung gelungen ist, kommt auch die Wiedervereinigung.«[20]

Später setzte er auf die Chinesen, die Moskau so stark bedrängen würden, daß es in Deutschland nachgeben müsse. Schließlich meinte er, ein innerer Wandel könne den Kreml konzessionsbereit stimmen. In Wahrheit hatte er die Wiedervereinigung aufgegeben. Im März 1958 wandte er sich unter höchster Vertraulichkeit an Moskau und schlug vor, »der ›DDR‹ den Status Österreichs zu geben«[21]; sie sollte demokratisch und neutral sein. Aber die sowjetische Führung ging darauf nicht ein; sie hätte ihren Teil Deutschlands verloren, der Westen hätte seinen behalten und weiter militärisch gegen den Osten genutzt.

Spätestens 1958 war die Deutschlandpolitik Bonns nur noch

[20] Wahlrede am 14. 8. 1961. Adenauer, Reden, S. 422.
[21] Adenauer, Erinnerungen 1955–1959, S. 377 ff.

48

Defensive; der Kanzler mußte froh sein, wenn es ihm gelang, gefährliche Entwicklungen zu verhindern: daß die DDR ins internationale Spiel käme (als Konferenz-»Berater« oder als Mitglied europäischer Sicherheitseinrichtungen); daß die deutsche Frage, wie Moskau wollte, als Friedensvertrag behandelt würde oder daß die ehemaligen Siegermächte über Deutschland zur Tagesordnung übergingen. Ein Arrangement der Großen auf Kosten der Bundesrepublik blieb Adenauers ständige, stille Sorge.

Ostpolitik

Auch von Ostpolitik kann kaum die Rede sein. Mit der Sowjetunion kamen nur einige Abmachungen zustande, beispielhaft allerdings wegen der Verbindung von humanitären und wirtschaftlichen Fragen. Bonn ließ sich auf Handelsgespräche erst ein, als Moskau auf die Repatriierung von Deutschen einging, die in der Sowjetunion zurückgehalten wurden. Eine erste Vereinbarung, geschlossen 1958, sah die Rückführung derjenigen vor, die bei Kriegsbeginn mit der Sowjetunion die deutsche Staatsbürgerschaft besessen hatten.

Polen brachte die Bundesregierung in Verlegenheit. Gomulka erläuterte den Rapacki-Plan nicht allein militärisch, sondern auch mit dem Ziel, der Teilung Europas entgegenzuwirken. Wer sehen wollte, sah, daß auch das kommunistische Polen polnische Außenpolitik zu führen trachtete. Außenminister von Brentano allerdings bezweifelte alles: die »Friedensbereitschaft« und den »Verständigungsgeist« der Warschauer Führung, ebenso die polnische Herkunft und Absicht des Plans. Brentano sah nur eins: den Wunsch Moskaus, Ostberlin über Warschau zur Anerkennung zu verhelfen[22]. Auch die zweite Fassung des Plans, die Bonn jede Berührung mit der DDR-Regierung ersparen sollte, beeindruckte ihn nicht.

Warschau bemühte sich auch sonst. 1957 und 1958 erlaubte es 220000 Deutschen die Übersiedlung in die Bundesrepublik. Schon vor Gomulkas Wahl hatte es sein Interesse an einem Botschafteraustausch gezeigt, im April 1958 unterrichtete der katholische Sejm-Abgeordnete Professor Stomma den Bonner Außenminister, daß die Grenzfrage dabei offen bleiben könne. Gleichzeitig drängten SPD und FDP die Bundesregierung, mit

---

[22] Am 23. 1. 1958 im Bundestag. Dokumente III/4, S. 242.

Polen über diplomatische Beziehungen zu sprechen. Auch die Amerikaner, sogar Dulles drängten: wenn im Osten sich Selbständigkeit rege, dann müsse der Westen darauf eingehen. Aber Kanzler und Außenminister begnügten sich mit wohlwollenden Erklärungen, in denen sie meist dem polnischen Volk, also nicht der Regierung, ihre Verständigungsbereitschaft versicherten. Für diplomatische Beziehungen aber sei die Zeit noch nicht reif.

Zweierlei ließ die Regierung zögern, einmal der Druck der Vertriebenenverbände, die in einer Anerkennung der polnischen Regierung schon eine halbe Anerkennung der Grenze sahen; zum anderen die Hallstein-Doktrin. Nachdem sie 1957 gegen das blockfreie Belgrad angewandt worden war, erschien es nicht möglich, sie gegenüber dem Blockmitglied Warschau zu lockern. Immerhin lockerte sich das Denken in Bonn. Auch Brentano erkannte, daß Polen nicht die Beziehungen zur DDR abbrechen konnte, um Beziehungen zur Bundesrepublik aufzunehmen. Das Auswärtige Amt begann zu unterscheiden: einerseits die Staaten, die Ostberlin nicht anerkannt hatten und durch die Doktrin abgeschreckt werden konnten, andererseits die Länder der sowjetischen Allianz, die sogleich nach Gründung der DDR dorthin Botschafter geschickt hatten; ihnen gegenüber war die Doktrin sinnlos. Aber auch diese »Geburtsfehlertheorie« änderte die Zurückhaltung der Bundesregierung nicht: wenn in allen osteuropäischen Staaten zwei deutsche Botschafter amtierten, würden Ägypter, Inder und Indonesier nicht mehr verstehen, weshalb das nicht auch bei ihnen so sein solle.

Adenauer war der Überzeugung, nach Hitler seien die Deutschen drei Völkern besonders verpflichtet, den Juden, den Franzosen und den Polen. Doch nach 1956 versäumte der Kanzler die Chance, Polen und Deutsche einander näher zu bringen und Warschau den Weg nach Westen zu ebnen. Sein Hinhalten und Finassieren enttäuschte die Polen zuerst, schließlich verletzte es ihren Stolz. Man könne Bonn nicht unentwegt »nachlaufen«, hieß es im Warschauer Außenministerium[23]. Die polnische Politik verhärtete sich.

machinations

[23] Stehle, Nachbar Polen, S. 330.

Ganz und gar hilflos zeigte sich Bonn gegenüber der DDR. Vor aller Augen vollzog sich durch die ganzen fünfziger Jahre ein Prozeß, der von der Teilung zur Trennung führte. Verbindungen jeder Art lockerten sich, immer mehr zerrissen. Den »kleinen Grenzverkehr« unterbrach die DDR völlig, den Reiseverkehr in beiden Richtungen schnürte sie durch bürokratische Komplizierung und Strafandrohung weiter und weiter ein, selbst den Paket- und Päckchenverkehr erschwerte sie, und die Telephonkabel zwischen West- und Ostberlin zerschnitt sie. In Bonn wurde all das registriert, aber eine Politik, dem zu begegnen, gab es nicht. Aus Sorge vor kommunistischer Agitation und Infiltration war lange sogar umstritten, ob unpolitische »Kontakte« – Theateraufführungen, Konzerte, Sportwettkämpfe, Fachtagungen – überhaupt wünschenswert seien; der gesamtdeutsche Minister Ernst Lemmer setzte sich mit seiner »Politik der offenen Tür« schließlich durch. Im übrigen aber beließ die Bundesregierung es bei Forderungen an die DDR und bei dem Versuch, »über die vorhandenen Kontaktstellen die Probleme technischer Art« zu regeln. Aber die Probleme waren nicht technischer, sondern politischer Art, man konnte sie nicht den »fachlich oder örtlich zuständigen Dienststellen« beider Seiten überlassen[24]. Ohne die Regierung der DDR war schon in der zweiten Hälfte der fünfziger Jahre nichts Wesentliches mehr möglich.

Ostberlin tat damals zweierlei gleichzeitig. Einerseits demontierte es die Brücken zwischen den beiden Deutschland, andererseits schlug es unablässig Gespräche, Verhandlungen, gemeinsame Kommissionen und seit Ende 1956 eine Konföderation vor. Die Offerten waren mit wechselnden politischen Bedingungen befrachtet, enthielten oft aber auch Angebote zur Erhaltung und Erweiterung der deutsch-deutschen Verbindungen. Da Bonn sich auf nichts einließ, bleibt unbekannt, was ein zielstrebiges Aufgreifen dieser Angebote gebracht oder wenigstens verhindert hätte. Daß die SED-Führung, wenn man sie beim Wort nahm, zurückzuckte, lehren spätere Erfahrungen; aber in den fünfziger Jahren war noch vieles offen, was in den Sechzigern erstarrte. Sogar im Politbüro gab es um Karl Schirdewan Opponenten, die Ulbrichts rigorose Politik mäßigen, ihn wo-

---

[24] Bundesminister Jakob Kaiser im Bundestag am 30. 5. 1956. Dokumente III/2, S. 433/4.

möglich ablösen wollten. Auch hatten damals deutsch-deutsche »Kontakte« die ausdrückliche Unterstützung Moskaus.

Aber der Streit über verpaßte Möglichkeiten beschränkte sich in diesen Jahren fast völlig auf die sowjetischen Noten von 1952 bis 1955, wo Adenauer, selbst wenn er gewollt hätte, kaum Spielraum blieb. Die innerdeutsche Politik des Kanzlers wurde hingegen von Kritik weitgehend verschont, aber dort hatte er eigene Bewegungsmöglichkeit; sogar sein Freund Dulles meinte schon Mitte der fünfziger Jahre, »der Westen könne eher gewinnen als verlieren, wenn er die Offensive ergreife und dabei bis hart an den Rand politischer Verhandlungen zwischen Bonn und Ostberlin gehe«[25]. Der Vorwurf, es nicht wenigstens versucht zu haben, hätte im deutschen Bereich mehr Berechtigung gehabt als im Interessenfeld der Großmächte, aber er unterblieb. Zu offenkundig war die Absicht der DDR-Führung, als gleichberechtigter Partner anerkannt zu werden – und damit entschied sich in Bonn für die meisten Politiker bereits alles.

Je mehr sich der Horizont für die Wiedervereinigung verdunkelte, desto nötiger wurde es, die Einheit im Kleinen zu retten. Aber nur wenige bemühten sich darum konsequent, vor allem Herbert Wehner. Der ehemalige Kommunist wußte besser als die meisten, mit wem er es in Ostberlin zu tun hatte; er kannte nicht nur die Stärken, sondern auch die Schwächen des Gegners. Wehner, seit 1949 Vorsitzender des gesamtdeutschen Bundestagsausschusses, wußte auch früher als die meisten, daß die SED als Faktor in jeder gesamtdeutschen Rechnung zu berücksichtigen war. Und obwohl er dem SED-Staat strikt die Anerkennung verweigerte, war er früher als die meisten bereit, »mit den politischen Kräften im anderen Teil des gespaltenen Landes, die doch anwesend sind, um jeden Schritt Freizügigkeit für die Deutschen zu ringen und zu verhandeln«[26].

Aber Wehner war die große Ausnahme. Für die Mehrzahl der Politiker gab es innerdeutsche Politik nicht, weil es sie nicht geben durfte: die Wiedervereinigung galt – spätestens seit 1955 – als Aufgabe allein der Außenpolitik, also der vier Mächte; und gegenüber der DDR fühlten sich Regierung und alle Parteien verpflichtet, schon den leisesten Schimmer einer Anerkennung

---

[25] Roscoe Drummond u. Gaston Coblentz, Duell am Abgrund. John Foster Dulles und die amerikanische Außenpolitik 1953–1959. Köln 1961, S. 175.
[26] Im Bundestag am 30. 3. 1956. Vgl. Peter Bender in: Gerhard Jahn (Hrsg.), Herbert Wehner. Beiträge zu einer Biographie. Köln 1976, S. 40ff.

zu vermeiden. So vollzog sich weiter eine Teilung Deutschlands durch die Deutschen selbst. Die regierende Gruppe im Osten handelte, vorwiegend zur Selbsterhaltung; die politische Elite im Westen sah zu – oder auch weg.

Die Kluft zwischen Wunsch und Wirklichkeit

Polen strebte zur Auflockerung der Ost-West-Fronten, die DDR zu deren Festigung; beides betraf die Bundesrepublik wesentlich, aber sie verzichtete auf jeden Versuch der Einflußnahme. Wenn man von Handel, Humanität und einem halbherzigen Vorstoß in Moskau absieht, war ihre Ostpolitik in den fünfziger Jahren lediglich Westpolitik. Da Bonn aus selbst geschaffenen Grundsätzen seine Sache im Osten nicht führen konnte, blieb ihm nur, die Verbündeten zu mahnen und zu drängen, das deutsche Geschäft dort zu übernehmen oder wenigstens die Bonner Rechtspositionen zu verteidigen.

Die Erfolge solcher Ostpolitik konnten nur Westerfolge sein. »Das dümmste Gerede«, sagte Adenauer im April 1960, sei die Behauptung, »daß wir uns in den letzten Jahren immer weiter von der Wiedervereinigung entfernt hätten. Das ist einfach Unsinn. Wir sind der Wiedervereinigung natürlich ein gutes Stück näher gekommen, indem wir erreicht haben, daß die Westmächte, unsere ehemaligen Kriegsgegner, seit Jahren unsere Forderung unterstützen. Heute gibt es nur noch eine einzige große Macht, die sich dem Lebensinteresse unseres Volkes widersetzt. Nur noch die Sowjetunion weigert sich ... Das ist das einzige Hindernis, das der deutschen Wiedervereinigung noch ernsthaft im Wege steht.«[27]

An Beruhigungen und Versprechungen solcher Art mangelte es nicht, aber die Zweifel wuchsen bei Rednern wie Zuhörern. Noch im September 1955 hielten nur 21 Prozent der Bundesbürger die Wiedervereinigungsaussichten für schlecht, im August 1959 waren es 67 Prozent[28]. Da die Einheit entrückte und die Teilung sich vertiefte, trat der dritte Konflikt der westdeutschen Ostpolitik immer stärker hervor. Zum Anerkennungs-Konflikt mit Moskau und zum Entspannungs-Konflikt mit den Verbündeten kam der Konflikt der Bundesrepublik mit sich selbst; er bestand darin, daß sich Regierung wie Opposition ein

[27] Bulletin 30. 4. 1960, S. 777.
[28] Siehe Anm. 15, S. 42.

unerreichbares Ziel zur obersten Pflicht gemacht hatten. Zwischen Anspruch und Fähigkeit lag eine unüberbrückbare Kluft. Die Politiker mußten etwas tun, aber konnten es nicht, und je weniger sie tun konnten, desto mehr mußten sie reden, und je mehr sie redeten, desto länger hielten sich die Illusionen, und die Illusionen zwangen wiederum dazu, weiter zu reden, weil man nichts tun konnte.

Schon in den fünfziger Jahren waren sich die Realisten dieses Dilemmas bewußt. Im Mai 1956 sprach Außenminister von Brentano von der »vollen Durchsetzung unseres Rechtsanspruchs auf die Ostgebiete«[29]; zwei Jahre später bekannte er Professor Stomma aus Warschau, mit dem er sich heimlich traf, auch er wisse, daß Polen in den Grenzen bleiben werde, in denen es nun sei; aber er könne nicht über seinen Schatten springen, und es werde lange dauern, bis die Deutschen sich abfinden würden. Ebenso Adenauer, der schon 1955 dem SPD-Vorsitzenden Erich Ollenhauer seine Einsicht anvertraute: »Oder-Neiße, Ost-Gebiete usw., die sind weg! Die gibt es nicht mehr! Wer das mal aushandeln muß, na, ich werde es nicht mehr sein müssen.«[30] Adenauers »Österreich-Vorschlag« für die DDR setzte die Oder-Neiße-Grenze voraus und zeigte, daß er in der Einheitsfrage resignierte. Doch es dauerte bis zum April 1966, bis erstmals ein Politiker von Rang – es war Franz Josef Strauß – öffentlich und ohne Beschönigung zu sagen wagte, er halte eine Wiedervereinigung unter allen voraussehbaren Umständen für ausgeschlossen[31].

In dem Widerspruch zwischen Wunsch und Möglichkeit, in der Unvereinbarkeit von Wort und Wirklichkeit lag anderthalb Jahrzehnte lang nach 1955 das Kernproblem aller Deutschlandpolitik: sie war unrealistisch und unaufrichtig. Es mußte entworfen werden, was man nicht ausführen konnte; es wurde versprochen, was sich nicht halten ließ. Die Geschichte der Bonner Deutschlandpolitik ist die Geschichte eines unendlich qualvollen Vorgangs. Fortschritte bestanden nicht in der Annäherung an das Ziel, sondern in der Annäherung an die bittere Wahrheit von der Unerreichbarkeit des Ziels. Verdient machten sich nicht die unbeirrbaren Kämpfer für die Einheit, sondern

[29] Dokumentation zur Deutschlandfrage (Anm. 11), S. 536.
[30] Ludwig Elsing in: Werner Plum (Hrsg.), Ungewöhnliche Normalisierung. Beziehungen der Bundesrepublik Deutschland zu Polen. Bonn 1984, S. 57.
[31] Siehe Dokument Nr. 8.

die Zweifler, die von der Einheitserwartung Stück für Stück fortnahmen. Erfolge hatte nur, wer wußte, daß allein Verzicht Gewinn bringen konnte. Zu überzeugen vermochte am Ende nur noch, wer die Wahrheit sagte und das Mögliche versuchte.

2. Die Kraftprobe in Berlin (1958–1962)

Die Sowjetunion

Am 27. November 1958 nahm der erste Entspannungsversuch der Nachkriegsgeschichte ein abruptes Ende; mit sowjetischen Noten an die drei Westmächte begann eine Krise, die sich mindestens einmal bis zur Kriegsgefahr steigerte. Chruschtschow war mit seiner Deutschlandpolitik gescheitert, doch er fühlte sich stärker; im Kreml hatte er seine letzten Rivalen entmachtet und im Westen mit Raumflugerfolgen großen Eindruck gemacht, die Amerikaner fürchteten bereits eine sowjetische Raketenüberlegenheit. Was diplomatisch nicht zu schaffen war, wollte er nun mit Druck erreichen; dabei setzte er wie Stalin in Berlin an, aber auf subtilere Weise. Während Stalin die Zugangswege blockiert hatte, drohte Chruschtschow, die sowjetische Kontrolle des Berlin-Verkehrs der Westmächte an die DDR zu übergeben. Seit März 1959 kleidete er diese Drohung in eine – juristisch und propagandistisch – bessere Form: er werde mit der DDR einen separaten Friedensvertrag schließen, womit ihr alle sowjetischen Kontrollrechte zufielen. Die Amerikaner, Briten und Franzosen wären in eine gefährliche oder peinliche Lage geraten. Sollten sie sich den Weg nach Berlin freischießen, um ein Papier nicht stempeln zu lassen? Oder sollten sie über Siegerrechte mit einem Staat verhandeln, den sie als gar nicht existent betrachteten? Das erste konnte Krieg bedeuten, das zweite Kapitulation auf Raten.

Hinzu kam der behende Gebrauch von Ultimaten. Im November 1958 erging das erste, auf sechs Monate befristet. Wenn sich Verhandlungen abzeichneten oder begannen, verlängerte Chruschtschow die Fristen, aber selbst wenn er keinen neuen Termin setzte, hielt er den Westen noch unter Zeitdruck. Präsident Eisenhower sah es nach seinem Treffen mit Chruschtschow im September 1959 schon als Erfolg an, daß künftige Verhandlungen über Berlin »keine festgesetzte Zeitgrenze haben« sollten, aber auch »nicht unbegrenzt ausgedehnt werden« dürften. So ging das vier Jahre lang, vom Herbst 1958 bis zum Herbst 1962.

Wie für Stalin war auch für Chruschtschow das westliche Berlin mehr Mittel als Ziel, es diente als Hebel, um die Anerkennung des Status quo in Deutschland zu erzwingen. Für Ulbricht, der Moskau zum Handeln drängte, war es eher umgekehrt, er wollte vor allem den »Störfaktor« Westberlin beseitigen[1]. Seit 1953 verließen im Durchschnitt jährlich 200000 Menschen die DDR; solange das, fast unbehindert, über die offene Ost-West-Stadt Berlin weiterging, erschien eine Konsolidierung des ostdeutschen Staats nicht möglich.

»Begreifen Sie unseren Standpunkt«, sagte Chruschtschow an die Adresse des Westens, »wir wollen keine Erwerbungen, weder politischer noch materieller Art. Fixieren wir, was im Ergebnis des Zweiten Weltkriegs geschehen ist und was von der ganzen Welt anerkannt wird.«[2] Mit fast denselben Worten wiederholte er das über Jahre. Der Friedensvertrag, dessen Entwurf Moskau am 10. Januar 1959 vorlegte, sollte von beiden deutschen Staaten oder von einer Konföderation unterschrieben werden und zielte auf ein neutralisiertes, aber von den Siegermächten immer noch kontrolliertes Deutschland. Ost wie West hätten dort weiter, wenn auch weniger Truppen stationieren können, und die DDR hätte Gleichberechtigung mit der Bundesrepublik erreicht[3].

Nicht mehr auf fixierten Status quo, sondern auf Gewinn richtete sich Chruschtschows Forderung, Westberlin zur »Freien Stadt« zu machen. Der Berliner Witz sprach sogleich von einer »vogelfreien« Stadt und der Regierende Bürgermeister Willy Brandt erkannte die Absicht, »ganz Berlin in die Zone einzugemeinden«. Tatsächlich hätte die Inselstadt mit dem Abzug der Westmächte ihren einzig sicheren Schutz verloren. Sie wäre nicht einmal ein selbständiger Staat geworden, sondern ein undefinierbares Gebilde, nach außen vertreten weder durch die Alliierten noch durch Bonn, angewiesen auf unsichere Mehrheiten in den Vereinten Nationen, abgeschnitten von den lebenswichtigen Bindungen zur Bundesrepublik und abhängig von der DDR, die den gesamten Verkehr nach Westen kontrolliert. Die Freiheit Westberlins wie jedes Westberliners hing allezeit daran, daß es durch die Luft wenigstens einen freien Weg nach draußen gab; und so wäre die Zukunft absehbar gewesen: die Massenflucht aus einer Stadt, die innerlich abstirbt und der DDR am Ende als faule Frucht in die Hände fällt.

[1] Carola Stern, Ulbricht. Eine politische Biographie. Köln 1963, S. 228–233.
[2] Rede in Tula am 17. 2. 59, Dokumente IV/1, S. 893.
[3] Dokumente IV/1, S. 537 ff.

Wahrscheinlich wünschte Chruschtschow eine solche Entwicklung, aber sein Hauptziel in Westberlin war dessen politische Neutralisierung. So bot er später an, »symbolische« Kontingente der Westmächte dort weiterhin stationiert zu lassen, wollte aber ein sowjetisches Kontingent hinzufügen. Auch unter solchem »Vier-Mächte-Status« wäre Westberlin für DDR-Flüchtlinge zur Sackgasse geworden, sie wären hereingekommen, aber nicht mehr hinaus. Der »Pfahl im Fleische« der DDR, die »Speerspitze der freien Welt« wären abgebrochen, das »Schaufenster des Westens« hätte mit der Zeit seine Attraktivität verloren, faktisch und noch mehr symbolisch. Nicht nur das westliche Gegenbild zum Osten wäre verblaßt, auch das Sinnbild der Nichtanerkennung aller kommunistischen Herrschaft hätte seine Kraft eingebüßt.

Die Westmächte leisteten hinhaltenden Widerstand. Im November 1958 erging das erste Ultimatum, den ganzen Sommer 1959 verhandelten die Außenminister in Genf zwar vergeblich, aber Ende September trafen sich Eisenhower und Chruschtschow in Amerika. Für den Mai 1960 wurde eine Gipfelkonferenz der vier Mächte in Paris vereinbart; da jedoch Chruschtschow die Haltung der Amerikaner wieder verhärtet sah, sprengte er die Konferenz, bevor sie begann. Er hoffte auf den neuen Präsidenten, den er ein Jahr später, Anfang Juni 1961, in Wien traf und stark unter Druck setzte: »Wenn Sie Krieg wollen, dann ist das Ihr Problem.« John F. Kennedy sah keine Wahl, als die Herausforderung anzunehmen: »Wir wollen den Kampf nicht – aber wir haben schon gekämpft.« Militärische Mobilisierungsmaßnahmen beglaubigten die Entschlossenheit des Präsidenten[4].

Chruschtschow hatte so sehr gedrängt, daß er zum Gefangenen seiner eigenen Dynamik wurde. Sein erstes Ultimatum wirkte noch nicht erkennbar auf die DDR, 1959 sanken die Flüchtlingszahlen sogar um ein Viertel. 1960 stiegen sie wieder auf den Stand vor dem Ultimatum (200 000), doch das hatte seine Hauptursache in Ulbrichts rücksichtsloser Kollektivierungspolitik. Auch bis zum Juni 1961 wuchs die Fluchtbewegung nicht dramatisch. Erst als nach dem mißglückten Treffen zwischen Kennedy und Chruschtschow allgemeine Nervosität ausbrach, als Friedensvertragsankündigungen (»noch in diesem

[4] Honoré M. Catudal, Kennedy in der Mauer-Krise. Eine Fallstudie zur Entscheidungsfindung in USA. Berlin 1981, S. 127 ff. Dokumente IV/6, S. 1348 ff.

Jahr«) und andere Drohungen zunahmen, als Gerüchte und Spekulationen wucherten und sich das Gefühl ausbreitete, daß »irgend etwas« bald geschehen werde, begann im Juli und August ein Massenexodus, der sich auch deshalb immer weiter steigerte, weil die täglichen Flüchtlingszahlen wie Siegesmeldungen über den westlichen Rundfunk gingen[5]. Am Ende herrschte Torschlußpanik: viele gingen nur, weil sie fürchteten, dies sei die letzte Gelegenheit.

Damit geriet Chruschtschow unter Handlungszwang. Noch Mitte Juni sprach Ulbricht den viel zitierten Satz »Niemand hat die Absicht, eine Mauer zu errichten.« Das Ziel war immer noch, Westberlin als »Freie Stadt« unter östlichen Einfluß zu bringen[6]. Doch Kennedys Entschiedenheit bot dafür so bald keine Aussicht, und Chruschtschow mußte verhindern, daß die DDR »ausblutete«, so entschloß er sich zu einer Notlösung, wie die SED-Führung sie als Reserveplan ausgearbeitet hatte. Am 13. August 1961 wurde das 46 Kilometer breite Fluchtloch von Ost- nach Westberlin mit Stacheldraht verschlossen, drei Tage später begann der Bau der Mauer.

Dabei handelte es sich weder um das Ende der Berlin-Krise noch um »die erste Phase einer Offensive, die sehr viel weitere Ziele verfolgte«[7]. Der 13. August war eine Feuerwehraktion zur Rettung der Ulbricht-DDR, danach ging es weiter wie vorher. Chruschtschow verlangte weiter eine »Freie Stadt Westberlin« und einen Friedensvertrag mit »Deutschland«, er schreckte weiter mit einem Separatvertrag, der alle sowjetischen Berlin-Rechte der DDR übertragen werde, und er versuchte ein wenig Nervenkrieg in den Luftkorridoren nach Berlin. Er drohte, aber er hütete sich, die Drohung wahrzumachen.

Als nochmals ein Jahr verging und sich erwies, daß Druck auf Berlin nicht genügte, probierte er es mit Druck auf Amerika selbst. Sein Versuch, Cuba zur Atomraketenbasis gegen die USA auszubauen, brachte die Welt an den Rand eines Krieges und Westberlin in besondere Gefahr. Militärisch war zu befürchten, daß Berlin büßen müsse, falls die USA sich zum Zugriff auf Cuba genötigt fühlten: »Wenn wir Cuba besetzen, wird er (Chruschtschow) auf jeden Fall Berlin an sich reißen«,

[5] Übersicht über die Fluchtbewegung, siehe S. 281 f.
[6] Dokumente IV/6, S. 925 ff.
[7] Hans-Peter Schwarz, Die Ära Adenauer. Epochenwechsel 1957–1963. Stuttgart 1983, S. 142.

59

sagte Kennedy auf dem Höhepunkt der Krise zum britischen Premierminister Macmillan, der seinerseits auf die politische Gefahr hinwies: »Chruschtschow würde den Abbau der Raketen nur anbieten, wenn wir Berlin neutralisieren.«[8] Der Kompromiß, den Kennedy und Chruschtschow dann fanden, vermied beides; Strategie und Politik wurden darin getrennt. Die sowjetischen Raketen, die das Gebiet der USA bedrohten, verließen Cuba; die amerikanischen Raketen, die aus der Türkei, Italien und England sowjetisches Territorium erreichen konnten, wurden abgezogen. Politisch fanden sich beide Großmächte dauerhaft mit der Existenz einer fremden Insel im eigenen Machtbereich ab: die Vereinigten Staaten garantierten das mit Moskau verbundene Cuba, und die Sowjetunion verlangte nicht mehr, daß die Westmächte Westberlin räumen. Mit dem Ende der Cuba-Krise war »auch die Berlin-Krise vom Tisch, ohne daß es noch eines Schlußpunkts bedurft hätte. Kein Mensch sprach plötzlich mehr davon.«[9]

Die Folgen für die Sowjetunion wurden erst mit der Zeit sichtbar. Chruschtschow war der letzte »Ideologe« auf dem Stuhl des Ersten Sekretärs, er wollte nicht nur den Machtkampf mit Amerika bestehen, sondern auch den »Wettkampf der Systeme«, den er ständig proklamierte. Chruschtschow glaubte noch an einen Sieg, er griff nach Cuba, weil er sich überlegen fühlte – wenn nicht militärisch, so doch moralisch. Daß er die Kraftprobe nicht bestand und daß die vermeintlich dekadenten Kapitalisten, die er »begraben« wollte, sich als eisenharte Gegner erwiesen, hatte weitreichende Folgen für das Selbstbewußtsein des europäischen Kommunismus. Chruschtschow hatte noch einmal den Geist der Veränderung geweckt, im Inneren wie nach außen; nach ihm erlosch langsam die Hoffnung, daß sich Lenins Kommunismus im Westen ausbreiten werde. Zwei Jahre nach Cuba, im Oktober 1964, wurde er gestürzt, die Zeit der Pragmatiker begann. Sie rüsteten und suchten militärische wie politische Parität mit den Vereinigten Staaten. In Europa wurde die Sowjetunion ganz und gar zur Status-quo-Macht.

[8] Telephongespräch zwischen Kennedy und Macmillan am 24. 10. 1962. Dokumente IV/8, S. 1356 ff.

[9] Wilhelm Grewe, einer der maßgeblichen Diplomaten der Adenauerzeit, in einer Diskussion im Deutschlandfunk am 2. 12. 1983. Titel der Sendung: Angriff auf Berlin. Das Chruschtschow-Ultimatum von 1958 in historischer Perspektive, S. 20.

Um so mehr war sie darauf bedacht, ihren Besitz zu sichern. Die Methoden wechselten nochmals, aber die Ziele blieben gleich; was mit Druck nicht erreichbar war, wurde nun wieder mit Diplomatie, vor allem mit Beharrlichkeit erstrebt. Der Dauerkonflikt mit Bonn ging weiter.

Die Westmächte

Die drei Westmächte hatten auf Chruschtschows Berlin-Ultimatum zwei angemessene Antworten: entweder Verhandlungen unter Druck verweigern oder wirklich verhandeln, also eine Generalbereinigung in Deutschland, wie Chruschtschow sie anstrebte, zu versuchen. Die Franzosen wollten das erste, die Briten und Amerikaner neigten zum zweiten, aber beides erwies sich als nicht möglich.

Das Gespräch mit Moskau abzulehnen, erschien den Angelsachsen zu riskant: was sollten sie tun, wenn in Marienborn nur noch DDR-Grenzer standen? Die Notfallplanung, welche Einheit in welcher Stärke und Zusammensetzung mit welcher Bewaffnung und Anweisung auf der Autobahn nach Berlin »durchbrechen« müßte, wurde seit 1959 immer neu durchgespielt. Durfte man, wenn es zum Kampf kam, bis zur Anwendung taktischer Atomwaffen gehen? Die Briten wie die Amerikaner, von Dulles bis Kennedy, waren sich nur für den – unwahrscheinlichen – Fall eines militärischen Angriffs auf Westberlin sicher, militärisch antworten zu müssen. Sonst aber hatten sie die »konventionelle« Unterlegenheit der NATO zu bedenken: war der große Atomschlag als Abschreckung glaubhaft, wenn es, jedenfalls zunächst und scheinbar, nur um Grenzformalitäten ging?

Im Rückblick wirkt Chruschtschows Vorgehen wie ein gigantischer Bluff, vier Jahre lang redete er unablässig vom Atomkrieg, verhielt sich aber, sobald es ernst wurde, vorsichtig, meist sogar einsichtig. Doch wer konnte das damals sicher wissen? Washington und London hielten einen Krieg für möglich, 20 bis 30 Prozent Wahrscheinlichkeit wurde in Kennedys Umgebung geschätzt[10]. Und selbst wenn man Chruschtschows Ent-

---

[10] Catudal, Kennedy in der Mauer-Krise, S. 132. Lutz Lehmann und Peter Schultze, Ein Sonntag im August. Zur Geschichte der Berliner Mauer. Norddeutscher Rundfunk und Sender Freies Berlin, Fernsehdokumentation v. 12. 8.

schlossenheit zum Letzten bezweifelte, empfahl schon taktische Klugheit, ihn nicht durch Starrheit zum Vollzug seiner Drohung zu provozieren.

Die zweite Möglichkeit, das große Arrangement mit Moskau, scheiterte vor allem an der Bundesrepublik. Der Gedanke, den Stoß auf Berlin mit Verhandlungen über Deutschland abzufangen, lag so nahe, daß er vom Beginn der Krise bis zu deren Ende immer wiederkehrte. Schon im Februar 1959 nahm Adenauers alter Freund Dulles seine früheren Gedanken wieder auf und erörterte die »Chancen, den Verlauf der Berlin-Krise ins Gegenteil zu verkehren und den Westen aus der Defensive herauszureißen«. Während seiner letzten Europareise, schon vom Tode gezeichnet, drängte er Adenauer, »eine politische Offensive einzuleiten und die Kontakte mit Ostdeutschland zu vermehren, in dem Versuch, den kommunistischen Würgegriff zu lokkern«. Er ermunterte den Kanzler zu überlegen, »welche Methoden einer De-facto-Zusammenarbeit mit dem ostdeutschen Regime die Bundesrepublik in die Lage versetzen könnten, ihren Einfluß auf Ostdeutschland zur Geltung zu bringen«. Die Engländer und Franzosen, so berichtete Dulles, stimmten seiner Idee völlig zu. Adenauer wich jedoch aus, indem er die Einengung des deutsch-deutschen Reiseverkehrs schilderte[11].

Im Sommer 1959 stand dann – zum letzten Mal für dreißig Jahre – Deutschlands Zukunft zur Verhandlung. Aber der »Herter-Plan«, den Dulles' Nachfolger den Russen in Genf präsentierte, wurde vom neuen Außenminister Andrej Gromyko sogleich vom Tisch gefegt, da er – trotz vieler Konzessionen – mit freien Wahlen in ganz Berlin begann und mit freien Wahlen in ganz Deutschland endete.

Unter Präsident Kennedy nahm die amerikanische Politik gegenüber Bonn dann robuste Formen an. Der neue Chef des Weißen Hauses, 44 Jahre alt, hatte im Verhältnis zum 84jährigen Adenauer das Gefühl, »daß ich nicht zu einer anderen Ge-

1976, S. 37. Marguerite Higgins berichtete unter Bezug auf Chruschtschows Wiener Äußerung, wenn Kennedy einen Atomkrieg haben wolle, könne er ihn haben: »Kennedy konnte sich nicht vorstellen, daß ein Staatsmann eine Kriegsdrohung ausspräche, wenn es ihm nicht ernst damit wäre. Eine Zeitlang fürchtete Kennedy tatsächlich, daß auch der kleinste Zwischenfall in Berlin als Zünder für den Ausbruch eines Atomkrieges wirken könnte.« Zitiert nach Kurt L. Shell, Bedrohung und Bewährung. Führung und Bevölkerung in der Berlin-Krise. Köln u. Opladen 1965, S. 26, Anm. 144.

[11] Roscoe Drummond u. Gaston Coblentz, Duell am Abgrund. John Foster Dulles und die amerikanische Außenpolitik 1953–1959. Köln 1961, S. 244–248.

neration spreche, sondern zu einer anderen Epoche, zu einer anderen Welt«[12]. Kennedy fand in den Grundsätzen der Bonner Politik fast nichts mehr, womit sich Politik machen ließe, und verlangte mit wachsender Ungeduld von der Bundesregierung, statt dauernder Kritik an amerikanischen Vorschlägen selbst Wege zu zeigen, die nicht zur Sackgasse würden.

Der junge Präsident sah die Lage Deutschlands klarer als die meisten Deutschen. Eine Wiedervereinigung, meinte er, könne nicht durch Krieg und nicht durch ein Wunder kommen, sondern nur in einem langen historischen Prozeß[13]. Daraus folgte, daß eine, zumindest faktische, Anerkennung der DDR über kurz oder lang unvermeidlich und am Ende sogar nützlich sei – weshalb darüber nicht mit Moskau verhandeln, um Westberlin zu entlasten? Das gleiche bei der Oder-Neiße-Grenze. Kennedy war ein Freund der Polen, er verfolgte deren Drang nach mehr Selbständigkeit mit großer Teilnahme; da die Grenze Warschau an Moskau band, hielt er deren Anerkennung für geboten[14] – weshalb nicht auch daraus (wie es schon Eisenhower wollte) ein Verhandlungsobjekt machen zur Sicherung Westberlins? Schließlich hatte Kennedy Verständnis für die russischen Ängste vor den Deutschen und vor Atomwaffen in deutscher Verfügung – weshalb nicht auch darüber mit Moskau reden im Interesse des freien Berlin?

Die Engländer dachten ähnlich. Premierminister Macmillan empfahl Kennedy, »daß Sie so viel Druck auf Adenauer ausüben, wie Sie können«. Für ein »Geschäft« mit Moskau solle Bonn vier Punkte akzeptieren: »Erstens die Oder-Neiße-Linie, worüber allgemeine Einigkeit herrscht; zweitens irgendeine Formel, die auf ein beträchtliches Maß an De-facto-Anerkennung der DDR hinausläuft« und »praktischen Zwecken« dient; drittens Aufgabe »politischer Bindungen zwischen Westberlin und der Bundesrepublik«, dafür aber Verstärkung und Erweiterung der wirtschaftlichen und finanziellen Bindungen; viertens eine »Erklärung der deutschen Bundesregierung, daß sie weder die Absicht noch den Wunsch hat, Kernwaffen herzustellen«[15].

Frankreichs Staatspräsident Charles de Gaulle wies zwar Ver-

[12] Walther Stützle, Kennedy und Adenauer in der Berlin-Krise 1961–1962. Bonn-Bad Godesberg 1973, S. 211.
[13] Walt W. Rostow in: Fernsehdokumentation NDR und SFB (Anm. 10), S. 85.
[14] Stützle, Kennedy und Adenauer, S. 29.
[15] Harold Macmillan, Erinnerungen. Frankfurt a. M. u. Berlin 1972, S. 410.

handlungen unter einem Ultimatum von sich, sah sich aber durch das Ultimatum veranlaßt, seine Deutschlandpolitik zu bestimmen. Auf einer Pressekonferenz am 25. März 1959 bezeichnete er die Wiedervereinigung als das »normale Schicksal des deutschen Volkes«, band sie jedoch an zwei Voraussetzungen: die Anerkennung aller gegenwärtigen Grenzen und die Einfügung des vereinten Deutschland in eine »vertragsmäßige Organisation ganz Europas« – also nicht nur Westeuropas, wie Adenauer wollte. Bis zur Erreichung dieses »Ideals« riet de Gaulle, zwischen der Bundesrepublik und der DDR »die Bindungen und Beziehungen auf allen praktischen Gebieten zu vervielfachen« – das aber nicht nur, wie die Angelsachsen meinten, zu praktischen Zwecken. Der Franzose empfahl Annäherung an die DDR »zum Vorteil dessen, was ich die ›deutsche Sache‹ nennen möchte und die den Deutschen trotz allem gemeinsam ist, ungeachtet der Differenzen des Regimes und der Umstände«[16].

In Motiv, Akzent und Taktik zeigten sich Unterschiede, im wesentlichen jedoch herrschte Einmütigkeit: die Oder-Neiße-Grenze ist nicht nur endgültig, sie muß früher oder später auch anerkannt werden; die Wiedervereinigung ist eine Frage fernerer Zukunft, nicht der operativen Politik; die Bundesrepublik soll sich mit der DDR so breit, eng und dauerhaft verbinden, wie es ohne formelle Anerkennung möglich ist – wobei die Angelsachsen in der Anerkennungsfrage laxer waren, de Gaulle hingegen kompromißlos. Bonn muß auf eigene Atomwaffen verzichten.

In den Grundzügen nahmen Amerikaner, Engländer und Franzosen zwischen 1959 und 1962 gedanklich vorweg, was ein Jahrzehnt später Brandts neue Ostpolitik wurde. Verglichen mit Chruschtschows Deutschland-Äußerungen bestand sogar ein hoher Grad von Vier-Mächte-Übereinstimmung; Macmillans Bemerkung über Westberlin gab schon die grobe Richtung für das Berlin-Abkommen von 1971. Aber die Zeit war dafür noch nicht reif. Bonn leistete verbissenen und zähen Widerstand, und Paris brauchte Bonn für seine nationale Politik – dagegen kamen die Angelsachsen nicht an, zumal auch sie nicht frei waren von Hemmungen. Auch unter Kennedy scheute sich das State Department noch, die Teilung Deutschlands »offen zu akzeptieren« und die ganze frühere Deutschlandpolitik »über

[16] Dokumente IV/1, S. 1268.

Bord zu werfen«. 1962 mahnte Adenauer die Amerikaner sogar zur Vertragstreue und ließ durchblicken, daß zur Not auch er mit Moskau sprechen könne. Schließlich hatte sich in Washington die alte Sorge vor deutscher Explosivität gehalten, vor einem künftigen Nationalismus, »der die Wiedervereinigung mit Gewalt sucht«[17].

So verlief die Berlin-Krise innerhalb des Westens nach einer gewissen Mechanik. Wenn Chruschtschow ultimativ drängte, kamen in Washington und London die Deutschland-Konzessionen nach vorn; Bonn wehrte sich, Paris assistierte ihm diskret oder schwieg. Wenn der sowjetische Druck nachließ, schwand auch der Druck der Angelsachsen auf die Bundesrepublik, und die bösen Pläne gingen wieder zu den Akten. Nach dem heißen Sommer 1961 wuchs die Erbitterung über Bonn. Im äußersten Fall für das freie Berlin einen Krieg zu riskieren, das verlangte die Glaubwürdigkeit Amerikas als Schutzmacht der freien Welt – rund um den Globus hätte sonst niemand mehr amerikanischer Garantie vertraut. Aber atomare Vernichtung, um überholte Grundsätze der Deutschen zu wahren – das erschien unerträglich.

Wie die Russen erfuhren auch die Westmächte damals, daß man ein Land nicht ungestraft teilt. Chruschtschow mußte auf den ostdeutschen Staat Rücksicht nehmen und mit der Berliner Mauer aller Welt das Versagen seines Sozialismus vor Augen führen. Die Amerikaner, Briten und Franzosen mußten auf den westdeutschen Staat Rücksicht nehmen und sich vier Jahre lang an der militärisch schwächsten Stelle verteidigen, ohne ihre politischen Stärken ins Feld führen zu können. Sie mußten die Achillesferse Westberlin schützen und durften nicht über Deutschland verhandeln. Da sie aber gezwungen waren zu verhandeln, blieb als Thema nur Berlin und als Gebiet für Kompromisse nur der allerempfindlichste Platz, wo schon kleine Zugeständnisse die Substanz gefährdeten.

So war die Insel Berlin nicht nur von östlichen Angriffen, sondern auch durch westliche Konzessionen bedroht: 1958 Dulles' »Agententheorie«, die DDR-Kontrolleure zu »Beauftragten« (agents) der Sowjetunion ernannt hätte; 1959 ein Interim-Abkommen, das Westberlin indirekter Einwirkung der DDR ausgeliefert und es nach fünf Jahren erneut zum Verhandlungsobjekt gemacht hätte; 1961/62 eine internationale Zu-

---

[17] Catudal, Kennedy in der Mauer-Krise, S. 217, Anm. 38, S. 230.

gangsbehörde mit unsicherer Autorität. All das entsprang verzweifeltem Suchen nach Auswegen und bewies doch nur die Ausweglosigkeit der Lage, in der die Westmächte sich befanden. Ihre Vorschläge waren für Westberlin bedenklich bis gefährlich, aber reichten nicht einmal aus, um mit Moskau ins Gespräch zu kommen, denn Chruschtschow wollte ein Arrangement über Deutschland und nicht über Westberliner Einzelheiten und setzte seine Pressionen fort.

Amerikas entscheidende Berlin-Konzession lag in den drei »essentials«, drei Grundsätzen, die Kennedy mit aller Macht zu sichern entschlossen war: Verbleib der alliierten Truppen, freier Zugang und Lebensfähigkeit der Stadt. All das bezog sich nur auf Westberlin, und von Westberlin statt von Berlin sprach der Präsident, als er nach dem Wiener Zusammenprall mit Chruschtschow seine Politik öffentlich darstellte. Nicht die Allgemeinheit, aber jeder Kenner der diplomatischen Sprache konnte spätestens nach der Fernsehrede am 25. Juli 1961 wissen: Kennedy war unnachgiebig in der Verteidigung Westberlins, aber seine Garantie endete an der Sektorengrenze[18]. Der Präsident bewies hier die kalte Klarsicht, die ihn auch später im Verhältnis zur Sowjetunion auszeichnete; er verband Härte in der Wahrung der eigenen Interessen mit Verständnis für die Lage des Gegenspielers. Anfang August sagte er zu seinem Berater Walt Rostow: »Ostdeutschland entgleitet Chruschtschow, das kann er nicht hinnehmen. Wenn Ostdeutschland verlorengeht, sind auch Polen und ganz Osteuropa verloren. Er muß etwas tun, um den Flüchtlingsstrom einzudämmen – vielleicht eine Mauer? Wir werden nichts dagegen tun können. Ich kann die Allianz zusammenhalten, um Westberlin zu verteidigen, aber ich kann nicht Ostberlin offenhalten.«[19]

Als Chruschtschow die Methode wählte, um ein »Entgleiten« der DDR zu verhindern, reagierte er exakt auf Kennedys Rede. Er vermied die Kraftprobe, ließ Westberlin unangetastet, aber nahm, was der Präsident nicht mehr beanspruchte: den Ostteil der Stadt mit fast allen Rechten der Westmächte dort. Kennedy wiederum reagierte darauf, wie Chruschtschow es erwartete. Er unternahm nichts und kommentierte die Nachricht von der Sperrung der Sektorengrenze: »Das bedeutet, Chruschtschow

[18] Dokumente IV/6, S. 1348 ff.
[19] Walt W. Rostow, The Diffusion of Power. An Essay in Recent History. New York 1972, S. 231.

hat nachgegeben. Wenn er noch die Absicht hätte, ganz Berlin zu besetzen, hätte er diese Mauer nicht gebaut.«[20]

Wo die Deutschen ihre tiefste Niederlage erkannten, sah der amerikanische Präsident einen Erfolg; was die Deutschen erschütterte wie nichts seit dem 17. Juni, empfanden die westlichen Regierungen als Erleichterung. Sie hatten einen Krieg befürchtet – im Vergleich dazu schien es ihnen erträglich, daß die Ostdeutschen nun ebenso im Osten eingeschlossen waren wie alle anderen dort.

Westberlin

Berlin war, als Ulbricht die Mauer bauen ließ, ein lebender Organismus – zwar politisch, administrativ und vielfach auch technisch geteilt, aber es war noch *eine* Stadt und wurde von den meisten Bewohnern so empfunden. Berlin war auch das letzte, was von Deutschland noch funktionierte. Die Mauer trennte dann Nachbarn, Freunde, Verwandte, sogar Eheleute, und sie zerschnitt die letzte freie Verbindung zwischen beiden Teilen der Nation.

Niemals vor- und niemals nachher wurden die drei Konflikte der Ostpolitik so schmerzhaft spürbar. Die Sowjetunion bewies nochmals, daß sie ihren Besitzstand auch mit Gewalt halten werde. Gleichzeitig zeigten die Westmächte mit provokanter Passivität, daß ihnen die Ansprüche und Gefühle, sogar die menschliche Not der Deutschen, gleichgültig waren. Die Amerikaner, Briten und Franzosen taten am 13. August und den Tagen danach buchstäblich nichts. Kein westdeutscher Politiker forderte, die Absperrung mit Panzern niederzuwalzen, aber selbst die Gesten, um die der Regierende Bürgermeister Brandt bat, kamen nur schleppend: »Zwanzig Stunden vergingen, bis die erbetenen Militärstreifen an der innerstädtischen Grenze erschienen. Vierzig Stunden verstrichen, bis eine Rechtsverwahrung beim sowjetischen Kommandanten auf den Weg gebracht war. Zweiundsiebzig Stunden dauerte es, bis – in Wendungen, die kaum über die Routine hinausreichten – in Moskau protestiert wurde.«[21]

Die Verbündeten schienen zu versagen, es wurde sogar (fälschlich) behauptet, sie hätten alles im voraus gewußt. Der

---

[20] Siehe Dokument Nr. 4.
[21] Brandt, Begegnungen, S. 13.

Lebensnerv der Stadt war getroffen. Seit der Blockade von 1948/49 standen Westberlin und die Vereinigten Staaten in einem besonderen Verhältnis zueinander. Nicht zu den Deutschen, aber zu den Berlinern hatten die Amerikaner inneren Zugang gefunden; die Westberliner empfanden ihrerseits die drei Besatzungsmächte als Schutzmächte; allein deren Stärke und Zuverlässigkeit gab ihnen das Vertrauen in die Zukunft ihrer Insel. Das Problem, das der 13. August schuf, war daher ebenso ein West- wie ein Ostproblem: Von den Kommunisten erwartete man ohnehin nur das Schlimmste, von den Amerikanern aber alles – viel mehr jedenfalls, als sie leisten konnten und wollten.

Erstmals bestrafte sich die Politik des Als-ob. Die Verantwortlichen, deutsche wie alliierte, hatten sämtlich den Eindruck erweckt oder jedenfalls nicht korrigiert, daß die Garantie der Westmächte für ganz Berlin gelte, also auch den freien Verkehr zwischen den Ost- und Westsektoren sichere. Im Schöneberger Rathaus sprach der Senat für die ganze Stadt, das Abgeordnetenhaus entsandte sogar Ostberliner in den Bundestag. All das erwies sich jetzt als bloßer Schein, als Anspruch ohne Kraft, den Ulbricht über Nacht wegwischte und dazu noch triumphierend höhnte, am 13. August sei »weit weniger passiert als bei einer durchschnittlichen Rock-and-Roll-Veranstaltung im Westberliner Sportpalast«[22].

Die Stadt war erschreckt. Fast jeder hatte »etwas« erwartet, kaum jemand aber mit einer gänzlichen Abriegelung gerechnet; auch den führenden Politikern fehlte dafür die Phantasie[23]. Die Stadt brodelte vor Wut über die Brutalität der Mauer, viele fürchteten, Westberlin selbst könne angegriffen oder die Verbindung nach Westen gestört werden; nicht wenige zweifelten, ob die Alliierten sie wirklich schützen würden. Für den 16. August rief der Senat zu einer Kundgebung vor das Rathaus, ein nötiger, aber gefährlicher Schritt, denn die Erbitterung konnte in Protestmärsche zur Grenze umschlagen – mit unabsehbaren Folgen. Die Enttäuschung von den Amerikanern wurde auf Transparenten sichtbar: »Vom Westen verraten?« Brandt stand vor der Aufgabe, die Empörung zu artikulieren und gleichzeitig

[22] Dokumente IV/7, S. 118.
[23] Heinrich Albertz, Blumen für Stukenbrock. Biographisches. Stuttgart 1981, S. 256; Brandt, Begegnungen, S. 14.

zu dämpfen[24]. Nach Osten nutzte er alle Ventile, die sich in der Eile finden ließen: er verlangte die Übernahme der unter DDR-Regie fahrenden S-Bahn, einen Boykott der Leipziger Messe und des innerdeutschen Sportverkehrs – Brückensprengung als Rache für die Mauer, ein Widersinn, der nur aus der Situation verständlich wird. Nach Westen hin suchte Brandt wieder Vertrauen zu schaffen: ohne die alliierten Garantien »wären die Panzer weitergerollt«. Zugleich aber mahnte er Kennedy: »Berlin erwartet mehr als Worte, Berlin erwartet politische Aktionen«, und das habe er dem Präsidenten heute geschrieben.

Dieser Brief war mit erstaunlicher Deutlichkeit und Berliner Selbstbewußtsein verfaßt, die Antwort fiel höflich, aber nicht minder deutlich aus und ließ den Abstand zwischen Schutzmacht und Schützling spüren. Brandt versuchte, Kennedy davon zu überzeugen, die Mauer sei nur der erste Akt, dem ein zweiter, gefährlicherer, folgen werde. Kennedy meinte das Gegenteil: die Mauer bedeute das Ende der Berlinkrise, und der Westteil sei nun sicherer als zuvor. Brandt wollte (wie seit 1958 auch Adenauer) klarmachen, daß der gesamte Westen betroffen sei und sich jetzt wehren müsse. Kennedy war überzeugt, Chruschtschow habe, obwohl auf schlimme Art, ein spezifisch deutsches Problem gelöst, und der Westen sei von einer schweren Sorge befreit. Brandt prophezeite, »uns allen (wird) das Risiko letzter Entschlossenheit nicht erspart bleiben«. Kennedy glaubte, eben dieses Risiko gerade auf sich genommen und durchgestanden zu haben. Brandt mahnte ein »klares Wort« zur deutschen Frage an, Kennedy war froh, Westberlin gerettet zu haben. Brandt warnte den Präsidenten vor »Untätigkeit und reiner Defensive«; Kennedy war, wie Brandt später selbst erkannte, den ganzen Sommer tätig gewesen, um einen Atomkrieg wegen Berlin zu verhindern.

Das Mißverständnis war komplett. Kennedy vor dem 13. August und Brandt danach dachten und handelten jeweils in extremer Situation, doch ihr Zusammenstoß spiegelte den damals allgemeinen Gegensatz zwischen amerikanischer und westdeutscher Auffassung. Aber beide fanden sich dann sogleich in der gemeinsamen Sorge vor einer Vertrauenskrise. Im Weißen Haus begriff man schneller als im Bonner Kanzleramt, daß die Insel-

---

[24] Für das Folgende siehe: Dokumente IV/7, S. 48 ff. Brandt, Begegnungen, S. 12 ff. und S. 28 ff. Diethelm Prowe, Der Brief Kennedys an Brandt vom 18. August 1961. In: Vierteljahrshefte für Zeitgeschichte 33 (1985), S. 373.

stadt moralische Unterstützung brauchte. Kennedy schickte Vizepräsident Lyndon B. Johnson nach Berlin und setzte, einer Anregung Brandts folgend, eine Kampfgruppe auf der Autobahn in Marsch; während der Fahrt stand der Kommandeur in direkter Funkverbindung zum Weißen Haus – so riskant erschien das Unternehmen. Um so größer war der Empfang für Johnson und die Soldaten; die Zweifel an den Verbündeten verflogen überraschend schnell, jedenfalls für den Augenblick.

Aber eine Vertrauenskrise bedrohte auch die westdeutschen Politiker, der dritte Konflikt wurde ebenfalls in Berlin damals schärfer erkennbar als im Bundesgebiet. Brandt wußte, weshalb er seine Rede vor dem Schöneberger Rathaus damit begann, die Berliner hätten »ein Recht darauf zu wissen, wie die Lage tatsächlich ist«, und sie seien »stark genug für die Wahrheit«. Die Tatsachen hatten die Wahrheit enthüllt, nun mußten die Politiker nachkommen. Brandt sprach, wie vor ihm nur Kennedy, von Westberlin, wenn es um alliierte Zusicherungen ging. Er sagte als erster westdeutscher Politiker, was von den Verbündeten erwartet werden konnte: Schutz und Sicherheit, aber keine Hilfe für die Einheit.

Nicht öffentlich sprach der Regierende Bürgermeister von einer weiteren Enttäuschung. Er hatte Kennedy vorgeschlagen, »einen Drei-Mächtestatus West-Berlins (zu) proklamieren«; dahinter stand die Überlegung: Wenn der Osten Ostberlin in die DDR fast gänzlich eingemeindet, sollte der Westen mit Westberlin das Entsprechende tun. Aber der Präsident lehnte ab, weil er eine Schwächung des Vier-Mächte-Status fürchtete; die amerikanische Position im Zentrum Europas durfte nicht die geringste rechtliche Blöße bekommen. Kennedy schrieb Brandt zwar: was immer die Bindungen Westberlins zum Westen stärken könne, solle geprüft und getan werden – aber Berlin als Domäne der Großmächte in Deutschland blieb für den Präsidenten unantastbar.

Damit war eine Entscheidung für unabsehbare Zeit gefallen. Denn falls je Gelegenheit bestanden hatte, Westberlin bei fortgeltendem Besatzungsrecht zum vollen Bundesland zu machen, dann nach dem Mauerbau. Später mußte die normative Kraft des Faktischen, nicht zuletzt der Geographie, fast ungehemmt wirksam werden. Schritt für Schritt baute Ostberlin die Beschränkungen durch den Vier-Mächte-Status ab: die jungen Männer mußten in der Volksarmee dienen, die Abgeordneten bekamen Stimmrecht in der Volkskammer und anderes mehr.

Ostberlin wurde zur Hauptstadt der DDR, Westberlin aber blieb eine politische Insel.

Die Bundesrepublik

32

Für die Bundesregierung wie für alle Parteien brachte die Berlin-Krise das Ende ihrer Wiedervereinigungspolitik. Chruschtschows Vorgehen zerstörte nicht nur die Erwartung eines sowjetischen Rückzugs aus der DDR, sei er durch Stärke des Westens herbeigeführt oder durch Angebote; alle Kraft und sogar alle Konzessionsfähigkeit waren nun davon beansprucht, ein sowjetisches Vordringen zu verhindern. »Wenn wir den Status quo für Berlin und die Zone behalten, haben wir für heute so gut wie alles erreicht«, sagte Adenauer in einer vertraulichen Sitzung am 16. März 1959 und fügte hinzu: »Wiedervereinigung – wer weiß wann!«[25]

Aber auch im Blick nach Westen verflogen die Illusionen. Die Angelsachsen verhielten sich – aus Bonner Sicht –, als hätten sie den Deutschlandvertrag von 1954 nie unterschrieben. Außer dem schwachbrüstigen Versuch des »Herter-Plans« ließen sie es nicht allein an jeder Initiative für die deutsche Einheit fehlen, sie setzten der Bundesregierung vielmehr ständig zu, ihre deutschlandpolitischen Grundpositionen zu räumen. Auch hier nicht nur kein Fortschritt, sondern die Gefahr des Rückschritts.

Schon bevor die Krise richtig begann, machte Dulles mit der »Agententheorie« ein erstes Zugeständnis, bald danach untergrub er einen der Hauptpfeiler gemeinsamer Überzeugungen, als er freie Wahlen nicht als den einzigen Weg zur Wiedervereinigung bezeichnete. Auch sonst waren es nicht nur die neuen Leute um den jungen Kennedy, sondern auch die alten, bewährten Freunde wie General Lucius D. Clay und der frühere Hochkommissar John J. McCloy, die zum Verzicht auf die Ostgebiete oder eine faktische Anerkennung der DDR drängten[26].

Die Enttäuschung über die Amerikaner zog sich durch die ganze Zeit, aber die deutsche Kritik an ihnen verlor viel von

---

[25] Krone, Aufzeichnungen, S. 152.
[26] Krone gibt ein aufschlußreiches Zeugnis für die Irritationen Adenauers und seiner Umgebung über die amerikanische Politik seit Anfang 1959. McCloys Äußerungen (unter dem 25. 9. 1961) ebd., S. 163. Vgl. Baring, Machtwechsel, S. 207. Zu Clay vgl. Stützle, Kennedy und Adenauer, S. 162 f.

ihrer Kraft, weil Bonn an den Sorgen und Lasten Washingtons teilnehmen mußte. Ebenfalls durch diese ganze Zeit, vom Februar 1959 bis zum November 1962, fragten die Amerikaner immer wieder nach dem Ernstfall: Ob die Westdeutschen mit einer stufenweisen Freikämpfung der Zugangswege nach Berlin einverstanden seien – bis zur Anwendung taktischer Atomwaffen! Adenauer bejahte ein Vorgehen in Stufen, doch im Lauf der Zeit näherte sich die zögernde Zustimmung einem versteckten Nein; die Beteiligung von Bundeswehreinheiten erschien ganz indiskutabel. Der kleine Kreis der Beteiligten war sich einig, daß nichts, auch die Freiheit Westberlins nicht, einen Atomkrieg rechtfertige; entschieden werden mußte aber, welches Risiko man eingehen durfte, um Chruschtschow abzuschrecken. Adenauer, Brentano und Brandt scheinen zu höherem Wagnis bereit gewesen zu sein als Verteidigungsminister Strauß und Außenminister (seit Herbst 1961) Gerhard Schröder[27].

Das Kanzleramt wie die Opposition erkannten sehr bald, daß es nicht genügte, Chruschtschows Zumutungen zurückzuweisen; die Deutschen selbst mußten nun sagen, wie es in ihrem Lande weitergehen sollte. Adenauer reagierte schnell. Was er dachte, hielt sein Vertrauter, der CDU/CSU-Fraktionsvorsitzende Heinrich Krone unter dem 23. Januar 1959 fest: »Da mit der Wiedervereinigung auf Jahre nicht zu rechnen sei, solle man sie als jetzt nicht durchführbar ansehen; die Zone bleibe in der Macht Pankows, die Bundesrepublik im Bündnis mit dem Westen; es müsse im Wissen um die Lage, wie sie ist, zu Gesprächen kommen, die auf eine Humanisierung der Verhältnisse in der Zone hinausgingen.«[28] In diesem Sinne arbeitete Adenauers Staatssekretär Globke schon um die Jahreswende 1958/59 ein Konzept aus, das später die Gestalt eines vollständigen Vertragsentwurfs erhielt. Der Plan bestand aus vier Stufen: 1. Die Bundesrepublik und die DDR erkennen sich gegenseitig als »souveräne Staaten« an und nehmen diplomatische Beziehungen auf. Grund- und Menschenrechte werden beiderseits der Elbe gewährt, der Reiseverkehr verläuft ohne Beschränkung. 2. Nach einem Jahr wird in beiden Staaten demokratisch gewählt. 3. Nach fünf Jahren wird in getrennten Volksabstim-

---

[27] Hans-Peter Schwarz, Die Ära Adenauer. Epochenwechsel 1957–1963. Stuttgart 1983, S. 89, 106; 131–136, 139, 241, 249, 253; Krone, Aufzeichnungen, S. 165. Arnulf Baring, Sehr verehrter Herr Bundeskanzler. Heinrich von Brentano im Briefwechsel mit Konrad Adenauer 1949–1964. Hamburg 1974, S. 328.
[28] Krone, Aufzeichnungen, S. 148.

mungen entschieden, ob Bundesrepublik und DDR wiedervereinigt werden oder nicht. 4. Das vereinte Deutschland bestimmt, ob es der NATO oder dem Warschauer Pakt angehören will; Bündnislosigkeit ist nicht vorgesehen[29].

Wörtlich genommen war das, mit einigen Tröstungen für Ostberlin, der alte Fahrplan: über freie Wahlen zur Einheit sowie weitere Verklammerung mit dem Westen; Ulbrichts Regierung würde nur anerkannt, um sich selbst zu liquidieren. Was (»im Wissen um die Lage, wie sie ist«) wirklich gemeint war, notierte Heinrich Krone: »Im Grunde die Hinnahme, daß Pankow existiert, daß mit einer Wiedervereinigung in absehbarer Zeit nicht zu rechnen ist und daß es uns zunächst auf eine Besserung der inneren, menschlichen Verhältnisse in der Zone ankommen muß.« Die Forderung nach freien Wahlen werde nicht aufgegeben, fügt Krone hinzu, aber um »etwa zehn Jahre« zurückgestellt[30].

Allerdings rückte das Kanzleramt von seiner Kühnheit schrittweise wieder ab. In der zweiten Fassung des Plans vom November 1960 ist nicht mehr von Anerkennung der DDR, sondern nur noch von »amtlichen« Beziehungen zu ihr die Rede. Nochmals anderthalb Jahre später, im Juli 1962, begnügte sich Adenauer mit einem »Burgfrieden«: »Moskau möge die deutschen Fragen für die nächsten zehn Jahre so belassen, wie sie zur Zeit seien, und wir würden uns damit diese Jahre hindurch einverstanden erklären, nur möge der Kreml dafür Sorge tragen, daß die menschlichen Verhältnisse in der Zone besser würden. Was dann später zu tun sei, das solle man eben später überlegen.«[31]

Das war die kaum noch verhüllte Resignation: formlose Hinnahme der Teilung, dahinter allein die Hoffnung, die Sowjetunion werde sich innerlich wandeln, und Peking werde Moskau zum Nachgeben in Europa treiben. Wer so dachte, konnte Grundsatzpositionen nicht mehr viel Wert zumessen. Was zu antworten wäre, fragte Adenauer 1962 den Berliner Bürgermei-

[29] Beide Fassungen des »Globke-Plans« in: Dokumente IV/9, S. 449 ff. Adenauer-Studien III, Mainz 1974, S. 202; Kommentar dazu von Klaus Gotto, ebd., S. 3. Ein 1970 von Globke selbst verfaßter Bericht über diesen Plan in: Dieter Blumenwitz, Klaus Gotto u. a. (Hrsg.), Konrad Adenauer und seine Zeit. Politik und Persönlichkeit des ersten Bundeskanzlers. Stuttgart 1976, S. 665.

[30] Krone, Aufzeichnungen, S. 149.

[31] Ebd., S. 170. Dokumente IV/8, S. 624 (Aufzeichnung des Auswärtigen Amts). Klaus Gotto in: Adenauer-Studien III, S. 70.

ster, »wenn die Freiheit Berlins unter Anerkennung des Zonen-
regimes zu erreichen sei«. Zur Hallstein-Doktrin sagte er
Brandt später: »Gewisse Dinge muß man weggeben, solange
man noch etwas dafür bekommt.«[32] In seinen Gedanken war
der alte Kanzler schon ganz nahe an der neuen Ostpolitik, die
sein Nachfolger Brandt 1969 begann.

Die »Deutschland«-Pläne, die SPD und FDP im März 1959
veröffentlichten, zeigten bemerkenswerte Übereinstimmungen:
Das demokratisch vereinte Deutschland soll frei sein von fremden Truppen und von Atomwaffen, keinem Block angehören,
aber durch ein gesamteuropäisches System selbst Sicherheit finden und anderen geben. Um zu diesem Zustand, fixiert in einem
Friedensvertrag, zu gelangen, nehmen Bundesrepublik und
DDR beratend an den Verhandlungen der vier Mächte teil, vereinbaren aber zugleich untereinander, was innerdeutsch zu regeln und für die Wiedervereinigung vorzubereiten ist, am Ende
ein gesamtdeutsches Wahlgesetz. All das vollzieht sich in Stufen; Menschenrechte und Grundfreiheiten haben in beiden Plänen zentrale Bedeutung[33].

Zweierlei vor allem trennte Kanzleramt und Opposition. Der
»Globke-Plan« sah ganz Berlin als Freie Stadt vor, entmilitari-
siert und unter der Verantwortung der Vereinten Nationen; die
Sozialdemokraten beharrten auf dem Verbleib der drei Schutzmächte bis zur Wiedervereinigung. Für Adenauer war alles diskutabel außer Westverklammerung und Gleichheit im Bündnis,
was ein Recht auf Atomwaffen einschloß; aber gerade im Verzicht darauf sahen SPD und FDP den Preis, mit dem sie die
Einheit gewinnen wollten. Übereinstimmung bestand, jedenfalls Anfang 1959, nur darüber, daß die DDR als gleichberechtigter Partner berücksichtigt werden mußte.

Politik wurde aus alledem nicht. Chruschtschow war offensiv
geworden, um die DDR als kommunistischen Staat zu stabilisieren – die Pläne in Bonn aber liefen darauf hinaus, ihm die
DDR oder deren kommunistischen Charakter abzuhandeln
oder abzukämpfen. Chruschtschow war ultimativ geworden,
um sein Ziel zu erzwingen – wie sollte er da auf Adenauers
»Mach-mal-Pause« eingehen? Als der Kanzler im Sommer 1962
seinen »Burgfrieden« lancierte, befand Chruschtschow sich

[32] Krone, Aufzeichnungen (unter dem 9. 10. 1962), S. 171. Brandt, Begegnungen, S. 64.
[33] Dokumente IV/1, S. 714 und 1207.

wahrscheinlich schon in der Vorbereitung des Cuba-Unternehmens.

Erstaunlich bleibt trotzdem, daß alle Beteiligten in West und Ost sich damals viel näher waren, als sie wußten; das gilt sogar für den deutschen Kanzler, der im Notfall bereit zu sein schien, den Status quo hinzunehmen, wenn Westberlin gesichert würde und in der DDR Erleichterungen zu erhoffen wären. Bei ihm lag der Schlüssel. Gegen die Bundesrepublik gab es keine Deutschlandregelung mehr, das hatte Adenauer in zehnjähriger Bemühung erreicht; doch er nutzte seine Stärke gegen die eigenen Einsichten. Er handelte anders, als er dachte. Er verteidigte mit Zähnen und Klauen, was ihm überholt erschien. Er attakkierte die Sozialdemokraten wegen der »gleichberechtigten Anerkennung der Pankower Regierung«, die er selbst für unvermeidlich erachtete. Er hielt seine geheimen Pläne so geheim, daß sogar die Adressaten in Moskau und den westlichen Hauptstädten nur bruchstückhaft oder allgemein und niemals schriftlich unterrichtet wurden. Er ließ erst etwas heraus, wenn es nicht mehr anders ging, und auch dann meist weniger als nötig.

Als 1960 Presse-Staatssekretär Felix von Eckardt im Auftrage Adenauers einen Plan skizzierte, der eine neutrale und demokratische DDR vorsah mit ganz Berlin als Hauptstadt, nahm der Kanzler den Entwurf mit Zustimmung auf, fügte jedoch hinzu: »Aber ich habe den Brief fest im Panzerschrank verschlossen.« Das gleiche tat er mit der zweiten Fassung des »Globke-Plans«[34]. Den sowjetischen Botschafter, dem er den »Österreich-Vorschlag« erläutert hatte, ermahnte er zu größter Diskretion, denn wenn »die deutsche Öffentlichkeit« das erführe, riskiere er, von den »eigenen Leuten dafür gesteinigt zu werden«[35].

Hier lag der Kern. Anerkennung der DDR, in welcher Form auch immer, hieß für viele Westdeutsche damals ewige Teilung, allerdings nicht für alle. Etwa 40 Prozent hielten es von 1957 bis 1959 für richtig, über Verhandlungen mit der DDR zur Wiedervereinigung zu kommen; Adenauers Weg hingegen, durch Stärkung der NATO zur Einheit zu gelangen, leuchtete nur 20 bis 24 Prozent ein[36]. So viel auch zweifelhaft ist an solchen Zahlen –

[34] Schwarz, Die Ära Adenauer, S. 108.
[35] Adenauer, Erinnerungen 1955–1959, S. 378.
[36] DIVO-Institut (Hrsg.), Umfragen. Ereignisse und Probleme der Zeit im Urteil der Bevölkerung. Band 3/4, Frankfurt a. M. 1962, S. 33 ff.

die »deutsche Öffentlichkeit« mußte nicht unbedingt ein Hindernis sein; in anderen Fällen, bei der atomaren Bewaffnung der Bundeswehr etwa, setzte sich der Kanzler entschlossen gegen eine Mehrheit von 60 bis 70 Prozent durch[37]. Hier jedoch unternahm er nicht einmal den Versuch. Er selbst hatte die »Öffentlichkeit« mitgeschaffen, die ihn nun hinderte. Er selbst hatte seine Partei und seine Wähler auf die Deutschland-Dogmen eingeschworen und war nun zum Gefangenen seiner eigenen Reden geworden.

SPD und FDP erging es nicht besser. Ihre Pläne waren schon innerparteilich stark umstritten, draußen stießen sie auf eine Wand der Ablehnung. Die sowjetische Politik entmutigte sie gänzlich, und so konzentrierten sich beide Parteien darauf, erst einmal in Bonn zur Macht zu kommen. Die Freien Demokraten paßten sich der Konvention so weit an, daß sie im Herbst 1961 mit Adenauer in die Regierung gehen konnten. Auch die Sozialdemokraten befanden sich 1959 in einer Neuorientierung. Mit dem Godesberger Programm wollten sie von einer Arbeiterpartei zur Volkspartei werden und mit dem neuen Kanzlerkandidaten Willy Brandt dem greisen Adenauer eine junge und »moderne« Alternative entgegenstellen. Brandt war kein Anhänger des Deutschlandplans. Der Regierende Bürgermeister von Berlin gewann damals nationales wie internationales Ansehen, weil er kommunistischer Bedrohung widerstand. Er war – wie die meisten Berliner Sozialdemokraten – härter gegen den Osten, näher dem Westen und skeptischer gegen Neutralisierungsvorstellungen als die SPD im Bundesgebiet. Die Agitatoren in Ostberlin verfolgten ihn fast ebenso schonungslos wie den CDU-Kanzler Adenauer[38].

Am 30. Juni 1960 tat Herbert Wehner den entscheidenden Schritt. In einer berühmt gewordenen Bundestagsrede erklärte er nicht nur den Deutschlandplan, sein eigenes Werk, für erledigt, sondern ließ auch sonst die frühere Ost- und Einheitspolitik seiner Partei hinter sich. Wehner widerrief nicht, aber er stellte sich auf den Boden der Tatsachen, die Adenauer im Jahrzehnt davor geschaffen hatte. Auch für die SPD war nun die Westbindung Bonns nicht mehr ein möglicher Preis für ein

[37] Ebd., S. 15.
[38] Zwölf Tage nach dem Mauerbau steigerte sich Ulbricht zu der Formulierung: »Der Herr Brandt, der sich bemüht hatte, Herrn Adenauer rechts zu überholen, und der bei diesem Bemühen im Graben der faschistischen Ultras landete.« Dokumente IV/7, S. 233.

Arrangement mit dem Osten, sondern wurde Voraussetzung für Politik mit dem Osten. Der Wandel vollzog sich nicht an einem Tag, aber den historischen Einschnitt empfanden schon Zeitgenossen: jetzt führten alle Parteien des Bundestags Außenpolitik von derselben Grundlage aus, der unbezweifelten Zugehörigkeit zur NATO und den westeuropäischen Gemeinschaften.

Adenauer hatte die Opposition auf seinen Weg gezwungen – es war die Vollendung seiner Politik und sein höchster Triumph, doch ein Jahr danach, am 13. August 1961, folgte die tiefste Niederlage. Was bis dahin nur die Gegner des Kanzlers behaupteten, mit einseitiger Westverflechtung und bloßer Stärke werde die Einheit nicht gewonnen, aber die Teilung gefestigt – die Mauer machte es jedermann sichtbar.

Adenauers Verhalten tat ein übriges. Er versagte, als es nicht mehr allein auf Politik ankam, sondern auf Haltung, als Besonnenheit nicht genügte, sondern die Nation die überzeugende Geste brauchte. Die Enttäuschung über die Verbündeten wucherte in diesen Tagen; Adenauer sorgte sich um sein Lebenswerk, die Verbundenheit mit dem Westen. Er empfand nicht, daß es jetzt um die Verbundenheit mit den Deutschen im Osten ging. Er unterließ das Selbstverständliche und fuhr nicht sofort nach Berlin – die interne Begründung hieß: er habe nicht Anlaß geben wollen für einen »Aufstand in der Zone«. Wenn es nicht Vorwand war, so war es Selbstüberschätzung oder Unkenntnis; Sorge vor einem Aufstand gab es damals nur aus der Distanz, in Washington und Bonn. Wer »der Zone« nahe war, hatte vor Augen, daß die Unruhe dieses Sommers nicht zum Widerstand trieb, sondern zur Flucht, daß die Mauer nicht zur Rebellion drängte, sondern zur Resignation[39]. Während Adenauers Rivale Brandt versuchte, den Berlinern einen Halt zu geben, setzte der Kanzler am 14. August sogar den Wahlkampf fort und sprach von »Herrn Brandt alias Frahm«, was auf die nicht-eheliche Geburt und die Emigration zielte (das Protokoll vermerkt: »Starker Beifall«). Zwei Wochen später erklärte Adenauer, die

---

[39] Die Sorge vor einem Aufstand in der DDR kehrte in den Washingtoner Überlegungen immer wieder; Belege bei Catudal, Kennedy in der Mauer-Krise, unter dem Register-Stichwort »Aufstand«. Bonner Befürchtungen bei Krone, Aufzeichnungen, S. 162, und Brentano: Baring, Sehr verehrter Herr Bundeskanzler, S. 330.

stumped

Mauer sei »eine beabsichtigte Hilfe Chruschtschows im Wahlkampf für die SPD«[40].

Der Zusammenbruch seiner Deutschlandpolitik und die
schlechte Figur, die er dabei machte, bildeten wahrscheinlich
die Hauptgründe, die ihn sein Wahlziel verfehlen ließen[41]. Er
gewann nicht wieder die absolute Mehrheit, wurde zwar noch
einmal Kanzler, aber nur für zwei Jahre; und unter dem Druck
des Koalitionspartners FDP mußte er sich einen neuen Außenminister, den Pragmatiker Gerhard Schröder, gefallen lassen.

Aber alle Parteien waren mit ihrem Latein am Ende. Am
30. Juni 1960 zog der Bundestagspräsident Eugen Gerstenmaier
eine deprimierende Bilanz: »Seit dem 17. Juli 1945, dem Beginn
der Potsdamer Konferenz, ist auf nicht weniger als 27 Konferenzen der Staatschefs, der Ministerpräsidenten und Außenminister Sowjetrußlands und der Westmächte in insgesamt
315 Verhandlungstagen über die Deutschlandfrage verhandelt
worden. Dazu kommen noch weitere 218 Verhandlungstage,
während derer die Westmächte und die Ostblockstaaten je für
sich mit der Deutschlandfrage beschäftigt waren. Das Ergebnis
ist bis jetzt nicht eine Lockerung der Gegensätze, sondern eine
Verhärtung und Verschärfung, die den Weltfrieden hoch gefährdet.«[42] Die Parteien rückten zusammen; nicht nur innenpolitische Zwecke verbanden sie, sondern auch die gemeinsame
Hilflosigkeit.

Bilanz

Vier Jahre lang versuchte Chruschtschow mit Pression, die
Deutschland-Regelung von 1955 zu ändern. Doch es gelang
ihm weder, die deutsche Frage noch einmal zu stellen noch sie
endgültig zu beantworten. Die Bundesrepublik blieb in der
NATO und bekam so viele Atomwaffen, wie die Amerikaner es
für richtig hielten; Westberlin blieb unangetastet und im alten
Rechtsstatus; die DDR blieb ohne Anerkennung. Insofern ist
Chruschtschow gescheitert. Aber das äußere Bild zeigt nur die
halbe Wahrheit. Der sowjetische Dynamiker hatte so kräftig

[40] Adenauer, Reden, S. 417; Der Spiegel v. 6. 9. 1961.
[41] So urteilten auch führende Unionspolitiker: Eugen Gerstenmaier, Streit
und Friede hat seine Zeit. Ein Lebensbericht. Frankfurt a. M. 1981, S. 452. Gerhard Schröder in: Konrad Adenauer und seine Zeit, S. 719.
[42] Dokumente IV/6, S. 1109.

und nachhaltig am Gerüst der westlichen Deutschland-Grundsätze gerüttelt, daß es nicht mehr trug. Ihm mißlang, den Status quo zu formalisieren, aber er zementierte ihn – buchstäblich in Berlin und politisch in ganz Deutschland. Als Ende 1962 die letzte Krise zu Ende ging, war die Teilung von den Großmächten sichtbar unbestritten, allein die Bundesrepublik stellte sie noch in Frage und geriet in Gefahr, sich zu isolieren. Bereits unter dem 16. Januar 1959 notierte Heinrich Krone: »Die Deutschen, so heißt es schon, seien schuld daran, daß die Welt nicht zum Frieden kommt.«[43]

Doch nachdem der Streit um Deutschland 1962 zum zweiten Mal entschieden war, trat die gleiche Wirkung ein wie 1955. Entspannung und Arrangement wurden wieder möglich, sie erschienen sogar notwendig. Chruschtschow wie Kennedy hatten den Atomkrieg vor Augen gehabt, das Wort »Frieden«, seit langem zur Propagandafloskel verdorrt, bekam wieder Inhalt. Nach dem zweiten Kampf war auch klar, daß keiner den anderen aushebeln oder austricksen konnte. Außerdem wurde das letzte, was in Europa zwischen den Großmächten noch »offen« war, durch die Mauer geschlossen. Die Aufteilung war bis auf den letzten Meter perfekt, und Kennedys früherer Berater Sorensen steht nicht allein mit der Annahme, daß ohne die Mauer die Entspannung der sechziger Jahre, bis zu den Ostverträgen 1970, nicht möglich gewesen wäre[44].

Für die Deutschen, außer der SED-Führung, war diese Auffassung nicht annehmbar. Doch von beiden Großmächten erfuhren sie durch Wort und Tat und mit wachsender Deutlichkeit, daß sie sich mit der Teilung abfinden müßten. Wilhelm Grewe, einer der führenden Diplomaten der Zeit, sagte rückblickend: »Nach '62 wurden natürlich irgendwelche Arten von Deutschlandkonferenzen, wie wir sie '59 oder '55 gehabt haben, ganz undenkbar. Die Frage der Wiedervereinigung war einfach vom Tisch, und auch irgendwelche Zwischenlösungen wurden eigentlich kaum noch ernsthaft diskutiert.«[45] Was blieb, waren – immer seltener werdende – Lippenbekenntnisse zur Beruhigung der Westdeutschen. Die Rücksichten auf Bonner Vorbehalte, wie sie zwischen 1955

[43] Krone, Aufzeichnungen, S. 148.
[44] In der Fernsehdokumentation NDR und SFB (siehe Anm. 10, S. 58), S. 84.
[45] In einer Diskussion im Deutschlandfunk (siehe Anm. 9, S. 57), S. 20.

und 1958 noch üblich waren, verschwanden hinter der Entschlossenheit, mit der Sowjetunion das Nötige und Mögliche zu regeln.

Die Bundesrepublik war auf sich selbst zurückgeworfen, und die DDR konnte sich konsolidieren, denn erst die Mauer gab Ulbricht die volle Gewalt über die Bürger seines Staates. Die westdeutschen Ansprüche auf ganz Deutschland wurden weiter gestellt, hatten aber ihre Kraft verloren – zu offensichtlich war Moskaus Entschlossenheit, den kommunistischen Teil um jeden Preis zu halten, zu spürbar die Sorge der Westmächte um Ruhe und Stabilität auch in der DDR[46]. In Berlin prägte sich alles am schärfsten aus. Die Bedrückung war dort am größten, die Mauer warf ihre Schatten nach beiden Seiten; doch im Ostsektor konnte sich die Hauptstadt der DDR entwickeln, während die Westsektoren ihren politischen Daseinszweck großenteils einbüßten. Was Deutschlands Mitte sein sollte, wurde zum Ausleger der Bundesrepublik.

Auch die Grundsätze der Einheitspolitik mußten leiden. In allen politischen Lagern war darüber nachgedacht worden, sie zu relativieren oder zu opfern; alle hatten ihre Unschuld verloren, auch wenn sie es nachher nicht mehr wahrhaben wollten. Allerdings glaubte man damals oder konnte sich einreden, man treibe Politik für die Wiedervereinigung. Aber nach 1960 gab es dafür keine Politik mehr, nicht einmal mehr Pläne oder Entwürfe, und so blieben zwei Folgerungen: die Grundsätze aufgeben oder, nachdem sie wie durch ein Wunder gerettet waren, besonders kräftig daran festhalten. Wie es bei starken Erschütterungen oft geschieht, wirkten Berlin-Krise und Mauer gleichermaßen auflockernd und verfestigend: in allen Parteien wurden die Unbefangenen kühner und die Konservativen doktrinär. Aber trotz allem ließen nur wenige schon damals alle Hoffnung fahren. Und wem die Aussicht auf Einheit schwand, der bewahrte sich wenigstens die Vorstellung von der Einheit und oft auch noch den Willen dazu.

The impartial
The objective main

[46] Besonders deutlich in einem Geheimtelegramm von Außenminister Rusk an den amerikanischen Botschafter in Bonn vom 22. 7. 1961; Catudal, Kennedy in der Mauer-Krise, S. 202.

3. Übergang und Anpassung (1963–1969)

Die Entspannung

Mit dem neuen Jahrzehnt begann ein neuer Abschnitt der Nachkriegsgeschichte. Schon viele Zeitgenossen empfanden oder erkannten das, nicht zuletzt durch das Wirken und die Ausstrahlung dreier Persönlichkeiten. John F. Kennedy faszinierte Amerikaner und Westeuropäer. Ein junger Mann, fast jungenhaft aussehend, an der Spitze der Macht, umgeben von der intellektuellen Elite des Landes, neben ihm eine schöne Frau, im Hintergrund Reichtum und eine Familie voller Talente. Doch der Glanz war nicht alles. Kennedy verkündete und verkörperte den Aufbruch zu neuen Ufern und traf damit auch die Gefühle vieler Europäer, besonders der Westdeutschen. Nachdem die erste Phase des Wiederaufbaus abgeschlossen war und sich schon Wohlstand ausbreitete, wuchs der Wunsch nach »frischem Wind«. Politiker der Vorkriegszeit hatten die Fundamente gelegt, doch nun sollte es in neuen Formen und mit neuen Zielen weitergehen.

Nikita Chruschtschow repräsentierte einen ähnlichen Drang im Osten. Was immer er an Verwirrung stiftete, er brachte Bewegung in eine byzantinisch erstarrte Welt. Auch wenn er wenig aufbaute, was Bestand hatte, schon das Einreißen des Alten war nach Stalin ein historisches Verdienst. So rücksichtslos er seine Macht gebrauchte, auch die Militärmacht, unter ihm lebten die Menschen freier als vorher und nachher. Und obwohl er schrie, drohte und aus der Rolle fiel, er war der erste Sowjetführer, der nicht Parteichinesisch, sondern wie ein Mensch sprach und als Mensch mit allen Fehlern und Vorzügen erkennbar wurde. An ihn, als letzten, knüpften sich Hoffnungen auf wirklichen Wandel.

Der dritte war Johannes XXIII. Mit 77 Jahren wurde er Papst und begann das größte Reformwerk, das die katholische Kirche seit Jahrzehnten erfuhr. Ein Greis erfüllte die Erwartungen der Jungen, er zeigte, daß Frömmigkeit Modernität nicht ausschließt, sondern sogar gebieten kann, daß wahre Christlichkeit, wo die Fronten ganz verhärtet sind, mehr bewirkt als kluge Diplomatie. Mit Johannes XXIII. begann, was man später vatikanische Ostpolitik nannte.

Kennedy, Chruschtschow und Johannes XXIII., so unver-

way of expressing oneself

gleichbar sie waren, hatten Wesentliches gemeinsam. Ihr Ansehen reichte weit über ihren eigenen Bereich hinaus. Kennedy
wurde auch im Osten bewundert, Chruschtschow genoß im
Westen beinahe etwas wie Popularität, und Johannes XXIII.
wurde auch von Protestanten verehrt. Sie erschienen wie ein
Triumvirat, sogar politische Witze vereinten sie. Alle drei strebten zum Ausgleich mit der jeweils anderen Welt, mit dem Kommunismus, dem Kapitalismus, den nicht-katholischen Kirchen
und Religionen. Sie proklamierten Entspannung, Koexistenz
und Dialog, meinten damit nur teilweise das gleiche und trafen
doch das Bedürfnis der Zeit nach Überwindung trennender
Grenzen und nach Aussöhnung der Gegensätze. Als der Präsident, der Parteichef und der Papst fast gleichzeitig, 1963 bis
1964, abtraten, ließ die Kraft der Veränderung nach, wurde
manches rückläufig, aber die Sache war auf den Weg gebracht.
Ideologische Barrieren waren niedergelegt, Ziel und Richtung
gegeben und die ersten, beispielhaften Schritte getan.

Das Gefühl, einer veränderten Wirklichkeit gerecht werden
zu müssen, zeigte sich bei führenden Politikern bis in die Aus-
drucksweise. Man müsse mit Moskau verhandeln »im Wissen
um die Lage, wie sie ist« (Adenauer 1959). »Wir müssen uns mit
der Welt befassen, wie sie ist« (Kennedy 1963). »Wir sind gezwungen, die Welt so zu nehmen, wie sie ist« (de Gaulle 1965).
»Unsere Politik muß den Realitäten von heute – nicht denen
von gestern entsprechen« (Präsident Johnson 1966). »Ohne
blinkers Scheuklappen sehen, was ist« (Bundeskanzler Kiesinger 1967).
»Ausgehen von dem, was ist« (Kanzler Brandt 1970). »Man
muß die Welt so sehen, wie sie ist« (Präsident Nixon 1971)[1].

Alle diese Äußerungen galten der Notwendigkeit, ein neues
Verhältnis zum politischen Osten zu finden; sie entsprangen
der Einsicht in veränderte Umstände, aber ebenso der Absicht,
selbst die Umstände zu verändern. Wirklichkeitssinn verband
sich mit Hoffnung: Wir können den Gegner nicht besiegen,
also müssen wir uns mit ihm arrangieren. Wir können den
Kommunismus nicht beseitigen, also müssen wir versuchen, ihn
zu mildern. Der Osten ändert sich schon, also können wir auch
die Beziehungen zum Osten ändern.

---

[1] Krone, Aufzeichnungen, S. 149. Dokumente IV/9, vgl. auch S. 464. Ernst
Weisenfeld, de Gaulle sieht Europa. Reden und Erklärungen 1958–1966. Frank-
furt a. M. 1966, S. 155. Dokumente IV/12, S. 1479. Texte, Bd. I, S. 78 und Bd. IV,
S. 209. Willy Brandt, Begegnungen, S. 408.

realism

So wurde die Entspannung zum großen Thema der sechziger Jahre – Thema ganz wörtlich genommen, denn es wurde darüber mehr gedacht und gesprochen als dafür getan. Fast alle wollten Entspannung, aber eigene Hemmungen und fremde Hemmnisse hinderten. Als politische Notwendigkeit wurde Entspannung bewußt, als Politik aber setzte sie sich allgemein erst am Ende des Jahrzehnts durch.

Der Begriff war damals noch ganz unverbraucht, ein Begriff, realistisch und zugleich verheißungsvoll. Entspannung bedeutete zunächst, was das Wort sagt: weniger Spannungen und am Ende vielleicht gar keine mehr; nach vier Jahren Krise bis zur Atomkriegsgefahr war dies das Dringendste. Doch dann sollte mehr kommen: »détente – entente – coopération« hieß de Gaulles berühmte Formel; von der Entspannung wollte man fortschreiten zur Verständigung und schließlich zur Zusammenarbeit. Die deutschen Sozialdemokraten strebten vom Gegeneinander mit der DDR wenigstens zu einem »geregelten Nebeneinander« und hofften, später zu einem Miteinander zu gelangen.

Entspannungspolitik umfaßte bald mehr als bloße Konfliktverhinderung, wie auch die östliche »Politik der friedlichen Koexistenz« mehr wurde als die bewußte Hinnahme des anderen. Auf beiden Seiten wollte man nützliche Beziehungen zueinander schaffen: den Handel entwickeln und technische Erfahrungen austauschen (besondere Interessen der Ostseite), sich kulturell wieder bekannt machen und allmählich über Verständnis füreinander zu politischer Verständigung kommen. Mit der Zeit wuchs auch eine neue Vorstellung von Sicherheit, die sich nicht nur auf Abschreckung gründete, sondern auch auf – wechselseitige – Abhängigkeit. Doch zunächst ging es um die Methoden für einen Neubeginn. Da die Positionen so verhärtet und das Vertrauen so gering waren, erschien es zwecklos, sich weiter an den großen Problemen zu mühen: allgemeine Abrüstung, Deutschland, Berlin – all das war nicht zu lösen. Mehr Aussicht versprach, zunächst dort Einigung zu suchen, wo sie leichter zu finden war, und damit ein Klima zu schaffen, das erlaubte, sich an Schwereres zu wagen. Die Angelsachsen empfahlen diesen Weg, später ebenso de Gaulle. Genau betrachtet handelte es sich, wie manche Neuerung damals, um das Abc der Politik; doch die Perversion des Denkens, die der Kalte Krieg erzeugt hatte, lag eben darin, daß auch das Selbstverständliche wieder gelernt werden mußte.

Die sechziger Jahre bildeten eine Zeit des Übergangs, aber auch der ersten Erfahrungen. Möglichkeiten wie Grenzen, Chancen wie Gefahren wurden sichtbar und spürbar. Erstmals wirkte das Grundgesetz aller Entspannung: wie sich das Verhältnis zwischen den Fronten lockerte, so lockerten sich auch die Fronten selbst. Die Erleichterung, daß Spannung und Kriegsgefahr nachließen, verringerte das Gefühl, bedroht zu sein; wo vier Jahre lang auf beiden Seiten Blockdisziplin herrschte, gingen nun mittlere und kleine Allianzmitglieder auch eigene Wege. Die halbe amerikanische Westeuropapolitik war mit de Gaulle beschäftigt, der die Einheit des Westens, EWG wie NATO, mißachtete oder untergrub und Alleingänge nach Osten unternahm. Auf der anderen Seite mußte sich das sowjetische Politbüro mit den eigenwilligen Rumänen herumärgern und fanden 1968 gegen die eigenständig werdende Tschechoslowakei kein anderes Mittel mehr als die militärische Besetzung. Natürlich versuchten beide Seiten, besonders die Großmächte, im anderen Bündnis zu fördern, was sie im eigenen zu hindern trachteten. Die Moskauer Führer sprachen zeitweise, als seien sie der gaullistischen Sammlungsbewegung beigetreten, und amerikanische Politiker präsentierten sich als die besten Freunde aller Oststaaten, die innen- oder außenpolitisch von den sowjetischen Pfaden abwichen. De Gaulle setzte auf die Kraft des Beispiels; er soll ernstlich gehofft haben, die Rumänen, lateinische Schwesternation im Osten, würden es den Franzosen nachtun und den Warschauer Pakt verlassen, jedenfalls dessen Militärorganisation.

Die Entspannung erwies sich als zweischneidig. Sie minderte die Bedrohung durch Raketen und Soldaten, aber schuf neue Gefahren durch Verlockung und Verführung. »Friedliche« Kommunisten erschienen vielen im Westen bedenklicher als die gewohnten Stalinisten; und Ulbricht machte sich in der zweiten Hälfte des Jahrzehnts weniger Sorgen um die »Blitzkriegstrategen« in Bonn als um eine »Aggression auf Filzlatschen«. So gab es auf beiden Seiten Anhänger und Gegner der Entspannung, zumindest hingen Stimmung und Entscheidung jeweils davon ab, ob eine Mehrheit in der Führung die Chancen oder die Risiken für größer hielt. Die Mechanismen der Reaktion ähnelten sich in Ost und West verblüffend; die Furcht jedoch, sowie die Gründe zur Furcht, waren im Osten stärker und die Art und Weise, damit fertig zu werden, unvergleichlich brutaler.

So machte auch schon dieses Jahrzehnt die Erfahrung, daß zu

erfolgreiche Entspannung ins Gegenteil umschlagen kann. Der
»Prager Frühling« von 1968 war gleichermaßen ihr Ergebnis
und Opfer. Er entstand in dem leichten Klima, das seit Mitte
der sechziger Jahre sich ausbreitete, doch nach der sowjetischen
Intervention wurde in der Tschechoslowakei alles schlimmer als
vorher. Zugleich aber war es eben dieser Gewaltakt, der Moskau zur Entspannung erst wieder befähigte, denn nun hielt es
sein »Lager« für ausreichend gefestigt und konnte mit Deutschen und Amerikanern die großen Verhandlungen beginnen.

Kennedy und de Gaulle   contamination

Im Westen war John F. Kennedy der erste Regierungschef, der
Entspannung zum Programm erhob; aber zunächst, bis Ende
1962, mußte der Präsident in Berlin und Cuba Spannungen
bewältigen, und schon Ende 1963 wurde er in Dallas ermordet.
Nur ein Jahr blieb ihm für den Versuch, mit der atomaren und
ideologischen Gegenmacht einen Ausgleich wenigstens zu beginnen. Schon bald kamen erste Erfolge. Der »heiße Draht«
wurde installiert, eine Fernschreibverbindung zwischen Washington und Moskau zur Direktverständigung in Krisen; vor
allem gelang durch Kompromiß endlich ein »Teststopp-Abkommen«, das alle Atomwaffenversuche (außer den unterirdi-
schen) verbot. Die radioaktive Verseuchung der Umwelt sollte
beendet, das Wettrüsten eingeschränkt und das Aufkommen
neuer Atommächte verhindert werden. Schließlich erklärten die
USA und die UdSSR feierlich ihre Absicht, den Weltraum von
Atomwaffen frei zu halten. Doch wichtiger als die Vereinbarungen war, daß die Großmächte begonnen hatten, sich über
ihr strategisches Verhältnis zu verständigen, sie blieben seitdem
– durch alle politischen Wechsel – über die lebenswichtigen
Fragen in Verbindung.
  Zugleich wurde Kennedy zum Propheten der Entspannung.
Am 10. Juni 1963 verkündete er vor der American University in
Washington seine »Strategie des Friedens«[2]. Fast wörtlich mit
Chruschtschow übereinstimmend sagte er, der Krieg brauche
nicht unvermeidlich zu sein; er erklärte einen beständigen Frieden für möglich und blieb doch in allem, was er vorschlug, tat
und als Ergebnis erwartete, ganz bescheiden. Er nannte große

[2] Dokumente IV/9, S. 382 ff.

Ziele, wußte aber, daß er nur mit kleinen Schritten vorankommen konnte.

Die Formen allerdings, in denen der Präsident seine Politik durchsetzte, waren für die Bundesregierung nicht immer leicht zu ertragen. Das Teststopp-Abkommen, auf das sich Washington, London und Moskau im Sommer 1963 geeinigt hatten, sollte auch die Entstehung neuer Atommächte verhindern, deshalb waren alle Staaten der Welt aufgefordert, es zu unterzeichnen – auch die DDR. Aus Bonner Sicht bedeutete das deren internationale Anerkennung als Staat, aber die Verbündeten informierten die Bundesregierung nicht einmal, daß auch Ostberlin beteiligt werden sollte; der Außenminister erfuhr es aus der Zeitung.

Heinrich Krones Tagebuch spiegelt den Zwiespalt der Gefühle: »Gott offen und ehrlich Dank, daß sie ... sich verpflichten, mit den Experimenten an den Teufelswaffen Schluß zu machen. Auch wenn es nur ein Anfang ist. Wer kann dagegen sein? Doch Moskau will mehr. Über dieses Abkommen kommt Ulbricht mit an den Tisch.« Außenminister Schröder meinte: »Zwar zustimmen, aber noch weiter klarstellen, daß die Westmächte an keine Anerkennung der Zone denken.« Adenauer, nicht mehr weit vom Ende seiner Kanzlerschaft, hielt dagegen: »Sollen die anderen den Pakt abschließen! Wir sind nicht gefragt worden. Wir dürfen nicht mitmachen.« Erst nach einer verfahrenstechnischen Absicherung und einer weiteren Nicht-Anerkennungs-Erklärung Washingtons gab der Kanzler seinen Widerstand auf – er wäre sonst, sagte er, zurückgetreten. Krones Kommentare klangen düster: »Die Sowjets sind die Gewinner. Sie stabilisieren ihre Stellung in der Zone ... Wir sind die Opfer der amerikanischen Entspannungspolitik ... Ich denke an Versailles.«[3]

Doch Krones Befürchtungen waren übereilt, denn die amerikanisch-sowjetische Annäherung stockte bald. Im November 1963 wurde Kennedy ermordet, ein Jahr später Chruschtschow gestürzt. Die neuen Leute im Kreml, Parteichef Breschnew und Ministerpräsident Kossygin brauchten erst einmal Zeit sich zu etablieren; und Kennedys Nachfolger Lyndon B. Johnson war vor allem Innenpolitiker, der dann in den Strudel des Vietnamkriegs geriet. Die Aufmerksamkeit wie die Kräfte der USA verlagerten sich nach Asien: China erschien als der Hauptfeind.

[3] Krone, Aufzeichnungen, S. 176–180.

Die Sowjetunion, ebenfalls im Konflikt mit Peking, kam in milderes Licht; Ruhe wurde Washingtons Hauptinteresse in Europa.

Den Platz, den die Amerikaner räumten, besetzte de Gaulle, der die Entspannung »der Angelsachsen« mit Moskau mißtrauisch beobachtet hatte. Nach amerikanischer Auffassung sollte der vereinte Westen sich mit dem Osten verständigen; für den französischen Präsidenten hingegen war es Sache Europas, die Probleme Europas zu lösen – im »konstruktiven Einvernehmen vom Atlantik bis zum Ural«[4]. De Gaulle durchbrach als erster Staatsmann des Westens das Ost-West-Schema und dachte die Welt wieder von Europa aus. Der Führung in Moskau sagte er, Frankreich sei nicht traurig darüber, daß die Sowjetunion ein Gegengewicht zu den amerikanischen Hegemonie-Tendenzen bilde. Doch das befriedigte Lachen seiner Zuhörer erstarb, als er hinzufügte: »Aber wir ärgern uns ebensowenig, daß die Vereinigten Staaten die sowjetischen Hegemonie-Tendenzen ausbalancieren.«

De Gaulle blieb, das wurde ihm oft vorgeworfen, in den Begriffen des 19. Jahrhunderts, doch zugleich war er damit seiner Zeit voraus. Da er von Ideologien nichts hielt, erkannte er früher als die meisten, daß der Kommunismus als »Doktrin und Regime« an Kraft verlor. Folgerichtig behandelte er jedes Land im Osten »nur im Hinblick auf seine nationale Persönlichkeit«. Mit dem polnischen Ministerpräsidenten redete er, als sei die Zugehörigkeit zum einen oder anderen Bündnis »nur ein unbedeutender Zwischenfall der Geschichte«[5]. Zu seinen Gastgebern im Kreml sprach er von »Rußland, heute die Sowjetunion«; und den Berliner Bürgermeister Brandt überraschte er 1959 mit der Frage, wie die Lage in Preußen sei – gemeint war die DDR, die er sonst als »Preußen und Sachsen« bezeichnete[6].

De Gaulle wußte, bei einer neuen Politik mit dem Osten gehe es vor allem »um eine psychologische Operation«, denn: »Ist die Psychologie erst einmal verändert, wird sich auch die Politik wandeln.« So waren seine Reisen nach Osten voller Symbolik. Die Gespräche im Kreml begann er genau 25 Jahre nach dem deutschen Überfall am 22. Juni 1941, dann besuchte er die

---

[4] Dies und die folgenden de Gaulle-Zitate siehe Weisenfeld, de Gaulle sieht Europa, S. 49ff. und 129ff.
[5] Formulierung von Weisenfeld, ebd., S. 152.
[6] Brandt, Begegnungen, S. 131ff.

»Heldenstädte« Leningrad, Kiew und vor allem das frühere Stalingrad, Sinnbild der Wende des Krieges. In Polen fuhr er nach Danzig, wo der Zweite Weltkrieg seinen Ausgang genommen hatte: »Gdańsk ist polnisch, tief und hervorragend polnisch.« Das oberschlesische Zabrze, ehemals Hindenburg, begrüßte er als »die polnischste aller polnischen Städte«, was ihm in Deutschland auch Befürworter einer Grenzanerkennung übelnahmen, weil er damit die früheren Ostprovinzen auch aus der deutschen Geschichte strich. Im polnischen Parlament, wo de Gaulle als erster westlicher Staatsmann redete, sprach er von »durchaus gerechtfertigten und klar festgesetzten Grenzen, denen übrigens Frankreich seit 1944 immer voll zugestimmt hat«.

De Gaulles europäische Ideen waren alt, Politik wurde daraus erst in der Mitte des Jahrzehnts. Seit Ende 1963 zeigten sich sowjetisches Interesse an Frankreich und französisches Interesse an den Verbündeten Moskaus, die »Satelliten« zu nennen immer weniger gerechtfertigt erschien – mit Ausnahme der DDR. Seit Mitte 1964 empfing Paris als erste westeuropäische Hauptstadt hohe Staatsbesucher aus dieser Region, zuerst die Rumänen und dann alle anderen – ebenfalls mit Ausnahme der DDR. Gleichzeitig verdichtete sich der politische Reiseverkehr mit der Sowjetunion. Man sprach zunächst von Wirtschaft, Technik, Kultur und Tradition, doch dahinter standen und entstanden politische Übereinstimmungen – über die Zusammengehörigkeit aller Europäer und über die deutsche Frage.

Auch dabei blieb de Gaulle seiner historisch-nationalstaatlichen Betrachtung treu. Spätestens seit 1958 teilte er die östliche Auffassung, Bonn müsse die Oder-Neiße-Grenze als endgültig hinnehmen und in jeder Form auf Atomwaffen verzichten. Die entscheidende Forderung Moskaus aber, die DDR anzuerkennen, verweigerte er konsequent weiter – aus Rücksicht auf die Bundesrepublik wie aus dem Glauben an die Unzerstörbarkeit der Nation. Doch sein Gegensatz zu Russen und Polen milderte sich, weil de Gaulle die deutsche Einheit von einer politischen zu einer historischen Frage erhob, nicht heute oder morgen zu lösen, sondern erst in ferner Zukunft. Die Form der Lösung ergab sich aus seiner Vorstellung von Europa. Erstmals öffentlich sagte er am 4. Februar 1965: »Das Notwendige kann eines Tages nur geschehen durch das Einvernehmen und gemeinsame Tun der Völker, die das Schicksal des germanischen Nachbarn immer am meisten anging, angeht und angehen wird: die europäischen Völker. (Sie haben) die Lösung einer Frage, die ihrem

indestructible
inseparable

Wesen nach die Frage ihres Kontinents ist, zunächst miteinander zu prüfen, dann gemeinsam zu regeln und schließlich zusammen zu garantieren.«[7]

Ganz Bonn reagierte verstört. Wenn die Wiedervereinigung zur Sache ganz Europas würde, war die Vier-Mächte-Verantwortung bedeutungslos. Und wenn die Einheit vom »Einvernehmen« des ganzen Kontinents und einer inneren Wandlung der Sowjetunion abhängen sollte, konnte es Generationen dauern. Bundeskanzler Erhard antwortete de Gaulle, es nütze dem deutschen Volke nichts, »wenn ich ihm sage: in 20, 30 oder 40 Jahren kann vielleicht ein Prozeß heranreifen, der euch die Wiedervereinigung bringen wird«[8]. Dazu kam in allen Parteien Bonns die Sorge, der französische Präsident wolle die Vereinigten Staaten aus der deutschen und europäischen Politik hinausdrängen.

Die gleiche Befürchtung brachte die Amerikaner wieder auf den Plan. Entspannung und Verständigung mit dem Osten, so schien es, wurden in Europa zum Monopol Frankreichs, ja noch mehr: de Gaulle trieb seine Ostpolitik sogar auf Kosten der USA. Schon zu Kennedys Zeiten war Washington darauf bedacht, Bonn nicht in den Sog von Paris geraten zu lassen. Um die wirklichen oder vermeintlichen Wünsche der Bundesrepublik zu befriedigen, erdachten phantasievolle Köpfe phantastische Pläne, die allesamt zweierlei gemeinsam hatten: sie waren nicht zu verwirklichen, erweckten aber den Eindruck fürsorglicher Teilnahme. Der Scheinerfüllung des Bonner Atomehrgeizes diente die MLF (Multilateral Force), eine Geisterflotte der NATO aus Frachtern mit Atomraketen und gemischtnationaler Besatzung. Zur deutschen Einheit sollten die Pläne der späteren Präsidentenberater Henry Kissinger und Zbigniew Brzezinski führen[9]. Kissingers Entwurf lief auf eine Österreich-Lösung für die DDR hinaus, an die er selbst kaum glaubte; Brzezinski empfahl einen »Marshall-Plan« und vielfältige Bemühung für Osteuropa, zugleich aber scharfe Isolierung der DDR – beides so lange und so systematisch, daß der ganze Osten schließlich die preußischen Kommunisten satt habe und dem Westen überlasse. Wegen offenkundiger Absurdität rückte der Autor bald von seinem Plan ab, doch der Hauptgedanke blieb. Der Pole

[7] Dokumente IV/11, S. 142.
[8] Am 10. Februar 1965 vor dem Bundestag. Dokumente IV/11, S. 162.
[9] Die Zeit, Nr. 12, 13, 19, 20/1965. Dokumente IV/11, S. 297, 330, 556.

Brzezinski, Amerikaner der ersten Generation, dachte wie der Franzose de Gaulle, daß es vor allem auf Europa ankomme und erst sehr viel später auf die Deutschen. So schrieb er Präsident Johnson eine Rede mit der Proklamation, »Europa zu einen«; erst »in einem wiederhergestellten Europa«, fügte er hinzu, sei eine Wiedervereinigung Deutschlands möglich[10].

Bereits Kennedy war dieser Auffassung gewesen, auch Johnson hatte sie schon früher geäußert, nun waren die sonst tief zerstrittenen Amerikaner und Franzosen zu demonstrativer Übereinstimmung gelangt, daß es einen »schnellen und kurzen Weg« zur deutschen Einheit nicht gebe, sondern nur den langen Umweg über die Einheit ganz Europas. Für die Bundesrepublik wurde Johnsons Rede am 7. Oktober 1966, die sonst ziemlich folgenlos blieb, zum Einschnitt: sie bewies, daß die Deutschlandpolitik ihren letzten Rückhalt verloren hatte. Eine Woche später gab Staatssekretär Karl Carstens dem Bundeskabinett die Lagebeurteilung des Auswärtigen Amts: »Die Zeit einer aktiven Wiedervereinigungspolitik« sei vorbei; es »laufe auf jene Politik hinaus, wie sie in der Johnson-Rede umrissen sei«[11].

Die Deutschlandpolitik des Ostens

Die Sowjetunion

Die Wiederherstellung Europas wurde im Ostteil noch mehr ersehnt, von den Regierungen aber mit unterschiedlichem Nachdruck betrieben. Nicht das einzige, aber ein schweres Hindernis bildete die Bundesrepublik. Entspannung, die Methode für allmähliche Wiederannäherung, setzte voraus, daß alle Beteiligten die bestehenden Macht- und Besitzverhältnisse respektierten; die Bundesrepublik aber tat das Gegenteil, sie machte Entspannung von einer Änderung dieser Verhältnisse abhängig. In allen östlichen Hauptstädten rätselte man über die Deutschen im Westen: sie beteuerten ihren Friedenswillen, aber setzten sich Ziele, die nur durch Krieg zu erreichen waren. Mußte man die Beteuerungen ernst nehmen oder die Ziele? Nach den furchtbaren Erfahrungen von 1938 bis 1945 überwogen Mißtrauen und Furcht, sie taten es um so mehr, als die

---

[10] Dokumente IV/12, S. 1479.
[11] Krone, Aufzeichnungen, S. 190.

Bundesrepublik immer stärker wurde. 1960 stand sie an dritter Stelle im Welthandel, und niemand, auch im Westen nicht, glaubte, der »wirtschaftliche Riese« werde auf die Dauer ein »politischer Zwerg« bleiben. Hinzu kam der rasche Aufbau der Bundeswehr, die zur größten Kontinentalarmee der NATO heranwuchs. Hinzu kam die Sorge, frühere Wehrmachtgeneräle könnten über die MLF, die NATO-Atomflotte, an Nuklearwaffen herankommen; die strikte Weigerung der Bundesregierungen, unzweideutig und uneingeschränkt auf jede atomare Teilhabe zu verzichten, bestärkte diesen Verdacht. Hinzu kam die wachsende Bedeutung für den Westen. Die Bundesrepublik erschien als Amerikas »Festlanddegen« in Europa und allmählich auch als erste Macht in Westeuropa – eine Erweiterung der EWG durch Großbritannien oder skandinavische Staaten werde Bonns beherrschende Rolle nicht mindern, sondern noch weiter steigern, meinte man in Moskau, Warschau und Ostberlin. Ulbricht definierte die europäische Sicherheit als die Notwendigkeit, Bonns »Expansionspolitik« und sein Streben »nach Vorherrschaft über Westeuropa« zu vereiteln[12].

Zwar erkannte man auch im östlichen Europa, daß die Bonner Einheitsbestrebungen im Westen kaum mehr Unterstützung fanden, aber man war enttäuscht über die »Kurzsichtigkeit«, den »Zynismus« oder die »antikommunistische Besessenheit«, mit der nicht nur die Amerikaner, sondern auch Franzosen und Engländer die Deutschen wieder großzogen, statt sie an die Kette zu legen, was auch ihrem eigenen Interesse entspräche[13]. Die NATO werde von jedem Polen nach ihrer Politik gegenüber Deutschland beurteilt, sagte Außenminister Rapacki schon 1957[14], und die Gretchenfrage Moskaus an jede westeuropäische Regierung lautete, wie sie es mit der Bundesrepublik halte. Die sowjetischen Beziehungen zu einem Land wechselten danach, wie es sich zu EWG und MLF stellte und wie weit es die westdeutsche Einheitspolitik stützte. Das beste, auch sehr stabile, Verhältnis entwickelte sich zu Paris, als de Gaulle sich von EWG und NATO

[12] Protokoll der Verhandlungen des VII. Parteitags der Sozialistischen Einheitspartei Deutschlands. Berlin 1967, S. 49, vgl. S. 44, 48, 51.
[13] Peter Bender, 6 × Sicherheit. Befürchtungen in Osteuropa. Köln 1970, S. 97, 104.
[14] Vor der Vollversammlung der Vereinten Nationen am 2. 10. 1957. Dokumente III/3, S. 1684.

distanzierte, von Bonn den Verzicht auf Atomwaffen und die Ostgebiete verlangte und die deutsche Wiedervereinigung auf historische Zukunft vertagte.

Aber wie sollte sich Moskau gegenüber der Bundesrepublik selbst verhalten, die nach Chruschtschows Meinung das Hauptproblem blieb? War es nötig, die Anerkennung zu erzwingen, oder konnte man die Westdeutschen durch systematische Gewöhnung dahin bringen, daß sie sich mit den gegebenen Verhältnissen abfanden? Sollte man Bonn isolieren oder umarmen? Das erste hieß: keine Normalisierung ohne Anerkennung, das zweite: Anerkennung durch Normalisierung, als Ergebnis eines längeren Prozesses. Es war der Weg, den Russen, Polen und Tschechen in den fünfziger Jahren beschritten, als sie diplomatische Beziehungen zu Bonn anstrebten, ohne eine Grenzanerkennung zu fordern.

Chruschtschow, so scheint es, wollte 1963/64 diesen Weg wieder beschreiten. Das persönliche Gespräch mit Adenauer hatte er schon 1962 gesucht, bei einem Berlinbesuch im Januar 1963 auch mit Brandt; da aber beide ihre innenpolitischen Hemmnisse nicht zu überwinden vermochten, richtete er nun seine Erwartungen auf Ludwig Erhard, der im Herbst 1963 Adenauers Nachfolge antreten sollte. Chruschtschow ging dabei von der richtigen Voraussetzung aus, daß Bonn den Kampf gegen den Status quo auf die Dauer nicht durchhalten könne; doch er täuschte sich, wie später noch andere Politiker im Osten, über die Zählebigkeit der Bonner Grundsätze. Daß der alte Kanzler, im Rücktritt begriffen, seine Politik bis zum Schluß rechtfertige, das könne man »irgendwie verstehen«, sagte Chruschtschow am 2. Juli 1963. »Wie aber soll man den kommenden Kanzler verstehen, wenn er diese Last, diesen Haufen von Unsinnigkeiten und unerfüllten Hoffnungen auf sich nimmt? Ihm steht es doch bevor, diesen Haufen abzutragen; früher oder später wird er nach neuen Wegen, nach neuen Methoden suchen müssen.«

Ausgerechnet beim Berlinbesuch zu Ulbrichts 70. Geburtstag machte Chruschtschow der Bundesrepublik seine Avancen. Auch die DDR kam zu ihrem Recht: Wiedervereinigung nur »auf sozialistischer Grundlage« und Kritik am westdeutschen »Revanchismus«. Doch es war das westliche Deutschland, das er meinte und manchmal auch indirekt ansprach, als er das alte große Thema Russen und Deutsche ausbreitete – mit allem, was dazugehörte: einerseits der Erinnerung an Rapallo, dem gemeinsamen Interesse am Frieden und den »gewaltigen« Möglichkeiten des Osthandels; andererseits der Verdächtigung der Amerikaner: sie setzten die Bundesrepublik dem ersten Atomschlag aus, trieben sie aus Konkurrenzgründen in die Aufrüstung und verhinderten einen Friedensvertrag, weil sonst die Westdeutschen die ganze Sinnlosigkeit des Kalten Krieges verstehen würden[15].

Aber Erhard tat nicht, was Chruschtschow von ihm erwartete, und wurde deshalb scharf vermahnt, die Bundesrepublik sei der »aggressivste und abenteuerlichste Staat in Europa« und rüste mehr als Hitler[16]. Dennoch gab Chruschtschow die Hoffnung nicht auf und unternahm 1964 einen großangelegten Versuch, die Lösung der deutschen Frage einzuleiten. Dabei ging er ebenso vor wie 1955, als Moskau ein neues Verhältnis zu beiden deutschen Staaten entwickelte, um die Zweistaatlichkeit Deutschlands zu akzentuieren und zu verstärken: es erkannte die Bundesrepublik durch Botschafteraustausch an und erklärte die DDR für souverän. 1964 war die Reihenfolge umgekehrt, Chruschtschow begann mit der Rangerhöhung Ostberlins, bevor er sich Bonn zuwandte. Am 12. Juni unterzeichnete er mit Ulbricht einen »Vertrag über Freundschaft, gegenseitigen Beistand und Zusammenarbeit«, der zweierlei Rücksicht vereinbaren sollte. Die erste Rücksicht galt dem deutschen Verbündeten, dem Moskau fünf Jahre lang einen eigenen Friedensvertrag und damit volle Souveränität (auch in und um Berlin) versprochen hatte; als Ersatz erhielt die DDR nun eine formelle Bestandsgarantie und eine Status-Aufbesserung innerhalb der Ostallianz. Deren Mitglieder waren nicht nur durch den multilateralen Warschauer Pakt verbunden, sondern auch noch durch ein Netz zweiseitiger Freundschafts- und Beistandsverträge, das jeden mit jedem verknüpfte. Allein die DDR blieb davon ausgeschlossen. Mit dem Vertrag vom 12. Juni 1964 wurde nun auch sie einbezogen, allerdings nur teilweise, denn sie erhielt zwar einen Vertrag mit Moskau, nicht aber mit den anderen Paktstaaten. Deutschland, so scheint es, blieb für Chruschtschow immer noch eine Sache der Großmächte.

Den drei Westalliierten, denen er den Vertrag mit der DDR sogar vorher ankündigte, galt seine zweite Rücksicht. Sie äußerte sich darin, daß Moskau in aller Form die Vier-Mächte-Zu-

---

[15] Dokumente IV/9, S. 490 ff.
[16] TASS-Erklärung vom 7. 3. 1964. Dokumente IV/10, S. 352.

ständigkeit für Deutschland aufrechterhielt. Ulbricht wurde mit
dem Satz abgefunden, man werde »Westberlin als selbständige
politische Einheit betrachten« – ein Ausdruck, der sich auch
nach östlicher Interpretation nicht gegen die Westmächte richtete. Deren Anwesenheit an der Spree blieb seitdem unangefochten, insofern brachte der Vertrag vom 12. Juni das formelle
Ende der Berlin-Krise. Von nun an ging aller Berlin-Streit um
die Ansprüche der Bundesrepublik dort: Die Formel »selbständige politische Einheit« galt Bonn und bedeutete, daß Westberlin »in keiner Weise in die westdeutsche Bundesrepublik einge-
gliedert ist und keiner Befehlsgewalt der westdeutschen Bundesrepublik untersteht«[17].

So sagte es Ulbricht bei der Vertragsunterzeichnung, aber
nicht einmal drei Wochen später demonstrierte Bonn das Gegenteil und ließ am 1. Juli 1964 den Bundespräsidenten in Berlin
wählen – nicht nur nach Ulbrichts Rechtsauffassung außerhalb
des Staates, dessen Staatsoberhaupt er sein sollte. Es war die
Probe auf den Vertrag, aber Chruschtschow begnügte sich mit
Protesten, eine Milde, die sich scharf von den massiven Gegenmaßnahmen unterschied, mit denen seine Nachfolger und die
DDR ein Jahr später gegen eine Plenarsitzung des Bundestages
vorgingen (S. 115). Chruschtschow nahm Rücksicht auf Bonn,
das er, gestützt auf den Vertrag mit Ostberlin, besuchen wollte.

Zur Vorbereitung schickte er seinen Schwiegersohn Adschu-
bej, den Chefredakteur der ›Iswestija‹, in die Bundesrepublik;
ihn plagte die Frage, ob dies noch – oder schon wieder – das alte
Deutschland sei und ob mit Bundeskanzler Erhard überhaupt
Fortschritte möglich wären. Nach einem Gespräch mit dem
Kanzler sagte Adschubej, trotz der »absolut gegensätzlichen
Standpunkte« sei Erhard ein Mann, »mit dem man reden kann«.
Als ›Der Spiegel‹ Adschubej fragte, ob man, weil die deutsche
Frage so schwierig sei, erst einmal die Atmosphäre zwischen
Bonn und Moskau entspannen solle, kam die aufschlußreiche
Antwort: »Ich bin über diese Frage sehr froh. Das ist nämlich
das Hauptthema ... Fangen wir doch damit an, die Beziehun-
gen zwischen unseren beiden Ländern zu verbessern. Das wäre
schon viel. Dann könnten wir auch andere Fragen in aller Ruhe
lösen.«[18]

[17] Ulbricht bei der Vertragsunterzeichnung im Kreml. Dokumente IV/10,
S. 708.
[18] Der Spiegel v. 5. 8. 1964. Dokumente IV/10, S. 846 ff.

Das war Moskaus letzter Versuch, eine Deutschland-Lösung in seinem Sinne nicht zu erzwingen, sondern durch Normalisierung des Verhältnisses und der Verhältnisse sich entwickeln zu lassen. Aber der Versuch scheiterte, bevor er recht begonnen hatte. Am 14. Oktober 1964 wurde Chruschtschow gestürzt – ob dabei auch sein Annäherungsversuch an die Deutschen im Westen mitspielte, bleibt Vermutung; doch Streit konnte es nicht über das Ziel geben, den Status quo unwiderruflich zu machen, sondern nur über die Methode. Indizien deuten darauf, daß Chruschtschows Reiseplan in Moskau Widerstand fand[19]. Sicher ist, daß Warschau und Ostberlin fürchteten, hier werde ein Arrangement zu ihren Lasten vorbereitet. Offenkundig wurde, daß die Nachfolger einen anderen Weg einschlugen.

Als die Bundesregierung im Februar 1965 ihre Einladung erneuerte, erklärte Ministerpräsident Kossygin sein Desinteresse. Im Mai schrieb die ›Prawda‹ an die Adresse der Westmächte, Bonn blockiere alle fruchtbaren Erörterungen, solange es nicht auf Atomwaffen verzichte und mit der DDR Verhandlungen aufnehme.

Am Handel blieb die neue Führung interessiert, bei der internationalen Chemie-Ausstellung in Moskau – Ende September 1965 – war die Bundesrepublik der größte Aussteller nach der Sowjetunion. Außenminister Gromyko erklärte auch die Bereitschaft zu »normalen, ja guten Beziehungen«, aber eine solche »Wende« sei nur möglich, »wenn in der Politik der Bundesregierung eine Wende eintritt«[20]. Solange Bonn sich nicht bewegt, wird sich auch Moskau nicht bewegen – das war die Linie bis zum Ende des Jahrzehnts. Die sowjetische Führung verfolgte aufmerksam, wenn sich in der westdeutschen Szenerie etwas zu ändern schien; sie war auch zu Verhandlungen bereit, aber nur solange, wie sie eine Anerkennung des Status quo erhoffte. Was Chruschtschow als Ergebnis verbesserter Beziehungen erreichen wollte, erhoben Breschnew und Kossygin zur Bedingung.

[19] Eberhard Schulz in: Sowjetunion. Außenpolitik 1955–1973. (Osteuropa-Handbuch) Köln u. Wien 1976, S. 269f.

[20] Am 9. 12. 1965 vor dem Obersten Sowjet der UdSSR. Dokumente IV/11, S. 991f.

Ulbricht folgte Chruschtschows Politik. Sogleich nach der Cuba-Krise begann ein Wandel, der sich 1964 voll entfaltete: im Inneren Konsolidierung durch Wirtschaftsreform und leichte Lockerung, nach außen Kompromißbereitschaft, erstmals sichtbar beim Berliner Passierschein-Abkommen im Dezember 1963. Um den Westberlinern Verwandtenbesuche in Ostberlin zu ermöglichen, hatte Ulbricht im Februar 1963 noch eine »dem Völkerrecht entsprechende vertragliche Fixierung« verlangt, nun fand er sich mit einer Regelung ab, die »nicht den Charakter eines zwischenstaatlichen Abkommens hat«[21]. Als er im folgenden Jahr 1964 etwas mehr »Anerkennung« durchsetzen wollte, scheiterte er am Bonner Widerstand und mußte im September die alte Formel nochmals hinnehmen.

Ein anderes Beispiel: Am 6. Januar 1964 schickte Ulbricht an Erhard den Entwurf eines Vertrages, mit dem beide deutsche Staaten auf Atomwaffen verzichten sollten – aber der Vertrag, fügte er hinzu, brauche »die staatlichen Beziehungen nicht zu präjudizieren«, der Kanzler könne dazu einen »ausdrücklichen Vorbehalt« machen. Der Brief ging, wie alle solche Briefe, ungeöffnet zurück. Am 26. Mai verzichtete der Staatschef der DDR sogar auf einen Vertrag und schlug nur noch »selbständige Erklärungen« vor, mit denen Bonn und Ostberlin allem Atomwaffen-Ehrgeiz absagen sollten.

Viel Aufsehen machte, als Ulbricht Ende April anregte, die ›Süddeutsche Zeitung‹ und ›Die Zeit‹ in der DDR »zum Verkauf auszulegen«, wenn mit ›Neues Deutschland‹ in der Bundesrepublik das gleiche geschehe. 1964 öffnete sich die DDR auch für westdeutsche Journalisten; Reisen durchs Land, Besichtigungen von Betrieben und Gespräche mit Offiziellen wurden organisiert. Im Spätsommer und Herbst häuften sich dann die Konzessionen an Bonn.

14. August: Ein Abkommen wurde unterzeichnet, das den Wiederaufbau der Autobahn-Grenz-Brücke über die Saale regelte. Auch hier ließ sich die DDR auf Bonner Vorbehalte ein: nicht die Bundesregierung verhandelte und unterschrieb, sondern die »Treuhandstelle für den Interzonenhandel«, offiziell eine Einrichtung des Deutschen Industrie- und Handelstages, tatsächlich allerdings des Bundeswirtschaftsministeriums.

[21] Dokumente IV/9, S. 114 u. 1027. Die folgenden Angaben finden sich in Dokumente IV/10 unter dem jeweils genannten Datum.

21. August: Amnestie für ehemalige DDR-Bürger, die vor dem Mauerbau die DDR verlassen hatten – wichtig für alle, die auf dem Landweg nach Westberlin fahren, ihre Heimatorte in der DDR wieder besuchen oder ganz dorthin zurückkehren wollten.

26. August: Nach einer dpa-Meldung entließ die DDR »seit einiger Zeit eine größere Zahl« von Westdeutschen und Westberlinern, die sich aus politischen Gründen in Haft befanden – vermutlich auf Grund von Tausch oder Freikauf[22].

8. September: Die DDR-Regierung gab bekannt, daß künftig Rentner vier Wochen im Jahr ihre Verwandten in der Bundesrepublik und Westberlin besuchen dürfen.

9. September: Protokoll über den Eisenbahn-Güterverkehr nach Westberlin. Die Zahl der Züge blieb nicht mehr auf 14 begrenzt, sondern richtete sich nach dem Bedarf; die Züge mußten nicht mehr über Helmstedt, sondern durften auch über Büchen, Bebra und Hof fahren. Die Unterschriftsformel ähnelte der des Passierschein-Abkommens.

24. September: Zweites Passierschein-Abkommen – wie erwähnt ohne Anerkennungs-Gewinn für die DDR.

6. Oktober: Zum 15. Jahrestag der DDR wurden 10 000 Häftlinge amnestiert, darunter auch politische – die bekanntesten Namen Georg Dertinger (CDU-Politiker und ehemaliger DDR-Außenminister), Heinz Brandt (Gewerkschafter), Wolfgang Harich (Kopf der intellektuellen Opposition gegen Ulbricht 1957)[23].

All das war ungewöhnlich oder geschah erstmalig, nur manches entsprang innerer Notwendigkeit der DDR, alles diente der »Normalisierung der Beziehungen« zur Bundesrepublik; das meiste konzentrierte sich auf den Herbst, also die Zeit, als Chruschtschow zu seinem Bonn-Besuch ansetzte. Niemals vor- und niemals nachher zeigte sich Ulbricht so konzessionsbereit, doch die Jahre 1963/64 blieben in der DDR-Politik ebenso Episode wie in der sowjetischen. Gleich danach ging Ostberlin wieder auf Distanz zu Bonn. Schon sechs Wochen nach Chruschtschows Sturz führte es für Westbesucher einen Pflichtumtausch von 5 Mark pro Tag ein; im März 1965 mußten erstmals die Synoden der evangelischen Kirchen getrennt tagen;

---

[22] Heinrich von Siegler, Wiedervereinigung und Sicherheit Deutschlands. Bd. II, Bonn 1968, S. 32.

[23] Ebd., S. 37.

im Juni wurde beschlossen, für 1968 keine gesamtdeutsche Olympia-Mannschaft mehr zu bilden. Seit 1965 war die »Treuhandstelle« nicht mehr als diskreter Verhandlungsplatz benutzbar, die DDR sprach dort nur noch über Wirtschaftsfragen. Dabei verweigerte sie die seit Beginn (1951) übliche Unterschriftsformel »Für die Währungsgebiete der DM-West« bzw. »DM-Ost«. Der Ton gegenüber der Bundesrepublik wurde härter, die Propaganda aggressiver und die Politik kompromißlos.

Auch dabei befand sich die DDR-Führung in Übereinstimmung mit Moskau und wohl auch mit sich selbst. Ob und wie lange Ulbricht Chruschtschows Politik mit Überzeugung folgte, bleibt unklar, spätestens im Juni 1964 ließ er Zweifel erkennen: In Gegenwart Chruschtschows erklärte er, die Hoffnung, Erhard werde zu einer neuen Politik finden, habe getrogen. Die Bonn-Reise des sowjetischen Regierungschefs muß ihm zwecklos erschienen sein. In seiner Silvesterrede sprach Ulbricht dann aus, was er vorher nur angedeutet hatte. Er wiederholte zwar seine Verhandlungsvorschläge an die Bundesregierung, fügte aber hinzu: »Wir machen uns keine Illusionen. Wir wissen, daß die in Westdeutschland herrschenden Kreise sich freiwillig keiner friedfertigen und den nationalen Interessen dienenden Politik zuwenden werden.«[24] Bonn muß also gezwungen werden; die DDR kann ihre Anerkennung nicht erschleichen, sie muß sie sich erkämpfen. Für die Praxis hieß das dreierlei. Erstens: Keine Konzessionen mehr an die CDU-Regierung, Verhandlungen und Vereinbarungen nur von Staat zu Staat: »Wer normale menschliche Beziehungen will, muß auch normale staatliche Beziehungen wollen.«[25] Zweitens: Bemühung um die westdeutschen Sozialdemokraten und Gewerkschafter, die, von ihren »rechten« Führern irregeleitet, der SED als potentielle Verbündete erschienen; nur die Arbeiterklasse kann Bonn zu Verhandlungen mit der DDR zwingen, nur die Aktionseinheit aller linken und fortschrittlichen Kräfte ganz Deutschlands kann am Ende ein vereintes »sozialistisches« Deutschland herbeiführen. Drittens ging es darum, »die Hallstein-Doktrin Schritt für Schritt zu demontieren«[26].

[24] Dokumente IV/10, S. 707 und 1242.
[25] Staatssekretär Kohl bei den letzten, dann scheiternden Passierscheinverhandlungen am 26. 10. 1966. Dokumente IV/12, S. 1621.
[26] Ulbricht am 5. 12. 1964. Dokumente IV/10, S. 1208.

Schon 1959 hatte der Ministerratsvorsitzende Otto Grotewohl Ägypten, den Irak und Indien besucht, seine Stellvertreter
waren in Ceylon, Burma, Indonesien und Kambodscha gewesen; in Kairo, Bagdad und Colombo gab es Generalkonsulate
der DDR; den Höhepunkt aber bildete im Februar 1965 die
Reise des Staatsratsvorsitzenden Ulbricht nach Ägypten. Selten
wurde die Vieldeutigkeit des Wortes »Anerkennung« so sichtbar. Da Kairo diplomatische Beziehungen nicht aufnahm, war
die DDR rechtlich nicht anerkannt und die »Hallstein-Doktrin« zwar bis zur Unkenntlichkeit ausgebeult, aber nicht
durchbrochen. Indem Präsident Nasser jedoch Ulbricht proto-
kollarisch als Staatsoberhaupt behandelte, gab er ihm – und
damit der DDR – eine politische Anerkennung, die nicht mehr
zu überbieten war. Sie wog doppelt und dreifach, denn Nasser
galt als der charismatische Führer aller Araber und war neben
Nehru und Tito die dritte Symbolfigur der Blockfreien-Bewe-
gung. Ulbricht erwarb also zugleich Anerkennung in der Dritten Welt. Schließlich empfand und empfing er Anerkennung als
deutscher Kommunist, in Kairo wurde er erstmals außerhalb
der kommunistischen Welt als Regent und Repräsentant eines
deutschen Staates gewürdigt. Der orientalisch prächtige Empfang scheint ihn beeindruckt zu haben, politischer und persönlicher Triumph gingen ineinander über[27].

Nach dem Muster des Ulbricht-Besuchs in Ägypten vollzog
sich die »Schritt-für-Schritt-Demontage« der Hallstein-Doktrin auch sonst. Diplomatische Anerkennung erwarb Ostberlin
bei nichtkommunistischen Staaten erst 1969, doch diplomatisch
präsent und aktiv wurde es in den meisten wichtigen Ländern
Asiens und Afrikas im Laufe des Jahrzehnts. Die institutionel-
len Abstufungen, ob Handelsmission, Konsulat oder Generalkonsulat, waren dabei nicht so wichtig; die halboffizielle Vertretung der DDR konnte einflußreicher sein als die offizielle der
Bundesrepublik und war es zuweilen auch. Ostberlin brauchte,
anders als Bonn, keinerlei Rücksicht auf frühere Kolonialmäch-
te zu nehmen und gab sich anti-kolonialistisch, anti-imperiali-
stisch und anti-israelisch; die Hallstein-Doktrin hielt nur, weil
die überlegene Wirtschaftskraft der Bundesrepublik dahinter
stand.

Außenpolitisch, aber auch wirtschaftlich und innenpolitisch
machte die DDR sichtbar Fortschritte, die Bonner Deutsch-

[27] Siehe Dokument Nr. 7.

landpolitik hingegen stagnierte; nach außen wie nach innen hatte die Regierung Erhard wachsende Mühe, sie noch überzeugend zu vertreten. Die DDR, so schien es, war im Kommen und die Bundesrepublik in der Verteidigung, so fühlte sich Ulbricht stark genug, in die Offensive zu gehen. Im Februar 1966 beantragte er die Aufnahme der DDR in die Vereinten Nationen, was am Veto der Westmächte im Sicherheitsrat zwar scheitern mußte, aber der Weltöffentlichkeit den Anspruch des ostdeutschen Staates demonstrierte.

Als Gegenstück zum Bonner Ministerium für gesamtdeutsche Fragen entstand Ende 1965 in Ostberlin ein Staatssekretariat mit demselben Namen, geführt von den späteren Politbüromitgliedern Herrmann und Häber. Anfang 1966 folgte eine Serie von Offerten: kleiner Grenzverkehr, aber zwischenstaatlich vereinbart; Kontaktaufnahme zwischen Bundestag und Volkskammer, vor allem aber zwischen den politischen Parteien. Die SED wollte eine »Zusammenkunft« mit Vertretern der SPD arrangieren; die Sozialdemokraten antworteten, auf beiden Seiten sollten die Parteien beider Seiten »offen ihre Auffassungen zur Deutschlandfrage darlegen, vertreten und austragen können«[28]. Kaum kontrollierbare Diskussion im eigenen Land war für die SED-Führung untragbar; um aber den Faden nicht abreißen zu lassen, schlug sie vor, was dann als »Redneraustausch« zum meistdebattierten Thema dieses Frühjahrs wurde: je eine Veranstaltung auf jeder Seite, drei führende Sozialdemokraten sprechen in der DDR, drei SED-Politiker in der Bundesrepublik. Auch das erschien, je mehr das Unternehmen in der DDR die Leute bewegte, der Ostberliner Führung zunehmend riskant; doch den Ausschlag gab, daß Pjotr Abrassimow, Moskaus Botschafter und Prokonsul in der DDR, es für unverantwortbar hielt. Er instruierte die anderen Ost-Botschafter schon zu Beginn, diese Sache werde nicht stattfinden[29]. Moskau ließ die Verhandlungen zwischen SED und SPD laufen, am Ende aber totlaufen. Diesmal war es Ulbricht, der sich zu weit nach Westen vorgewagt hatte. Es blieb sein letzter großer Versuch einer Volksfrontpolitik; danach gab es nur noch den Zweikampf der Staaten.

[28] Dokumente IV/12, S. 359.
[29] Information von Dettmar Cramer, damals Korrespondent der Frankfurter Allgemeinen Zeitung in Berlin.

Die polnische Politik gegenüber der Bundesrepublik verlief ziemlich gradlinig und eigenständig. Seit 1961 verband Warschau seinen Wunsch nach »voller Normalisierung« mit der Bedingung, daß Klarheit in der Grenzfrage herrschen müsse. Da Adenauer darauf nicht einging, sondern zweideutige Reden vor Landsmannschaften hielt, versteifte sich die polnische Haltung. Aus wirtschaftlichen Gründen ließ Warschau im Frühjahr 1963 zwar eine westdeutsche Handelsmission zu, doch es beschränkte deren Tätigkeit auf Handelsfragen, der Leiter der Mission kam in seiner dreijährigen Tätigkeit nur einmal ins Außenministerium[30]. Diplomatische Beziehungen gibt es nicht ohne Anerkennung der Grenze, das war nun offizieller Standpunkt und blieb es. Chruschtschows Absicht, über eine Normalisierung zur Anerkennung zu gelangen, fand in Polen keine Unterstützung – im Gegenteil: als der sowjetische Parteichef zu seiner Bonn-Reise ansetzte, warnte ihn Gomulka mit einer der schärfsten Reden, die er je gegen die »Revanchisten« in der Bundesrepublik gehalten hat[31]. Zur Sorge vor den wiedererstarkenden Deutschen trat die alte polnische Furcht vor einem Zusammenspiel der Russen mit den Deutschen.

Da Ulbricht ähnliche Besorgnisse hegte, rückten Warschau und Ostberlin 1964 noch näher zusammen als vorher, sie hatten aus (meist) ungleichen Gründen das gleiche Interesse am Bestand der deutschen Teilung. »Die Sicherheit der Deutschen Demokratischen Republik ist die Sicherheit Polens«, sagte Gomulka auf dem SED-Parteitag Anfang 1963[32] und begründete damit ein politisches Bündnis, dem sonst die Voraussetzungen fehlten. Ideologisch und innenpolitisch gingen die polnischen und ostdeutschen Kommunisten unterschiedliche Wege und mißtrauten einander; da die Vergangenheit nicht aufgearbeitet, sondern mit offiziellen Freundschaftsbekundungen nur zugedeckt wurde, wucherten auf beiden Seiten die nationalen Ressentiments weiter gegen die »Polacken« und gegen die »Preußen und Sachsen«, mit denen Polen über Jahrhunderte schon seine Not gehabt hatte. Schließlich waren sich auch die Chefs, Gomulka und Ulbricht, allezeit von Herzen unsympathisch.

---

[30] Stehle, Nachbar Polen, S. 334 ff. u. 347.
[31] In Gegenwart Chruschtschows am 21. 7. 1964 in Warschau. Dokumente IV/10, S. 838 ff.
[32] Protokoll der Verhandlungen des VI. Parteitages, Band 1, S. 436.

Mit Bedacht benutzten daher die Polen und später auch Ulbricht das höchst un-sozialistische Wort »Staatsräson«, um ihr Zusammengehen zu begründen[33].

»Staatsräson« bezeichnete die Notwendigkeit wie die Grenzen dieser Allianz. Warschau erklärte oft und beredt an die Adresse Bonns, ohne Anerkennung der DDR sei kein wirklicher Fortschritt möglich – keine Abrüstung, keine Sicherheit, kein Frieden in Europa und schon gar keine deutsche Wiedervereinigung. Zwar blieb in Reden und Zeitungsartikeln alles ein wenig in der Schwebe, aber es konnte der Eindruck entstehen, als habe Polen sein Grenzproblem ganz mit dem Existenzproblem der DDR verbunden. Doch wenn die Volksrepublik sich in aller Form an die Bundesregierung wandte, beschränkte sie sich (bis 1967) auf ihr eigenes Interesse: nur die Grenzanerkennung war dann Voraussetzung für diplomatische Beziehungen; und in aller Stille ließ Gomulka gelegentlich vorfühlen, ob Bonn sich zu einem zweiseitigen Arrangement durchringen könne. Wie in allen östlichen Hauptstädten sah und sagte man auch in Warschau, daß in der Bundesrepublik die Opposition gegen die offizielle Politik zunahm: Es sei keineswegs so, daß sich östlich der Elbe nur die »guten« Deutschen und westlich nur die »schlechten« konzentriert hätten[34].

Als die polnischen Bischöfe allerdings im November 1965 den »guten« Deutschen, die sich in der evangelischen »Ostdenkschrift« eindrucksvoll zu Wort gemeldet hatten, entgegenkommen wollten, empörte sich die Parteiführung. Auch die Bischöfe beharrten zwar wie alle Polen auf ihrer Westgrenze, doch sie sprachen als Christen: »Wir gewähren Vergebung und bitten um Vergebung.« Das waren unerträgliche Sätze für eine Regierung, die eine Grenzanerkennung nur meinte durchsetzen zu können, wenn sie alle Verständigung davon abhängig machte. Gomulka wartete noch ab, wie der deutsche Episkopat reagieren werde, doch dessen Antwort fiel »so behutsam und diplomatisch aus, daß sie von den polnischen Kommunisten sogar dazu benutzt werden konnte, sie den polnischen Bischöfen ironisch als Vorbild vorzuhalten«[35]. Die polnischen Katholiken hatten viel riskiert, doch die deut-

---

[33] Neues Deutschland v. 13. 11. 1968.

[34] Zycie Warszawy v. 18. 1. 1966. Dokumente IV/12, S. 107.

[35] Hansjakob Stehle in: Werner Plum (Hrsg.) Ungewöhnliche Normalisierung. Beziehungen der Bundesrepublik Deutschland zu Polen. Bonn 1984, S. 161.

schen ließen sie allein; die Partei fiel über die Bischöfe her in der Gewißheit, hier einmal die Mehrheit des Volkes auf ihrer Seite zu haben.

Die anderen Paktstaaten und die Bukarester Erklärung

Zwischen März 1963 und März 1964 vereinbarten Polen, Rumänien, Ungarn und Bulgarien mit der Bundesrepublik, Handelsmissionen auszutauschen, nur mit der Tschechoslowakei kam kein Vertrag zustande; im Mai 1965 wurden die Gespräche abgebrochen. Prag verweigerte, wahrscheinlich unter dem Druck der DDR und der Sowjetunion, was die anderen zugestanden hatten: eine »Berlin-Klausel«, die Westberlin in den Handelsvertrag einbezog. So fanden die ferneren Ost-Staaten, sogar Polen, früher und leichter Zugang zur Bundesrepublik als der Nachbar Tschechoslowakei – eine Merkwürdigkeit, die sich bis in die siebziger Jahre fortsetzte.

Die Bonn-Politik Prags wurde von zwei Elementen bestimmt. Da war einmal der Wunsch nach diplomatischen Beziehungen, er wurde schon Ende der fünfziger Jahre geäußert, 1963 und später mehrfach wiederholt; tschechische Politiker beklagten sich immer wieder, daß die Bundesregierung überhaupt nicht reagiere. Daneben erschien die Forderung, das Münchner Abkommen von 1938 für ungültig zu erklären. Die Bonner Versicherungen, es sei nicht mehr verbindlich, genügten nicht: »Dies hat für uns grundsätzliche Bedeutung«, sagte Staatspräsident Novotny im November 1963[36]. Ein »Junktim« zwischen beiden Elementen gab es jedoch nicht. In Prag hieß es: München für ungültig zu erklären, sei nötig, um eine »tatsächliche Verbesserung der Beziehungen« zu erreichen – das konnte alles und nichts bedeuten, ausdrückliche Bedingung für einen Botschafteraustausch bildete es nicht. Prag hielt sich offen.

In anderer Lage befanden sich Ungarn, Rumänien und Bulgarien. Die DDR hatte mit Bonn ein existentielles Problem und Polen ein fast existentielles, die Tschechoslowakei nur ein kleines, die südlichen Staaten aber hatten gar keines. Dieser Unterschied war noch historisch verschärft: Der Norden gehörte zu den Opfern Hitlers (was auch für die altkommunistische DDR-Führung galt), Ungarn, Rumänien und Bulgarien aber waren

[36] Interview für den Stern vom 10. 11. 1963. Dokumente IV/9, S. 1010.

Verbündete des Deutschen Reiches gewesen. Alle Paktmitglieder wünschten eine Anerkennung des Status quo durch Bonn – Ostberlin und Warschau aber brauchten sie. Alle wollten auch Annäherung an Westeuropa, aber das Hindernis des westdeutschen Revisionismus erschien den betroffenen Staaten erheblich bedrohlicher. Die Regierungen im Norden neigten daher zu einer kompromißlosen Politik gegen Bonn und standen Moskau näher, weil sie die Geschlossenheit des Bündnisses gegen die deutsche Gefahr für notwendig hielten. Den Rumänen hingegen war der Warschauer Pakt nicht Schutz, sondern Fessel, die sie bei jeder Gelegenheit zu lockern suchten; Bukarest drängte Bonn daher zur Aufnahme diplomatischer Beziehungen. Ungarns und Bulgariens Interessenlage unterschied sich davon wenig, beide zogen es jedoch vor, ihren Spielraum innenpolitisch zu nutzen; soweit es die Loyalität gegenüber Moskau erlaubte, suchten auch sie Verbindung zur Bundesrepublik.

Die Entscheidung über die Deutschlandpolitik lag im Norden. Nur wenn Moskau, Warschau, Ostberlin und Prag eine Normalisierung mit der Bundesrepublik für möglich hielten, wurde der Weg für die Länder im Süden frei. In den nördlichen Hauptstädten aber wuchs die Enttäuschung, mit der Regierung Erhard erschien kein Fortschritt möglich. Was nicht mit Bonn ging, wurde daher ohne die Bundesrepublik versucht – genauer: um sie herum. Die Politik der neuen Kreml-Führung und des ganzen Pakts war nicht Deutschland-, sondern Europapolitik, es war die Antwort auf de Gaulle und ähnliche Bestrebungen, zugleich aber ein Kompromiß zwischen dem wildwachsenden Entspannungsdrang der kleineren Paktmitglieder und Moskaus Bedürfnis, seine Allianz zusammenzuhalten.

Was immer die Sowjetunion selbst und ihre Verbündeten seit Mitte der fünfziger Jahre an Plänen entwickelt hatten, wurde verbunden: Auflösung der Militärblocks und an deren Stelle ein europäisches Sicherheitssystem; atomwaffenfreie Zonen; Rüstungskontrollmaßnahmen verschiedener Art; zugleich aber Kooperation in Wirtschaft, Wissenschaft, Technik, Kultur und Kunst. »Es gibt kein Gebiet der friedlichen Zusammenarbeit, auf dem die europäischen Staaten nicht Möglichkeiten finden könnten, weitere Schritte zum gegenseitigen Vorteil zu tun«, hieß es in der Bukarester Erklärung vom 6. Juli 1966, unterzeichnet von den Spitzen des Warschauer Pakts. Als

Kern schälte sich der Vorschlag einer europäischen Konferenz heraus, an der alle Staaten des Kontinents teilnehmen und über Sicherheit und Zusammenarbeit beraten sollten[37].

Doch das Projekt verprellte Bonn, weil die DDR an der Konferenz teilnehmen, und Washington, weil es daran nicht teilnehmen sollte. Gegen die USA und die Bundesrepublik hatte der Konferenzplan keine Chance; gewisse Bedeutung gewann er aber dadurch, daß er den Willen der Osteuropäer zu Europa zeigte. 1966, als die Regierung Erhard ihrem Ende zutrieb, war rund um Bonn Europa das Thema: de Gaulle fuhr nach Moskau, Johnson forderte, die Alte Welt zu einigen, und der Warschauer Pakt proklamierte einen »Kontinent umfassender und fruchtbringender Zusammenarbeit«. Dabei wußten alle und viele sagten es auch: Entspannung in Europa verlangte, daß die Deutschen ihre Teilung hinnahmen.

Erhard und Schröder

Gründe zur Bewahrung

Die Patrioten unter den Politikern der Bundesrepublik teilten sich nach dem Mauerbau in zwei Lager. Für alle waren die Grundsätze der Deutschlandpolitik Wahrheiten gewesen, und alle wurden vom Scheitern einer Politik nach diesen Grundsätzen getroffen. Die einen folgerten, daß man Wahrheiten nicht aufgeben könne, weil die Umstände ungünstig seien; die anderen begannen zu prüfen, ob es wirklich noch Wahrheiten seien, denen man anhing. Die einen empfanden es als moralische Bewährungsprobe, daß man die Prinzipien bewahrte – gegen den Druck aus dem Osten, gegen das Drängen im Westen, auch gegen unleugbare Aussichtslosigkeit. Die anderen hielten es für unverantwortlich, der immer weiteren und tieferen Teilung tatenlos zuzusehen, weil abstrakte Prinzipien die Hände banden. Die einen wurden zu Fundamentalisten, die anderen zu Pragmatikern; die einen beschuldigte man der Starrheit, die anderen der Anpassung – und je schärfer der Kampf wurde, desto weniger blieb noch erkennbar, daß beide sich um das gleiche sorgten, um die deutsche Nation und deren Zukunft.

Die zweite Gruppe, Sozialdemokraten um Brandt und Freie

[37] Dokumente IV/12, S. 1061 ff.

Demokraten, mußte sich erst in den eigenen Parteien durchsetzen und blieb bis 1966 am Rande. Die Auffassungen der ersten Gruppe, meist Unionspolitiker, bestimmten bis dahin den Ton: Nationale Grundforderungen gibt man nicht auf – das ist nicht eine Frage der Realisierbarkeit, sondern der Selbstachtung und der Solidarität mit den Deutschen jenseits der Elbe. Was Jahrhunderte zusammengehört hat, darf nicht der Konstellation eines Augenblicks geopfert werden – das galt auch für die ehemaligen Ostprovinzen; als Vorbild nannte man oft die Polen, die über hundert Jahre beharrlich ihre Einheit erstrebt hatten. Im Hinblick auf den Osten konkurrierten – und ergänzten sich – zwei Überlegungen. Wenn Moskau »der Weltfeind«[38] ist und expansiv, dann bedeutet Anerkennung des sowjetischen Besitzstandes nichts als eine Stärkung der sowjetischen Macht, die dann zum nächsten Ziel ansetzt: von Berlin zur Bundesrepublik und schließlich gegen Westeuropa. Oder anders herum: Wenn das sowjetische Imperium zerbröckelt, darf man es nicht stützen, sondern muß nachhelfen oder wenigstens warten, bis auch der Osten Deutschlands wieder frei wird.

Abschreckend wirkten Großmachtarroganz und Siegerpose, die Moskau oft zeigte, ferner die Zumutungen Ostberlins, das Themen des deutschen Zusammenlebens mit Forderungen verband, die demokratische Grundsätze oder die Westbindung der Bundesrepublik in Frage stellten; seit 1965 wurden selbst Gesprächswillige entmutigt, für Zweifler lieferte Ulbricht immer neue Gründe für ein Nein. Hinzu kam bei sehr vielen das Gefühl: Selbst wenn alles verloren sein sollte – müssen wir dazu noch Ja und Amen sagen? Kann man verlangen, daß wir auf die Zerstückelung Deutschlands Brief und Siegel geben? Selbst Marion Gräfin Dönhoff, die immer bei den moralischen Pragmatikern stand, bekannte später, sie habe zwar nie geglaubt, daß die Ostgebiete wieder deutsch würden, aber sie wollte nicht »sozusagen ein Kreuz auf das Grab setzen, ich wollte nicht beteiligt daran sein«[39]. Schließlich der praktische Gesichtspunkt, daß man »nicht nackt in Verhandlungen gehen« könne.

[38] Krone, Aufzeichnungen, S. 189 als seine und Adenauers Überzeugung.
[39] Die Zeit v. 30. 11. 1984. Vgl. Wehner in Günter Gaus, Staatserhaltende Opposition oder Hat die SPD kapituliert? Reinbek 1966, S. 75 f.

Beinahe nichts von alledem, was nicht auch Verständnis bei den Verbündeten fand, in seltenen Fällen sogar im Osten. Doch die Fatalität dieser Überzeugungen lag darin, daß sie politisch in die gleiche Sackgasse führten, in die Bonn schon von 1955 bis 1958 geraten war. Was sich damals als unmöglich erwiesen hatte, sollte nun, nach 1963, unter schlechteren Bedingungen noch einmal versucht werden: Deutsche Wünsche gegen die Interessen aller anderen, Bonn gegen den Rest der Welt – das war schon Adenauer mißlungen. Der außenpolitisch besonders unbegabte und innenpolitisch schwache Erhard mußte daran scheitern, obwohl er in Gerhard Schröder einen kühl kalkulierenden Außenminister hatte.

Natürlich wünschte auch die Regierung Erhard nach den Jahren der Unruhe endlich Ruhe; auch sie wußte, daß Fortschritte in der deutschen Frage nur in einem Klima der Entspannung möglich waren, doch sie sah auch die Gefahr: Je länger und weiter sich Ost und West unter den bestehenden Verhältnissen arrangierten, desto mehr bestätigten und verfestigten sie die bestehenden Verhältnisse. Entspannung, so folgerte sie, dürfe man nicht einfach geschehen lassen. Die Bundesregierung werde, sagte Außenminister Schröder im Oktober 1963, »den Verbündeten zu jedem einzelnen konkreten Entspannungsschritt, der die deutschen Interessen berührt, ihre Meinung sagen und ihre Forderungen anmelden«. Denn: »Für uns ist Entspannung nur sinnvoll, wenn sie zu einer positiven Veränderung des Status quo führt.« Daraus ergab sich die Forderung: »Wir müssen den Status quo international ständig in Frage stellen.«[40] Mit dieser Haltung isolierte die Bundesrepublik sich selbst von ihrer gesamten Umwelt, von den Gegnern im Osten und den Freunden im Westen.

Das galt um so mehr, als jeder Vorschlag fehlte, wie denn die deutsche Wiedervereinigung mit der Entspannung zu verbinden und so wieder zu einem verhandlungswürdigen Thema zu machen sei. Die Parteien führten, in sehr gemäßigter Form allerdings, den Streit der fünfziger Jahre fort. SPD und FDP argumentierten, eine Wiedervereinigung werde erst möglich, wenn die Welt wisse, wie das vereinte Deutschland aussehen solle: wie es bewaffnet sei, wo es politisch stehe und welchen Umfang

---

[40] Interview für den Deutschlandfunk am 6. 10. 1963. Dokumente IV/9, S. 760 ff.

es habe. Die Sozialdemokraten verlangten daher (wie vorher schon Bundestagspräsident Gerstenmaier), Bonn müsse Vorschläge zu diesen Fragen in einem Friedensvertragskonzept zusammenfassen und mit den Verbündeten abstimmen, die dann darüber mit Moskau zu reden hätten. Die Freien Demokraten dachten ähnlich und sprachen wieder von einem gesamteuropäischen Sicherheitssystem, in dem das vereinte Deutschland seinen vorher vereinbarten Platz finde. Doch davon wollten die Unionsparteien so wenig wissen wie früher. Bundeskanzler Erhard erklärte zwar, die Sicherheitsinteressen der Nachbarn müßten berücksichtigt werden, und er beteuerte bei jeder Gelegenheit, man sei zu großen Opfern bereit, aber er vermochte seine Koalition aus Christ- und Freidemokraten zu keiner Einigung zu bringen, worin denn diese Opfer bestehen könnten.

Prominente Politiker wagten Andeutungen. Man könne »auf irgendein Stück ostdeutsches Land« und »auf eine bestimmte Waffenart« verzichten; auch in einem vereinten Deutschland dürften noch sowjetische Truppen bleiben; mit Polen müsse vor einer Wiedervereinigung über die Grenzfrage geredet werden. Was der Vertriebenenminister Gradl (CDU) und die Fraktionsvorsitzenden Barzel (CDU/CSU) und Erler (SPD) sagten[41], stieß bestenfalls auf Befremden, verursachte meist eine erregte Auseinandersetzung. Ein Bild, gespenstisch und lächerlich zugleich: unermüdlich stritten die Parteien über den Preis einer Sache, die längst nicht mehr zu haben war.

Ende 1964, im Blick auf den kommenden Wahlkampf und im außenpolitisch unglücklichsten Augenblick, drängte Erhard die Verbündeten, der Sowjetunion ein ständiges Vier-Mächte-Gremium zur Behandlung der Deutschlandfrage vorzuschlagen. Doch was in diesem Gremium zu reden und anzuregen sei, wußte der Kanzler nicht zu sagen, und so beließen es die Amerikaner, Briten und Franzosen nach langem Hin und Her bei einer »Deutschland-Erklärung«, in der nur ein Satz von Bedeutung stand: »Die Möglichkeiten, in dieser Frage an die sowjetische Regierung heranzutreten, werden unter Berücksichtigung der Aussichten, dabei zu nützlichen Ergebnissen zu gelangen, weiterhin geprüft.«[42]

---

[41] Dokumente IV/11, S. 57 ff; IV/12, S. 101 u. 906.
[42] Dokumente IV/11, S. 595.

Handelsmissionen

Für die Bundesregierung blieb die Wiedervereinigung oberstes Ziel; daneben aber wuchsen zwei andere Ziele auf, ihre zunehmende Bedeutung bildete das Neue dieser Periode. Das eine war der Wunsch, die Lage der Landsleute in der DDR zu erleichtern, das andere der Versuch, mit den »osteuropäischen Staaten« zu einer »Normalisierung zu gelangen« – so stand es schon im Juni 1961 in einem einstimmig gefaßten Bundestagsbeschluß.

Schröder, der sich das zweite zur Aufgabe machte, hatte Erfolg in den Grenzen, die Parlament und Regierung sich selbst gesetzt hatten. Die Handelsmissionen in Warschau, Bukarest, Budapest und Sofia (ohne konsularische Befugnisse, aber mit Berlin-Klausel) waren Schröders Werk. Sie bildeten den Kompromiß zwischen diplomatischen Beziehungen, die einige Ostregierungen wünschten, und der strengen Einhaltung der Hallstein-Doktrin, die starke Kräfte in CDU und CSU für nötig hielten. Schröder wollte über wirtschaftliche und kulturelle Verbindungen allmählich ein neues politisches Verhältnis begründen, doch er kam nicht weit. Die Regierungen im Osten (nicht zuletzt unter dem Druck der DDR) beschränkten die Handelsmissionen beinahe ganz auf wirtschaftliche Aufgaben, und in Bonn scheiterte der Minister mit seiner Absicht, die Missionen allmählich in Botschaften umzuwandeln, weil man sonst den Osten der DDR überließe. Die praktische Vernunft konnte sich gegen die Strenggläubigen nicht durchsetzen, die schon in Handelsmissionen eine »Aushöhlung« der Hallstein-Doktrin sahen.

Doch daß der erste ostpolitische Versuch bald stecken blieb, hatte seine Hauptursache darin, daß er ohne die Sowjetunion und gegen die DDR unternommen wurde. Adenauer spielte seit 1962, besonders wenn er Ärger mit den Amerikanern hatte, mehrfach mit dem Gedanken, sich mit Chruschtschow auszusprechen, doch am Ende blieb es immer beim Gedankenspiel. Erhard erklärte wiederholt seinen Wunsch, das Verhältnis zur Sowjetunion zu verbessern, fügte aber meist hinzu, leider stehe die ungelöste Einheitsfrage zwischen Bundesrepublik und Sowjetunion. In Moskau entstand schließlich der Verdacht, der Kanzler wolle auch die beiderseitigen Beziehungen von Fortschritten zur deutschen Einheit abhängig machen. Als Chruschtschow sich im Sommer 1964 nach Bonn einlud, schrieb die offiziöse Diplomatische Korrespondenz, eine »grundsätzliche Wende in den deutsch-sowjetischen Beziehungen« sei nicht zu erwarten, und der Kanzler nannte als möglichen Gewinn des Besuchs, Chruschtschow werde von der »innersten Sehnsucht« der Deutschen nach Einheit beeindruckt sein und vielleicht verstehen, daß diese Einheit auch im sowjetischen Interesse liege[43]. Die Chance, die in einem guten Verhältnis zu Moskau lag, wurde in Bonn teils nicht verstanden, teils gefürchtet: man dürfe die vier Mächte nicht »aus ihrer Verantwortung entlassen« und schon gar nicht in »Rapallo-Verdacht« geraten. So geschah auch bis zum Ende der Regierung Erhard nichts Nennenswertes, um mit der entscheidenden Macht im Osten ins Gespräch zu kommen.

Alarmiert von Schröders Politik wurde Ulbricht: der DDR blieb jeder Zugang nach Westeuropa versperrt, aber die Bundesrepublik fand Zugang in Osteuropa und bedrohte Ostberlin mit Konkurrenz oder gar Isolation im eigenen Lager. Was Schröder unternahm, wirkte wie die Praxis zu der amerikanischen Theorie, man solle die DDR innerhalb eines sich versöhnenden und vereinigenden Europa langsam verdorren lassen. Nicht ohne Grund sprach Ulbricht im Blick auf die westdeutsche Wirtschaft von einem Trojanischen Pferd[44]: alle Regierungen von Warschau bis Sofia wünschten dringend mehr Handel mit der Bundesrepublik, die manches bot, was die DDR nicht bieten konnte. So begann im östlichen Europa der gleiche Zweikampf wie in der Dritten Welt, nur mit umgekehrtem Zweck: wie im Süden Bonn die DDR belauerte und beschränkte, so tat es im Osten die DDR mit der Bundesrepublik. Daß Bonn sich dort durch Botschafter vertreten ließ, suchte Ulbricht bald mit noch größerer Entschiedenheit zu verhindern als die Konservativen in CDU und CSU.

»Menschliche Erleichterungen«

Noch mühseliger war der Weg zum zweiten neuen Ziel, einer Erleichterung der Lebensverhältnisse in der DDR. Ausgeschlossen blieb nicht nur alles, was als Anerkennung ausgelegt

[43] Diplomatische Korrespondenz v. 3. 9. 1964, nachgedruckt am folgenden Tag im Bulletin, S. 1269. Dokumente IV/10, S. 954. Erhard, Pressekonferenz am 25. 9. 1964. Dokumente IV/10, S. 1026.
[44] Am 11. 5. 1964 in Budapest. Dokumente IV/10, S. 555.

werden konnte, schon jede »Aufwertung« sollte vermieden werden. Solange Chruschtschow die DDR zu gewisser Konzilianz nötigte, konnte Bonn manches über die »Treuhandstelle für den Interzonenhandel« regeln. Seit Anfang 1965 aber beschränkte Ostberlin die Treuhandstelle streng auf ihren Aufgabenbereich, also auf Wirtschaftsfragen, und verlangte Regierungsverhandlungen für alles, was nicht nur technischer Art war wie Bahn, Post und ähnliches. Die Bundesregierung war »buchstäblich festgefahren«, wie der FDP-Vorsitzende Erich Mende sagte. Mende, seit Adenauers Rücktritt gesamtdeutscher Minister und um mehr Beweglichkeit bemüht, suchte Prinzip und Praxis zu versöhnen. Er schlug vor, mit der DDR gemeinsame Kommissionen für Reise-, Wirtschafts- und Warenverkehr sowie Kulturaustausch und Sport zu bilden, jedoch im Auftrag der vier Mächte[45]. Mende knüpfte an Kommissionen an, die schon in früheren westlichen Entwürfen standen; damals sollten sie Teil eines Vier-Mächte-Abkommens über die Wiedervereinigung sein, jetzt aber waren sie von der Wiedervereinigung gelöst und allein darauf gerichtet, »zur Milderung der Spannungen im geteilten Deutschland beizutragen«. Doch das Projekt scheiterte, weil es der SED nicht weit genug und der CDU/CSU zu weit ging: Ostberlin weigerte sich, einen Auftrag der vier Mächte entgegenzunehmen, die Christdemokraten fürchteten, Deutschlandpolitik werde so weit von Deutschen betrieben, daß die Alliierten »aus ihrer Verantwortung entlassen« würden.

Mißachtung der Ostdeutschen

Bewußt in Kauf genommen oder verdrängt wurden die Folgen für die Hauptbetroffenen. Wenn Bonn eine Verhandlung ablehnte, weil sie Ostberlin »aufzuwerten« drohte, nahm es als selbstverständlich an, daß die Leute in der DDR die Sache ebenso ansähen. »Wir dürfen das Heute nicht mit dem Morgen bezahlen und nicht für Erleichterungen eines Augenblicks die Zukunft aufs Spiel setzen«[46] – große Worte des Kanzlers Erhard, aber wußte der Mann am Rhein, was die »Erleichterun-

---

[45] Interview im Westdeutschen Rundfunk am 5. 1. 1965. Dokumente IV/11, S. 17.
[46] Im Bundestag am 15. 10. 1964. Dokumente IV/10, S. 1053.

gen des Augenblicks« für die abgeriegelten Deutschen bedeuteten?

So vielfältig und differenziert, oft auch unsicher die Meinungen in der DDR-Bevölkerung waren – das tönende Pathos wäre den meisten Bonner Politikern im Halse stecken geblieben, hätten sie nur drei Abende mit Normalbürgern während der Leipziger Messe zu erfahren versucht, was die »Brüder und Schwestern« wirklich bewegte. Doch in der Bundeshauptstadt herrschte, manchmal gestützt auf fragwürdige Berichte des Bundesnachrichtendienstes, eine Mischung aus Ignoranz und Arroganz, die es leicht machte, das staatsrechtliche Schema auf die Menschen auszudehnen. Wie man die Bundesrepublik Deutschland stellvertretend für Deutschland nahm, so setzte man voraus, daß die 17 Millionen auf der anderen Seite das gleiche täten; weil man von den Westdeutschen gewählt war, erschien die Zustimmung der Ostdeutschen ebenfalls erteilt. Diese Selbstgewißheit verringerte sich im Laufe des Jahrzehnts, aber noch langsamer reifte die Einsicht, daß die Nicht-Anerkennung des Staates DDR zugleich dessen Bürger traf. Zunächst praktisch: nicht nur Funktionäre und Agitatoren fuhren in den Westen, auch Sportler, Künstler, Wissenschaftler und Wirtschaftsmanager taten es, doch sie erlitten die gleichen Diskriminierungen, Einschränkungen und Verweigerungen, die den Verantwortlichen der SED zugedacht waren. Wen das ZK hinausließ, der mußte sehen, ob die Westbehörden ihn hineinließen. In NATO-Länder durften DDR-Sportler lange nicht einreisen oder dort nicht als DDR-Mannschaft starten – manchem entging die internationale Anerkennung, weil sein Staat nicht anerkannt war. Der Leipziger Germanist Theodor Frings, unbestrittene akademische Autorität, wurde 1963 vom Travel Board in Westberlin, nicht von den DDR-Behörden, gehindert, seine belgische Ehrendoktorwürde persönlich zu empfangen.

Schlimmer, weil in die Breite wirkend, war die alles umfassende Mißachtung der »Sowjetzone«: das Wort drückte nicht nur die Nichtstaatlichkeit der DDR aus, es bezeichnete auch deren Bewohner. »Zone« besagte nicht allein, daß dort Moskau das Wesentliche entschied, sondern verzerrte auch das Bild von den Menschen, ihren Leistungen und ihrem Leben – in ganz entlegenen Ecken der Bundesrepublik meinte mancher, dort werde russisch gesprochen. Die Abwertung, die den Regierenden galt, schloß ungewollt und unbewußt die Regierten ein.

Psychologische Tests zeigten das schon 1962[47], und das Verhalten vieler Westdeutscher bestätigte es. Sie waren die Bürger eines angesehenen Staates, die anderen waren die Bewohner der »Zone«; sie waren freier, reicher und selbstsicherer, die anderen waren die armen Verwandten und bekamen es zu spüren. Sogar der Kanzler begründete die »politische Kraft« der Passierscheinbegegnungen nicht zuletzt damit, daß die Westberliner »ja auch nicht mit leeren Händen« nach Ostberlin gekommen seien[48]. Die Gefühle, die sich daraus im Laufe der Jahre entwickkelten, brachte ein Mecklenburger auf die (überscharfe) Formel: »beleidigter Stolz«. Eine Wiedervereinigung wurde im Osten dringender gewünscht und, oft wider besseres Wissen, länger erhofft – allerdings auch von Gegnern der SED nicht mehr als »Anschluß« an die Bundesrepublik: »Wir wollen gefragt werden.« Schließlich vermochten immer weniger DDR-Bürger zu begreifen, daß die Bundesrepublik nicht als Realität respektieren wollte, was jeder zwischen Wismar und Dresden jeden Tag als harte Wirklichkeit erfuhr. Nicht-Anerkennung des Staates DDR, das konnte sich auf die Dauer nur leisten, wer nicht selbst betroffen war.

Bonns Politik der Grundsätze half nicht der Einheit, sondern vertiefte die Spaltung, praktisch und psychologisch; sie sollte den Ostdeutschen Erleichterungen bringen, schuf ihnen aber Erschwernisse. Es war die gleiche Politik wie gegenüber den Osteuropäern. Sie zielte auf die Herren und traf die Völker; sie ließ die 17 Millionen Deutschen, die schon doppelt für Hitler gebüßt hatten, auch noch für Ulbricht zahlen.

Der Verfall

Die neuen Ansätze Bonns brachen sich an den alten Grundsätzen. Verständigung mit Osteuropa und Erleichterungen für die Ostdeutschen – beides ging nur eine kurze Strecke, dann mußte entschieden werden, was Vorrang hatte, die Politik oder das Prinzip. Die Regierung Erhard entschied fast immer für das zweite und wurde von der Opposition dafür nur milde getadelt. So reduzierte sich Deutschlandpolitik auf Nicht-Anerkennung

[47] Alois Hüser und Heinz E. Wolf in: Kölner Zeitschrift für Soziologie und Sozialpsychologie 1 (1962), S. 155ff. Peter E. Hofstätter in: Eckart-Jahrbuch 1966/67, S. 29ff.

[48] Im Bundestag am 9. 1. 1964. Dokumente IV/10, S. 62.

der Teilung. Bonns Aktivität erschöpfte sich darin, der Aktivität Ostberlins zu begegnen, Wachsamkeit wurde zur hohen Tugend. Wann immer die DDR international auftrat – Bonn protestierte. Wo immer eine DDR-Mission ihre Fahne nicht nur feiertags hochzog, wenn es ihr erlaubt war – der westdeutsche Botschafter am Ort legte Einspruch ein. Was immer die Sportwelt als Ereignis feierte – die bundesdeutsche Mannschaft sollte das Feld räumen, wenn die DDR-Hymne drohte. Rund um den Globus ging der Kleinkrieg um Wimpel, Stander, Schilder, Bezeichnungen, Symbole, Einladungen, Rangfolgen und Diplomatenpässe, um das Exequatur, um offizielle und inoffizielle konsularische und andere Befugnisse. Es war das goldene Zeitalter der Juristen. Recht und Protokoll galten als Politik, Entwicklungshilfe entartete zur Nicht-Anerkennungshilfe, der außenpolitische Bewegungsraum nahm ab, und die Abhängigkeit von den Verbündeten, deren Unterstützung oft unentbehrlich war, nahm zu. Im gesamten (auch neutralen) Westen blieb die Hallstein-Doktrin wirksam, aber für die Dritte Welt erschien sie sogar Vizekanzler Mende 1965 nicht mehr als »geeignetes Instrument«, denn »überall dort, wo die Bundesrepublik ohne Not ihre Flagge streicht, wird die Spalterflagge Ulbrichts hochgezogen werden«[49].

Eine Politik, die das Gegenteil ihres Zwecks bewirkt, dazu noch staunenswertes Ungeschick – eine Serie von Niederlagen war die Folge. Von Washington ließ sich die Regierung verleiten, Waffen an Israel zu liefern; darauf lud Nasser Ulbricht zum Staatsbesuch ein, drohte mit einer Anerkennung der DDR durch die arabischen Staaten, worauf Bonn die Waffenlieferungen einstellte. Als Bonn nach Ulbrichts Ägyptenreise diplomatische Beziehungen zu Israel aufnahm, brachen die meisten arabischen Staaten die Beziehungen zur Bundesrepublik ab. Das Ergebnis: Positionsgewinn der DDR, Positionsverlust der Bundesrepublik und eine Blamage dazu.

Ähnlich in der Atomwaffenfrage. Mehr als scheinbare Mitverfügung konnte die Bundesrepublik nicht erwarten, und selbst das blieb ihr am Ende versagt; doch indem die Regierung unverdrossen einen vagen Anspruch aufrechterhielt, verursachte sie Mißtrauen und bot der östlichen Propaganda breite Angriffsflächen. Das gleiche bei der Verjährung von Naziverbrechen: nach 30 Jahren, also 1965, wäre sie nach deutschem Recht

[49] Am 22. 3. 1965. Dokumente IV/11, S. 312.

eingetreten und sollte es auch nach dem Willen der Regierung – aber die Opposition im Inneren (auch in der CDU) und die Proteste im Ausland wurden so stark, daß die Regierung schließlich nachgab. Was als eigene Initiative (die Verjährung nicht eintreten zu lassen) Eindruck gemacht hätte, war nun erzwungene Resignation – die DDR triumphierte und rühmte sich als das wahre Deutschland, das die Lehren aus der Vergangenheit gezogen habe.

Das gleiche auch bei den Plenarsitzungen des Bundestages in Berlin. 1965, nach achtjähriger Pause, gaben die Westmächte zögernd wieder die Genehmigung, doch die DDR störte den Berlin-Verkehr, und sowjetische Düsenjäger entzogen, im Tiefflug über die Kongreßhalle donnernd, den Abgeordneten das Wort. Danach ließen die Alliierten nur noch Ausschuß- und Fraktionssitzungen an der Spree zu: nicht die Zugehörigkeit Berlins zum Bund war bewiesen, sondern das Gegenteil.

Das gleiche auch, als Ulbricht einen Zeitungsaustausch anbot. In der Freiheit des Wortes lag die Überlegenheit der Bundesrepublik, doch dann erwies sich, daß Rechtsvorschriften den öffentlichen Verkauf von ›Neues Deutschland‹ unmöglich machten – auch diese Runde ging an Ulbricht. Das gleiche nochmals zwei Jahre später beim »Redneraustausch« zwischen SPD und SED. Um die kommunistischen Politiker vor Strafverfolgung in der Bundesrepublik zu bewahren, mußte mit großer Hast ein Gesetz gemacht werden – die Ostberliner Propagandisten nannten es das »Handschellengesetz«, entwürdigend und nicht zumutbar. Bonn lieferte, wie so manches Mal später, den Vorwand für einen Rückzug, dessen Ursache in Ostberlin oder Moskau lag.

Am Ende blieb Hilflosigkeit. Je weniger Politik möglich war, desto wichtiger wurden die Prinzipien – sie waren das letzte, was man hatte. Je weniger getan werden konnte, desto mehr mußte man reden. Je weniger Glaube und Hoffnung noch trugen, desto stärker wuchs das Bedürfnis nach Gesten. So wurden die sechziger Jahre zur Zeit der Ersatzhandlungen. Was groß war, wurde in kleiner Münze vertan, was echt war, durch Betriebsamkeit entwertet. Die Politik verkam zur Demonstration, die Grundsätze erstarrten zu Tabus, der gesamtdeutsche Jargon ermüdete mit immer denselben Phrasen, Beschwörungen, Bekenntnissen und vagen Verheißungen. Symbolik wurde veranstaltet, Gefühl organisiert, der Andersdenkende diffamiert, und der 17. Juni entwickelte sich zur alljährlich wiederkehrenden

Verlegenheit – nicht wie die Einheit zu erreichen, sondern wie der Tag der Einheit mit Anstand zu bewältigen sei, wurde zum Hauptproblem.

Die Friedensnote

Bundesregierung und Parteien sahen sich den drei Konflikten ihrer Ostpolitik gleichzeitig ausgesetzt: zur zunehmenden Härte im Osten und Entfremdung im Westen kam wachsendes Unverständnis im eigenen Lande; nicht nur außenpolitisch, auch innenpolitisch drohte Isolierung. Der Opportunismus schlug zurück. Um zu gefallen oder nicht zu verletzen, hatten sich die Parteien den Landsmannschaften und dem, was sie für Volksmeinung hielten, angepaßt. Da die einen es taten, meinten die anderen, es ebenso tun zu müssen; keiner traute sich, aus dem Kartell der Konformisten auszubrechen. Nach einem Wahlkampf 1965, der noch in den alten Bahnen verlief, spürte man in allen Lagern, daß Neues nötig sei, wenn man noch überzeugen wolle. Die Innenpolitik wurde zum Motor der Deutschlandpolitik. Anfang 1966 hatte sich das Klima verändert. Aus allen Parteien kamen Mahnungen, »die Wahrheit zu sagen« und an die »Glaubwürdigkeit der Demokratie« zu denken, wenn von Einheit und Grenzen die Rede sei[50]. Und aus allen Parteien kamen auch vorsichtige Vorstöße in die Tabuzone. Die SPD plante den »Redneraustausch« mit der SED; Mende erklärte Regierungsverhandlungen mit der DDR für möglich und Strauß eine Wiedervereinigung für unmöglich; Gradl, Barzel, Schröder, wer immer sich ein Stück vorwagte, tat es im Frühjahr 1966.

Am 25. März unternahm auch die Regierung, beraten und unterstützt von der Opposition, einen großangelegten Versuch, sich aus der Isolation zu befreien. Mit einer Note »zur deutschen Friedenspolitik« wandte sie sich an alle Staaten, auch des Ostens, aber mit Ausnahme der DDR[51]. Die »Friedensnote« enthielt noch einmal die ganze Erhard-Zeit: guten Willen, wenig Neues und die alten Fehler, verstärkt durch viel Ungeschick. Der einzige Fortschritt lag in dem Angebot, Gewaltverzichtserklärungen auszutauschen, wiederum mit Ausnahme der DDR. Früher hatte

---

[50] Kultusminister a. D. Simpfendörfer (CDU) in: Der Spiegel v. 15. 12. 1965. Dokumente IV/11, S. 1008. Helmut Schmidt im Kölner Stadt-Anzeiger v. 4. 3. 1966.
[51] Dokumente IV/12, S. 381 ff.

sich die Bundesregierung auf den Gewaltverzicht berufen, den sie 1954 gegenüber den Westmächten ausgesprochen hatte. Das gleiche gegenüber dem Osten zu tun, schafften weder Adenauer noch Erhard, der Einfluß der Landsmannschaften war zu stark. Mit der »Friedensnote« wurde der Gewaltverzicht nun zu einem anerkannten Instrument der Ostpolitik.

In den heiklen Fragen aber gab es keine Änderung. Bei Atomwaffen verzichtete Bonn auf nationalen Besitz, nicht auf Mitverfügung, die allein zur Debatte stand. Einer Verringerung der Atomwaffen wollte es nur zustimmen, wenn damit »entscheidende Fortschritte« bei den politischen Problemen, also der deutschen Einheit, verbunden seien. Gegenüber Prag wiederholte es, keine territorialen Ansprüche zu haben, weigerte sich aber, das Münchner Abkommen für ungültig zu erklären. Für Polen rang man sich zu dem Nebensatz durch, es habe »von allen osteuropäischen Nationen im Zweiten Weltkrieg am meisten gelitten«; doch statt der »vielen Geduld«, die Außenminister Schröder für nötig hielt, um Verständnis und Vertrauen auch im Osten wiederzugewinnen[52], folgten Vorwürfe an die Warschauer Regierung. In der Grenzfrage Entrüstung über die polnische Anerkennungsforderung und am Ende der Zusatz, »daß Deutschland völkerrechtlich in den Grenzen von 1937 fortbesteht«. Das war der Punkt auf dem i, wahrscheinlich erst im Kabinett auf Intervention der Landsmannschaften hinzugefügt[53]. Moskau und Ostberlin schließlich blieben die Stiefkinder: die Sowjetunion erhielt nur Kritik, und die DDR kam gar nicht vor.

Aus östlicher Sicht mußte diese Note nicht nur als Fortsetzung, sondern als Verschärfung der Bonner Politik erscheinen. Alle Ansprüche wurden offiziell, fast feierlich als Botschaft an die gesamte Welt wiederholt; und daß dies unter der Aufschrift »Frieden« geschah, machte die Sache für Leute, die mißtrauisch waren, noch gefährlicher. Das Angebot, auf Gewalt zu verzichten, schloß den Staat aus, der von den Bonner Ansprüchen am meisten bedroht war – Verschärfung also auch der Isolierungspolitik gegen die DDR. Die Antwortnoten fielen entsprechend aus, eine weitere Solidarisierung des Warschauer Pakts mit Ostberlin war die unvermeidliche Folge.

Unterhalb der offiziellen Ebene aber hatte im Osten schon

[52] Foreign Affairs. Vol. 44, S. 15 ff. Dokumente IV/11, S. 853 f.
[53] Richard Löwenthal, Vom kalten Krieg zur Ostpolitik. Stuttgart 1974, S. 69.

eine Gegenentwicklung begonnen. Wer immer Gelegenheit erhielt, die Bundesrepublik in Augenschein zu nehmen, und sich dabei Unbefangenheit bewahrte, der sah, spürte und schrieb auch manchmal, daß dies nicht mehr das Deutschland Hitlers war. Doch die Starrköpfigkeit und Rechthaberei in Bonn behinderten die Einsicht und provozierten eine folgenreiche Fehldeutung. Was der Bonner Hilflosigkeit entsprang, wurde im Osten als revisionistische Planung aufgefaßt; was sich aus Schwäche stark gebärdete, erschien als wachsende Bedrohung. So erreichte die Eskalation eine neue Stufe. Die Nicht-Anerkennung hatte das Verlangen nach Anerkennung erzeugt; die weitere beharrliche Nicht-Anerkennung steigerte dieses Verlangen; und die prononcierte Bekundung, sich nicht abfinden zu wollen, festigte nun die Entschlossenheit in Moskau, Warschau und Ostberlin, sich mit den Westdeutschen erst zu verständigen, wenn sie in aller Form verzichteten.

Erhard stürzte Ende 1966 nicht über seine Ostpolitik, sondern weil er, wie Adenauer vorausgesehen hatte, mit allem nicht fertig wurde. Aber als er zurücktrat, war unbestritten, daß der Nachfolger, wer immer es sei, auch nach Osten einen neuen Anfang suchen mußte.

Anfänge einer neuen Politik

Die Selbstblockade, zu der die offizielle Politik führte, war von unbefangenen Beobachtern lange vorausgesehen worden. Die neue Ostpolitik entstand aus der Kritik der alten; was Brandt und Scheel 1969 in die Tat umsetzten, wurde nur möglich durch einen breiter werdenden Strom sich verändernden Denkens, der zu Anfang des Jahrzehnts zu fließen begann und vornehmlich aus drei Quellen gespeist wurde: dem Einfluß der Westmächte, dem Wandel in der öffentlichen Meinung und der Not der Politiker, die mit den Teilungsfolgen unmittelbar konfrontiert waren. Zwischen allem bestand eine Wechselwirkung. Viele dachten an verschiedenen Orten das gleiche, unabhängig voneinander kamen sie zu ähnlichen Ergebnissen. Natürlich ergänzten, inspirierten und bestätigten sie sich gegenseitig, und der Prozeß der Neubewertung wurde durch Austausch beschleunigt. Doch entscheidend war, daß dem unvoreingenommenen Blick sich überall das gleiche Bild bot und dem unbefangenen Urteil die gleiche Folgerung aufzwang – es genügte, die Machtverhältnisse zu prüfen. Selten war es so leicht zu prophezeien.

Die Westmächte

Die Alliierten beeinflußten die Bundesrepublik auf zweifache Weise: indem sie illusionärer Politik Grenzen setzten und zugleich eine bessere Politik vorführten. Kaum ein amerikanischer Präsident ist so rücksichtslos mit den Westdeutschen umgegangen wie Kennedy, und keiner wurde bei ihnen so populär; außer der strahlenden Erscheinung hatte das seinen Grund darin, daß er nicht nur deutsche Hoffnungen entmutigte, sondern zugleich neue Wege zeigte. Als er am 10. Juni 1963 seine »Strategie des Friedens« entwickelte, sprach er zu Amerikanern und versuchte, amerikanische Vorbehalte zu überwinden – doch das meiste betraf genauso die Deutschen in der Bundesrepublik[54].

Kennedy erinnerte, daß es außer den russischen Kommunisten auch ein russisches Volk gebe, das »wie kein anderes Volk in der Geschichte« durch den Zweiten Weltkrieg gelitten habe: mindestens 20 Millionen Tote und materielle Verluste, die »der Verwüstung unseres gesamten Landes östlich von Chicago gleichkämen«. Bis 1972 sprach kein hochrangiger westdeutscher Politiker mit dieser Deutlichkeit. Kennedy erklärte zwar, »das Streben der Kommunisten, anderen ihr ... System aufzuzwingen«, sei der Hauptgrund der Spannungen. So sagten die meisten es auch in Bonn. Anders als sie aber sah der Präsident Fehler und Verantwortung nicht allein im Osten: »Ich glaube, daß wir unsere eigene Haltung prüfen müssen ..., denn unsere Einstellung ist genauso wichtig wie die ihre.« Kennedy erläuterte: »Wir werfen beide für gigantische Waffen riesige Beträge aus ... Wir sind beide in einem unheilvollen und gefährlichen Kreislauf gefangen, in dem Argwohn auf der einen Seite Argwohn auf der anderen auslöst und in dem neue Waffen zu wiederum neuen Abwehrwaffen führen.« Was der Präsident über das »Wettrüsten« sagte, galt ebenso für den deutsch-deutschen Zweikampf.

Kennedy wollte aus dem »Kreislauf« ausbrechen. Es gehe nicht darum, »Pluspunkte zu sammeln. Wir sind nicht hier, um Lob und Tadel zu verteilen oder mit den Fingern auf andere zu weisen.« Kein westdeutscher Politiker sprach so, und keiner reagierte auf Verleumdungen der SED so souverän wie Kenne-

[54] Dokumente IV/9, S. 382 ff.

119

dy auf die sowjetische Unterstellung, die USA planten einen Präventivkrieg. Weder Empörung noch Gegenbeschuldigung: »Es ist traurig, die Größe der Kluft, die uns trennt, zu erkennen. Es ist aber auch eine Warnung an das amerikanische Volk, nicht in die gleiche Falle wie die Sowjets hineinzutappen, sich nicht nur ein verzerrtes und verzweifeltes Bild von der anderen Seite zu machen.« Die stärkste Hemmung westlicher Ostpolitik lag in der verbreiteten Überzeugung, alles Bemühen um Verständigung sei zwecklos, weil Kommunisten Verständigung gar nicht wollten, sondern nur den Kampf. Kennedy antwortete: »Wir müssen unsere Politik so betreiben, daß es schließlich das eigene Interesse der Kommunisten wird, einem echten Frieden zuzustimmen.« Das war der Schlüsselsatz für jede neue Ostpolitik, nicht zufällig von Brandt, Erler und Wehner hervorgehoben[55].

Kennedys Rede bestach, weil sie Vision und Realismus verband. Der Präsident kannte die Grenzen westlicher Möglichkeiten, wie sie das Gleichgewicht der Kräfte setzte, aber er wollte zu neuen Grenzen vorstoßen, indem er andere Möglichkeiten eröffnete. Das galt auch für das Problem Deutschland. Seine wichtigste Rede dazu hielt er Ende Juni 1963 in der Freien Universität Berlin. Darin dämpfte er einerseits jede Hoffnung auf schnelle Wiedervereinigung, mahnte aber andererseits, in der »Zwischenzeit« das Schicksal der Ostdeutschen nach Kräften zu erleichtern: »Es ist wichtig, daß für die Menschen in den stillen Straßen östlich von uns die Verbindung mit der westlichen Gesellschaft aufrechterhalten wird – mittels aller Berührungspunkte und Verbindungsmöglichkeiten, die geschaffen werden können, durch das Höchstmaß von Handelsbeziehungen, das unsere Sicherheit erlaubt.«[56] In diesen Sätzen lag eine Ermutigung für das Risiko, das der Berliner Senat wenige Monate später mit den Passierschein-Verhandlungen auf sich nahm. Kennedy wurde auch sonst zur Berufungsinstanz: der erste Staatsmann des Westens hatte sich zum Vorreiter der Aufklärung gemacht, seine Autorität stand nun hinter allem Bemühen, das Verhältnis zum Osten zu entideologisieren und der Politik wieder zu ihrem Recht zu verhelfen.

Eine ähnliche Rolle spielte de Gaulle. Auch er hatte die Westdeutschen enttäuscht, er hatte ihre Hoffnung auf westeuropäi-

---

[55] Brandt, Begegnungen, S. 77. Erler im Bundestag am 22. 1. 1964 unter Beifall von Wehner. Dokumente IV/10, S. 169.
[56] Dokumente IV/9, S. 465.

sche Integration zerstört, ihre Gefühle für die ehemaligen Ostgebiete verletzt und Bonn in das Dauerdilemma gebracht, zwischen Washington und Paris lavieren zu müssen. Aber zugleich gab der französische Präsident ein Beispiel, wie man mit dem Osten umgeht und wie man im Spielraum zwischen den Großmächten »die starren Fronten in Bewegung« setzt. »Warum eigentlich nur er?« fragte Brandt[57], der zu seinen kritischen Bewunderern gehörte. Ebenso wichtig war, daß de Gaulle die deutsche Frage aus der nationalen Isolierung befreite. Vornehmlich auf ihn geht die allmähliche Einsicht aller Bonner Parteien zurück, daß deutsche Fortschritte (gesamt-)europäische Fortschritte voraussetzen.

Die öffentliche Meinung

Je weniger die Politiker ihrer selbstgestellten Forderung genügten, auszugehen von dem, »was ist«, desto mehr taten es andere: Leute verschiedener Berufe und Bekenntnisse, auch verschiedener politischer Couleur, aber allesamt unbefangen und unabhängig[58]. Einige Namen als Beispiele: Karl Jaspers, Gräfin Dönhoff, Golo Mann, Carl Friedrich von Weizsäcker, Sebastian Haffner, Klaus von Bismarck, Rudolf Augstein, Rüdiger Altmann, Theo Sommer. Der liberale Teil der Presse, besonders der Wochen- und Monatszeitschriften, stellenweise auch Funk und Fernsehen machten sich zum Forum neuer Überlegungen; sie wurden zum Ärgernis für alle Parteien, besonders für CDU und CSU, und zur Hilfe für die Gruppen in SPD und FDP, die eine Revision der dogmatischen Deutschlandpolitik anstrebten. Wenn es Sammelbezeichnungen gibt, dann handelte es sich um eine Opposition der Vernunft, der Sachlichkeit und der Freiheit von Ideologien, der antikommunistischen wie der abendländisch-klerikalen. Bei manchen kam ein ethischer Zug hinzu: Durch Hitler sei die Einheit nicht nur politisch, sondern auch moralisch verspielt.

Was die Parteien sich im Laufe der sechziger Jahre langsam und mühevoll abrangen, war schon seit Anfang des Jahrzehnts in den Zeitungen zu lesen: Die Ostgebiete sind verloren, eine Anerkennung der Oder-Neiße-Grenze liegt auch im deutschen Interesse. Das Instrumentarium der Wiedervereinigungspolitik

---

[57] Brandt, Begegnungen, S. 141.
[58] Auswahl-Bibliographie der in diesem Abschnitt genannten und gemeinten Schriften siehe »Quellen und Literatur«.

(Vier-Mächte-Verantwortung, Hallstein-Doktrin, Friedensvertrag) ist unbrauchbar geworden und die Einheit aussichtslos, es sei denn, man denke in historischen Zeiträumen. Sogar für eine »Österreich-Lösung« fehlen die Voraussetzungen.

Auch die Folgerungen wurden gezogen – in genauer Parallele zur Diskussion in Westeuropa und Amerika: wie der sowjetische Kommunismus nicht zu besiegen sei, so auch die DDR nicht; wie der Westen mit dem Osten auskommen müsse, so müßten es die Westdeutschen mit dem ostdeutschen Staat. Und weiter: wenn sich in Osteuropa der Kommunismus zu liberalisieren beginne, könne er es vielleicht auch im östlichen Deutschland; was westliche Politik in Polen zu fördern suche, solle Bonn in der DDR probieren. So richteten sich Hoffnungen auf einen »deutschen Gomulka« und auf »liberale« und »nationale« Kräfte in der SED.

Wesentlich für solche Überlegungen war, welches Bild man sich vom anderen Deutschland machte. Auch dabei ging es zunächst darum festzustellen, »was ist«. Tatsachen kannte man viele, das Gesamtdeutsche Ministerium produzierte eine ganze Bibliothek über Entwicklung und Zustände auf vielen Gebieten. Doch den Maßstab bildete entweder die Vergangenheit oder die Bundesrepublik, mit dem Resultat, daß man nicht Unterschiede zur Kenntnis nahm, sondern Entartungen registrierte. Erst Anfang der sechziger Jahre begann die Entdeckung der DDR, die Beobachtung und Beschreibung einer eigenen Größe, unabhängig davon, wie man sie beurteilte. Schon einige Buchtitel zeigten, was vorging: ›Reise in ein fernes Land‹, ›Das geplante Wunder‹, ›Die DDR ist keine Zone mehr‹ und dann die einzige Gesamtdarstellung eines Wissenschaftlers: ›Das zweite Deutschland. Ein Staat, der nicht sein darf‹.

Die Bonner Politik auf Christian Morgenstern gebracht – darin lag, bei vielen Unterschieden im einzelnen, das Ergebnis der zahlreichen Reportagen, Berichte und Betrachtungen. Die DDR war anders, als die Einheitsredner sie sich dachten, und damit wurde manches fraglich. Auch wenn die 17 Millionen »drüben« den diktatorischen Sozialismus ablehnten, wollten sie deshalb den westdeutschen Kapitalismus? Die stärkste, wenn auch sehr verschwommene Tendenz richtete sich auf einen »dritten Weg«, auf dem sich Sozialismus und Demokratie vereinten. Wollten die Ostdeutschen, auch wenn sie Ulbricht verabscheuten, sich deshalb von Erhard vertreten lassen? War Bonn überhaupt in der Lage, sie dort zu vertreten, wo es für sie am wichtigsten war, in Moskau? Schließlich: wenn die Bürger der DDR sich ihren Staat auch nicht ausgesucht hatten – die Jüngeren kannten nichts anderes, und die Älteren gewöhnten sich an vieles. Die DDR wurde selbstverständlich; und nicht der Staatssicherheitsdienst, nicht einmal die Partei bestimmten den Lebensrhythmus, sondern die Gesetze einer modernen Industriegesellschaft. War Anerkennung dieses Staates wirklich noch »Verrat« an den Landsleuten? Konnte man weiter behaupten, es lohne nicht, mit dem »Pförtner« (Ostberlin) zu sprechen, sondern nur mit dem »Hausbesitzer« (Moskau)?

Doch die entscheidende Frage war, ob sich das Entspannungskonzept auf die DDR überhaupt anwenden ließ. Die osteuropäischen Parteiführer stärkten ihre Stellung durch nationale Politik, die SED-Führung aber hätte sich damit geschwächt, denn nationale Politik für die DDR konnte damals nur heißen: Öffnung zur Bundesrepublik und am Ende Wiedervereinigung. Auch Lockerungen im Inneren waren viel enger begrenzt, wo die Frontlinie der Systeme durch die Nation ging. Zweifler meinten deshalb, die schiere Existenz der reicheren und freieren Bundesrepublik verurteile die DDR zu permanentem Stalinismus. Die Anhänger einer Entspannungspolitik argumentierten: Wenn die besondere Rigorosität der deutschen Kommunisten ihrer Unsicherheit entspringt, nützt es niemandem, diese Unsicherheit noch zu vergrößern. Erst eine DDR-Regierung, die nicht mehr in Frage gestellt wird, also nicht mehr ganz von Moskaus Rückhalt abhängt, kann sich eine gewisse Lockerung und Öffnung leisten. Liberalisierung und Stabilisierung bedingen einander, deshalb, so die Folgerung, solle Bonn die DDR ökonomisch unterstützen und sie anerkennen. Wirtschaftshilfe helfe nicht allein der Wirtschaft drüben, sondern auch den Menschen, und langfristige Kredite schüfen langfristige Bindungen. Anerkennung aber sei unerläßlich, denn erst eine DDR, die national nicht mehr bezweifelt wird, kann allmählich werden, was zu sein sie beansprucht: ein zweiter deutscher Staat. Nationale Politik wurde damit gerade umgekehrt definiert wie sonst, nicht als Kampf gegen die DDR, sondern als Bemühung, ein möglichst erträgliches Verhältnis zu ihr herzustellen.

Ungleich weniger wichtig war der Streit über eine Anerkennung der Ostgrenze, doch geführt wurde er mit gleicher Erbitterung, eine Merkwürdigkeit, die bis in die achtziger Jahre anhielt und sich aus der zahlenmäßigen Stärke der Landsmannschaften und den ungehemmten Ansprüchen ihrer Führer er-

klärt. Schon 1962 schrieb Rüdiger Altmann: »Die großangelegten Wiedersehensveranstaltungen der Vertriebenen, die Regierung und Opposition die erfreuliche Gelegenheit verschaffen,
vor Massenversammlungen aufzutreten, geben einigen dieser
Funktionäre einen Hintergrund, der ihnen tatsächlich nicht zu-
steht und für den ihr politisches Niveau auch nicht ausreicht.
Auf die Dauer ist es ganz unerträglich, daß diesen Leuten eine
Art Vetorecht gegen die deutsche Außenpolitik zugebilligt
wird.«[59] Um so größere Bedeutung erhielt die »Ost-Denk-
schrift« der Evangelischen Kirche (EKD) vom 15. Oktober
1965. Politisch blieb sie hinter vielem zurück, was sonst geschrieben worden war, die Autoren verzichteten sogar auf eine
Empfehlung zur Grenzfrage, legten sie allerdings nahe. Doch
die Denkschrift bildete eine Zäsur in der Meinungsentwicklung,
zunächst weil sie das Schicksal der Polen wie der Deutschen
würdigte, den deutschen Schmerz um die verlorene Heimat wie
die polnische Furcht um die neue Heimat. Entscheidend war,
daß hier eine Autorität sprach. Was bis dahin fast an Landesver-
rat grenzte, wurde durch ein Kirchenwort diskutabel, sogar
respektabel. Was Regierung und Parteien in unverantwortli-
chem Opportunismus versäumten, versuchten die Kirchenleute
auszugleichen: »Das deutsche Volk muß auf die notwendigen
Schritte vorbereitet werden, damit eine Regierung sich ermächtigt fühlen kann zu handeln, wenn es nottut.«[60]

Bei den katholischen Bischöfen fanden die Protestanten allerdings keine Unterstützung; nur eine Minderheit deutscher Katholiken, der »Bensberger Kreis«, kam nach langer Anstren-
gung im März 1968 mit einem Memorandum heraus, das dann
aber weiter ging als die evangelische Denkschrift. Das »Recht
auf Heimat«, bis dahin Hauptargument der Landsmannschafts-
führer, wurde zugunsten der Polen gewendet, die seit über
zwanzig Jahren in den Oder-Neiße-Gebieten lebten – mit der
Folgerung, daß die Deutschen verzichten müßten.

Adenauers Erbe

Die dritte und stärkste Quelle einer neuen Politik waren die
Politiker, die einem inneren oder äußeren Zwang zu handeln

---

[59] Rüdiger Altmann, Das deutsche Risiko. Außenpolitische Perspektiven.
Stuttgart 1962, S. 134.
[60] Dokumente IV/11, S. 896.

nicht auswichen. Am Beginn, erkennbar seit 1958, stand Konrad Adenauer. Gedanklich findet sich bei ihm oder seinen engsten Mitarbeitern schon das meiste, was diese Politik später ausmachte. Als erster proklamierte Adenauer auch für die DDR, daß Freiheit Vorrang haben müsse vor der Einheit: man werde über vieles mit sich reden lassen, »wenn unsere Brüder in der Zone ihr Leben so einrichten können, wie sie es wollen. Überlegungen der Menschlichkeit spielen hier für uns eine noch größere Rolle als nationale Überlegungen«[61]. Für die Politik hieß das, praktische Erleichterungen waren wichtiger als Einheitsprinzipien. Adenauer wurde mit diesen Sätzen zur Berufungsinstanz, doch er selbst hat seinen Einsichten wie seinen Worten nur Halbheiten folgen lassen. Was immer er nach Osten anfing – es wurde nichts daraus, der Wille oder die Kraft fehlten. Deshalb blieb auch sein Werk nur Halbheit, er machte die Westdeutschen im Westen respektabel, nicht aber im Osten, dort bewirkte er das Gegenteil. Schon 1958 warf ihm Gustav Heinemann vor, »daß er mit diesem westlichen Ausgleich neue Ostfeindschaft verbunden hat, in der Art, wie geredet ... und wie gefordert wurde: Neuordnung usw.«[62]. Adenauer ist der Vater des grotesken Mißverständnisses, das zwei Jahrzehnte lang Bonns Verhältnis zum anderen Europa verdarb; er sah immer nach Westen, aber drehte dem Osten auf eine Art den Rücken zu, die dort als Aggressivität wirkte. Seine Nachfolger Kiesinger und Brandt hätten es später nicht so schwer gehabt, und die Union hätte die Anpassung an das Unvermeidliche leichter und früher geschafft, wenn Adenauer der Logik seiner eigenen Politik gefolgt wäre. Da eine Wiedervereinigung nicht zu sehen war, mußte nach Osten schnell Verständigung erstrebt werden, damit die Teilung und die Abtrennung der Ostprovinzen möglichst erträglich würden.

Wie Adenauer dachte auch Strauß. Die Österreich-Lösung, die der Kanzler dem sowjetischen Botschafter streng vertraulich nahelegte – Strauß plädierte dafür (mit Zustimmung Adenauers) sogar schon 1958 im Bundestag. Daß auch für die DDR Freiheit vor Einheit gehen müsse – Strauß sagte es öffentlich bereits vier Jahre vor Adenauer. Und daß die »Wiederherstellung eines deutschen Nationalstaates« unmöglich sei – Strauß sprach es als erster öffentlich aus. In den sechziger Jahren war er »Gaullist«.

[61] Im Bundestag am 9. 10. 1962. Dokumente IV/8, S. 1203.
[62] Im Bundestag am 23. 1. 1958. Dokumente III/4, S. 405.

Über einen westeuropäischen Staatenbund wollte er zu einer gesamteuropäischen Konföderation fortschreiten, in der zwei demokratische deutsche Staaten ihren Platz finden sollten. Mitte des Jahrzehnts wurde Strauß der Unions-Politiker, der Brandt und dessen späterer Ostpolitik innerlich am nächsten stand; zwischen CSU und SPD bestanden damals auch Kontakte.

Aber Strauß hatte keine Gelegenheit, seine außenpolitischen Vorstellungen in die Tat umzusetzen; sein eigentlicher Vorwurf gegen die neue Ostpolitik von 1970 war, daß nicht er, sondern Brandt sie führte und zum Erfolg brachte[63]. Der CSU-Vorsitzende wurde zum erbittertsten Gegner dessen, was er selbst für nötig und vernünftig hielt und sporadisch selber tat; er besuchte und lobte Ungarn, verstand sich mit Breschnew, fuhr 1983 zum isolierten polnischen Regierungschef Jaruzelski und zu Honekker. Aber Strauß dachte und handelte aus einer anderen Einstellung als Brandt. Dem Bayern fehlte wie dem Rheinländer Adenauer eine innere Bindung an das Land östlich der Elbe. Beiden fiel es daher leichter, sich mit einem zweistaatlichen Deutschland abzufinden; aber beiden war die Sache nicht wichtig genug, um sich deshalb ernste innenpolitische Schwierigkeiten zu bereiten.

Ebenso wie Adenauer schuf Strauß im Osten ein gänzlich falsches Bild von sich. Durch atomaren Ehrgeiz und unbedachte Reden bestätigte und verkörperte er, was man dort am meisten fürchtete: eine deutsche Politik, die Westeuropa einspannen wollte für einen neuen Ostlandritt.

Brandt und Berlin

So entstand die neue Ostpolitik nicht in Bonn, sondern dort, wo die Spaltung am meisten schmerzte, im auseinandergemauerten Berlin. Es waren die Gegner Adenauers, die aus dessen Mutlosigkeit die Konsequenzen ziehen mußten. Es waren die »Wiedervereiniger« der fünfziger Jahre, die in den sechziger Jahren die Hinnahme der Zweistaatlichkeit für notwendig (im genauen Wortsinn) hielten. Es waren die Patrioten der zweiten

---

[63] Nicht die Gegner, sondern Kenner und ein Vertrauter von Strauß neigen zu dieser Deutung. Besonders aufschlußreich Klaus Bloemer, sein außenpolitischer Berater von 1964 bis 1968, in: Liberal, Juli/August 1980, S. 609 ff. Strauß' Europa- und Deutschland-Vorstellungen sehr klar in: Dokumente IV/12, S. 435 ff. und 928 ff.

Gruppe, die um der Menschen willen die Prinzipien fahren ließen und das Ruder, langsam und vorsichtig, um 180 Grad herumlegten, um von Deutschland zu retten, was noch übrig war.

Schon für die Entstehung der neuen Ostpolitik erwies sich als entscheidend, was auch in den folgenden Jahrzehnten bestimmend blieb: die Nähe zum Problem. Bei vielen war es eine angeborene Nähe, nicht zufällig stammen die Hauptakteure überwiegend aus den ostelbischen Regionen, manche aus Norddeutschland, während die Träger der Westpolitik größtenteils aus West- und Süddeutschland kamen. Die Nähe zum Problem ergab sich für andere aus dem unmittelbaren Erlebnis der Teilung, sie hatten die DDR verlassen müssen oder in Berlin die Spaltung mit angesehen. Manche litten traumatisch, sie wurden gegenüber der DDR, überhaupt dem Osten, nie mehr ganz frei im Urteil und Umgang. Andere gewannen aus der Erfahrung die Fähigkeit, sich auf neue Gegebenheiten umzustellen. »Kalte Krieger« waren sie fast alle gewesen, doch die einen blieben es und die anderen entwickelten sich zu realistischen Anwälten der Entspannung. Sie kannten ihre Kommunisten, aber sie scheuten sich nicht vor ihnen und verließen sich auf zweierlei: daß am Ende die Interessen und nicht die Ideologien entscheiden, und daß der Westen dem Osten – materiell und ideell – überlegen war.

Selbstvertrauen und die Ermutigung dazu erschienen schon seit 1960 als ständiges Element in Brandts Reden und Grundsatzbetrachtungen. Selbstvertrauen bildete den Beginn und die Basis der neuen Ostpolitik – nur wer die Kommunistenangst überwunden hatte, brauchte sich nicht mehr mit Abwehr zu begnügen und konnte sich mit Kommunisten auseinander- und zusammensetzen. »Wir haben die Formen zu suchen, die die Blöcke von heute überlagern und durchdringen. Wir brauchen soviel reale Berührungspunkte und soviel sinnvolle Kommunikation wie möglich«, sagte Brandt im Oktober 1962 in Harvard und ergänzte: »Eine solche Konzeption kann zu einer Transformation der anderen Seite beitragen.«[64]

Den entscheidenden Anstoß, neue Wege zu suchen, gaben der 13. August und dessen Folgen. Schlimmer noch als der Schock der Mauer war der Zwang, mit der Mauer zu leben. Am

---

[64] Wiederholt bei einem Vortrag in Tutzing am 15. 7. 63. Dokumente IV/9, S. 567. Vgl. auch Dokumente IV/12, S. 812.

17. August 1962 wurde der 18jährige Bauarbeiter Peter Fechter bei einem Fluchtversuch niedergeschossen, eine Stunde lang blieb er schwer verletzt liegen, bis DDR-Grenzsoldaten den leblosen Körper forttrugen. Er war nicht der erste Tote an der Mauer, aber der erste, der öffentlich starb. Seine Hilferufe waren zu hören, bis sie verstummten; hundert Meter vom Grenzübergang »Checkpoint Charlie« entfernt, verblutete er; eine Menschenmenge sah hilflos, amerikanische Militärpolizei tatenlos zu. Die Unruhen der folgenden Tage überstiegen alles, was Berlin bis dahin erlebt hatte; die Stimmung ging nicht nur gegen Russen und DDR-Grenzer, sondern auch gegen die Alliierten.

Brandt schrieb später: »Leidenschaftliche Proteste waren berechtigt, auch notwendig, aber sie änderten nichts an der Lage. Die Mauer blieb; man mußte mit ihr leben, und ich habe Polizei aufbieten müssen, damit junge Demonstranten nicht in ihr Unglück rannten. Die Behinderungen auf den Zufahrtswegen nach Berlin blieben. Der Graben, der Deutschland trennte, von Lübeck bis zur tschechoslowakischen Grenze, blieb und wurde tiefer. Das Spiel mit den Trümpfen, die keine sind, wie Golo Mann formuliert hat, änderte nichts. Man mußte die politischen Möglichkeiten neu durchdenken, wenn man für die Menschen etwas erreichen und den Frieden sicherer machen wollte.«[65]

»Für die Menschen etwas erreichen« – das hieß nach den Berliner Erfahrungen: man durfte es nicht den Alliierten oder der Bundesregierung überlassen, sondern mußte es selbst tun, aber es ging nicht ohne die DDR. Die »Berliner Linie«, wie sie später hieß, entstand in langen Gesprächen zwischen Brandt und seiner nächsten Umgebung: Heinrich Albertz, Pastor aus Schlesien, später Brandts Nachfolger als Regierender Bürgermeister, war, im konventionellen Sinn, am wenigsten Politiker, mit allen Vor- und Nachteilen, er ging direkt auf die Sache los, überstieg Hemmnisse, die andere noch aufhielten, aber erregte draußen den meisten Ärger. Egon Bahr, in Thüringen und Berlin aufgewachsen, lange Journalist in Bonn und Berlin, ging schon seit Mitte der fünfziger Jahre mit eigenen Plänen zur Wiedervereinigung um – er war schärfster Denker, zugleich Taktiker und Idealist. Klaus Schütz, Albertz' Nachfolger als Regierender Bürgermeister, kühl, klug, nicht ohne Engagement, aber skeptisch. Dietrich Spangenberg, der große Schwei-

[65] Texte, Bd. 9, S. 305.

ger der Runde, Mecklenburger mit starker Bindung an seine Heimat, ein Mann der praktischen Vernunft und diskreten Arbeit – er hielt die Verbindung mit Ostberlin. Schließlich Brandt selbst, die unbestrittene Autorität durch Persönlichkeit, politischen Instinkt und Integrationskraft; er mäßigte die drängenden Albertz und Bahr, ermutigte zugleich alle zu weiterem Drängen; einige Tage nach einem Gespräch zog er die Summe des jeweils Möglichen. Was den Kreis vereinte, war Brandt als Kristallisationskern; die gemeinsamen Überzeugungen und Ziele hatten mit Sozialismus und Sozialdemokratie wenig zu tun, sie entsprangen dem unbefangenen und unangreifbaren Patriotismus von Männern, die (bis auf einen) unter Hitler verfemt oder verfolgt waren.

Im Wechsel der Zielsetzung zeigte sich der Wandel: zuerst hieß es »Die Mauer muß weg«, später wollte der Senat »die Mauer durchlässig machen«. Was das heißen könne, erläuterte Egon Bahr im Juli 1963; er berief sich auf Kennedys gerade proklamierte »Strategie des Friedens«, doch seine Überlegungen waren älter. In der Evangelischen Akademie Tutzing sprach Bahr zum ersten Mal die Paradoxie aus, von der die Politik nach 1969 lebte: »Überwindung des Status quo, indem der Status quo zunächst nicht verändert werden soll.« Bahr folgerte aus Erfahrung und Machtlage, »daß jede Politik zum direkten Sturz des Regimes drüben aussichtslos ist«. Er demonstrierte an zahlreichen Beispielen, wie die Westmächte und die Bundesrepublik den ostdeutschen Staat (das Wort fiel nicht) als Realität respektierten, ohne ihn deshalb anzuerkennen. Konsequenz: unterhalb der juristischen Anerkennung sei noch viel Bewegungsraum, Nicht-Anerkennung dürfe die Politik nicht lähmen. Bahr verwies auf den Handel als Mittel, die Lage der Menschen drüben zu erleichtern – auch politisch: »Eine materielle Verbesserung müßte eine entspannende Wirkung in der Zone haben.« Am Ende die Folgerung aus allem: Wenn die Mauer ein Zeichen der Angst und des kommunistischen Selbsterhaltungstriebes sei, dann wäre zu fragen, »ob es nicht Möglichkeiten gibt, diese durchaus berechtigten Sorgen dem Regime graduell so weit zu nehmen, daß auch die Auflockerung der Grenzen und der Mauer praktikabel wird, weil das Risiko erträglich ist. Das ist eine Politik, die man auf die Formel bringen könnte: Wandel durch Annäherung.«[66] Diese Formel, viel diskutiert und noch mehr

[66] Dokumente IV/9, S. 572 ff.

mißverstanden, wurde zum Schlüsselbegriff für Anhänger und Gegner.

Ihre erste Bewährungsprobe kam bei den Passierschein-Verhandlungen, doch deren Ursprünge gehen bis zum Dezember 1961 zurück. Ein Beauftragter der DDR rief damals Dietrich Spangenberg, den Leiter der Landeszentrale für politische Bildung an und erinnerte an alte Bekanntschaft. Die Bekanntschaft stammte aus der Studentenzeit, als sich beide als eiskalte Krieger rhetorisch an den Hals gingen. Der Ostberliner Sendbote war Hermann von Berg, der bis zum Beginn der siebziger Jahre für die Entwicklung der deutsch-deutschen Beziehungen eine wichtige Rolle spielen sollte; im Auftrag von Ministerpräsident Stoph hielt er vertrauliche Verbindung zu SPD- und FDP-Politikern, bereitete Verhandlungen vor und begleitete sie durch Information und Vermittlung. Bei seinem ersten Parkspaziergang mit Spangenberg erläuterte von Berg, daß sich manche bösen Mauerfolgen humanitär und pekuniär regeln ließen; es gebe zwei Anwälte, Stange in West- und Vogel in Ostberlin, die sich der Sache annehmen könnten. Brandt, bedrängt von Anfragen und Bitten für getrennte Eheleute und nächste Verwandte jeder Art, ließ die Sache prüfen. Kaum mehr als zwanzig Familienzusammenführungen waren das erste Ergebnis, dann übernahm, vom Senat informiert, das Gesamtdeutsche Ministerium die ebenso heikle wie nötige Aufgabe, die noch bis zum Ende der DDR ihre Bedeutung behielt.

Ein Minimum an innerstädtischem Besuchsverkehr, wenigstens von West nach Ost, zu schaffen, blieb ständiges, dringendes Erfordernis. Im Herbst 1963 veranstaltete der Senat eine Art Seminar, in dem unter Leitung Bahrs die zuständigen Beamten alle Möglichkeiten durchspielten, die bei Verhandlungen darüber zu erwarten waren. Senatsrat Horst Korber, der die gründlichsten Bedenken vorgebracht hatte, wurde später zum Verhandlungsführer ernannt. Als Anfang Dezember das Passierschein-Angebot aus Ostberlin kam, war man in der Sache vorbereitet, die Hauptschwierigkeiten lagen in der Form. Aber Brandt gab nicht auf, als die DDR den konventionellen Weg über die »Treuhandstelle« sperrte, sondern wagte es, mit der Regierung der DDR das Gespräch aufzunehmen.

Das Problem dabei war, daß zwei Partner miteinander verhandelten, die nicht verhandeln durften, weil es sie rechtlich gar nicht gab. Der Senat mußte jeden Anschein vermeiden, als sei Westberlin eine staatsähnliche Größe, losgelöst von der Bundesrepublik. Schon bei der Benennung der DDR hatte der Senatspressechef Bahr Schwierigkeiten: »DDR« durfte und »Zone« konnte er nicht sagen, so lavierte er, bis ihm eines Nachts der Ausdruck »die andere Seite« einfiel. Die Verhandlungsführer, der Ostberliner Staatssekretär Erich Wendt und der Westberliner Senatsrat Horst Korber fanden Kompromisse, die ebenso absurd wie nöig waren. Damit die DDR keine Hoheitsakte auf Westberliner Gebiet vollzöge, nahmen Ostberliner Postangestellte die Anträge in Westberlin entgegen, schafften sie am Abend nach Ostberlin, wo die Passierscheine ausgestellt wurden (Hoheitsakt!), und brachten sie dann in die Westberliner Turnhallen zurück, vor denen die Schlangen der Wartenden standen. Das Anerkennungsproblem wurde dreifach neutralisiert. Man nannte »humanitär«, was politisch war. Man erfand eine komplizierte Unterschriftsformel, die den Eindruck erweckte, als habe der Regierende Bürgermeister mit der Sache kaum etwas zu tun. Man beschritt den uralten agree-to-disagree-Ausweg der Diplomatie und erklärte das Einverständnis darüber, »daß eine Einigung über gemeinsame Orts-, Behörden- und Amtsbezeichnungen nicht erzielt werden konnte« (»salvatorische Klausel«).

Der Erfolg war bescheiden. Die Besuchserlaubnis galt nur für Ostberlin (nicht die übrige DDR), nur für die Feiertage von Weihnachten bis Neujahr und nur für Westberliner, die Verwandte im Ostteil der Stadt hatten. Doch nach über zwei Jahren gänzlicher Abschnürung und 15 Jahren ständig fortschreitender Trennung wurde schon die kurze Wiederbegegnung zum Ereignis. Erstmals ging es nicht mehr rückwärts, sondern vorwärts, obwohl nur einen kleinen Schritt. Mit 30 000 Anträgen hatte die DDR gerechnet, Korber schätzte 800 000, doch es wurden 1,2 Millionen – 790 000 Westberliner nutzten die Möglichkeit, viele mehrfach[67].

Die Wirkung reichte weit über Berlin hinaus, ein Beispiel war gegeben, das bewies: Es hat Zweck, mit den »Machthabern in der Zone« zu verhandeln. Einigung über praktische Fragen ist möglich, wenn man unterschiedliche Rechtsauffassungen beiseite läßt. Aber die vielbeschworenen »menschlichen Erleichterungen« werden nur erreichbar, wenn die DDR dabei ein Stück Anerkennung gewinnt. Brandt und seinen Freunden war das

[67] Gottfried Vetter, Passierscheine in Deutschland. In: Europa Archiv 9 (1964), S. 314. Siehe Dokument Nr. 6.

Exemplarische ihres Tuns nicht bewußt, sie strebten zwar nach Veränderung und hatten allgemeine Vorstellungen darüber, doch sie handelten aus aktueller Zwangslage und nahmen eine Gelegenheit wahr. Erst später wurde ihnen klar, daß sie mit dem Passierschein-Abkommen ein Modell für die spätere Ostpolitik geschaffen hatten.

Doch so groß der Erfolg zunächst war, so eng blieb der Spielraum. Soweit man Umfragen trauen darf: 80 Prozent der Westberliner billigten 1964 das Passierschein-Abkommen, aber 87 Prozent wollten auf eine Fortsetzung verzichten, wenn sie nur bei Anerkennung der DDR zu haben sei[68]. Natürlich propagierte die DDR das Abkommen als ersten Schritt dazu und als Vorbild für weiteres. Fast ebenso natürlich folgte darauf schon im Januar 1964 die Grundsatzkritik: der CDU-Oppositionsführer in Berlin, Franz Amrehn, erklärte das Abkommen für »unwiederholbar«, Erhard verlangte (vermutlich unter Amrehns Einfluß), Leute von der Ostpost dürften in Westberlin nicht mehr tätig werden. Die DDR bot eine sachlich verbesserte, aber formal verschlechterte Fortsetzung an – zu Ostern und Pfingsten 1964 gab es keine Passierscheine. »Die Mauer wird nicht durch Passierscheine abgetragen«, belehrte der Kanzler, und für alle, die das zu sehr bedauerten, hatte er die gleiche mythologische Warnung wie Ulbricht: »Passierscheine bedeuten schon so etwas wie ein Trojanisches Pferd. Mittels solcher List und Tücke soll die Dreistaatentheorie zu uns hereingeschleust werden.«[69] Als die DDR 1966 die »salvatorische Klausel« nicht mehr hinnahm, war es (außer für »Härtefälle«) mit den Passierscheinen endgültig vorbei – ein rechtlich ungeschütztes Abkommen mit der DDR konnte sich der Senat nicht leisten.

Auch in der SPD bildeten Brandt und sein Kreis lange eine Minderheit – in der Berliner Partei, weil dort nach 15 Jahren Bedrohung und Belagerung viele in einem Festungsdenken befangen blieben, in Bonn, weil die Sozialdemokraten dort endlich zur Macht wollten. Je mehr Brandt und seine Freunde Neues ins Auge faßten, desto mehr beteuerten sie, daß alles beim alten bleibe. Intelligente Gegner reizte das bis zur Weißglut, aber noch größer war die Erbitterung des Regierenden Bürgermeisters, der um elementare Notwendigkeiten für die Bürger

[68] Vetter, Passierscheine, S. 318.
[69] Im Bundestag am 9. 1. und 15. 10. 1964. Dokumente IV/10, S. 62 u. 1053.

seiner Stadt kämpfte und von kleinkarierten Ängstlichkeiten, meist juristisch verkleidet, dauernd behindert wurde[70]. Brandts spätere Verachtung für den »Formelkram« hat auch in diesen Erfahrungen ihre Ursache.

Die SPD 1966

In der Bonner SPD-Führung dachte zumindest Herbert Wehner gleich oder ähnlich, aber der damals schon stärkste Mann dort unterdrückte in der Partei – vielleicht auch in sich selbst? – alles, was die SPD in der öffentlichen Meinung wieder isolieren könnte. Er kritisierte Bahrs »Wandel durch Annäherung« heftig und sagte drei Jahre später das gleiche wie Bahr; er schob alle Überzeugungen beiseite, um erst einmal die Möglichkeit für deren Durchsetzung zu schaffen. Die Sozialdemokratie, immer noch nicht ganz frei vom Geruch der »vaterlandslosen Gesellen«, sollte auch in Bonn koalitions- und regierungswürdig werden; bis dahin beschränkte Wehner seine Ostpolitik darauf, die Regierung in seine Richtung zu drängen – und seien es nur wenige Meter wie bei der »Friedensnote«. Brandt wiederum, Parteivorsitzender und Kanzlerkandidat, war dieser Politik fast ebenso verpflichtet wie seiner Berliner Aufgabe – so forderte er am meisten »Wahrhaftigkeit« und wünschte sie dringend, hielt aber selbst seine Formulierungen »vorsichtig, tastend und ein wenig schwebend«[71].

Erst Anfang 1966, als Erhard mit seinem Latein sichtbar am Ende war und auch in der Union vorsichtig nach anderen Ansätzen gesucht wurde, gewann die SPD ost- und deutschlandpolitisch wieder eigene Statur. Sie entwickelte kein Konzept, aber die programmatischen Äußerungen ihrer Hauptsprecher, obwohl unkoordiniert und nicht immer übereinstimmend, ergaben doch die Grundzüge einer neuen Politik, die dann Ende 1966 und endgültig 1969 Gestalt annahm. Brandt und Helmut Schmidt, der sich erstmals als Außenpolitiker vorstellte, sprachen auf dem Parteitag Anfang Juni 1966, Wehner gab im Oktober Günter Gaus ein Interview, das Aufsehen erregte[72].

[70] Brandt, Begegnungen, S. 106.
[71] Ebd., S. 108.
[72] Dokumente IV/12, S. 807 ff. und 821 ff. Günter Gaus, Staatserhaltende Opposition oder Hat die SPD kapituliert? Reinbek 1966, S. 67 ff.

Den Ausgang bildete ein wirklichkeitsgerechtes Bild der Lage: der Status quo als Grundtatsache, den weder Amerikaner noch Russen ändern konnten und wollten. Auch die Sowjetunion sei eine Status-quo-Macht, legte Schmidt dar, nicht auf Aggression, sondern auf Bewahrung bedacht. Polen und Tschechen lebten in Sorge vor der Bundesrepublik; die DDR sei eine eigene Größe, ernst zu nehmen durch gewachsene politische Bedeutung und selbständige innere Entwicklung (Brandt). Daraus folgte: Was auch immer die Bundesrepublik wollte – eine Chance hatte sie nur im Zuge der allgemeinen Entspannung. Was auch immer sie atomar erhoffte – es war aussichtslos, sogar schädlich, nicht einmal mehr als Trumpf am Verhandlungstisch brauchbar (Schmidt). Was auch immer man im Osten erstrebte – nötig erschien Verständnis für das polnische Interesse an einem »lebensfähigen Staat« und auch für den tschechischen Wunsch, München »von Anfang an« für ungültig erklärt zu sehen (Schmidt). So wiederholten die Sozialdemokraten ihre zehn Jahre alte, aber zwischendurch vergessene Forderung, mit Osteuropa schrittweise diplomatische Beziehungen herzustellen.

In der Deutschlandpolitik wurde das Entscheidende nicht ausgesprochen, bildete aber die Voraussetzung: die Wiedervereinigung liegt in unerkennbarer Ferne und wäre nur in einem gesamteuropäischen Verbundsystem erreichbar, das die Blöcke ablöst; das Verlangen nach einem Friedensvertrag hat kaum mehr als rechtliche und taktische Bedeutung. Damit ergab sich eine Rangordnung, wie sie Brandt schon Ende 1964 auf die Formel gebracht hatte: »Was gut ist für die Menschen im geteilten Land, das ist auch gut für die Nation.«[73] Man durfte ergänzen: und für die Wiedervereinigung, die nun vom ersten auf den letzten Platz der Traktandenliste gekommen war. Bei der SPD entstand 1966 die Philosophie, die dann alle späteren Bundesregierungen leitete: eine staatliche Einheit ist nur in historischen Zeiträumen denkbar, Aufgabe der Politik muß daher sein, »die Substanz der Nation zu erhalten, um die unmenschlichsten Auswirkungen der Teilung zu beseitigen, um Ansatzpunkte zu ihrer Überwindung zu suchen« (Brandt).

Dieser Auffassung entsprang die – fast wilde – Entschlossenheit bei Brandt, Wehner und Schmidt, sich Handlungsfreiheit gegenüber der DDR zu schaffen. Die »Zwirnsfäden der Büro-

[73] Brandt, Begegnungen, S. 107.

134

kraten beider Seiten« dürften nicht hindern, sagte Schmidt; aus der Nicht-Anerkennung solle man nicht das Seil machen, »durch das wir uns selber fesseln«, meinte Brandt. Das hieß, daß alles möglich ist, was nicht unzweideutig völkerrechtliche Anerkennung bedeutet. Schmidt riet, was Erhard versäumt hatte und Kiesinger später tat, die DDR in eine »Gewaltverzichtserklärung einzubeziehen«; ähnlich auch Wehner. Beide hielten Ministergespräche mit Ostberlin für möglich. Brandt und Wehner erklärten Ulbrichts Konföderation für völlig unannehmbar, um dann ein »geregeltes Nebeneinander« oder sogar eine »Deutsche Wirtschaftsgemeinschaft« und später gesamtdeutsche Wirtschaftsbehörden zu empfehlen. Brandt bezog in der Anerkennungsfrage bereits die Position, die er später als Kanzler einnahm. Nur zweierlei wollte er nicht anerkennen: daß Ulbrichts »Regime ... demokratisch und rechtlich legitimiert« sei und »daß der andere Teil Deutschlands Ausland ist«. Daraus ergab sich zwingend, obwohl Brandt jede Andeutung vermied, daß er die DDR als Staat betrachtete und zu respektieren bereit war.

Die Probe aufs Exempel bildete der »Redneraustausch«. Erstmals schickte die SPD-Führung einen Kontaktsuche-Brief der SED nicht zurück, sondern nutzte ihn für eigene Politik. Die Vorstellung, Brandt, Wehner und Erler sprächen und diskutierten öffentlich in Karl-Marx-Stadt (Chemnitz) und drei führende Kommunisten in Hannover, beflügelte die Phantasie in ganz Deutschland. Endlich geschah etwas, schien etwas in Bewegung zu kommen; das Interesse war weltweit. Nach den Passierscheinen wurde der Redneraustausch zum zweiten Modell. Er bewies, daß Kontakt mit den Kommunisten nicht das Ende der Einheit bedeutete. Er bewies auch, daß die Landsleute drüben nicht Verrat sahen, sondern Hoffnung schöpften, wenn die Offiziellen beider Seiten sich träfen. Er bewies schließlich, daß die Kommunisten ins Schneckenhaus zurückkriechen, wenn man ihre Herausforderung annimmt.

Aber die SPD-Führung hatte mehr im Auge als einen »rednerischen Ringkampf«, sie erstrebte »Sachlichkeit im Interesse von praktischen Fortschritten – und seien sie noch so klein« (Brandt). Wehner sagte es später grundsätzlich: »Solange dort ein kommunistisches Regime herrscht, solange ist es unsere verdammte Pflicht, nach Ansatzpunkten dafür zu suchen, es in eine gewisse Verantwortung gegenüber dem deutschen Volk als Ganzem und seinem Wohlergehen zu bringen, notfalls zu nötigen; nötigen meine ich dadurch, daß man ihm dialektische Auswege, soweit das menschenmöglich ist, abschneidet.«[74] Nötigen in diesem Sinne wollten die Sozialdemokraten aber auch die Bundesregierung: die SPD tat mit der SED, was die Bundesrepublik mit der DDR tun sollte. Die Partei führte es dem Staat wie in einem Modellversuch vor, und sie zwang Regierung und Regierungsparteien zu widerwilliger Billigung, ja sogar Unterstützung. Danach erschien das Unvertretbare auf einmal gar nicht mehr so unvertretbar. Ein Jahr später schrieb der Unionskanzler Kiesinger seinen ersten Brief an den Ministerratsvorsitzenden Willi Stoph.

Die Freien Demokraten

Die deutschlandpolitische Parallelität zwischen SPD und FDP begann bereits in den fünfziger Jahren und setzte sich auch nach dem Herbst 1961 fort, als die Freien Demokraten wieder mit der CDU/CSU koalierten. Der führende Kopf, von dem die wesentlichen Gedanken kamen und der mit seltener Beharrlichkeit seine Partei drängte, war Wolfgang Schollwer. Als Chefredakteur der Parteikorrespondenz ›FDK‹ und Referent für Außen- und Deutschlandpolitik saß Schollwer zwar im Zentrum, aber er hatte nie Macht und erstrebte sie nicht, deshalb übte er in seinen Überlegungen weniger Rücksicht als die Parteioberen und erfuhr von ihnen weniger Rücksicht: sie distanzierten sich prompt, wenn wieder eine Ausarbeitung Schollwers auf dunklen Wegen an die Öffentlichkeit kam.

Die erste Denkschrift, als »geheim« eingestuft, enthielt schon im Frühjahr 1962 fast alle Folgerungen, die sich aus dem Scheitern der Adenauer-Politik ergaben[75]. Da die Wiedervereinigung ganz fern gerückt war, sei dafür zu sorgen, daß es später »überhaupt noch etwas zu vereinigen gibt«. Das »Nahziel«, auf das man sich zu konzentrieren habe, sei daher eine »Entstalinisierung Mitteldeutschlands und Wiederverklammerung der beiden deutschen Teile«. Dafür müsse der Westen erstens »die Zweistaatlichkeit Deutschlands anerkennen und die Souveränität der DDR bis zur Wiedervereinigung respektieren«, zweitens »den gegenwärtigen atomaren Status der Bundesrepublik einfrieren«, drittens Westberlin zu einem »Zentrum internationaler und

[74] Gaus, Opposition, S. 83.
[75] Dokumente IV/8, S. 376 ff.

gesamtdeutscher Institutionen ausbauen« und viertens die Oder-Neiße-Grenze »offiziell respektieren«. Schollwer selbst wußte, daß die FDP dies 1962 nicht zur Politik erheben konnte, aber parteiintern war das Notwendige als Maßstab gesetzt, vor allem die dogmatische Grundlage der Nicht-Anerkennung zerstört. Anerkennung bedeute Verzicht auf Wiedervereinigung, sagten alle Parteien; Schollwer hielt dagegen, erst die Anerkennung könne eine »Wiedervereinigung, wenn auch zu einem vielleicht noch fernen Zeitpunkt, überhaupt möglich machen«. Ein für alle Zukunft entscheidendes Argument: nur die Einheit konnte den Verzicht auf die Einheitsprinzipien rechtfertigen.

Die Führung der FDP, nicht zuletzt der Vorsitzende Erich Mende, waren für Schollwers Überlegungen aufgeschlossen, schreckten aber vor den Konsequenzen zurück. Immerhin kam die Berliner Passierschein-Regelung nur zustande, weil Brandt seit Anfang 1963 in Berlin nicht mehr mit der CDU, sondern mit der FDP regierte. In der letzten Entscheidungsnacht, als die Zustimmung der Bundesregierung eingeholt werden mußte, waren Erhard und das übrige Kabinett unerreichbar auf Reisen – »Wir hatten Glück«, schrieb Heinrich Albertz später. Denn nun konnte Vizekanzler Mende, der gerade in Berlin war, das erforderliche Placet geben[76].

Sonst allerdings wollten die Freien Demokraten mehr, als sie konnten oder wagten. Befreiung von der Hallstein-Doktrin, aber Bewahrung des Alleinvertretungsanspruchs, gesamtdeutsche Kommissionen, aber nur im Vier-Mächte-Auftrag und unterhalb der Ministerebene – immer wieder Halbheiten, besonders beim Vorsitzenden Mende, der nicht den Mut zur eigenen Courage fand. Auch der Parteitag Anfang Juni 1966 fiel ab gegen den gleichzeitigen Parteitag der SPD, nur zwei entschiedene Forderungen gab es: diplomatische Beziehungen zu Osteuropa und wirtschaftliche Verklammerung mit der DDR. In Richtung und Stimmung jedoch wurde die Parallelität zwischen Freien und Sozialdemokraten spürbar; wie groß die Gemeinsamkeit war, zeigte sich im nächsten Jahr, als sich die FDP, nunmehr kleine und einzige Oppositionspartei, zu der eigenen Haltung auch bekannte, zu der sie vorher schon tendierte. SPD und FDP standen sich ostpolitisch 1966 näher als SPD und

---

[76] Heinrich Albertz, Blumen für Stukenbrock. Biographisches. Stuttgart 1981, S. 100.

CDU/CSU, und Brandt wäre, als Erhard Ende des Jahres zurücktrat, lieber in eine sozialliberale Koalition gegangen, mit der er auch in Berlin gute Erfahrungen gemacht hatte. Doch andere Erwägungen standen im Vordergrund, auch erschien die Mehrheit im Bundestag allzu knapp – ein berechtigter Einwand: sogar vier Jahre später noch, von 1970 bis 1972, brachten »Überläufer« eine größere sozialliberale Mehrheit auf Null.

Große Koalition

26

Eine neue Philosophie

In der großen Koalition zwischen CDU/CSU und SPD vereinten sich ost- und deutschlandpolitisch zwei Richtungen, die einander ausschlossen; da keine Partei ihren Grundkurs ändern wollte, war das Scheitern voraussehbar und unvermeidlich. Trotzdem kamen Union und Sozialdemokraten ein gutes Stück gemeinsam voran, die Vertreter der alten Politik hatten eingesehen, daß Korrekturen nötig waren, und die Befürworter einer neuen Politik hatten noch kein fertiges Konzept mit allen Konsequenzen. Wäre es in der CDU/CSU allein nach Bundeskanzler Kiesinger gegangen, hätte die Gemeinsamkeit wahrscheinlich weiter getragen, aber der liberale und vernünftige Schwabe vermochte sich gegen die konservative Grundstimmung seiner Partei und deren aktive Vorkämpfer ebensowenig durchzusetzen wie Schröder vor ihm und Barzel nach ihm. Für die Deutschlandpolitik war die vertraute Beziehung hilfreich, die sich zwischen Kiesinger und Wehner, nun gesamtdeutscher Minister, entwickelte – beide waren so verschieden, daß jeder beim anderen bewundern konnte, was ihm selbst fehlte. Kiesinger und Brandt hingegen fanden kein persönliches Verhältnis zueinander; außerdem war der Kanzler nach Lebensweg und Temperament Außenpolitiker, geriet also mit dem Außenminister Brandt schnell in Konkurrenz. Schließlich hatten beide als Parteivorsitzende Rücksicht auf die nicht geringe Unzufriedenheit zu nehmen, die in CDU wie SPD über das »unnatürliche« Bündnis herrschte. Dennoch lag der Vorteil für beide Parteien auf der Hand. Die SPD rettete die Union aus ökonomischer und innenpolitischer Notlage und gewann selbst Respekt und Erfahrung als Regierungspartei in Bonn; Bahr zweifelte später, ob Brandt 1969 »der Sprung zur Kanzlerschaft ohne diese Zeit als Außenminister gelungen wäre«[77]. Bahr selbst nutzte die Zeit als Planungschef im Auswärtigen Amt, um das Konzept auszuarbeiten, mit dem die sozialliberale Koalition dann, fast aus dem Stand, die neue Ostpolitik beginnen konnte.

Eben das konnte die große Koalition nicht. Ost- und deutschlandpolitisch einigten sich CDU/CSU und SPD grob grundsätzlich; wie sie jedoch vorgehen wollten und vor allem wie weit, war zu Anfang ungeklärt und später allezeit umstritten. Einigkeit herrschte in der Lagebeurteilung. Als Kiesinger am 17. Juni 1967 eine deutschlandpolitische Bilanz zog[78], konnte er nur zweierlei nennen, was der Bundesrepublik »geblieben« sei, ihre Freiheit und die Nicht-Anerkennung der DDR im Westen. Aber auch das war lediglich ein Zwischenergebnis, denn der Blick in alle Himmelsrichtungen zeigte, daß die Zeit gegen Bonn arbeitete: weiterzumachen wie bisher wäre eine »rein defensive Politik«, die »von Jahr zu Jahr in größere Bedrängnis führen« würde. Im Auswärtigen Amt bestand schon Ende 1966 Klarheit: Deutschlandpolitik werde sich nur noch als Europapolitik (im Sinne de Gaulles und Johnsons) führen und die Nicht-Anerkennung der DDR immer schwerer durchhalten lassen, vor allem in der Dritten Welt und den internationalen Organisationen[79]. Diesen Einsichten entsprach eine neue Philosophie der Deutschlandpolitik, die Kiesinger in die Sätze faßte: »Deutschland, ein wiedervereinigtes Deutschland, hat eine kritische Größenordnung. Es ist zu groß, um in der Balance der Kräfte keine Rolle zu spielen, und zu klein, um die Kräfte um sich herum selbst im Gleichgewicht zu halten. Es ist daher in der Tat nur schwer vorstellbar, daß sich ganz Deutschland bei einer Fortdauer der gegenwärtigen politischen Struktur in Europa der einen oder der anderen Seite ohne weiteres zugesellen könnte. Eben darum kann man das Zusammenwachsen der getrennten Teile Deutschlands nur eingebettet sehen in den Prozeß der Überwindung des Ost-West-Konflikts in Europa.«

Diese Auffassung der deutschen Frage vertraten seitdem alle Bundestagsparteien: Die Wiedervereinigung bleibt das Ziel, aber sie ist so fern gerückt, daß es eine operative Wiedervereinigungspolitik nicht geben kann; möglich und nötig ist aber, die

[77] Dettmar Cramer, gefragt: Egon Bahr. Bornheim 1975, S. 50.
[78] Dokumente V/1, S. 1321 ff. Dort auch die folgenden Kiesinger-Zitate.
[79] Oben S. 87. Brandt, Begegnungen, S. 182.

Voraussetzungen dafür zu schaffen oder doch nicht verlorengehen zu lassen und – das wichtigste – die »Trennung so schmerzlos wie möglich zu machen«. Das bedeutete dreierlei: Die deutsche Frage bleibt »offen«, der Anspruch auf staatliche Einheit wird also weiter erhoben. Die praktische Politik aber richtet sich darauf, die Lage der Deutschen in der DDR zu erleichtern und die Verbindung mit ihnen zu bewahren, zu erneuern und zu erweitern, damit überhaupt noch etwas zum Vereinigen bleibt, wenn es je dahin kommen sollte. Die praktische Politik richtet sich ferner darauf, von der Konfrontation der Blöcke zu einer europäischen Friedensordnung zu kommen, in der allein die getrennten Teile Deutschlands »zusammenwachsen« können.

Damit hatte Bonn endlich den Anschluß an die europäische Entwicklung bekommen. Entspannung und Wiedervereinigung standen nicht mehr im Widerspruch – es war sogar umgekehrt: jeder Schritt zur Entspannung galt als Schritt zur Überwindung des Ost-West-Konflikts und somit auch zur deutschen Einheit. Dem entsprach die Formel, mit der alle Bundesregierungen und Parteien bis 1989 das Ziel ihrer Politik beschrieben: »Auf einen Zustand des Friedens in Europa hinzuwirken, in dem das deutsche Volk in freier Selbstbestimmung seine Einheit wiedererlangt.«

Regierungserklärung und Reaktion des Ostens

Die Konsequenz aus dieser Lagebeurteilung wäre gewesen, den Status quo nicht mehr in Frage zu stellen, also das Haupthindernis für die erstrebte Überwindung des Ost-West-Konflikts zu beseitigen. Doch dazu war die große Koalition nicht fähig. Die Nicht-Anerkennungs-Prinzipien galten uneingeschränkt weiter und wurden nachdrücklich betont, die Regierung versuchte aber, sie so zu handhaben, daß sie Politik nicht mehr unmöglich machten.

Kiesingers Regierungserklärung vom 13. Dezember 1966 hob sich sehr vorteilhaft von den Reden der Vorgänger ab.[80] Da klang ein neuer Ton, wie er vorher in Bonn nicht zu hören war, statt Lamento und Forderung gab es Vernunft und Konzilianz, statt Sicherheit vor dem Osten rückte die Verständigung mit ihm in den Vordergrund. Erstmals stand – in der Reihenfolge –

[80] Dokumente V/1, S. 56 ff.

die Ostpolitik vor der Westpolitik. Der Wille zur Entspannung und Entkrampfung wurde glaubhaft und die Einsicht, daß die neue Regierung einen neuen Anfang suchte, spürbar.

Moskau gegenüber betonte der Kanzler den Wunsch nach »guter, friedlicher Nachbarschaft« und wiederholte das Angebot, Gewaltverzichtserklärungen auszutauschen. Das gleiche sagte er den Polen, denen er die »Grenzen von 1937« ersparte, ebenso Erhards verbissenes »Wir verzichten nicht«. Vor allem bekundete Kiesinger Verständnis für das polnische »Verlangen, endlich in einem Staatsgebiet mit gesicherten Grenzen zu leben«. Allen Oststaaten bot er an, was Erhard nicht geschafft und Schröder unter der Hand einzuleiten versucht hatte: diplomatische Beziehungen. Gegenüber der DDR beanspruchte auch die große Koalition, »für das ganze deutsche Volk zu sprechen«, doch Kiesinger betonte, das bedeute keine »Bevormundung« der Ostdeutschen; er hatte gelernt, daß jenseits der Elbe Menschen mit eigenem Selbstbewußtsein lebten, und vermied das Nicht-Anerkennungs-Vokabular »Sowjetzone«, »Alleinvertretungsanspruch«, »Aufwertung«. Vor allem wollte der Kanzler die DDR vom Gewaltverzicht nicht mehr ausnehmen, er erklärte die Bereitschaft, »das ungelöste Problem der deutschen Teilung in dieses Angebot einzubeziehen«.

Aus östlicher Sicht erschien diese neue Politik allerdings höchst zwiespältig. Zufrieden waren die Staaten, die kein Problem mit den Westdeutschen hatten, Ungarn, Rumänien und Bulgarien; ihnen stand eine Normalisierung der Beziehungen jetzt endlich offen. Das gleiche galt für Prag, allerdings ohne Klärung der Münchner Frage. Polen hingegen bekam nur gute Worte, aber nichts in die Hand: Die Grenzbestätigung, auf die es Warschau allein ankam, wurde in allen Gewaltverzichts- und Verständigungsbekundungen sorgsam umgangen. Die SED-Führung war alarmiert. Ulbricht hatte Brandt während der Bonner Regierungskrise empfohlen, mit der FDP eine Koalition zu bilden[81] – doch das Gegenteil war herausgekommen. Die Sozialdemokraten gingen nicht nach links, was Ulbricht zwar nicht »Aktionsgemeinschaft«, aber doch gewisse Kooperation erhoffen ließ, sondern nach rechts – zur Bourgeoisie, zu den Imperialisten. Die SED verlor ihren einzigen Ansatzpunkt

[81] Johannes Kuppe u. Manfred Rexin in: Bundesministerium für innerdeutsche Beziehungen (Hrsg.), DDR Handbuch. 3. Aufl., Köln 1985, S. 290. Ulbricht-Interview, Neues Deutschland v. 29. 11. 1966.

in der Bundesrepublik – aber nicht nur das. Verständigung proklamierende Sozialdemokraten konnten im sozialistischen Europa und in der DDR, ja in der SED selbst, eher überzeugen als Adenauer, Strauß und die Konservativen. Ulbricht sah sich doppelt bedroht – durch außenpolitische Einkreisung und innenpolitische »Aufweichung«. Ein sozialdemokratisch mitregiertes Bonn erschien ihm gefährlich verführerisch, ohne politische Möglichkeiten zu eröffnen. Kiesingers erste Regierungserklärung enthielt nur Wünsche, aber kein Angebot, sie zielte auf innerdeutsche Abkommen, aber versprach keine Spur von Anerkennung. Ähnlich urteilte man in Moskau. Einige Wochen lang verfolgte man dort die neue Regierung am Rhein mit »freundlichem Interesse«,[82] bis klar wurde, was ein Gelingen der Ostpolitik bedeutet hätte, wie sie in Kiesingers Regierungserklärung vom 13. Dezember 1966 beschrieben war.

Bonn hätte alles bekommen, was es wünschte, und alles vermieden, was mit seinen Grundsätzen nicht vereinbar war. Es erhielte diplomatische Beziehungen zu ganz Osteuropa, während die DDR von Westeuropa ausgeschlossen bliebe. Es könnte über Behördenkontakte mit Ostberlin praktische Notwendigkeiten regeln, ohne die DDR anerkannt zu haben. Bonn verzichtete auf Gewalt, die es unter den bestehenden Kräfteverhältnissen gar nicht anwenden konnte, gewänne aber mehrfachen Vorteil: Die Bundesrepublik hätte ihre Friedfertigkeit demonstriert, ihre Ansprüche jedoch bewahrt; die polnische Westgrenze und die Staatlichkeit der DDR blieben nach wie vor bezweifelt, aber die Bundesrepublik könnte mit ihrer überlegenen Wirtschaftskraft politisch in das sozialistische Lager »eindringen« und dort die Solidarität mit Warschau und Ostberlin schwächen.

Was dann kam, geschah schneller, als die meisten Beteiligten es erwarteten. Ermuntert durch ein gutes Echo aus Südosteuropa, sondierte Bonn Ende Januar 1967 in Budapest und Bukarest wegen eines Botschafteraustauschs. Die Rumänen, schon vorher interessiert, griffen zu, bevor der Warschauer Pakt einschreiten und vielleicht Außenminister Brandt einen aufschiebenden Vorbehalt machen konnte. Bukarest überrannte die Bundesregierung mit deren eigenem Angebot, am 31. Januar 1967 wurden die diplomatischen Beziehungen vereinbart. Die

---

[82] Brandt, Begegnungen, S. 223; Gerhard Wettig, Die Sowjetunion, die DDR und die Deutschland-Frage 1965–1976. Bonn 1976, S. 41 ff.

Hallstein-Doktrin war durchbrochen, aber der Anfang ausgerechnet beim schlimmsten Außenseiter der Ost-Allianz gemacht. Die Ungarn und Bulgaren, auf dem Sprung, den Rumänen zu folgen, erlagen einem schnellen Veto aus Moskau[83]. Der ganze Pakt wäre sonst in Verlegenheit geraten: Wenn der Süden sich den Westdeutschen öffnete, konnte der Norden sich ihnen dann weiter verschließen? Wie sollte man Bonn noch zur Anerkennung des Status quo zwingen, wenn die Hälfte nicht mehr mitmachte?

Hinzu kam eine grandiose Unfähigkeit westdeutscher Politiker, die Situation zu begreifen. Der Kanzler äußerte seine »Zuversicht«, daß »andere unserer östlichen Nachbarn nun denselben Weg gehen werden«. Um den Verstoß gegen die Hallstein-Doktrin aufzufangen, betonte die Regierung in einer Note an alle Staaten, auch künftig spreche sie für alle Deutschen. Andere triumphierten und sahen sich schon auf der Straße des Sieges: sie wollten die Front im Osten »aufrollen«, den Alleinvertretungsanspruch in ganz Osteuropa durchsetzen (Mischnick, FDP) und »die Kommunisten in aller Welt« gegen »das System Ulbricht, eine sowjetrussische Fremdherrschaft auf deutschem Boden«, mobilisieren. So sagte es der Unionsfraktionschef Barzel und sprach mit unüberbietbarer Deutlichkeit aus, was Russen, Polen und die SED argwöhnten: »Unsere rechtlichen, moralischen und historischen Positionen bleiben unverändert. Unsere Methoden können und müssen wechseln.«[84]

Eine Woche später fiel die Barriere. Vom 8. bis 10. Februar trafen sich die Außenminister der Ost-Allianz in Warschau und beschlossen, was dann als »Ulbricht-Doktrin« in den politischen Jargon einging: kein Mitglied des Pakts dürfe sein Verhältnis zur Bundesrepublik normalisieren, bevor die DDR dies getan habe. Das hieß für Bonn, daß ohne formelle Hinnahme eines zweiten deutschen Staates Ostpolitik nicht mehr möglich war. Aber das war nicht alles. Was schon seit Jahren alle Oststaaten der Bundesrepublik als Voraussetzung für Entspannung genannt hatten, wurde nun zu einem Paket von Bedingungen verschnürt: Anerkennung der Ostgrenze, der DDR als Staat und Westberlins als »selbständige politische Einheit«, ferner

[83] Genaue Schilderung des Ablaufs bei Hansjakob Stehle, Nachbarn im Osten. Frankfurt a. M. 1971, S. 225 ff. Zu Brandts Haltung: Baring, Machtwechsel, S. 236.
[84] Dokumente V/1, S. 442 f., 447, 463.

Nichtigkeitserklärung des Münchner Abkommens »von Anfang an« und Verzicht auf jegliche atomare Teilhabe. Über zwei Jahre hielt das Paket. Bis zum Frühjahr 1969 hätte ein Nachgeben Bonns in nur einer Frage kaum eine Chance gehabt – eine Anerkennung etwa der Oder-Neiße-Grenze wäre als infamer Versuch betrachtet worden, das sozialistische Lager zu spalten.

Um alles, besonders die DDR zu befestigen, wurde einen Monat später das »Eiserne Dreieck« geschmiedet. Am 15. und 17. März 1967 schloß die DDR mit ihren Nachbarn und nächsten Verbündeten, mit Polen und der Tschechoslowakei, Verträge über Freundschaft und Beistand; im Laufe des Jahres folgten gleichartige Abkommen mit Ungarn und Bulgarien. Damit war der ostdeutsche Staat, bis dahin nur mit Moskau durch einen Freundschaftsvertrag verbunden, ganz in das östliche Vertragsnetz aller mit allen einbezogen. Die DDR stieg zum uneingeschränkt gleichberechtigten und gleichgesicherten Mitglied der sozialistischen Staatengemeinschaft auf und verpflichtete ihre Verbündeten in Vertragsform, ihren Standpunkt in der Deutschland- und Berlinfrage zu unterstützen.

Die Ostpolitik der großen Koalition hatte, bevor sie recht begann, das Gegenteil ihres Zwecks erreicht. Der Warschauer Pakt schloß sich nicht auf, sondern riegelte sich ab. Die Solidarität seiner Mitglieder wurde nicht gelockert, sondern gefestigt und die DDR nicht isoliert, sondern integriert. Die Bedingungen für Ausgleich und Verständigung mit Osteuropa hatten sich nochmals erhöht, weil Bonn immer noch versuchte, sie zu umgehen.

Prag, Belgrad und Moskau

Da die Regierung Kiesinger/Brandt auch bis 1969 zu einer grundlegenden Änderung außerstande war, blieben ihre Fortschritte eng begrenzt. Mit Prag gelang es, den Austausch von Handelsmissionen zu vereinbaren, damit war die Bundesrepublik wenigstens wirtschaftspolitisch in ganz Osteuropa vertreten. Mit Jugoslawien nahm sie nach langem Zögern die diplomatischen Beziehungen wieder auf und ging damit weiter als zuvor mit Rumänien, wo die »Geburtsfehler-Theorie« anwendbar war. Mit Belgrad hatte Adenauer 1957 die Beziehungen abgebrochen, weil es die DDR anerkannt hatte – die Wiederaufnahme im Januar 1968 demonstrierte demnach, daß die

Hallstein-Doktrin für Europa aufgehoben war. Die [...]erkennung der DDR aber galt unverändert fort.

Im Herbst 1967 begann zwischen Bonn und Moskau [...] tenwechsel über Gewaltverzicht, der im Juli 1968 endete, die Sowjetunion ihre vertraulichen Vorschläge veröffentli[...]te und die Verhandlungen abbrach. Dabei mögen die sowjetischen Sorgen wegen der tschechoslowakischen Reformbewegung mitgesprochen haben, aber Aussicht auf Einigung hatte sich auch vorher nicht gezeigt. Bonn wollte einen »abstrakten« Gewaltverzicht geben, also seine Rechtsauffassungen und Ziele bewahren und nur auf deren gewaltsame Durchsetzung verzichten. Moskau bestand auf einem »konkreten« Gewaltverzicht, was die ganze Forderungsliste der Anerkennungen enthielt. Die sowjetische Führung verhandelte nicht, um sich von der Bundesrepublik Friedfertigkeit versprechen zu lassen, sie wollte den Beweis dieser Friedfertigkeit durch formelle Hinnahme des Status quo und Verzicht auf Atomwaffen. Die Bundesregierung gab etwas nach, doch ihre Noten blieben so vage, manchmal widersprüchlich in sich selbst, daß sich Brandt und Kiesinger später im Bundestag stritten, ob sie überhaupt nachgegeben hatten[85].

Wie Bonn durch Unklarheit enttäuschte, so schreckte die Sowjetunion durch ihre Ansprüche als Siegermacht. Was sie anbot, war der klassische Fall eines ungleichen Vertrages. Ihr eigener Gewaltverzicht blieb dubios, weil sie sich ihre Rechte aus den Artikeln 53 und 107 der UN-Charta vorbehielt, also den Interventionsanspruch gegen die Besiegten des Zweiten Weltkriegs. Dem entsprachen die Verpflichtungen, die sie der Bundesrepublik auferlegen wollte: Bonn müsse alles unterlassen und verhindern, was »direkt oder indirekt eine Bedrohung des Friedens und der Sicherheit in der Welt hervorrufen« würde; es habe alles zu tun, »um die Entwicklung des Militarismus und Nazismus ... nicht zuzulassen«. Das konnte jeder auslegen, wie er wollte – die Bundesrepublik hätte Moskau ein permanentes Einmischungsrecht in ihre Innenpolitik eingeräumt. 1970 erwies sich, daß Außenminister Gromyko zu einem »gleichen« Vertrag durchaus zu bewegen war – allerdings nur bei einer Anerkennung des Status quo. Dazu vermochten sich CDU und

[85] Am 15. u. 16. 1. 1970. Meißner, S. 431 u. 440. Zur Interpretation der Bonner Noten: Peter Bender, Die Ostpolitik Willy Brandts oder die Kunst des Selbstverständlichen. Reinbek 1972, S. 124, Anm. 69.

ᴗ nicht durchzuringen, die sowjetischen Interventionsan-
sprüche bestärkten sie in ihrem Widerstand; dann kam im August 1968 die Besetzung der Tschechoslowakei.

Anfang Oktober 1968 trafen sich Gromyko und Brandt am
Rande der UN-Vollversammlung; dabei erwies sich, daß Moskau auf der formellen Hinnahme seiner Nachkriegsordnung beharrte, aber interessiert blieb, das Verhältnis Osteuropas zum
westlichen Deutschland dauerhaft zu regeln. Man sei zu einer
»drastischen Änderung« bereit, wenn die Bundesrepublik »tatsächlich eine Politik der Entspannung und Lösung der europäischen Fragen einschlage«. Das war das gleiche wie Ende 1965,
als Gromyko eine »Wende« in Moskau versprach, wenn vorher
Bonn eine »Wende« vollzöge[86].

Atomwaffen, Hallstein-Doktrin, Berlin

Doch die große Koalition verteidigte noch alle wesentlichen
alten Positionen. Die SPD, die den Verzicht auf jede Form von
Atomwaffenbesitz verlangte[87], hatte sich bei der Regierungsbil-
dung nicht durchgesetzt. Als dann seit 1967 der Nichtverbrei-
tungs-Vertrag zur Debatte stand, war sich die Kabinettsmehr-
heit einig, daß man unterschreiben müsse, um nicht in die Isolierung zu geraten. Der Vertrag war das erste bedeutende Gemeinschaftswerk der Amerikaner und Russen seit Kennedys
Tod; und seinem Zweck, die Verbreitung von Atomwaffen
über den ganzen Globus zu verhindern, konnte sich eine deutsche Regierung schon gar nicht versagen – zumal die DDR zu
den ersten Unterzeichnerstaaten gehörte. Doch die Gegner des
Vertrags, vor allem Strauß, hatten nicht nur Prestigegründe,
sondern auch wirtschaftliche Einwände und Sicherheitserwä-
gungen. Sie blockierten die Entscheidung; der sowjetische Einmarsch in Prag und der 1969 beginnende Wahlkampf erlaubten
und bewirkten die weitere Vertagung. Ein ostpolitisches Kernproblem blieb, dessen Lösung die nächste Regierung nicht mehr
umgehen konnte.

Das gleiche galt für die Hallstein-Doktrin. Bis zum Mai 1969
hielt sie, dann brach der Damm: Kambodscha, der Irak, Sudan,
Syrien, Ägypten und Süd-Jemen erkannten die DDR an; in
Bonn entstand so erheblicher Streit, daß der Außenminister den

[86] Brandt, Begegnungen, S. 254; vgl. S. 92.
[87] Siegler, Wiedervereinigung und Sicherheit II, S. 202.

Rücktritt erwog[88]. Man behalf sich dann – beispielhaft für die Koalition der Gegensätze – mit halben Maßnahmen, mit dem »Suspendieren« oder »Einfrieren« der eigenen Beziehungen zu diesen Ländern, soweit sie noch bestanden. Auch hier blieb ein Problem, dem sich die nächste Regierung nicht entziehen konnte.

Das galt auch für die alte, aber permanente Sorge Berlin. Bedroht war die Halbstadt nicht mehr, aber Ruhe hatte sie auch nicht. Die Sowjetunion oder – mit ihrem Einverständnis – Ulbricht nutzten den kleinen Hebel der Störungen und Schikanen, um Bonn ihr Mißfallen mitzuteilen; umgekehrt aber hielten alle Bonner Parteien es für ihre Pflicht, der »deutschen Hauptstadt« ihre Verbundenheit zu beweisen. Seit 1954 war es zur Tradition geworden, den Bundespräsidenten in Berlin zu wählen, sogar im Krisenjahr 1959 geschah das. Auch für den März 1969 wurde die Bundesversammlung wieder nach Berlin einberufen – mit widerwilliger Duldung der Westmächte und unter Drohungen Moskaus und der DDR. Doch nach der Prager Intervention wollte die Sowjetunion einen Streit vermeiden und ließ Passierscheine für Ostern anbieten, falls der Bundespräsident im Bundesgebiet gewählt werde. Bonn aber forderte Passierscheine für ein ganzes Jahr, die DDR sagte Nein, die Bundesregierung fühlte sich innenpolitisch schwächer und außenpolitisch stärker, als sie war, und blieb bei ihrer Forderung. Ergebnis: Gustav Heinemann wurde in Berlin zum Präsidenten gewählt, Passierscheine gab es nicht, aber die angekündigten Gegenmaßnahmen blieben ebenfalls aus. Nicht durch eigenes Verdienst, sondern weil Moskau keinen Konflikt gebrauchen konnte, war eine Krise vermieden worden. Alle Beteiligten empfanden, daß solche Situationen sich nicht wiederholen sollten. Die vier Mächte hielten ein Berlin-Arrangement für wünschenswert – weitere Präsidentenwahlen an der Spree jedoch nicht. Bonn hatte, wie 1965 bei der Berliner Plenarsitzung des Bundestages, seinen Willen durchgesetzt – aber nur um den Preis, daß es das letzte Mal war. Auch eine andere Berlinpolitik, die sich nicht auf materielle Fürsorge und nationale Demonstration beschränkte, rückte auf die Tagesordnung.

[88] Brandt, Begegnungen, S. 184.

Die größte Mühe hatte die große Koalition mit Ulbricht, dem sie ihrerseits ebenfalls größte Mühe bereitete. Sie unternahm den ersten ernsthaften Annäherungsversuch an die DDR, mit einem ganzen Entspannungsprogramm (von Handel und Krediten bis zum Sportverkehr[89]) sowie schließlich sogar der Bereitschaft zu Regierungsverhandlungen. Aber wie schon beim »Redneraustausch« wich die Ostberliner Führung zurück. Solange Bonn sich durch seine Prinzipien selber fesselte, trat sie gesamtdeutsch auf; jetzt meinte sie, sich schützen zu müssen und eröffnete zunächst einen Feldzug gegen Wörter. Der Begriff »gesamtdeutsch« sei inhalts- und gegenstandslos geworden, erklärte Staatssekretär Herrmann, der nun für »*west*deutsche« Fragen zuständig wurde. Auch »*inner*deutschen« Handel sollte es nicht mehr geben, das entsprechende Ministerium tat das gleiche wie vorher, aber unter dem Titel »*Außen*wirtschaft«. Die Grenzen zur Groteske waren überschritten, als man die SPD auf »SP« verkürzte, also »Deutschland« im Parteinamen strich. »Was ist Deutschland?« fragte ein Pressefunktionär: »Der Name eines Hotels in Leipzig.« Aber auch das stimmte nicht mehr lange, bald hieß es »Hotel am Ring«.

Ernster waren die Schaffung einer Staatsbürgerschaft der DDR (21. Februar 1967), die Behinderung der kirchlichen Verbindungen (April 1967) und, ein Jahr später, Maßnahmen gegen Westberlin: Sperrung der Transitwege für »Minister und leitende Beamte« des Bundes (13. April 1968) sowie der Paß- und Visumzwang im Transitverkehr, ferner Verdoppelung des Pflichtumtauschs für westdeutsche Besucher (11. Juni 1968). Die DDR vollendete ihre Eigenstaatlichkeit und, was nicht das gleiche war, zerstörte die deutsche Gemeinsamkeit – allerdings nicht ganz. In der neuen Verfassung vom 9. April 1968 gab es noch die »ganze deutsche Nation«, aber schon »das Volk« der DDR. Die begrifflichen Kunststücke wie mancherlei Schwankungen und Schwenkungen bewiesen, daß auch die deutschen Kommunisten sich nur schwer auf eine dauernde Teilung einstellten. Auch in der SED gab es gesamtdeutsche Erwartungen, die sich als Illusionen erwiesen, auch dort mußte man »Realitäten« zur Kenntnis nehmen und hatte Schwierigkeit mit dem Aussprechen von Wahrheiten.

---

[89] Kiesingers Regierungserklärung am 12. 4. 1967, gerichtet an den VII. Parteitag der SED. Dokumente V/1, S. 902 ff.

Mit der großen Koalition begann zwischen Bonn und Ostberlin die letzte – und schärfste – Phase des Zweikampfes, der erst vier Jahre später mit Ulbrichts Ablösung endete. Worum es ging, zeigten die Briefe, die der Ministerratsvorsitzende Stoph und Bundeskanzler Kiesinger zwischen Mai und September 1967 wechselten. Die Positionen schlossen einander aus: Stoph wollte nur über die rechtliche Formalisierung zwischenstaatlicher Beziehungen, Kiesinger nur über die praktische Normalisierung im »Zusammenleben der Deutschen« verhandeln. Beide wollten, was sie erstrebten, umsonst haben: Ostberlin die Anerkennung und Bonn die Entspannung.

Kiesinger, gedrängt von Wehner, war schon vorher weitergegangen als alle Kanzler vor ihm. In seiner ersten Regierungserklärung Mitte Dezember 1966 hatte er nur von *Behörden*kontakten mit der DDR gesprochen. Mitte Juni 1967 antwortete erstmals seit 16 Jahren (als die Präsidenten Heuss und Pieck korrespondierten) das offizielle Bonn auf einen Brief der DDR; der Kanzler selbst schrieb dem Regierungschef in Ostberlin und schlug Gespräche zwischen »Beauftragten« vor; Ende September stellte er den Staatssekretär im Kanzleramt für Verhandlungen zur Verfügung. Im Frühjahr 1968 erklärte er sich sogar bereit, unter Umständen persönlich mit Stoph zusammenzutreffen. Auch in anderen Formfragen gab die Bundesregierung allmählich nach. Im Dezember 1966 noch der Versuch, einen Gewaltverzicht gegenüber der DDR am dritten Ort zu bekunden; später dann die Einsicht, daß Bonn und Ostberlin Erklärungen darüber austauschen müßten. 1969 bezeichnete der Kanzler es als »denkbar«, gesamtdeutsche Kommissionen (ohne Mendes Vier-Mächte-Dach) einzurichten; sogar einen »Vertrag«, der die »innerdeutschen Beziehungen für eine Übergangszeit« regele, schloß die Regierung nicht mehr aus.

Die große Koalition tat fast alles, was ihre Vorgänger als »Aufwertung« der DDR verdammt hatten. Sie zeigte sich auch wirtschaftlich großzügig[90]. Daß sie trotzdem mit Ostberlin nicht vorwärtskam und sich die Teilung sogar noch vertiefte, lag zum Teil an Ulbricht, zum Teil aber an ihr selbst. Denn hinter den formalen Zugeständnissen stand nur ein Wunschzettel innerdeutscher Verbesserungen, aber keine Politik. Die Regierung »erklärte sich bereit« und »schloß nicht aus«, aber sie ergriff nicht die Initiative; um zielstrebig zu handeln und Ul

---

[90] Texte, Bd. II, S. 126.

brichts Gegenzügen wiederum zu begegnen, waren die Differenzen in der Koalition zu groß. Aber nicht nur das: Der Zwang, gleichzeitig der CDU- und der SPD-Linie zu folgen, führte dazu, daß die Regierung sich dauernd selbst dementierte. Jeden Schritt, den sie auf Ostberlin zuging, machte sie wieder rückgängig, indem sie jedesmal feierlich das Recht proklamierte, alle Deutschen zu vertreten, also auch die der DDR. Sie wollte mit einer Regierung verhandeln, der sie die Verhandlungsberechtigung absprach – zur Begründung sagte der Kanzler: »Die Menschen im anderen Teil Deutschlands sollen nicht darunter leiden, daß sie unter einem von ihnen nicht frei gewählten Regime leben müssen.« Das wurde dem gesamten Ausland notifiziert und hieß: um der Geiseln willen sprechen wir auch mit Banditen. Trotz immer weiterer Anhebung der Gesprächsebene wurde die DDR unermüdlich diskriminiert, nicht einmal eine korrekte Adresse bekam der Kanzler auf den Briefkopf, er unterdrückte das ominöse »DDR«; ganz Bonn sprach nur von der Korrespondenz zwischen dem Bundeskanzler und »Herrn Stoph«. Kein Wunder, daß in Ostberlin Gleichberechtigung fast zur fixen Idee wurde.

Zur Kränkung kamen Schwerfälligkeit und Unklarheit. Jede Entscheidung war das Produkt endloser Koalitionsauseinandersetzungen; um die letzte sowjetische Note zu beantworten, brauchte die Regierung fast ein halbes Jahr[91]. Hätte sie im Dezember 1966 als Programm vorgelegt, wozu sie sich bis 1969 schließlich durchrang – ihre Erfolgsaussichten wären weit größer gewesen. Doch indem sie sich jeden Schritt abnötigen ließ, jede außenpolitische Maßnahme innenpolitisch absichern mußte und sich oft nur vage äußerte, entstand permanente Zweideutigkeit – wohl nichts hat dieser Regierung mehr geschadet. Auch Kenner der Bonner Szene wußten vielfach nicht, was von den widersprüchlichen Erklärungen galt und wer sich durchsetzen werde, die Antreiber in der SPD oder die Bremser in der Union. Einem mißtrauischen und besorgten Gegner mußte alles noch unklarer erscheinen.

Außerdem stand für Ulbricht mehr auf dem Spiel als für Kiesinger. Für ihn waren Sicherheitsprobleme, was für Bonn nur humanitäre oder nationale Fragen waren. Verstärkte Kontakte, vermehrter Austausch und sogar ein breiter Besuchsverkehr – all das erschien, soweit überhaupt, nur vertretbar, wenn ihm die

[91] Brandt, Begegnungen, S. 258.

Legitimierung der DDR-Regierung voranginge. Den deutschen Kommunisten fehlten das Vertrauen und das Selbstvertrauen, sich auf eine Entwicklung einzulassen, an deren Ende die faktische Anerkennung wahrscheinlich gewesen wäre. Nach lebenslangem Freund-Feind-Denken waren sie überzeugt, daß der Gegner Zugeständnisse nicht mit Zugeständnissen beantworten, sondern als Schwäche betrachten und weiter vordringen werde. Umgekehrt hatte man erfahren, daß Bonn allmählich nachgab, wenn man hart blieb. Schließlich das Bündnisproblem: Wer garantierte, daß die nach Westen strebenden Alliierten der DDR Abstand zur Bundesrepublik wahren würden, wenn Ostberlin selbst keinen Abstand wahrte und Stoph sich mit Kiesinger ins politische Geschäft begab? So setzte Ulbricht lieber auf Sieg, wollte erzwingen, was zu erwerben gefährlich und mühsam erschien. Er erhöhte die Schranken und erklärte: »Unter die Grenze der formellen Anerkennung ... können wir ... nicht hinuntergehen.«[92] Da die Unionsparteien über diese Grenze mit Sicherheit nicht hinaufgehen würden, blieb Ulbricht der Stärkere – er konnte nicht gewinnen, aber alles verhindern.

Leistungen und Versagen

Trotz ihrer Mißerfolge brachte die große Koalition die Ostpolitik eine Etappe voran. Nach Westen erreichte sie Entlastung. Sie behelligte die Verbündeten nicht mehr mit der Forderung nach Deutschland-»Initiativen« und störte Entspannung und Rüstungskontrolle nicht mehr mit Deutschland-Bedingungen; sie unterstützte die NATO-Beschlüsse, nach denen die Allianz nicht nur Verteidigung, sondern auch Entspannung zu ihrer Aufgabe machen (»Harmel-Bericht«) und eine Truppenreduzierung in Mitteleuropa anstreben sollte (»Signal von Reykjavik«). Die Isolationsgefahr war im wesentlichen gebannt.

Auch im Osten erreichte die Koalition mehr, als sichtbar wurde. Die Bundesrepublik blieb von der Ausweitung des sowjetischen Westhandels keineswegs ausgeschlossen[93]. 1969 erreichte sie sogar wieder ihren früheren Platz als wichtigster

[92] Neues Deutschland v. 18. 4. 1967. Protokoll der Verhandlungen des VII. Parteitages der Sozialistischen Einheitspartei Deutschlands, Bd. I, S. 61.
[93] Angela Stent, Wandel durch Handel? Die politisch-wirtschaftlichen Beziehungen zwischen der Bundesrepublik Deutschland und der Sowjetunion. Köln 1983, S. 140ff.

westlicher Handelspartner Moskaus. Das Gesamtvolumen war, im Vergleich zu 1968, um 30 Prozent gestiegen, der sowjetische Import aus der Bundesrepublik sogar um 52 Prozent – unter anderem durch den Bezug von Stahlröhren. Doch das war nur der Anfang. Im April 1969 folgte ein Kooperationsvertrag über den gemeinsamen Bau zweier Röhrenwerke; zur Hannover-Messe 1969 kam erstmals der sowjetische Außenhandelsminister Patolitschew, sprach mit Bundeswirtschaftsminister Schiller und schlug das erste Röhren-Gas-Geschäft vor, das größte Geschäft, das bis dahin zwischen der Sowjetunion und dem westlichen Deutschland abgeschlossen worden war. Die Bundesrepublik sollte Großröhren für den Transport sibirischen Erdgases liefern und dafür zwanzig Jahre lang Erdgas beziehen, im Februar 1970 wurde der Vertrag unterzeichnet. Das Motiv in Moskau war ökonomisch, die Bedeutung aber politisch. Ende 1962 hatte die Regierung Adenauer massivem Druck der Amerikaner nachgegeben und sich einem Röhren-Embargo der NATO gefügt; während Engländer und Italiener das Embargo ganz oder teilweise mißachteten, brach Bonn sogar Verträge, die mit Moskau schon geschlossen waren. Daß die Russen seit etwa Ende 1967 wieder mit Firmen der Bundesrepublik ins Röhrengeschäft gingen, entsprang daher nicht nur dem Respekt vor der deutschen Technik und wirtschaftlichem Interesse, es war auch ein Zeichen von Vertrauen.

Auch als militärische Gefahr galt die Bundesrepublik immer weniger; ihr Bild hellte sich auf, obwohl die Propaganda es noch schwärzer malte – es war nun ihre offenkundig werdende Ungefährlichkeit, die sie manchen Ostregierungen gefährlich machte. So konnte einerseits der Prager Frühling nur im Gefühl der Sicherheit vor den Deutschen blühen, so erschien andererseits die Verführungskraft der Bundesrepublik besonders ernst für die Konservativen in Moskau, Warschau und vor allem in Ostberlin. Aufmerksam beobachteten die kommunistischen Regierungen die Sozialdemokraten – sie waren ihnen näher, was zwar mehr Gefahr bedeutete, aber auch mehr Verständigungsaussicht. So hatte der SPD-Vorsitzende Brandt (nicht der Außenminister) im März 1968 von einer »Anerkennung bzw. Respektierung der Oder-Neiße-Linie« gesprochen, was dann in einen Parteitagsbeschluß einging und in Polen als »Signal« aufgefaßt wurde. Als 1969 der Warschauer Pakt wieder Verbindung und Verständigung mit dem

Westen suchte, schloß er die Bundesrepublik ein – dabei richteten sich die Erwartungen vor allem auf die Sozialdemokraten.

Im Inneren lag die bleibende Leistung der Regierung Kiesinger/Brandt darin, daß sie die Deutschlandfrage europäisierte und damit dem nationalen Problem ein Verständnis gab, über das sich alle Parteien mehr als zwei Jahrzehnte lang einig blieben. Auch die dringend nötige »Wahrhaftigkeit« gedieh dabei. Kanzler und Minister redeten offener, handelten realistischer und förderten so einen Erkenntnisprozeß, der sie dann selbst überrollte. Wenn Kiesinger sich mit Stoph Briefe schrieb, wurde es lächerlich, daß er die drei Buchstaben »DDR« und das Wort »Staat« nicht über die Lippen brachte, sondern von »Phänomen« und »Gebilde« sprach. Und indem er Anerkennung der DDR sogar als Verrat bezeichnete[94] und die Befürworter als »Anerkennungspartei« attackierte, fachte er den Widerspruch erst an; nicht nur Junge steckten sich das Schildchen »Auch ich gehöre zur Anerkennungspartei« an. Die Sozialdemokraten, hin- und hergerissen zwischen Koalitionstreue und eigenen Auffassungen, suchten Formulierungen für Unvereinbares, verärgerten oft die Union, ohne ihre skeptischen Anhänger zu überzeugen, wagten sich dann manchmal ein kleines Stück voran.

Das Problem der Glaubwürdigkeit stellte sich wieder; es wurde verschärft durch die »Außerparlamentarische Opposition« (APO) der jungen Linken und die Freien Demokraten, die sich seit ihrem Parteitag im April 1967 und unter ihrem neuen Vorsitzenden Walter Scheel linksliberal entwickelten und vor allem deutschlandpolitisch profilierten – bis zur Übernahme sozialdemokratischer Formeln wie »geregeltes Nebeneinander« und »Wandel durch Annäherung«. Die Koalition war außerstande, den Briefwechsel mit Stoph sinnvoll fortzuführen, also das Anerkennungsverlangen der DDR mit den eigenen praktischen Forderungen zu einem Kompromiß zu verbinden. Die FDP-Opposition tat es und konfrontierte die Regierung mit einem Vertragsentwurf für das Verhältnis zu Ostberlin[95] – die Sozialdemokraten wanden sich.

Beiden Koalitionspartnern fiel die Koalition zunehmend

---

[94] Am 14. 6. 1967 im Deutschen Fernsehen zur Erläuterung seines ersten Briefes an Stoph, abgedruckt nur in der ersten Auflage der Texte zur Deutschlandpolitik, 1967, S. 72 ff.; in der zweiten, »durchgesehenen und ergänzten« Auflage vom September 1968 fehlt sie. Jetzt in Dokumente V/1, S. 1288.

[95] Baring, Machtwechsel, S. 223–228.

schwerer. Kiesinger und Brandt reagierten auf die Ergebnislosigkeit ihrer Politik unterschiedlich, der Kanzler gab auf, der
Außenminister drängte weiter. Was Kiesinger 1967 noch als
»rein defensive Politik« kritisiert hatte, erschien ihm 1969 als
das einzig Mögliche: »die verbliebenen deutschen Positionen
verteidigen«, was bedeute, die Anerkennung des »ostdeutschen
Satellitenregimes« und die Gewöhnung der Welt »an die unge-
rechte Teilung unseres Landes« zu verhindern. Das war die
Sprache Ludwig Erhards, sogar die unheilvolle Verknüpfung
von Entspannung und Einheitsfortschritten erschien in Kiesingers letzten Kanzlerreden gemildert wieder[96]. Brandt zog die
umgekehrte Konsequenz: nicht zurückgehen, weil Erfolge aus-
blieben, sondern weitergehen, damit Erfolge eintreten. 1969
hatten sich die Koalitionspartner – auch durch den Wahlkampf – so weit auseinanderentwickelt, daß sie die neuen Möglichkeiten nicht mehr nutzen konnten, die sich in Moskau und
Warschau andeuteten.

Ost- und deutschlandpolitisch betrachtet war die große Koalition der Versuch, die schmerzliche Anpassung an die Wirklichkeit auf der Basis von 87 Prozent der Wählerstimmen zu
bewältigen; die beiden großen Parteien sollten die Rechnung
für Hitler gemeinsam unterschreiben, damit für Verzicht-Ver-
leumdung kein Raum bliebe. Doch der Versuch mißlang; und
der Vorsitzende der SPD erhoffte für den Herbst 1969 eine
sozialliberale Mehrheit; er wollte mit den Freien Demokraten
unternehmen, was mit der Union nicht möglich war.

[96] Meißner, S. 374, 376, 379.

4. Die Verträge (1969–1973)

Die internationalen Bedingungen

Die Entspannung begann im Jahre 1969. Seit Ende der Berlin- und Cubakrise hatte sie sich angebahnt, nun setzte sie sich, zögernd und schrittweise, in Europa und zwischen den beiden Großmächten durch. Die ideologischen Unterschiede blieben bestehen; und mehr noch, als sie es wirklich taten, versicherten beide Seiten, daß es in politischen Glaubensfragen weder Kompromiß noch Annäherung gebe. Wenn man schon mit dem Gegner Verträge und Geschäfte machte, so mußte der eigenen Bevölkerung doch deutlich bleiben, daß es immer noch der Gegner sei. Das galt um so mehr, als sich in Wahrheit die Vorstellungen voneinander versachlicht hatten. Mit dem Feindbild der fünfziger Jahre wäre die Entspannung der siebziger nicht möglich gewesen; eine Normalisierung der Politik setzte eine Normalisierung des Denkens voraus, die sich im Übergangsjahrzehnt der sechziger Jahre allmählich vollzogen hatte.

Daraus entsprang auch ein erhöhtes Sicherheitsgefühl. Keine Seite befürchtete noch ernsthaft einen militärischen Überfall der anderen, auch die Angst vor einer fahrlässigen Konfliktentzündung, wie sie Chruschtschow mehrfach verursacht hatte, war gering geworden; und als sowjetische Divisionen in die Tschechoslowakei einmarschierten, meinten nur Hysteriker, sie würden nach Westen weitermarschieren. Anlaß zur Sorge und Vorsorge bildeten die Spannungszentren in der Dritten Welt sowie die Instabilität, die sich aus unkontrolliertem nuklearem Wettrüsten ergab. Alle Beteiligten stellten ihre Politik unter das Ziel des Friedens – schon damit der andere diesen Begriff nicht allein besetzt hielte, vor allem aber in der Erkenntnis, daß im Atomzeitalter politische und technische Vorkehrungen nötig seien, die einen Konflikt schon im Entstehen verhinderten.

Dazu kamen wirtschaftliche Interessen, vor allem auf der Ostseite, wo die Einfuhr an moderner westlicher Technik seit Mitte der sechziger Jahre zunahm. Wie stark der Drang war, erwies sich, als später die politischen Hemmnisse fielen: von 1971 bis 1975 verdreifachte sich der Wert des Ost-West-Warenaustausches[1].

---

[1] Deutsches Institut für Wirtschaftsforschung, Wochenbericht 46/83 vom 17. 11. 1983, S. 565.

Im Hintergrund standen Politik wie Ökonomie: einerseits der Zwang zu qualitativem Wachstum, andererseits die unbefriedigenden Ergebnisse halbherziger Wirtschaftsreformen, die ihre Grenzen meist in der Sorge der Partei um ihre Macht fanden. Statt konsequent zu reformieren, zog man es vor zu importieren; es war der Versuch, »die letzte große und bis dato nicht erschlossene Quelle zur Förderung des sowjetischen Wirtschaftswachstums« zu nutzen[2]. Wesentliche politische Zugeständnisse dafür machte keine östliche Führung; doch alle wußten, daß es ohne Politik nicht ging: »Handel ist auch bei schlechten Beziehungen möglich, Kooperation nicht.«[3]

Ein versachlichtes Bild voneinander, nachlassende Furcht und wachsende wirtschaftliche Interessen – all das begünstigte eine Entspannung; daß sich aber das Ost-West-Verhältnis gerade 1969 mehr zu ändern begann als je zuvor, hatte besondere Gründe. Der erste lag in einem Wechsel der Personen. In Washington übernahm mit Richard Nixon einer der wenigen Präsidenten die Regierung, die mit außenpolitischer Erfahrung und fundierter eigener Zielsetzung ins Amt kamen. Als Sicherheitsberater, also engsten Mitarbeiter im Weißen Haus, hatte er Henry Kissinger engagiert, der später sogar Außenminister wurde. Kissinger, 1923 in Fürth geboren und 1938 in die Vereinigten Staaten ausgewandert, wurde zum »europäischsten« Außenpolitiker Washingtons – nicht nur durch Sachkenntnis, mehr noch durch eine gründlich unamerikanische Auffassung vom Verhältnis großer Staaten zueinander. Kissinger sah sich weniger Freunden und Feinden gegenüber als anderen Mächten, und er strebte weniger nach Lösungen als nach Strukturen, die es erlaubten, mit unlösbaren Problemen ohne Krieg durch die Zeiten zu kommen. Sein Denken, geschult am europäischen Mächtekonzert des 19. Jahrhunderts, orientierte sich am Gleichgewicht und an der dauerhaften Gleichzeitigkeit von Konflikt und Arrangement. Auch seine Methoden schienen dem alten Europa entnommen; Kissinger trieb, von seinem Präsidenten lebhaft unterstützt, klassische Geheimdiplomatie, oft sogar am eigenen Außenminister vorbei. In Moskau rückte zwi-

[2] Strukturentwicklung der sowjetischen Wirtschaft und deren Rückwirkungen auf den Außenhandel. Arbeiten aus dem Osteuropa-Institut München. Bearbeiter: Wolfram Schrettl, Volkhart Vinzentz. Band 1, 1981, S. 175.

[3] Professor Mieczyslaw Tomala 1969 in Warschau zum Verfasser.

schen 1970 und 1971 Generalsekretär Leonid Breschnew vom ersten auf den beherrschenden Platz in der Führung und übernahm auch die Außenpolitik[4]. Hinter dem Versuch, mit dem Westen zum Arrangement zu kommen, standen nun das Prestige und Engagement eines Mannes, dessen Weltbild vom Schrecken des Zweiten Weltkriegs wesentlich bestimmt war.

Zur neuen personellen Konstellation traten günstige Umstände. Bei den strategischen Atomwaffen hatte Moskau Ende des Jahrzehnts einen ungefähren Gleichstand[5], also auch Gleichrangigkeit mit den USA erreicht und konnte sich deshalb auf eine vereinbarte Beschränkung einlassen. Nötig hatten es beide Großmächte. Amerika war durch Vietnam kriegs- und rüstungsmüde, die Sowjetunion fürchtete, von Nixon in einen Rüstungswettlauf gezwungen zu werden, der ihre Wirtschaftspläne gefährde.

Förderlich wirkten ferner zwei asiatische Entwicklungen. Am sowjetisch-chinesischen Grenzfluß Ussuri kam es im März 1969 zu Kämpfen, die Tote kosteten und in Moskau so wichtig genommen wurden, daß seine Botschafter im Westen unaufgefordert Aufklärung anboten[6]. Ähnliche Zusammenstöße wiederholten sich bis in den Herbst und veranlaßten den Kreml, seine Truppen in Fernost erheblich zu verstärken und Ruhe im Westen höher zu schätzen. Ebenso wichtig war, daß Nixons Entschlossenheit, den Vietnamkrieg zu beenden, der sowjetischen Führung schon früh, wahrscheinlich 1969, klar wurde; sie bot, obwohl zögernd und halbherzig, sogar an, durch Vermittlung zu helfen[7].

In Europa – in Ost wie West – erschien die Notwendigkeit eines Interessenausgleichs übermächtig. Sogar der sowjetische Gewaltakt in Prag (August 1968) verzögerte nur, hinderte aber nicht: »Ein Verkehrsunfall auf dem Wege zur Entspannung«, bemerkte der französische Außenminister Michel Debré ebenso zynisch wie zutreffend[8]. Prag schreckte nicht ab, doch es ernüchterte, denn überall wurden die Grenzen für eine Annäherung mehr bewußt. Illusionen im Westen, der Osten lasse sich schnell und gründlich verändern, zerstoben ebenso wie sowjetische Hoffnungen, der Gaullismus werde den Amerikanern in

[4] Brandt, Begegnungen, S. 444 u. 462. Kissinger, Memoiren, S. 563.
[5] Kissinger, Memoiren, S. 137 u. 436.
[6] Brandt, Begegnungen, S. 256.
[7] Kissinger, Memoiren, S. 177. Vgl. auch S. 159.
[8] Vgl. Brandt, Begegnungen, S. 283.

Europa den Boden entziehen. Moskau sprach kaum mehr von Auflösung der Militärbündnisse und bestätigte 1971 im Berlin-Abkommen und 1973 auf der gesamteuropäischen Konferenz (KSZE), daß es für unbegrenzte Zeit mit den USA als Partner wie als Gegenkraft in Europa rechnete. Obwohl nur wenige im Westen es sich eingestanden – die Vergewaltigung der Tschechoslowakei half der Entspannung. Die Sowjetunion bemühte sich eifrig, die Peinlichkeit vergessen zu machen; vor allem hatte sie ihren Pakt diszipliniert; und da mit dem Rücktritt de Gaulles (April 1969) auch die NATO gefestigter erschien, fiel beiden Großmächten eine Annäherung in Europa leichter.

Doch obwohl die Voraussetzungen günstig waren, kam zwischen Washington und Moskau zunächst wenig in Gang. Bald nach seinem Amtsantritt Anfang 1969 bemühte Nixon sich um Verhandlungen: über die strategischen Rüstungen (SALT), den Nahen Osten und Berlin. Man kam ins Gespräch, machte aber nirgendwo Fortschritte. Zweieinhalb Jahre hielt die »Erstarrung«[9] im Verhältnis zur Sowjetunion an; sie endete erst, als am 15. Juli 1971 der Präsident ankündigte, er werde demnächst China besuchen.

Dreißig Monate hatte das Weiße Haus vorsichtig, sorgfältig und konspirativ gearbeitet; am Ende war Kissinger heimlich nach Peking gereist, um mit dem Hauptfeind der Vereinigten Staaten Beziehungen zu knüpfen. Es war ein großer Schritt. Die Amerikaner hatten es nie verwunden, daß China, zu dem alte und starke Beziehungen bestanden, nach dem Zweiten Weltkrieg an die Kommunisten »verlorenging«. Die China-Frage war zum Tabu geworden – nicht in der Stärke der Gefühle, aber in der Art der Betrachtung vergleichbar mit dem DDR-Tabu der Bundesrepublik. Hinzu kam der Vietnamkrieg, von vielen als ein Krieg mit China mißverstanden. Weit mehr noch als im deutschen Fall gebot die politische Vernunft, die Tatsachen, hier die Existenz einer 750-Millionen-Macht, zur Kenntnis zu nehmen. Aber die Amerikaner brauchten dafür ebenso lange wie die Westdeutschen: die Volksrepublik und die DDR waren fast gleichzeitig, Anfang Oktober 1949, gegründet worden, doch erst zwanzig Jahre später brachte Richard Nixon es fertig, Mao Tse-tungs kommunistischen Staat (statt der Insel-Republik Taiwan) als China anzuerkennen.

Sobald der Präsident seine Reise nach Peking angekündigt

[9] Kissinger, Memoiren, S. 159.

hatte, begann das weltpolitische Dreieck zu funktionieren. Einen Monat später erhielt er die Einladung nach Moskau, die er sich schon für 1970 gewünscht hatte. Dann folgten die Einigung über SALT (Mai 1972), Breschnews Gegenbesuch in Amerika und der Versuch der beiden Atomgroßmächte, eine stabile Welt-Friedensordnung zu begründen (Juni 1973).

In Europa ließ die Sowjetunion ihr Verhandlungsinteresse deutlich erkennen. Am 17. März 1969 erging der »Budapester Appell«, mit dem der Warschauer Pakt seine Vorschläge von Bukarest (Juli 1966) erneuerte – jedoch mit anderem Akzent: das Militärische trat ganz in den Hintergrund, die all-europäische Konferenz für Sicherheit und Zusammenarbeit (KSZE) rückte nach vorn. Die Forderungsliste an Bonn blieb die gleiche, war aber frei von Polemik; auch sonst besserte sich das Klima: Handelsgespräche auf Ministerebene, häufige Besuche des sowjetischen Botschafters bei Außenminister Brandt, vor allem die Bereitschaft, die wegen Prag unterbrochenen Gespräche über Gewaltverzicht wieder aufzunehmen.

Allerdings – außer den Berlin-Verhandlungen, zu denen Gromyko sich bereit erklärt hatte, war nichts von alledem neu. Um die KSZE bemühte sich Moskau seit 1966 in ganz Westeuropa; seine einzige Bedingung war, daß jeder, der wolle, also auch die DDR, teilnehmen solle. Nach den Erfahrungen von 1967/68 konnte niemand in Bonn daran zweifeln, daß der Kreml künftige Gewaltverzichts-Verhandlungen mit demselben Zweck zu führen gedachte wie die früheren: zur Fixierung des Status quo. Weder die Ziele noch die Richtung der sowjetischen Politik änderten sich – stärker geworden war nur das Interesse, Westeuropas Wirtschaft besser zu nutzen und sich politisch mit ihm dauerhaft zu arrangieren.

Wie fast immer, wenn zwischen Russen und Deutschen sich etwas anzubahnen schien, wurden die Polen aufmerksam. Am 17. Mai 1969 hielt der Parteichef Gomulka eine Rede, in der er der Bundesrepublik eine Normalisierung der Beziehungen vorschlug, die sich auf einen Staatsvertrag über die Oder-Neiße-Grenze gründen müsse. In der Sache keinerlei Konzession, in der Form aber ein Verstoß gegen die (allerdings wohl nie streng formalisierte) Abrede, daß alle Pakt-Staaten gemeinsam ihre Forderungen an Bonn durchsetzen sollten. Gomulka hatte weder Moskau noch Ostberlin vorher über seine Rede informiert[10]

---

[10] Aussage eines polnischen Gomulka-Vertrauten.

und rechtfertigte den Alleingang mit dem Budapester Appell, der alle Paktmitglieder zu Entspannungsbemühungen verpflichte[11]. Die eigentlichen Beweggründe lagen in der Erkenntnis, daß die polnische Außenpolitik stagniere, ihr Ansehen in Europa und vor allem die Fähigkeit verliere, die nationalen Interessen durchzusetzen. Warschau hatte sich allzu eng an Ostberlin gebunden, das in starrem Festungsdenken verharrte, während Moskau sich energisch um den Westen zu bemühen begann. So war zu befürchten, das polnische Kernproblem, die Oder-Neiße-Frage, könne im Zuge einer größeren Entspannung zwar mitgeregelt, aber nicht gelöst werden. Gelöst hieß: die Grenze mußte auch von der Macht anerkannt sein, die allein ein Interesse bekundete, sie zu ändern, und vielleicht eines fernen Tages sogar die Möglichkeit dazu haben könnte. Deshalb strebte Gomulka nach einem Grenzvertrag zwischen Polen und der Bundesrepublik, unabhängig von allem, was sonst zwischen Ost und West in Europa verhandelt und vereinbart würde. Seine Experten sagten ihm, die Meinungen in Bonn polarisierten sich in zunehmenden Realismus und wachsenden Nationalismus; es sei vernünftig, die verständigungsbereiten Kräfte dort zu stützen, statt wie bisher zu entmutigen. Gomulka selbst hatte bereits Brandt im Auge, an dessen Parteitagssätze vom »Respektieren bzw. Anerkennen« der Grenze er auch anknüpfte[12].

Auch die DDR entschloß sich zu einigen Gesten. Im September 1969 einigte sie sich mit der Bundesbahn über ein lokales Verkehrsproblem, zugleich begann sie Verhandlungen mit den Bonner Ministerien für Verkehr und Post. Politisch bedeutete das nicht viel, denn alle Rigorosität in Grundsatzfragen hatte Ostberlin auch vorher nicht davon abgehalten, wirtschaftliche oder finanzielle Möglichkeiten wahrzunehmen; hohe Forderungen, die sich aus Mehrleistungen der DDR-Post ergaben, hatte es schon Anfang 1967 gestellt.

Für eine Bundesregierung, die im Herbst 1969 eine neue Ostpolitik einleiten wollte, war die internationale Lage günstig – aber nicht wesentlich anders als für die Regierungen vor ihr. Die Großmächte strebten energischer als früher nach einem

[11] Zur Motivation der Gomulka-Rede Mieczyslaw Tomala, Polen nach 1945. Stuttgart 1973, S. 119. Hansjakob Stehle, Nachbarn im Osten. Frankfurt a. M. 1971, S. 259. Peter Bender in: Der Monat, Heft 251 (August 1969), S. 8 ff.
[12] Aussage Gomulkas im Gespräch mit deutschen Journalisten am 7. 12. 1970.

Interessenausgleich untereinander, und das östliche Europa wünschte Entspannung; doch über die deutsche Frage dachten alle weiterhin wie seit zehn Jahren. Amerikaner und Westeuropäer hatten der Bundesrepublik seit der Berlin-Krise nahegelegt, ihren politischen Frieden mit dem Osten zu machen. In Moskau hatte es, von kurzen Ausnahmezeiten 1965 und 1968 abgesehen, nie an Interesse gefehlt, mit Bonn den Status quo zu formalisieren – auch nicht an dem Wunsch, mit dem größeren Teil Deutschlands und der ersten Industriemacht Westeuropas in gute Beziehungen zu kommen. Warschau schließlich hielt es seit zehn Jahren für notwendig, daß seine Westgrenze nicht mehr allein von östlicher Garantie abhing. Alle Empfehlungen und Forderungen waren immer auf das gleiche hinausgelaufen: die Bundesrepublik sollte ihren Beitrag zur Entspannung leisten. Nicht die Zeit war 1969 reif geworden für einen Bonner Neubeginn nach Osten, sondern die Frage hieß vielmehr, ob die Bundesrepublik dafür reif war.

risk, hazardous business

Die Regierung Brandt/Scheel

Die Entscheidung über die neue Ostpolitik fiel in der Wahlnacht des 28. September 1969. Die schweren Verluste der Freien Demokraten ließen eine sozialliberale Koalition beinahe ebenso riskant erscheinen wie 1966 – damals hätten SPD und FDP sechs Stimmen mehr gehabt als die Unionsparteien, jetzt waren es zwölf. Doch diese zwölf waren keineswegs sicher. In allen Parteizentralen kannte man die Namen der Rechtsliberalen, die ein Linksbündnis ablehnten – würde die Mehrheit überhaupt für die Kanzlerwahl reichen? Konnte man sich für vier Jahre darauf verlassen? Und das noch für eine Politik, die das Selbstverständnis der Bundesrepublik anzugreifen drohte? Obwohl die Handelnden nicht die Dauer und Schärfe der späteren Kämpfe voraussahen – es erschien als »Wahnsinnstat«[13], dieses Wagnis einzugehen. Die zwei stärksten Figuren in der SPD-Führung, Herbert Wehner und Helmut Schmidt, waren dagegen, aber Willy Brandt blieb auf eine Weise entschlossen, gegen die weder gewichtige Zweifler noch wohlbegründete Zweifel etwas vermochten.

[13] Horst Ehmke, zitiert nach Baring, Machtwechsel, S. 166.

unwavering

Seit Brandt die Notwendigkeit einer neuen Ostpolitik erkannt hatte, fühlte er sich von der CDU und CSU behindert. Anfang 1963 war ihm sein Koalitionspartner Amrehn in den Arm gefallen, als er einer Einladung Chruschtschows zu einem Gespräch in Ostberlin folgen wollte; den nächsten Senat bildete Brandt darauf nicht mehr mit der CDU, sondern mit der FDP. Aber auch dann blieben dauernde Meinungsverschiedenheiten mit der Unionsregierung in Bonn; und als die SPD in der großen Koalition zwar mitregierte, aber die entscheidenden Schritte nicht gegen den stärkeren Partner durchsetzen konnte, wurde Brandt zur Gewißheit, daß ein Neubeginn nach Osten nur ohne die CDU/CSU möglich sei. So strebte er, wie 1963 in Berlin, zur FDP – so unbeirrbar, daß er es »notfalls auch mit einer Stimme Mehrheit« probiert hätte[14]. Wenn er es nicht wußte, so empfand er, daß von diesem Augenblick sein Lebenswerk abhing. Noch in der Wahlnacht verständigte er sich mit dem FDP-Vorsitzenden Scheel und legte sich sowie beide Parteien in einer Fernseherklärung fest. Die Sache war entschieden, als in allen Lagern die meisten noch nachdachten, wie man entscheiden solle – ein beispielhafter Vorgang, denn so wurde dann auch Ostpolitik gemacht.

In der sozialliberalen Koalition ging es harmonischer zu als in der großen Koalition. Auf dem heikelsten Feld, der Wirtschafts- und Sozialpolitik, hatte eine (relativ) »linke« FDP es mit dem »rechten« SPD-Wirtschaftsminister Karl Schiller zu tun; im übrigen hielt der Reformeifer an, der schon die Unionsparteien und die SPD beflügelt hatte. Die Ostpolitik erschien als Teil einer allgemeinen Erneuerung, sie wurde bald zur stärksten Klammer der Koalition. Die Einsicht in die Tatsachen, die Entschlossenheit, sich nicht mehr von überholten Rechtsstandpunkten und Prinzipien aufhalten zu lassen, und das Gefühl, hier die große befreiende Tat vollbringen zu müssen – all das lebte in beiden Parteien.

Deren Führer, Brandt und Scheel, fanden ein gutes persönliches Verhältnis zueinander, die natürliche Konkurrenz zwischen einem außenpolitischen Kanzler und dem Außenminister Scheel konnte so gemildert werden. Je mehr der Kampf um die Ostpolitik zum Überlebenskampf der Regierung wurde, desto enger rückten die Partner zusammen. Im Innenministerium, dem zweiten klassischen Ressort, das die Freien Demokraten

---

[14] Egon Bahr in: Dettmar Cramer, gefragt: Egon Bahr. Bornheim 1975, S. 53.

bekamen, saß Hans-Dietrich Genscher, aus Halle stammend und bei aller Vorsicht ein überzeugter Anhänger der neuen Politik. Mit Landwirtschaftsminister Josef Ertl sollten vor allem die Rechten in der FDP eingebunden werden. Bei den Sozialdemokraten übernahm Wehner wieder den Fraktionsvorsitz, der ihm Distanz und Unabhängigkeit gegenüber Brandt gab. Helmut Schmidt wurde Verteidigungsminister, mit der Ostpolitik hatte er nichts mehr zu tun, doch er sicherte sie nach Westen ab: unter ihm blieb garantiert, daß Entspannung nicht zu Lasten der Verteidigung ging. Egon Bahr begleitete Brandt ins Kanzleramt und wurde dort Staatssekretär, zuständig für alles östlich der Elbe: DDR, Westberlin, Ostpolitik und dort besonders Sowjetunion. Schließlich über allem nicht nur schwebend, sondern Einfluß nehmend, Gustav Heinemann. Im März 1969 hatten SPD und FDP ihn (gegen einen Unionskandidaten) zum Bundespräsidenten gewählt und damit eine erste Bewährungsprobe sozialliberaler Gemeinsamkeit gegeben. Zugleich war es, als hätten sie sich eine Symbolfigur für ihre spätere Ostpolitik gesucht: Heinemann war Adenauers erster Innenminister gewesen, hatte 1952 eine eigene Partei gegen Wiederbewaffnung und für Wiedervereinigung gegründet und blieb auch später – als Sozialdemokrat und führender evangelischer Kirchenmann – unbeirrbarer Anwalt für Vernunft und Versöhnung nach Osten.

Und dann Brandt selbst. Unter den Kanzlern der Bundesrepublik war keiner so geeignet, ein neues Verhältnis zum Osten zu begründen, wie er. Einerseits ein von Hitler verfolgter Sozialist; andererseits der Verteidiger Berlins gegen den Kommunismus, eine Symbolfigur für die Zugehörigkeit der Deutschen zum Westen. Der Biographie entsprach eine Persönlichkeit, die Vertrauen erweckte, ein Politiker, der immer auch als Mensch erkennbar blieb.

Die »Philosophie« der Anerkennung

Das Neue in der Ostpolitik Brandts und Scheels bestand darin, daß die Einsicht in die Notwendigkeit ganz vollzogen und damit die Freiheit des Handelns gewonnen wurde. Die sozialliberale Koalition war entschlossen, die drei Konflikte der alten Politik zu überwinden, sie wollte tun, was der Osten seit fünfzehn Jahren forderte und der Westen seit zehn Jahren wünschte, und sie wollte Schluß machen mit der »Lebenslüge«[15] von der Wiedervereinigung.

Bittere Erfahrung, zuletzt in der großen Koalition, hatte gelehrt, daß die Verweigerung nichts einbrachte außer wachsenden Schwierigkeiten. Seit Ende der fünfziger Jahre waren alle Bundesregierungen um bessere Ostbeziehungen bemüht gewesen, doch es hatte nie ganz gereicht, und der Berg der Bedingungen war von Mal zu Mal gewachsen. Zehn Jahre, auch noch fünf Jahre früher wäre manches billiger zu haben gewesen; »die Preise ziehen ständig an«, bemerkte Brandt schon 1966[16]. Die Erfahrung empfahl, den letzten, entscheidenden Schritt zu tun, um endlich frei zu werden: von der Rolle oder jedenfalls dem Ruf des Entspannungsstörers; von den leisen Mahnungen im Westen und dem diplomatisch-propagandistischen Druck aus dem Osten; von dem aussichtslosen und kostspieligen Anerkennungskampf mit Ostberlin; von der Rücksicht auf Prinzipien, die Politik verboten oder beschränkten; von den Beschönigungen und Halbwahrheiten, wenn von Deutschland die Rede war. Bonn mußte Ballast abwerfen, um manövrierfähig zu bleiben.

Das galt zunächst im Verhältnis zum Westen. Brandt hatte noch seine Berliner Erfahrungen, die ihn lehrten: von den Verbündeten kommt nur militärische Sicherheit, alles andere muß man selbst in die Hand nehmen. Schon in seinen ersten Kanzler-Reden fiel auf, daß sich Brandt einerseits keine Illusion über deutsche Sonderwege machte: »Es wird in Zukunft keine politischen Lösungen von Wichtigkeit mehr geben außerhalb von Bündnissen, Sicherheitssystemen oder Gemeinschaften« – nur ein sicherer Rückhalt im Westen erlaubt Ostpolitik. Andererseits zeigte er Entschlossenheit, »den begrenzten Spielraum ... möglichst« auszufüllen[17]. Brandt bekannte sich durch Wort und Politik zu NATO und EG, doch er tat es selbstbewußt: Nicht nur wir brauchen die anderen, sie brauchen auch uns.

Aber eigene Manövrierfähigkeit genügte nicht, der Osten mußte manövrierbereit und -willig werden – hier lag der zweite

[15] Willy Brandt in einem Vortrag am 18. 11. 1984 in: Rudolf Augstein u. a., Reden über das eigene Land. Deutschland. München 1984, S. 63.

[16] Dokumente IV/12, S. 810.

[17] Wenn nicht anders vermerkt, entstammen die Brandt-Zitate in diesem und im folgenden Abschnitt der Regierungserklärung und Debatte darüber am 28. und 30. Oktober 1969 sowie dem Bericht zur Lage der Nation am 14. Januar 1970. Texte, Bd. IV, S. 9, 41 u. 201 ff.

Grund für eine Anerkennung des Status quo. »Wir haben von den heutigen Tatsachen auszugehen, wenn wir die Tatsachen verändern wollen«, hatte Brandt schon 1967 geschrieben[18]. Hinter dieser scheinbaren Paradoxie stand die Überlegung, die Bahr erstmals im »Wandel durch Annäherung« ausgesprochen hatte: der Osten werde sich nur so weit zum Westen öffnen, wie er sich nicht mehr bedroht fühle, sei es militärisch oder politisch. Nur Grenzen, die unbestritten sind, können »durchlässig« werden, und nur eine Herrschaft, die unangefochten bleibt, vermag sich zu lockern und mit der Außenwelt zu kooperieren. Daraus folgte, daß nicht nur der territoriale Status quo zu respektieren sei, sondern auch der politische. »Unter gegenseitiger Achtung der verschiedenen Ordnungen und des Prinzips der Nichteinmischung«, hoffte Brandt, »eine Basis gemeinsamer Interessen in Europa schaffen zu können«.

Die Anerkennungsbereitschaft erhielt damit einen neuen Sinn. Sie war nicht nur Resignation vor einer übermächtigen Realität, sondern wurde zum politischen Mittel, die Lage in Europa und Deutschland zu verändern. Schon als Außenminister, stärker dann als Kanzler, betonte Brandt, daß Ostpolitik Friedenspolitik sei und der Entspannung auf dem ganzen Kontinent diene. Darin steckte etwas Taktik, doch es entsprach der fatalen Schlüsselstellung der Bundesrepublik in Europa. Soweit es noch Sorgen um den Frieden gab, hingen sie sämtlich mit der ungelösten deutschen Frage zusammen; und die Entspannung stockte, weil Bonn die deutsche Teilung und den Verlust der Ostprovinzen nicht hinnahm. Niemand konnte hier helfen außer Bonn selbst, nur die Deutschen vermochten den deutschen »Sonderkonflikt«[19] mit dem Osten beizulegen und glaubwürdig zu beweisen, daß von ihnen keine Gefahr ausgehe. Diesen Beweis zu führen und Europa von der deutschen Frage – soweit überhaupt möglich – zu entlasten, war 1969 nur noch möglich durch eine formelle Bestätigung der bestehenden Verhältnisse. Gesichert waren sie längst, militärisch durch die Macht der Sowjetunion und politisch durch die Interessenlage des Westens; doch damit der Frieden gesichert erschien und Entspannung sich ruhig entfalten konnte, bedurfte es eines symbolischen Akts der Deutschen.

[18] Friedenspolitik in Europa. Frankfurt a. M. 1968, S. 132.
[19] Ein Ausdruck von Richard Löwenthal, Vom kalten Krieg zur Ostpolitik. Stuttgart 1974, S. 2.

Aber änderungsbedürftig waren nicht nur die Ost-West-Beziehungen, sondern auch die Verhältnisse im Osten. Brandt und Scheel sagten darüber kein Wort und beschränkten sich strikt auf Außenpolitik, doch auf lange Sicht hatten sie mehr im Auge. Sie wollten weder den Warschauer Pakt auflösen noch die Parteiherrschaft abschaffen – wer das versuchte, würde das Gegenteil erreichen. Aber die sechziger Jahre hatten gelehrt: Westliche Politik kann östlichen Wandel zwar nicht erzeugen, wohl aber ermöglichen, indem sie die Wandlungstendenzen im Osten nicht mehr behindert, wie z. B. die nationalen Interessen, den Modernisierungszwang für Wirtschaft, Technik und System, die wachsenden Ansprüche der Bevölkerung. Zwanzig Jahre lang hatte Bonns Nichtanerkennungspolitik Reformen und Reformer im Osten gestört, zwanzig Jahre lang hatten die Konservativen am Rhein unwillentlich die Konservativen im Osten in ihren Vorurteilen bestätigt und in ihren Herrschaftspositionen gestützt: das Gespenst der deutschen Gefahr, empfunden oder erfunden, stärkte Moskaus Macht über seine Verbündeten, festigte die Ostallianz und hemmte den politischen Fortschritt. Wenn es gelang, dieses Gespenst zu verscheuchen, dann war auch viel getan für die innere Entwicklung im Osten.

Aber man wollte nicht nur das Nötige tun, sondern es auch offen sagen. Der Kanzler Brandt, erstmals selbst in der obersten Verantwortung, suchte der Wahrhaftigkeit nahezukommen, die er seit dem Mauerschock für unerläßlich hielt und immer wieder gefordert hatte. 1969 gebot die Wahrhaftigkeit, daß man von einer Wiedervereinigung, die es auf absehbare Zukunft nicht gab, auch nicht redete; daß man Selbstbestimmung zwar als Recht noch reklamierte, aber Erwartungen nicht weckte, sondern dämpfte; daß man sich an das hielt, was noch wirklich existierte, die zahlreichen Gemeinsamkeiten der Deutschen in den zwei Staaten. In der ersten Regierungserklärung kam das Wort »Wiedervereinigung« nicht vor; als die CDU/CSU das sogleich monierte und eine deutschlandpolitische Perspektive anmahnte, erwiderte Brandt mit entwaffnender Offenheit: »Wir haben uns das nicht zugetraut; dies bekenne ich. Wir haben keine Antwort darauf gegeben, in welcher Form die Deutschen eines Tages im Rahmen einer europäischen Friedensordnung sich wieder begegnen, miteinander leben und an ihrer gemeinsamen Zukunft arbeiten werden.« Statt dessen habe er gesagt, was die Regierung in den nächsten vier Jahren deutschlandpolitisch beabsichtige. Etwas später erklärte er, die

Einheit der Deutschen sei »sehr unwahrscheinlich«, bestenfalls eine Chance. So hatte vor Brandt kein Kanzler gesprochen, so sprachen nach ihm alle Kanzler: Wir wissen nicht, ob die Deutschen jemals eine gemeinsame Zukunft bekommen werden, geschweige denn, wann und in welcher Form sie kommen wird[20].

Wie alle Völker hätten auch die Deutschen das Recht auf Selbstbestimmung – Brandt betonte das und machte es mit dem »Brief zur deutschen Einheit«[21] in Moskau und Ostberlin aktenkundig, als er dort Verträge schloß. Aber auch die Selbstbestimmung, im damaligen Sprachgebrauch fast gleichbedeutend mit Wiedervereinigung, war ihm nur »die Hoffnung, daß spätere Generationen in einem Deutschland leben werden, an dessen politischer Ordnung die Deutschen in ihrer Gesamtheit mitwirken können«. Diese gewollte Vagheit unterschied sich von der Unklarheit, mit der vorher alle Parteien die Aussichtslosigkeit der Einheit zu verbergen suchten; Brandt drückte sich so unbestimmt aus, wie die Sache sich tatsächlich verhielt.

An die Stelle von Wiedervereinigung und Selbstbestimmung trat die Einheit der Nation; davon sprach man zwar schon vorher, seit 1968 erstattete die Bundesregierung jährlich den »Bericht über die Lage der Nation im geteilten Deutschland«. Aber jetzt wurde die Nation zum zentralen Begriff der Deutschlandpolitik, darin drückte sich die einzige, aber starke und verpflichtende »Wahrheit« aus, die es noch gab. Für Brandt war »der Begriff der Nation das Band um das gespaltene Deutschland. Im Begriff der Nation sind geschichtliche Wirklichkeit und politischer Wille vereint. Nation umfaßt und bedeutet mehr als gemeinsame Sprache und Kultur, als Staat und Gesellschaftsordnung. Die Nation gründet sich auf das fortdauernde Zusammengehörigkeitsgefühl der Menschen eines Volkes. Niemand kann leugnen, daß es in diesem Sinne eine deutsche Nation gibt und geben wird, soweit wir vorauszudenken vermögen.«

Zwei Staaten, aber noch eine Nation – die Regierung Brandt/Scheel stellte sich auf eine unbegrenzte Dauer dieses Zustands ein. Bundesrepublik und DDR seien »beide keine Provisorien mehr«, die Bundesrepublik müsse »sich selbst anerkennen« (Brandt); das »Ministerium für gesamtdeutsche Fragen« hieß

---

[20] Helmut Schmidt im Zweiten Deutschen Fernsehen am 30. 8. 1979: »Der Bundeskanzler im Reichstag«. Helmut Kohl im Deutschlandfunk am 27. 2. 1983.
[21] Siehe Dokument Nr. 11.

nun »Ministerium für innerdeutsche Beziehungen«. Die vertragliche Regelung dieser Beziehungen, erklärte der Kanzler, dürfe »nicht zeitlich beschränkt sein. Sie muß mit der Perspektive der Verbesserung gelten für die Zeit, in der es diese beiden Staaten gibt.« Eine exakte Beschreibung der Lage: niemand wollte ausschließen, daß es noch einmal eine Chance für die Einheit gebe; doch wahrscheinlicher war, daß Deutschland in zwei Staaten geteilt bleiben werde – das mußte auch eine Regierung endlich sagen, um wirklichkeitsgerecht handeln zu können.

Aber Brandts Realismus erstreckte sich nicht nur auf Gegenwart und Zukunft, sondern auch auf die Vergangenheit. Er war der erste Kanzler, der unerbittlich und beharrlich an die Wurzel des deutschen Unheils erinnerte, an den »nationalen Verrat durch das Hitlerregime«; der betonte, daß Deutschland »durch eigene Schuld, jedenfalls nicht ohne eigene Schuld« geteilt sei; der ankündigte: »Was die Väter verloren haben, das werden wir durch keine noch so schöne Rhetorik und durch keine noch so geschliffene Juristerei zurückgewinnen«; der nachher zur vertraglichen Grenzbestätigung im Osten sagte, damit werde nichts preisgegeben, »was nicht längst verspielt worden war ... von einem verbrecherischen Regime, vom Nationalsozialismus«[22]; und der am 7. Dezember 1970, am Tage der Unterzeichnung des Warschauer Vertrags, dem polnischen Ministerpräsidenten erklärte: »Meine Regierung nimmt die Ergebnisse der Geschichte an.«[23]

Dieser Satz enthielt den Schlüssel zu seiner Politik. Brandt erkannte die Tatsachen und Ursachen nicht nur, er erkannte sie an. Er betrachtete die Teilung als selbstverschuldetes Urteil der Geschichte und wurde damit frei, »die Zukunft zu gestalten« – ähnlich einem Menschen, der ein schweres Schicksal bewältigt, indem er es annimmt. Erst die Einsicht in die eigene, deutsche Verantwortung befähigte zum Realismus. Die Politiker vor Brandt (und noch viele nach ihm) wichen vor dieser Einsicht zurück, jedenfalls wenn es um den Osten ging. Ihre (politisch umsetzbare) Erinnerung reichte bis 1945, dem verlorenen Krieg, selten bis 1939, dem von Deutschland begonnenen

[22] Im Bundestag am 16. 1. 1970. Texte, Bd. IV, S. 255. In den Fernsehansprachen aus Moskau und Warschau. Presse- und Informationsamt der Bundesregierung (Hrsg.), Der Vertrag vom 12. August, S. 28, und Der Vertrag zwischen der Bundesrepublik Deutschland und der Volksrepublik Polen, S. 22.
[23] Ebd., S. 33. Brandt, Begegnungen, S. 534.

Krieg. Ihr Wirklichkeitssinn beschränkte sich daher auf die bedingte und zeitweilige Hinnahme von Umständen, die im Augenblick sichtlich nicht zu ändern waren; und ihre Bereitschaft zur Ostpolitik begrenzte sich auf einen modus vivendi.

Aus diesem Unterschied ergaben sich Erfolg und Mißerfolg: die Regierungen bis 1969 scheiterten, weil sie die Hauptsache verkannten, die im Osten das Denken und die Politik gegenüber Deutschen bestimmten; Brandt gewann, weil auch für ihn Hitler die Hauptsache war, aus der alles nach 1945 entstand. Aus diesem Unterschied erklärte sich – nicht allein, aber im Kern – der erbitterte Widerstand gegen Brandts Ostpolitik.

Noch zwanzig Jahre nach der Gründung der Bundesrepublik war die Ost-West-Bewußtseinsspaltung nicht überwunden. Brandt handelte im Osten nicht anders als Adenauer im Westen. Er wußte, daß ein Neubeginn mit den östlichen Nachbarn mehr verlangte als einen Ausgleich der Interessen. Ebenso war Adenauer der Einsicht gefolgt, daß es für die – auch moralisch – geschlagenen Deutschen vor allem anderen darauf ankam, Vertrauen zu gewinnen; man mußte ein zuverlässiger Partner werden, bevor das Spiel mit den Interessen beginnen konnte. 1969 galt das im Osten sogar noch mehr, weil die Völker dort weit stärker gelitten hatten und weil außerdem zwanzig Jahre Bonner Unverständnis und Arroganz abzuarbeiten waren[24]. Auch die Ostpolitik mußte damit beginnen, Politik erst möglich zu machen; selbst die französische, die in ganz Osteuropa Sympathie erwarten konnte, war für de Gaulle zunächst einmal eine »psychologische Operation« gewesen.

Brandt war die Parallele zu Adenauer bewußt. Auf den Vorwurf, Vorleistungen zu erbringen, antwortete er: früher hätten »beachtliche deutsche Vorleistungen nach Westen als Ausweis besonderer staatsmännischer Klugheit und Weitsicht« gegolten, und das habe sich für die Bundesrepublik ausgezahlt »an Vertrauen ... an Gleichberechtigung und Nichtdiskriminierung«. Wenn nun seine Regierung begonnen habe, »nach den Schrecken des Krieges auch im Osten um Vertrauen zu werben«, dann erscheine es kleinmütig, nach Gegenleistungen zu fragen: »Den Frieden sicherer zu machen, für unser ganzes Volk – ist das nichts? Der Freundschaft mit den Völkern des Westens, des Nordens und Südens das Vertrauen, den Ausgleich und schließlich hoffentlich eines Tages auch einmal so-

[24] Vgl. Brandt, Friedenspolitik in Europa. Frankfurt a. M., S. 17.

gar die Freundschaft mit den Völkern des Ostens hinzuzufügen
– ist das nichts?«[25]

Sieben praktische Fragen

Die Regierung Brandt/Scheel war bereit, den Status quo zu
bestätigen, doch sie war nicht bereit zur Kapitulation. Die Ostgrenze und die DDR als Staat anerkennen, das ging nur, wenn
damit nicht allein die Vergangenheit abgeschlossen, sondern
auch Zukunftsmöglichkeiten geschaffen würden. Über alles
verhandeln, aber keine Bedingungen für das Verhandeln – diese
Position schon des Außenministers Brandt hatten Moskau und
Warschau akzeptiert.

Die Probleme begannen mit der Praxis. Zunächst mußte man
wissen, wie weit der eigene Handlungsspielraum reichte; die
erste Frage galt daher dem Wiedervereinigungsgebot des
Grundgesetzes. Auf welchen Wegen eine Regierung der Wiedervereinigung zustrebte, war ihre politische Entscheidung und
unterlag nicht dem Urteil der Verfassungsrichter. Doch der
Vertrag, mit dem Bonn sein Verhältnis zu Ostberlin regeln
wollte, durfte »kein Teilungsvertrag« sein, also dem Vereini-
gungsgebot nicht widersprechen.

Die zweite Frage bezog sich auf die Rechte der vier Mächte
»für Deutschland als Ganzes«. Bis Ende 1966 leitete Bonn daraus einen Anspruch an die Alliierten ab, für die deutsche Einheit zu sorgen. Jetzt, da es selbst die Teilung als gegeben hinnehmen wollte, wurde aus dem Anspruch eine Einschränkung:
Wie weit durften die Deutschen über Deutschland verfügen?
Die Antwort der Juristen in Bonn wie in den westlichen Hauptstädten hieß: endgültig überhaupt nicht. Endgültig über
Deutschland konnte nach dieser Konstruktion nur in einem
Friedensvertrag verfügt werden, bis dahin blieb alles, was das
ganze Deutschland betraf, in der Kompetenz der vier Mächte;
und alles, was die Deutschen taten und vereinbarten, stand unter diesem Vorbehalt.

Daraus folgte eine Serie von Grotesken. Die Bundesrepublik
durfte rechtlich nicht tun, was sie politisch tun wollte oder
mußte. Sie durfte nicht »anerkennen«, weder die Ostgrenze
noch die DDR. In aller Welt sollte die DDR ein Staat sein wie
jeder andere; und als zwei souveräne deutsche Staaten sollten

[25] Ebenso Herbert Wehner am 7. 12. 1969. Texte, Bd. IV, S. 93.

Bundesrepublik und DDR in die Vereinten Nationen gehen, aber zwischen ihnen durfte es nur »innerdeutsche« Beziehungen geben. So war die DDR für die Bundesrepublik nicht »Ausland«, denn sonst gäbe es nicht mehr »Deutschland als Ganzes«, aber auch nicht »Inland«, denn damit wäre die Eigenstaatlichkeit der DDR bezweifelt worden – eine Absurdität, die allerdings der Absurdität der tatsächlichen Verhältnisse ziemlich nahe kam. Rostock oder Leipzig als Ausland zu betrachten, dagegen sträubte sich alles Gefühl; zugleich war die DDR der Bundesrepublik weit ferner, weniger zugänglich und beeinflußbar als westliche Nachbarländer. Hinzu kamen praktische Überlegungen. Der indirekte Anschluß der DDR an die EG ließ sich nur wahren, solange die Fiktion eines ganzen Deutschland bestand. Wichtiger war die Möglichkeit, jeden Flüchtling oder Übersiedler als »deutschen Staatsbürger« ohne besonderes Verfahren aufzunehmen.

Um die Ostgrenzen, die Bonn nicht anerkennen durfte, vertraglich zu bestätigen, brauchte die Bundesregierung ein eigenes rechtliches Instrument. Da in absehbarer Zeit ein Friedensvertrag nicht zu erhoffen sei, sagte Brandt, solle der Gewaltverzicht als Mittel dienen, um die lösbaren Fragen mit Osteuropa zu regeln – insoweit sehe die Regierung im Gewaltverzicht »etwas Dauerhaftes«. Regierung und Koalition beschworen, die Gewaltverzichtsverträge seien kein Ersatz für einen Friedensvertrag, doch hier erreichte die Wahrhaftigkeit ihre Grenze. Rechtlich waren sie es nicht und konnten es nicht sein, das stimmte, aber politisch sollten die Ostverträge das Verhältnis zu Osteuropa ebenso dauerhaft ordnen, wie es Adenauers Westverträge mit Westeuropa taten. Das galt (wie im Westen) auch für die Grenzen.

Diese Hilfskonstruktion war nötig, weil es niemanden gab, der einen deutschen Friedensvertrag wünschte. Friedensvertrag bedeutete nach damaliger Auffassung, Deutschland militärisch zu räumen; die Masse der russischen Truppen hätte aus Mitteleuropa und die Masse der amerikanischen aus Europa überhaupt abziehen müssen. Deutschland, ganz gleich ob ein- oder zweistaatlich, wäre ohne Kontrolle sich selbst überantwortet worden, mit unvorhersehbaren Folgen für das Ost-West-Gleichgewicht. Das wollten weder die Großmächte noch irgendeine Regierung in Europa. Aber auch die Deutschen selbst wollten es nicht: in Bonn wie Ostberlin wäre Angst um die eigene Sicherheit ausgebrochen und in Westberlin Existenzangst. Allein um die Insel Berlin zu erhalten, brauchte jede Bundesregierung die drei Westmächte und durfte an deren Siegerrechten nicht »rütteln oder rütteln lassen«, wie Brandt sagte und dann erläuterte: »Ich habe lange genug in Berlin gewirkt, um zu wissen, daß es Dinge gibt, für die unsere Schultern zu schmal sind und für die uneingeschränkte Souveränität anzustreben die Bundesrepublik kein Interesse hat.« So bemühte sich die sozialliberale Koalition um Verträge mit dem Osten, die regeln sollten, was sonst ein Friedensvertrag regelt, aber ungeregelt ließen, was im Interesse aller Beteiligten ungeregelt blieb. Man nannte es modus vivendi, was formalrechtlich auch zutraf, doch es wurde zu einem Dauer-Arrangement und war von Anfang an auch so gedacht.

Um so wichtiger war die dritte Frage: Darf dem Osten der politische Besitzstand bescheinigt werden, ohne daß auch der westliche bestätigt wird? Das hieß: keine Anerkennung der Grenzen und der DDR ohne »befriedigendes« Berlin-Abkommen. Daraus wurde später eine Art Junktim, doch ein sachlicher Zusammenhang bestand von Anfang an, und die DDR sorgte auf ihre Weise dafür, daß niemand ihn vergaß. Sobald ihr in Bonn etwas nicht paßte, störte oder schikanierte sie auf den Transitwegen nach Westberlin. Wenn das so blieb, hatte alles andere wenig Zweck. Über zwanzig Jahre lang war die Stadt der Krisenherd Europas gewesen – Ruhe auf dem Kontinent erschien nur möglich, wenn sie sich auch auf Berlin erstreckte.

Doch die Fürsorgepflicht galt allen Deutschen östlich der Elbe, und so richtete sich die vierte Frage auf die Hallstein-Doktrin. Wenn Bonn sie aufhob und die DDR von aller Welt anerkannt und Mitglied der Vereinten Nationen war, dann konnte Ulbricht diktieren, wie es innerdeutsch weiterging. Nach den Erfahrungen der letzten Jahre fürchtete die Bundesregierung, daß Ostberlin dann auf völkerrechtlicher Anerkennung durch Bonn beharren werde und daß für praktische Erleichterungen, vor allem für menschliche Verbindungen vom Telephon- bis zum Reiseverkehr, nur sehr begrenzte Chancen bestünden. Deshalb verknüpfte Brandt Formalisierung und Normalisierung: Aufhebung der Hallstein-Doktrin erst, wenn das deutsch-deutsche Verhältnis vertraglich und erträglich geregelt sei. Die Doktrin wurde als Druckmittel benutzt, das letzte, wozu sie vielleicht noch taugte. Die Verbündeten unterstützten diese Politik, doch in der Dritten Welt kostete es Mühe, die neue Position durchzusetzen, was auch nicht überall gelang.

premium, bonus

Weshalb sollte man in Neu-Delhi oder Algier warten, bis Bonn sein Geschäft mit der DDR zu Ende gebracht hatte? Und wer als erster nach Ostberlin kam, konnte wahrscheinlich mit einer ökonomischen Prämie rechnen.

Die fünfte Frage: Wenn man die Oder-Neiße-Grenze als Westgrenze Polens bestätigte, was war dann mit den Deutschen, die noch im früheren Schlesien, Pommern oder Ostpreußen lebten? Die Logik wie die Humanität geboten, sie nach Deutschland, in die Bundesrepublik oder DDR, umsiedeln zu lassen, soweit sie das wollten. Eine Fürsorgepflicht bestand auch beim Münchner Abkommen: eine Nichtigkeitserklärung, wie Prag sie forderte, mußte in eine Form gefaßt werden, die schädliche Rechtsfolgen für die Sudetendeutschen ausschloß.

Zu beachten waren schließlich taktische Fragen. Sollte man sogleich die Karten auf den Tisch legen oder sie als Trümpfe für die Verhandlungen aufheben? Nach längeren Beratungen, ermutigt von Wehner, Heinemann und Scheel, sagte Brandt schon in der ersten Regierungserklärung den entscheidenden Satz, daß »zwei *Staaten* in Deutschland existieren«. Es erwies sich als richtig, die Botschaft wurde in Moskau verstanden: die neue Regierung in Bonn wollte es grundsätzlich anders machen als ihre Vorgänger. *put 16*

Eine weitere Frage war: Wo sollte man anfangen? Hier ergab sich die Antwort aus den Erfahrungen. Schröder und die große Koalition waren steckengeblieben, weil sie im Süden begonnen hatten, wo es am leichtesten war, Verbindungen zu knüpfen. Deshalb mußte man dort ansetzen, wo die Macht saß und die Schwierigkeiten lagen. Prag und Budapest, die sich sogleich meldeten, wurden daher vertröstet, mit Moskau und Warschau hingegen wurde das Gespräch eröffnet. Ostberlin erhielt ein Gesprächsangebot. Auch im Norden gab es jedoch Rivalität. Die Sowjetunion, ebenso die DDR, wollten mit Bonn die Probleme des gesamten Warschauer Pakts vertraglich regeln, auch die Anerkennung der polnischen Westgrenze, aller Grenzen in Europa überhaupt und die Nichtigkeit des Münchner Abkommens[26]. Nur Warschau beschränkte sich auf sein eigenes Problem, wollte aber seinen Oder-Neiße-Grenzvertrag haben, bevor Bonn eine Vereinbarung mit Moskau traf[27]. Den Ausschlag

---

[26] Zur Sowjetunion siehe S. 173; zur DDR deren Vertragsentwürfe vom 18. 9. 1967 und 17. 12. 1969. Dokumente V/1, S. 1671. Texte, Bd. IV, S. 145.
[27] Brandt, Begegnungen, S. 529.

gaben die Machtverhältnisse: ohne oder gar gegen die Sowjetunion hätte auch die Regierung Brandt/Scheel sich festgelaufen – also begann sie in Moskau.

Der Vertrag mit Moskau

Die – buchstäblich – entscheidenden Verhandlungen mußten von dem Mann geführt werden, der das volle Vertrauen des Kanzlers hatte und das Konzept der Regierung von den Wurzeln bis in die letzten Verästelungen kannte, weil er es selbst entworfen hatte. Als Egon Bahr zwischen dem 30. Januar und 22. Mai 1970 55 Stunden mit Andrej Gromyko sprach, war der diplomatische Anfänger dem dienstältesten Außenminister der Welt zunächst nur dadurch gewachsen, daß er die Sache besser kannte. Gromyko dirigierte die Politik einer Weltmacht, besonders das Verhältnis zur anderen Weltmacht USA; Bahr konzentrierte sich auf Bonns Möglichkeiten im Osten. Gromyko wünschte mit der Bundesrepublik zu einer dauerhaften Regelung zu gelangen, aber mehr als die alte Liste von Bedingungen dafür hatte er nicht. Bahr kam mit einem sorgfältig durchdachten Plan. Er verfuhr, wie Brandt in seiner Regierungserklärung verfahren war, und legte den gesamten Plan (mit einigen Reserven) sogleich auf den Tisch; er wollte beweisen, daß die neue Regierung es mit der Hinnahme des Status quo ernst meine, und hoffte, »in zwei bis drei gründlichen Gesprächen« festzustellen, »ob das Konzept funktioniert«[28]. Doch in Moskau waren die Vorbereitung zu gering und das Mißtrauen zu groß – Bahr gelang es zu Beginn lediglich, Interesse zu wecken, starkes Interesse allerdings. Gromyko nahm sich Zeit für ihn wie für keinen anderen Verhandlungspartner vorher; die sowjetischen Führungsgremien mußten prüfen, denken, beraten und entscheiden, außerdem mit den betroffenen Verbündeten in Warschau und noch mehr in Ostberlin sich abstimmen. So dauerte alles viel länger, als Bahr gedacht hatte, und ging doch erstaunlich schnell – gemessen an 15 Jahren wechselseitigen Unverständnisses.

Von der bekannten Forderungsliste, mit der Gromyko den Bonner Unterhändler sogleich konfrontierte, war ein wichtiger Punkt, der Verzicht auf Atomwaffen, bereits erledigt. Schon am

[28] Dettmar Cramer, gefragt: Egon Bahr, S. 55.

174

28. November hatte die neue Bundesregierung den Nichtverbreitungsvertrag unterzeichnet und damit den westdeutschen Staat von einer zehnjährigen nutzlosen Last endlich befreit. Unannehmbar blieb hingegen die »besondere politische Einheit« Westberlin: nicht die Trennung der Inselstadt vom Bund, sondern die Verbindung zwischen beiden war das Thema. Bahr durfte darüber nicht verhandeln, machte aber begreiflich, daß Bonn Interessen in Berlin habe und eine Anerkennung des Status quo auch die sowjetische Anerkennung der »Westlichkeit« Westberlins einschließen müsse.

Wenig praktische, aber große psychologische Bedeutung kam den Forderungen zu, die das deutsche Selbstgefühl trafen. Eine vertragliche Verpflichtung Bonns, gegen Neonazismus und Militarismus einzuschreiten, verlangte Gromyko zwar nicht mehr, aber er beharrte darauf, daß Moskau nach den Feindstaatenartikeln 53 und 107 der UN-Charta ein Interventionsrecht in der Bundesrepublik habe. Da auch die Westmächte diese Artikel nicht für hinfällig erklären wollten, sondern sich nur gegen deren einseitige Anwendung durch Moskau verwahrten, konnte Bahr den sowjetischen Anspruch lediglich mit einer höherrangigen Vereinbarung überlagern: »Streitfragen«, so einigte er sich mit Gromyko, seien »ausschließlich mit friedlichen Mitteln zu lösen.«[29]

Unerträglich erschien ferner das sowjetische Verlangen, Bonn müsse einer Wiedervereinigung förmlich abschwören; Gromyko verzichtete schließlich darauf, aber sperrte sich unnachgiebig gegen den deutschen Wunsch, das Recht auf Einheit in den Vertrag zu schreiben. Bahr erreichte (und Scheel fixierte nachher) eine Nebenabrede, wie sie auch bei späteren Ostverträgen üblich werden sollte: wo eine Einigung nicht gelang, gab man der Gegenseite seine Auffassung formell zur Kenntnis. Außenminister Scheel schrieb Gromyko einen »Brief zur deutschen Einheit«, den das sowjetische Außenministerium widerspruchslos entgegennahm und der Oberste Sowjet bei der Ratifikation des Moskauer Vertrags berücksichtigte. Rechtlich war erreicht, daß Moskau Wiedervereinigungsbemühungen Bonns nicht als unzulässig bezeichnen konnte; innenpolitisch wurde dem Vorwurf begegnet, die Anerkennung des Status quo mache die deutsche Teilung endgültig. Zum gleichen Zweck setzte Bahr durch, daß die Grenzen in Europa »unverletzlich« seien und

[29] Zündorf, Ostverträge, S. 35 ff.

nicht »unverrückbar«, wie Gromyko wollte. Grenzänderung oder -aufhebung blieben demnach möglich, sofern sie im Einverständnis der Beteiligten erfolgten; Wiedervereinigung oder ein westeuropäischer Bundesstaat waren einem rechtlichen Veto Moskaus entzogen.

Bahrs größte Schwierigkeit bestand darin, den Beziehungen zur Sowjetunion den gleichen Charakter zu geben wie den Beziehungen zu den drei Westmächten: alles mußte unter dem Vorbehalt der Vier-Mächte-Verantwortung für ganz Deutschland stehen. Verträge mit rechtlicher Endgültigkeit, die nicht nur die Bundesrepublik betrafen, sondern auch die DDR oder die Ostgrenzen, wären am Verfassungsgericht oder am Einspruch der Westmächte gescheitert. Bahr sagte Gromyko, Bonn dürfe die DDR völkerrechtlich gar nicht anerkennen, selbst wenn es das wollte, denn es träfe damit eine abschließende Entscheidung über Deutschland, verfüge also über Rechte, die es nicht habe. Der Staatssekretär überzeugte spätestens in dem Augenblick, als er scheinheilig fragte, ob die Sowjetunion etwa auf ihre Rechte für ganz Deutschland verzichten wolle. Gromyko stutzte, und Bahr fuhr fort, wenn das der Fall sei, entstehe allerdings eine neue Lage und man müsse neu nachdenken.

Die neue Lage entstand nicht. Vor die Wahl gestellt, den Kuchen zu essen oder zu behalten, entschied sich die sowjetische Führung fürs Behalten. Ihre Truppen, die sie lange Zeit als »zeitweilig in der DDR stationiert« bezeichnen ließ, hießen seit dem Frühjahr 1970 wieder »Sowjetische Streitkräfte in Deutschland«. Der Führung in Ostberlin mußte Gromyko klarmachen, daß sie die völkerrechtliche Anerkennung nicht bekäme, sondern nur volle Gleichberechtigung und völkerrechtlich gültige Verträge mit Bonn. Den Ausgleich bildete die Zusicherung der Bundesregierung, beide deutsche Staaten sollten Mitglieder der Vereinten Nationen werden, aber nicht sogleich, sondern erst »im Zuge der Entspannung«. Das hieß: wenn Bonn und Ostberlin über ihr Verhältnis zueinander einig geworden sind. Brandts Konzept war in Moskau gegen den heftigen Widerstand Ulbrichts erfolgreich: Formalisierung zwischen den deutschen Staaten erst, wenn auch eine Normalisierung vereinbart war.

Im März wurden die Verhandlungsergebnisse aufgeschrieben; es entstand, was dann als »Bahr-Papier« bekannt wurde und das künftige Verhältnis der Bundesrepublik zum östlichen

Europa in allen wesentlichen Punkten bestimmte[30]. Moskau hatte für sein ganzes »Lager« verhandelt und beschlossen: über die Westgrenzen Polens und der DDR, über die Beziehungen der DDR zur Bundesrepublik, über die Ungültigkeit des Münchner Abkommens. Der Rest blieb Einzelverhandlungen überlassen, die Bonn mit Warschau, Ostberlin und Prag führen wollte, um das prinzipiell Vereinbarte praktisch auszugestalten. Diese Spezialverträge sollten mit dem Rahmenvertrag Bonn-Moskau »ein einheitliches Ganzes« bilden, eine Formel, auf die beide Seiten Wert legten. Für Moskau bestätigte sie nochmals seinen Großmachtanspruch, und Bonn versprach sie Moskaus Hilfe: Bahr wußte, daß nur über den Kreml eine Einigung mit Ulbricht zu erreichen war.

Die Punkte eins bis vier des »Bahr-Papiers« enthielten bereits den Wortlaut des Vertrages mit der Sowjetunion. Als im Juli Außenminister Scheel die offiziellen Verhandlungen aufnahm, brauchte er nur noch Korrekturen anzubringen, die den Vertrag gegen Kritiker besser absicherten. Aber selbst diese Verhandlungen hatten noch ihre Dramatik, bis dreierlei gelang. Die Alliierten wurden mit einem Brief beruhigt, in dem Scheel sogar Gromyko zitieren durfte: der Moskauer Vertrag berühre nicht die Rechte der vier Mächte. Beide Außenminister einigten sich auch über den endgültigen Text des »Briefes zur deutschen Einheit«. Mit acht Wörtern, um die sie eine Woche lang kämpften, wurde die Grenzbestätigung dem Gewaltverzicht untergeordnet – das sollte heißen: wir wenden keine Gewalt an und achten *daher* die Grenzen. Doch schon beim Warschauer Vertrag verzichtete die Bundesregierung auf diese Rangordnung, und beim Vertrag mit der DDR duldete sie die Umkehrung: um des Friedens willen müsse man die Grenzen respektieren und sich »daher« der Gewalt enthalten. Im Vertrag mit Prag setzte Bonn dann wieder die Moskauer Formulierung durch. Schon diese Unterschiede zeigten, daß es hier um Prestige, Prinzip, Psychologie und juristischen Perfektionismus ging und nicht um Realität.

Als am 12. August 1970 Brandt und Scheel den Moskauer Vertrag unterzeichneten, hatte die Sowjetunion erreicht, was sie seit 15 Jahren anstrebte: die deutsche Anerkennung für ihr mitteleuropäisches Imperium. In der Form hatte Bonn durchgesetzt, was ihm die Verpflichtungen im Westen, das Grundgesetz

---

[30] Siehe Dokument Nr. 9.

und die Selbstachtung geboten. Nicht mehr der Sieger nahm die Unterwerfung des Besiegten entgegen, sondern zwei gleichberechtigte Staaten gingen Verpflichtungen ein, die beide banden. Die Bestätigung des Status quo war nicht mehr Kapitulation, sondern Mittel zur Milderung der Folgen des Status quo; dabei lag der Vorteil auf beiden Seiten: die Vergangenheitsprobleme wurden geregelt, damit sie die Zukunft nicht mehr belasteten.

Einen Vorgriff auf die Zukunft hatte man schon am 1. Februar 1970 gewagt. In Essen war ein Vertrag über das größte Geschäft unterzeichnet worden, das die Sowjetunion und die Bundesrepublik bis dahin abgeschlossen hatten: westdeutsche Großröhren zum Preis von 400 Millionen Dollar gegen zwanzigjährige Lieferung sibirischen Erdgases, finanziert durch einen langfristigen Bankkredit zu günstigen Bedingungen[31]. Eine ökonomische Vereinbarung mit politischer Bedeutung, denn zwei Tage vorher hatte Bahr seine Gespräche mit Gromyko aufgenommen; noch wichtiger war die Bereitschaft beider Seiten, sich einander für Jahrzehnte zu verpflichten. Der Moskauer Vertrag steigerte diese Bereitschaft, er bewies Breschnew, daß Kooperation mit Westdeutschland, mit dem Westen überhaupt, möglich war.

Zu Brandt faßte der Generalsekretär »eine Art Vertrauen«[32]. Im Herbst 1971 lud er ihn nach Oreanda auf der Krim ein, zu einer Aussprache ohne Protokoll und Tagesordnung, wie es sie sonst im Verkehr mit westlichen Staatsmännern nicht gab. Neben der Besprechung der laufenden Sorgen begann man bereits, die nächste Phase der Entspannung zu konzipieren, die militärische Ergänzung und Absicherung des Erreichten – daraus entstand dann MBFR, die Wiener Konferenz für Truppenreduzierung in Mitteleuropa.

Für die Bundesrepublik wurde der Moskauer Vertrag zum Tor nach Osteuropa. Er ermöglichte alles, was ihr später östlich der Elbe gelang; sie fand sogar, wenn ihre Ostpolitik stockte, im Kreml einen stillen Verbündeten, denn nachdem sich beide auf das Experiment Entspannung eingelassen hatten, mußten beide dafür sorgen, daß es gelang. Entscheidend war: zwar blieben die Toten im Gedächtnis, auch Zweifel und Mißtrauen minderten sich nur langsam – aber die Westdeutschen erschienen jetzt nicht mehr als Feind, sondern als Partner.

[31] Angela Stent, Wandel durch Handel? Köln 1983, S. 142 ff.
[32] Brandt, Begegnungen, S. 445.

Der Vertrag mit Warschau

Als am 5. Februar 1970 der »Meinungsaustausch« mit Warschau begann, wußte der polnische Verhandlungsführer Winiewicz bereits, daß Bonn beabsichtigte, die Oder-Neiße-Grenze vertraglich hinzunehmen. Brandt hatte die Bereitschaft dazu schon im Sommer 1969 (als Antwort auf Gomulkas Verhandlungsangebot) durch zwei Vertraute zu erkennen gegeben – durch Klaus Schütz, den Regierenden Bürgermeister von Berlin, der Polen besuchte (für einen Mann seiner Stellung damals ungewöhnlich), ferner durch Eugen Selbmann, den Ost-Fachmann der SPD-Fraktion, eine Schlüsselfigur sozialdemokratischer Ostpolitik bis in die achtziger Jahre. Die Verhandlungen selbst übernahm Ferdinand Duckwitz, Staatssekretär im Auswärtigen Amt und Vertrauter des Kanzlers; er war für Polen ein respektabler Partner durch bewiesene Hitler-Gegnerschaft (ihm war die Rettung der dänischen Juden Ende des Krieges zu danken). Diskrete Unterstützung kam von unverbindlichen und deshalb unbefangenen Nebengesprächen, die Selbmann führte.

Obwohl es in Warschau großenteils um das gleiche ging wie in Moskau – die psychologischen Voraussetzungen unterschieden sich sehr. Die westlichen Völker der Sowjetunion hatten durch Deutschland kaum weniger gelitten als die Polen, aber in Moskau traf man auf eine Großmacht, gegen die man sich behaupten mußte, in Warschau auf ein Land, das selbst in Bedrängnis war. Die Leiden der Weißrussen, Russen und Ukrainer wurden vergessen, verschwiegen oder verdrängt, weil man vor dem Kreml Angst hatte; die Leiden der Polen konnte niemand ignorieren, der über ein Mindestmaß an Sensibilität verfügte. Als 1970 zwei CDU-Abgeordnete, von den Eindrücken einer Polenreise bewegt, in Warschau einiges äußerten, was der Parteiauffassung widersprach, kritisierte dies Kurt Birrenbach, einer der außenpolitischen Senioren: öffentliche Erklärungen dürfe man erst zu Hause abgeben, denn der Atmosphäre in Polen könne sich niemand entziehen.

Für Duckwitz wie für seine Warschauer Partner war es heikel, daß Bahr in Moskau parallel verhandelte. Zweimal rebellierte Gomulka. Zunächst als er hörte, Breschnew wolle in seinem Vertrag mit Bonn auch die Oder-Neiße-Grenze sichern – das wäre nochmals ein »Geschenk« der Russen gewesen, nicht eine eigene Erwerbung der Polen. Das zweite Mal empörte sich der Erste Sekretär (Vertraute sahen ihn kaum je so erregt), als er erfuhr, daß im Warschauer Vertrag nur die gleiche Grenzformel stehen solle wie im Moskauer: die »Oder-Neiße-Linie, die die Westgrenze der Volksrepublik Polen bildet«. Eben diese Formel war den Polen schon vorher angeboten und im Prinzip von ihnen akzeptiert worden; nun stand sie, während Warschau noch mit Bonn verhandelte, bereits im »Bahr-Papier« und später im Moskauer Vertrag. Ministerpräsident Jozef Cyrankiewicz schrieb Brandt einen Brief, in dem er kategorisch erklärte, das Selbstbewußtsein der polnischen Nation ertrage das nicht[33].

Um Warschau einen Ausgleich zu geben, fand sich die Bundesregierung schließlich bereit, die Grenzfeststellung an die Spitze (Artikel I) zu setzen und den Gewaltverzicht auf den zweiten Platz (Artikel II). Der Warschauer Vertrag wurde, was der Moskauer formal nicht ist, ein Grenzvertrag. Er erfüllte damit auch Gomulkas Wunsch, von Bonn eine Zusicherung derselben Qualität zu bekommen wie von Ostberlin.

Problematisch war jedoch die Gültigkeitsdauer. Bonn meinte, auch der Vertrag mit Polen könne nur solange gelten, wie nicht ein Friedensvertrag die Vier-Mächte-Rechte zum Erlöschen bringe. Ein späteres vereintes Deutschland sei ein neuer Staat und nicht an den Vertrag mit Warschau gebunden, denn die Bundesregierung könne »nur im Namen der Bundesrepublik Deutschland handeln«. Diesen Satz in den Vertrag aufzunehmen, lehnten die Polen ab, Bonn konnte ihn nur in seinen Noten an die Westmächte unterbringen. Umgekehrt lehnte die Bundesregierung den polnischen Wunsch ab, Bonn möge sich für den Fall von Friedensvertragsverhandlungen schon jetzt zur Beibehaltung der Oder-Neiße-Grenze verpflichten. Diese Weigerung, von übertriebenen Rechtserwägungen diktiert, erwies sich als schwerer Fehler. Für den Bereich der politischen Wirklichkeit war der ganze Streit belanglos, denn Friedensvertrag und Einheit hatten überhaupt nur eine Chance, wenn das vereinte Deutschland die polnische Westgrenze anerkennt. Ganz Europa war sich darin einig und würde es, soweit man voraussehen konnte, auch künftig sein. Für die Welt der politischen Einbildungen aber hatte es verheerende Folgen, daß eine Rechtslücke blieb, die dann von deutschen Revisionisten immer weiter aufgerissen wurde. Aus der zeitlichen Beschränkung des Vertrags leiteten sie dessen inhaltliche Umkehrung ab: gültig

[33] Informationen aus Warschau. Vgl. Günther Schmid, Entscheidung in Bonn. Köln 1979, S. 114–118.

nur bis zum Friedensvertrag, deshalb nicht endgültig, deshalb Fortdauer des alten Rechtszustands, deshalb Schlesien immer noch deutsch. Der Sinn des Vertrages war allerdings das Gegenteil. Brandt und Scheel wollten die polnische Westgrenze für alle Zukunft bestätigen, doch sie mußten rechtliche und innenpolitische Rücksichten nehmen. So wurde der Warschauer Vertrag ein Abkommen auf Treu und Glauben: die Polen unterschrieben, weil sie darauf vertrauten, daß die Deutschen den Vertrag so verstehen und auslegen würden, wie er von beiden Regierungen gemeint war.

Der Bedingtheit der Grenzregelung entsprach die Bedingtheit der Ausreisemöglichkeit für die Deutschen, die noch östlich der Grenze lebten. Das Problem war so heikel, kompliziert und von Gefühlen beider Seiten überwuchert, daß beide 1970 wahrscheinlich noch nicht reif waren zu einer tragfähigen Übereinkunft. Die Polen verdrängten und die Deutschen übertrieben – schon die Zahlen zeigten es; sie schwankten zwischen Null (es gibt überhaupt keine Deutschen mehr in Polen) und einer Million. Die mühsam und in letzter Minute von Scheel erreichte Vereinbarung nannte »einige Zehntausende« Umsiedlungsberechtigte, die Polen verstanden darunter 30 000, die Deutschen fast 100 000. Auch diese vage Übereinkunft wurde nur außerhalb des Vertrages fixiert, in einer »Information« der polnischen Regierung[34]. In Bonn hoffte man, mit verbesserten Beziehungen werde sich das Umsiedlungsproblem erleichtern.

Als am 7. Dezember 1970 der Vertrag in Warschau unterzeichnet wurde, übersahen beide Seiten nicht, wieviel zwischen ihnen noch unklar war. Beide wußten zwar, daß man ganz am Anfang stand, empfanden aber zunächst Erleichterung, Befriedigung, sogar ein wenig Stolz, diesen schweren Anfang geschafft zu haben. Der Vertragstitel beschrieb genau die Lage. Man einigte sich nicht über die Normalisierung, sondern über deren Grundlagen; und auch das Kommuniqué-Wort »Normalisierung« war korrekt: erst mußte einmal beseitigt werden, was nicht normal war, und das war fast alles auf fast allen Gebieten. Erst dann könnte man über Verständigung reden und später vielleicht über Aussöhnung. Allerdings wurden diese Begriffe nie definiert – es handelte sich nicht um ein Spiel mit Worten, sondern um die Spiegelung der Empfindungen. Die polnische Führung schickte Vortragsreisende durch das ganze Land, um

[34] Siehe Dokument Nr. 13.

zu erklären, weshalb es verantwortbar und nötig sei, einen Vertrag mit den Deutschen zu schließen. Brandt sprach am Abend des Unterzeichnungstages zu den Deutschen, er sprach von einer »schweren Reise«, die er unternommen habe; von »Unrecht« und »Vertreibungen«, die man nicht nachträglich legitimiere; vom Leid derer, die ihre Heimat verlassen mußten; vom »Schmerz« und der »Trauer um das Verlorene«. Aber er mahnte auch: »Ein klares Geschichtsbewußtsein duldet keine unerfüllbaren Ansprüche«, auch keine »geheimen Vorbehalte«, und folgerte: »Wir müssen ... die Moral als politische Kraft erkennen.«[35]

Der Kanzler Willy Brandt hatte den Mut, vor dem Warschauer Getto-Denkmal zu knien. »Unter der Last der jüngsten deutschen Geschichte tat ich, was Menschen tun, wenn die Worte versagen.«[36] Niemals vor- und nachher bewies sich die neue Ostpolitik wie am 7. Dezember 1970: zum Vertrag kam die Geste, zur Realität das Symbol. Durch den Vertrag fand die Bundesrepublik sich damit ab, daß Deutschland den Zweiten Weltkrieg verloren hat und fast ein Viertel des ehemaligen Reichsgebiets für alle Zukunft polnisch bleibt. Mit dem Kniefall bekundete Brandt, daß Deutschland den Krieg begonnen und durch systematische Massenvernichtung und Versklavung von Juden und Polen eine Schuld auf sich geladen hatte, die ohne Beispiel ist in der neueren Geschichte Europas.

Ein Augenzeuge notierte damals: »Dann kniet er, der das nicht nötig hat, für alle, die es nötig haben, aber nicht knien – weil sie es nicht wagen oder nicht können oder nicht wagen können.«[37] Doch es sind immer nur wenige, die, wenn es ernst wird, für alle die Arbeit tun müssen. Ganz Polen (von einigen antisemitischen Nationalisten abgesehen) glaubte Brandt, fühlte sich von ihm verstanden wie von keinem westlichen Staatsmann seit de Gaulle. Das Bild vom Kniefall ging um die Welt und zeigte ein Deutschland, das man nicht kannte. Für einen Augenblick war die Moral zur politischen Kraft geworden.

[35] Dokumentation des Bundespresseamts (Anm. 22), S. 23.
[36] Brandt, Begegnungen, S. 525.
[37] Zitiert von Brandt ebd.

Erfurt und Kassel

Der Zweikampf der deutschen Staaten ging Ende 1969 unvermindert weiter. Aus Ulbrichts Sicht erschien Brandts neue Politik gefährlich: sie bildete einen Annäherungsversuch, der gesamtdeutsche Hoffnungen erwecken und Ostberlin zu gesamtdeutschen Vereinbarungen nötigen könnte, die mit der inneren Sicherheit der DDR nicht verträglich wären. Selbst die Anerkennung als Staat sollte noch durch gesamtdeutschen Vorbehalt eingeschränkt werden. Hinter alledem stand obendrein ein dreifacher Druck: Fortsetzung der Hallstein-Praxis, Verzögerung der KSZE bis zu einer deutsch-deutschen Grundsatz-Vereinbarung, intensive Gespräche Bonns mit Moskau und Warschau. Ulbricht fühlte sich angegriffen und umzingelt, und das in einem Augenblick, als er den Sieg über die Bundesrepublik schon vor Augen hatte. Der Anerkennungs-»Durchbruch« in der Dritten Welt stand bevor, die Neutralen in Europa würden bald folgen, und am Ende stünde der Westen mit seiner Isolierungspolitik selbst isoliert da.

Brandt wollte, daß die DDR ihre internationale Anerkennung nur durch Bonn erhielte, Ulbricht wollte sie ohne Bonn und ohne Preis an Bonn durchsetzen – das liebste wäre ihm vermutlich gewesen, seinen Staat von aller Welt gewürdigt zu sehen außer durch die Bundesrepublik, der er dann die Bedingungen hätte diktieren können. Brandt wollte, was an deutscher Gemeinsamkeit möglich wäre, nicht in Ulbrichts Hände legen; Ulbricht wollte die Krönung seines Lebenswerks, die weltweite Anerkennung der DDR, nicht in die Hände Brandts geben. So ging der Kampf verstärkt weiter.

Kaum hatte der Kanzler deutschlandpolitisch die gleiche Position bezogen wie die DDR (zwei Staaten, die nicht Ausland füreinander sind und derselben Nation angehören), da trat der Staatsratsvorsitzende fluchtartig den Rückzug an und erklärte die »Einheit der Nation« zur »unrealistischen Behauptung«[38]. Die Ideologisierung der nationalen Frage erreichte in der SED ihre letzte, absurde Vollendung: nicht nur in zwei Staaten sollten die Deutschen nun geteilt sein, sondern in zwei Nationen, eine »sozialistische« und eine »kapitalistische«[39]. Später wurden die entgegenstehenden Passagen auch aus der DDR-Verfassung

[38] Am 19. 1. 1970. Texte, Bd. IV, S. 261.
[39] Albert Norden in: Neues Deutschland v. 20. 3. 1973.

gestrichen. Doch zunächst begann ein diplomatisches Ping-Pong:

17. Dezember 1969: Ulbricht schickt einen Vertragsentwurf zur Fixierung der völkerrechtlichen Anerkennung, Verhandlungen darüber sollten schon im Januar beginnen.

22. Januar 1970: Brandt ignoriert Ulbrichts Entwurf und bietet dem Ministerratsvorsitzenden Stoph Verhandlungen über alle Fragen zwischen Bonn und Ostberlin an, auch über »gleichberechtigte Beziehungen«.

11. Februar: Stoph ignoriert Brandts Themenbreite und schlägt ein persönliches Gespräch über völkerrechtliche Beziehungen vor.

18. Februar: Brandt ignoriert Stophs Themenbeschränkung und stimmt einem persönlichen Treffen zu.

Ein ähnliches Spiel folgte, als man sich über Brandts Anreise zum Tagungsort Ostberlin nicht einigen konnte und schließlich auf Erfurt auswich. Aber selbst dabei mußte die große Macht im Hintergrund vermitteln: Moskau, dem das ganze deutsch-deutsche Hin und Her im wesentlichen galt. Brandt hatte nicht die geringste Hoffnung, mit der DDR politisch voranzukommen, bevor Bahr mit Gromyko eine Einigung gelang. Ulbricht hatte nicht die geringste Absicht, Bonn auch nur einen Schritt entgegenzukommen, solange zwischen Bahr und Gromyko eine endgültige Einigung ausstand. Was die deutschen Regierungen einander vorschlugen (und vorwarfen), sollte der Sowjetunion ihren »Realismus« beweisen. Brandt mußte zeigen, daß er die DDR nicht, wie frühere Bundesregierungen, ignorieren oder isolieren wollte, und Ulbricht durfte nicht den Eindruck erwecken, nun werde er zum Störenfried der Entspannung, wie Bonn es früher war.

So kam es zu den Begegnungen zwischen Brandt und Stoph in Erfurt (19. März) und Kassel (21. Mai). Selten klafften Zweck und Wirkung weiter auseinander. Für beide Seiten handelte es sich nicht allein, aber doch in der Hauptsache um Alibi-Veranstaltungen im Blick auf Moskau, dem entsprach auch die Ergebnislosigkeit; Brandt redete vor allem über die Normalisierung in Deutschland, der eine Formalisierung der Zweistaatlichkeit folgen müsse, bei Stoph war es umgekehrt. Brandt legte in Kassel ein 20-Punkte-Programm vor, das schon die Elemente des späteren Grundlagenvertrags enthielt, doch Stoph wünschte eine »Denkpause«, die in Wahrheit eine Abwartepause war, denn erst einen Tag später endeten die Verhandlungen zwischen Bahr und Gromyko.

184

Die Wirkung beider Begegnungen, vor allem der ersten, war hingegen außerordentlich. Erfurt bewies, wie recht Brandt und Ulbricht hatten, wenn der eine von der deutschen Nation sprach und der andere sie fürchtete. Schon die Anreise des Kanzlers am Morgen des 19. März ließ spüren, daß dieser Tag mehr bedeuten werde als ein pflichtgemäßes Politikerduell. Überall winkten die Menschen dem Zug zu, auf der westdeutschen Seite und ebenso auf der DDR-Seite. Überwältigend – in doppelter Bedeutung – wurde der Empfang auf dem Bahnhofsvorplatz von Erfurt. Die wartende Menge durchbrach die Absperrung, Brandt, Stoph und ihr Gefolge gelangten nur mühsam ins Tagungsgebäude, die Willy-Rufe wurden stärker, verdeutlichten sich zu Willy-Brandt-Rufen (auch Stoph heißt Willi), bis der Kanzler ans Fenster trat, um zu winken und abzuwinken. »Ich war bewegt. Doch ich hatte das Geschick dieser Menschen zu bedenken: Ich würde anderntags wieder in Bonn sein, sie nicht . . . So mahnte ich durch eine Bewegung meiner Hände zur Zurückhaltung. Man hat mich verstanden. Die Menge wurde stumm. Ich wandte mich schweren Herzens ab. Mancher meiner Mitarbeiter hatte Tränen in den Augen. Ich fürchtete, hier könnten Hoffnungen wach werden, die sich nicht würden erfüllen lassen.«[40]

Auch zwei Monate später in Kassel bestimmte die Menge mehr als die Politiker. Hier waren es rechtsextreme Demonstranten, die gleich zu Beginn die »Spalterflagge« herunterholten und verbrannten. Später, zum Teil im Kampf mit kommunistischen Demonstranten, schufen sie ein Chaos, das Brandts und Stophs gemeinsame Kranzniederlegung für die Opfer des Faschismus verhinderte; sie mußte am Abend nachgeholt werden. Obwohl sich die Eruptionen in Erfurt und Kassel nur bedingt vergleichen ließen, erschienen beide beispielhaft: in der DDR brachen die deutschen Gefühle hervor und in der Bundesrepublik die antikommunistischen.

Die Westmächte

Im Hintergrund zwar, aber stets gegenwärtig, blieb die Notwendigkeit, die Ostpolitik im Westen abzustützen. Die Leistungen der sozialliberalen Regierung lagen im Osten, doch von

[40] Brandt, Begegnungen, S. 491.

Beginn an war sie mehr im Westen tätig; sie betrieb Englands Beitritt zur EG, hoffte sogar noch auf eine politische Union Westeuropas. Brandt achtete darauf, den leisesten Eindruck eines Ungleichgewichts zu vermeiden – und sei es bei der Zahl der Bundesminister auf einem sowjetischen Empfang[41]. Er selbst wie Scheel und Bahr suchten das Gespräch mit den Regierungen in Washington, London und Paris. Trotzdem gerieten die Verbündeten durch seine Ostpolitik in eine völlig neue Situation.

Fast zwei Jahrzehnte lang hatten die Westmächte sich daran gewöhnt, daß die Deutschen, wenn es um Deutschland ging, nicht selber handelten, sondern alle wesentlichen Entscheidungen ihnen überließen, ja sogar aufdrängten. Die Bundesrepublik bot den seltenen Fall eines Staates, der seine nationale Verfügungsgewalt nicht auszudehnen strebte, sondern seine nationale Behinderung sogar zum Prinzip erhob. Nicht Selbstbestimmung (von der man sprach), sondern lediglich Mitbestimmung bei der Deutschlandpolitik der Verbündeten war das Ziel aller Bundesregierungen bis 1966, auch die große Koalition änderte daran wenig. Nun auf einmal kehrte sich dieses Verhältnis ins Gegenteil: die Deutschen wollten handeln, und die Verbündeten mußten sehen, daß sie dabei mitbestimmen konnten. Bonn informierte sie, aber konsultierte sie kaum. »Die Regierung Brandt bat uns nicht um unseren Rat, sondern um unsere Zusammenarbeit auf einem politischen Kurs, dessen Grundrichtung schon vorausbestimmt war«, notierte Kissinger[42]. Kein Wunder, daß die Amerikaner erst einmal skeptisch wurden und Zeit brauchten, um sich auf eine selbstbewußte, sogar selbständige Bundesrepublik einzustellen.

Das wurde schwierig, weil die Deutschen ein großes Tempo vorlegten. Während Nixon und Kissinger sich vergeblich mühten, mit Moskau ins Geschäft zu kommen, brachten Bahr und Scheel nach sechs Monaten einen fertigen Vertrag nach Hause. Die Bonner Erfolge kontrastierten nicht nur in ärgerlicher Weise mit Washingtons Mißerfolg, sie mußten auch Mißtrauen erwecken. So nützlich und vernünftig es nach wie vor erschien, daß die Westdeutschen mit dem Osten ihren Frieden machten – nicht nur Kissinger sah sogleich die Gefahr, daß sie dabei zu weit nach Osten geraten könnten. Die Wiedervereinigung lock-

[41] Baring, Machtwechsel, S. 260.
[42] Kissinger, Memoiren, S. 443.

te, und allein Moskau verfügte über dieses Lockmittel. Wenn auch Brandt ein bewährter Demokrat und Antikommunist war – was gab es sonst noch für Tendenzen in der SPD, sozialistische oder nationalistische? Wer garantierte, daß dem Kanzler die Kontrolle nicht entglitt und die Bewegung Richtung Osten sich nicht verselbständigte? Wenn die Deutschen in Bewegung kommen, weiß niemand, wo sie enden – das war die Erfahrung des 20. Jahrhunderts.

Natürlich gab es keine einheitliche Auffassung im Westen. Andere urteilten gerade umgekehrt und meinten, mit Brandts Politik werde das Kreuz über die deutsche Frage gemacht, Ostgebiete und Wiedervereinigung seien endgültig abgeschrieben. Die Bundesrepublik drifte nicht nach Osten ab, im Gegenteil, sie werde nun erst, nachdem sie keine Ostprobleme mehr habe, zum zuverlässigen Partner im Westen.

Immerhin traf man seine Vorkehrungen – es ging wie bei kommunizierenden Röhren: je weiter die westdeutsche Regierung sich mit dem Osten einließ, desto stärker betonten Amerikaner, Briten und Franzosen ihre Rechte für ganz Deutschland. Paris bemühte sich, das voraussehbar wachsende Gewicht der Bundesrepublik auszugleichen, es engagierte sich mehr im Osten und suchte Englands Beistand im Westen, indem es dem britischen EG-Beitritt zustimmte (obwohl nicht nur aus diesem Grunde)[43]. Die Amerikaner dachten als Großmacht. Als Staatssekretär Paul Frank 1970 Kissinger besuchte und die Bonner Politik erläuterte, erhielt er den Bescheid: »Na gut, schön. Aber das eine sage ich Ihnen: wenn Entspannungspolitik, dann machen wir sie und nicht Sie.«[44] Washington wollte, wie Moskau, für sein ganzes Bündnis handeln.

Das Instrument dafür war Berlin. Brandt brauchte ein Berlin-Abkommen, um seine Ostpolitik abzurunden und die Ostverträge durch das Parlament zu bringen, doch verhandeln konnten über Berlin nur die Westmächte. Kissinger erkannte schon im Februar 1970, daß er damit einen »Hebel« in der Hand hielt, der um so länger wurde, je langsamer die Berlin-Gespräche vorankamen. Als Brandt und Bahr nach Unterzeichnung des Moskauer Vertrags um raschen Fortschritt in der Berlin-Frage baten, bemerkte Kissinger erleichtert und befriedigt: »Jetzt wa-

---

[43] Ebd., S. 455 f.
[44] Norddeutscher Rundfunk, III. Programm, Zeugen der Zeit. Paul Frank im Gespräch mit Ernst Weisenfeld. 30. 7. 1982, Manuskript, S. 30.

ren wir das entscheidende Element.« Bonn war Washington davongelaufen, nun aber bestimmte Washington das weitere Tempo. Als Brandt im Dezember 1970 wieder zur Eile bei den Vierer-Verhandlungen drängte, benutzte Kissinger die Stadt nochmals als Hebel, jetzt aber gegen die Russen: »Während ich die Berlin-Verhandlungen verzögerte, um bei SALT rascher voranzukommen, verzögerte Gromyko die SALT-Verhandlungen, um die Berlin-Gespräche zu beschleunigen.«

Doch mehr als Taktik war das nicht, Nixon und Kissinger hüteten sich, die Berlin-Verhandlungen scheitern zu lassen[45]. Die Russen sagten Brandt und Bahr, wenn die Ratifizierung des Moskauer Vertrags vom Berlin-Abkommen abhinge, sei alles in die Hand der Amerikaner gelegt. Breschnew sicherte sich deshalb durch ein Gegen-Junktim: das Berlin-Abkommen könne erst in Kraft treten, wenn der Moskauer Vertrag ratifiziert sei[46]. Doch der Kanzler hatte richtig gerechnet: Durch die Übereinkunft Bonns mit der Sowjetunion und Polen waren Tatsachen geschaffen worden, die niemand im Westen mehr umzustoßen wagte. Man konnte nicht für falsch erklären, was man zehn Jahre lang selbst empfohlen hatte; man konnte nicht die Entspannungsbeiträge der Deutschen zerstören, wenn man selbst auf Entspannung bedacht war. Die meisten wollten es auch gar nicht.

Ein Scheitern der Ostverträge wäre beinahe überall im Westen mit Enttäuschung und Besorgnis aufgenommen worden – mit dieser Erfahrung kehrte im April 1972 der CDU-Abgeordnete Birrenbach nach Bonn zurück. Er hatte fast alle NATO-Hauptstädte besucht, seine guten Verbindungen genutzt und Regierungen wie Opposition gefragt, wie sie eine Ablehnung der Verträge im Bundestag beurteilen würden. Mancherorts fand Birrenbach Verständnis, nirgendwo aber Unterstützung[47]. Brandts Politik erschien nicht mehr revidierbar, außerdem war der Respekt vor einer Regierung gewachsen, die für Frieden und Europa nationale Ansprüche opferte. Als der Kanzler im Herbst 1971 den Friedens-Nobelpreis erhielt, war die Zustimmung allgemein. Schon vorher hatte sich zwischen Bonn und den Westmächten ein wohltätiger Zwang eingestellt; er kam

[45] Kissinger, Memoiren, S. 568, 865, 881, 850.
[46] Erstmals mitgeteilt beim Treffen Breschnew-Brandt in Oreanda Mitte September 1971. Brandt, Begegnungen, S. 465.
[47] Kurt Birrenbach, Meine Sondermissionen. Rückblick auf zwei Jahrzehnte bundesdeutscher Außenpolitik. Düsseldorf 1984, S. 324–394.

– wie in vergangenen Zeiten – von Berlin. Früher mußte man es gemeinsam verteidigen, jetzt mußte man für die komplizierteste Frage Europas gemeinsam eine Lösung aushandeln – aus der alltäglich-praktischen Zusammenarbeit entstanden neue Vertrautheit und Vertrauen.

intimacy

Das Berlin-Abkommen

Das Vier-Mächte-Abkommen nahm unter den Ost-West-Verträgen der Nachkriegszeit eine Sonderstellung ein: nirgendwo sonst waren die Ausgangsbedingungen für den Westen so »miserabel«[48], die Zugeständnisse des Ostens dagegen so groß, nirgendwo auch war die Krisenanfälligkeit so hoch, die danach bewiesene Tragfähigkeit aber so solide. Der Westen hatte vorher seinen geographischen Nachteil immer nur mit erheblichem Kraftaufwand ausgleichen können, von der Luftbrücke bis zur halben Kriegsdrohung; gegen die kleinen Krisen, die zeitweiligen Behinderungen und häufigen Schikanen auf den Zugangswegen zur Inselstadt, wie sie seit 1967 zunahmen, war er fast hilflos. So blieben die drei Westmächte, in Übereinstimmung mit Bonn, sehr bescheiden, als sie im August 1969 ihre ersten Vorschläge an Moskau machten: sie wünschten vor allem verbesserten Zugang und offerierten Zugeständnisse bei der Bundespräsenz, außerdem Gespräche Bonns mit der DDR über allgemeine Verkehrsfragen. Der Westen hatte wenig zu bieten und konnte daher wenig verlangen; Zweifler rieten von Berlin-Verhandlungen überhaupt ab, weil sie meinten, es könne nur ein »Status quo minus« herauskommen.

Zwei Jahre später, am 3. September 1971, unterzeichneten die Alliierten ein Abkommen, das einen unbestreitbaren »Status quo plus« erbrachte. Die Konzessionen des Westens ähnelten größtenteils denjenigen beim Moskauer und Warschauer Vertrag: es wurde aufgegeben, was ohnehin verloren war oder nie bestanden hatte. Bundestag, -rat und -versammlung tagten schon vorher nicht mehr in Berlin oder hatten keine Aussicht auf künftige Genehmigung durch die Westmächte. Und was der Osten dann als Kernsatz des Abkommens und seinen Haupterfolg herausstellte, war ebenfalls nichts Neues: daß die Westsektoren »so wie bisher kein Bestandteil (konstitutiver Teil) der

---

[48] Zündorf, Ostverträge, S. 125.

Bundesrepublik Deutschland sind und auch weiterhin nicht von ihr regiert werden«. Die Bestimmungen des Grundgesetzes und der Berliner Verfassung, in denen Berlin als Bundesland erscheint, wurden von den Alliierten schon 1949 »suspendiert«, sie befanden sich niemals in Kraft.

Die in Berlin ansässigen Bundesbehörden hingegen, die Moskau ganz oder weitgehend abbauen wollte, blieben vom Vierer-Abkommen unangetastet; nur die Zweigstellen der Bundesministerien wurden zu einer Behörde zusammengefaßt, die als Vertretung Bonns im westlichen Berlin gelten konnte. Das Abkommen fixierte den bestehenden Zustand: die Sowjetunion erkannte erstmals die staatlichen »Bindungen« (oder »Verbindungen«[49]) zwischen der Bundesrepublik und Westberlin an, erklärte sogar, daß sie (allerdings sehr beschränkt[50]) »entwikkelt« werden könnten; dafür verpflichteten sich die Westmächte, diese Bindungen etwa ebenso zu begrenzen wie bisher. Neu war, daß diese Grenzen ausdrücklich festgelegt wurden (z.B. keine Plenar-, wohl aber einzelne Ausschußsitzungen des Bundestags in Berlin), und neu war vor allem, daß die Westmächte der Sowjetunion vertraglich zugestanden, was sie vorher der Bundesrepublik auferlegten oder mit ihr aushandelten. Moskau erhielt also einen Rechtstitel, wo es bis dahin nur politisch tätig werden konnte, doch es verlor die Möglichkeit, jegliche Bundespräsenz an der Spree als illegal zu bekämpfen. Ja noch mehr: der Bundesrepublik sollte künftig im Osten das gleiche möglich sein wie sonst überall, nämlich Westberlin in internationale Verträge einzubeziehen und die Westberliner konsularisch zu betreuen (»Außenvertretung«).

Obwohl über die Auslegung später viel Streit entstand und manches nicht funktionierte – im Rückblick auf die Krise vor zehn Jahren war ein zweiter großer Schritt gelungen: nach der »entmilitarisierten freien Stadt« verzichtete Moskau nun auf die »selbständige politische Einheit«. Nur ein westliches Zugeständnis blieb: die Sowjetunion durfte in Westberlin ein Generalkonsulat errichten; damit demonstrierte sie ihre Auffassung von dessen »besonderem Status«[51].

Der Regierende Bürgermeister Klaus Schütz hatte die Wünsche seiner Stadt auf die Formel der »drei Z« gebracht. Zuord-

[49] So die DDR-Übersetzung.
[50] Zündorf, Ostverträge, S. 131.
[51] So die Formulierung im Budapester Appell vom 17.3.1969.

nung (zum Bund), Zugang (von der Bundesrepublik nach Westberlin) und Zutritt (der Westberliner nach Ostberlin und der übrigen DDR). Die Zuordnung war befriedigend geregelt, weil sich faktisch kaum etwas änderte und einiges sogar besserte. Beim Zugang trat ein völliger Wandel ein, zunächst rechtlich: Die Sowjetunion übernahm selbst wieder die oberste Verantwortung für den deutschen Verkehr zwischen Westdeutschland und Westberlin und sicherte zu, er werde »in der einfachsten, schnellsten und günstigsten Weise erfolgen, wie es in der internationalen Praxis vorzufinden ist«[52]. Damit war dieser Verkehr privilegiert und von allem anderen Transit unterschieden, der durch die DDR oder aus anderen Ländern nach Westberlin geht.

Die Einzelheiten mußten Bundesrepublik und DDR miteinander ausmachen, was für die Unterhändler, die Staatssekretäre Egon Bahr und Michael Kohl, fast die Quadratur des Kreises bedeutete: der Verkehr sollte unbehindert, unverzögert und bequem sein und doch der DDR die Herrschaft darüber belassen; die Abfertigung sollte sich auf Prüfung der Personalien beschränken und doch ausschließen, daß im Kofferraum oder zwischen der LKW-Ladung versteckt ein Flüchtling in den Westen gelangte. Selbst Optimisten zweifelten, ob die Formeln, auf die Bahr und Kohl sich schließlich einigten, tragfähig sein würden – sie waren es in unerwartetem Maße. Fahrten von und nach Westberlin wurden, was sie noch nie gewesen waren: berechenbar. Mit der gleichen Gewißheit wie bei einer Reise von München nach Salzburg wußte man nun bei der Reise Berlin-Hannover, daß man ankam und wann man ankam – ohne Wagen, Bus oder Bahn verlassen zu müssen, ohne die Sorge vor unberechtigter Festnahme und bösartiger Kontrolle bis zum Abbau der Radkappen. Die Insel Berlin war ihrem Festland ein großes Stück nähergerückt.

Auch für das dritte »Z«, den Zutritt der Westberliner zur DDR, beschlossen die vier Mächte allgemeine Richtlinien, die dann in deutsch-deutschen Verhandlungen konkretisiert wurden, diesmal zwischen dem Berliner Senat und der DDR-Regierung. Hier vollzog sich ebenfalls ein fundamentaler Wandel: erstmals seit dem Ende der Passierschein-Regelungen (1966) durften Westberliner wieder nach Ostberlin, erstmals seit

---

[52] Anlage I zum Abkommen.

1952[53] in die übrige DDR fahren – ohne Einschränkung auf
Feiertage und Verwandtenbesuche. Erstmals seit 19 Jahren
konnten Ost- und Westberliner wieder miteinander telephonie-
ren, schon im Januar 1971 waren die ersten fünf Leitungen
geschaltet worden.

Für Brandt lag die »eigentliche« Bedeutung des Abkommens
darin, »daß es in Zukunft keine Berlin-Krisen mehr geben
soll«[54]. Die vier Mächte verpflichteten sich, in und um die Stadt
Spannungen zu beseitigen, Komplikationen zu verhüten und
Gewalt weder anzuwenden noch anzudrohen. Moskau legte
den großen Berlin-Hebel, mit dem Stalin und Chruschtschow
hantiert hatten, beiseite und hielt die DDR an, auch den kleinen
nicht mehr zu benutzen. Da für eine Inselstadt auch mit letzter
juristischer Perfektion »wasserdichte« Verträge nicht zu schaffen waren, behielt die Ostseite Möglichkeiten, Westberlin zu
bedrängen, ohne das Abkommen einklagbar zu verletzen. Da
die Geographie blieb, konnte die Stadt nicht völlig unabhängig
werden vom Verhältnis zwischen Washington und Moskau,
ebenso zwischen Bonn und Moskau. Dennoch änderte sich etwas Wesentliches: Vorher mußte der Willkür durch Macht begegnet werden, jetzt gab es rechtliche Normen, die keiner ohne
eigenen Schaden zu verletzen vermochte.   *managed*

Wie wurde das Abkommen möglich? Zunächst einmal war es
ein Wunderwerk der Diplomatie. Zwischen vier Beteiligten und
drei vital Interessierten (Bundesrepublik, DDR, Westberlin)
mußte ständig Einvernehmen erreicht werden; Koordination
war die halbe Arbeit, sie ließ sich oft nur außerhalb der offiziellen Wege bewerkstelligen, die Schlüsselfiguren Kissinger, Valentin Falin (der neue sowjetische Botschafter in Bonn) und
Bahr wurden gedeckt von Nixon, Breschnew und Brandt[55]. Das
Ergebnis war nicht ein Vertrag, sondern ein Vertragswerk, eine
Hierarchie von Haupt-, Unter- und Ergänzungsvereinbarungen, ein Seminarstück für Juristen und Diplomaten. Es kam nur
zustande, weil man, einer Anregung Bahrs folgend[56], die unver-
einbaren Rechtsstandpunkte ausließ und sich auf die praktischen Notwendigkeiten beschränkte. Damit wurde das Ab-

---

[53] Gottfried Vetter in: Europa Archiv 9 (1964), S. 307.
[54] Fernsehansprache am Unterzeichnungstag, dem 3. 9. 1971. Texte, Bd. 8,
S. 462.
[55] Aus seiner Sicht anschaulich geschildert von Kissinger, Memoiren, S. 857 ff.,
u. 880 ff.
[56] Ebd., S. 880.

kommen vertragstechnisch und politisch zum Vorbild; es bewies, daß, wenn alle wirklich wollen, sie einen Weg oder wenigstens Ausweg finden.

Aber warum wollten alle ein Berlin-Abkommen? Das Ruhebedürfnis nach der Bundespräsidentenwahl Anfang 1969 und der allgemeine Wunsch nach Entspannung führten die vier Botschafter im März 1970 zwar an den Verhandlungstisch, aber es mußte nochmals ein Jahr vergehen, bis substantiell verhandelt wurde. Das sowjetische Interesse zeigte sich bald nach der Unterzeichnung des Moskauer Vertrags (August 1970). Dem Kreml war klar geworden, daß seine Deutschland- und Europapolitik das Nadelöhr Berlin passieren mußte; ohne »befriedigendes« Abkommen dort konnten der Vertrag nicht ratifiziert und die gesamteuropäische Konferenz (KSZE) nicht einberufen werden. Als der Abkommensentwurf fertig war, schrieb der amerikanische Verhandlungsführer Kenneth Rush: »Es fällt mir immer noch schwer zu glauben, daß er so günstig aussieht.«[57] Breschnew hatte in Berlin bezahlt, was er in Moskau bekommen hatte.

Das Berlin-Abkommen erhielt eine – buchstäblich – zentrale Bedeutung. Es bewirkte, daß der Moskauer und Warschauer Vertrag in Kraft treten und damit die Verträge mit Ostberlin und Prag ausgehandelt werden konnten. Es verknüpfte Bonns Entspannungspolitik mit der westeuropäischen und amerikanischen. Als Nixon für den Mai 1972 seine Moskau-Reise plante, wollte er bis dahin die Bonner Ostverträge ratifiziert und somit das Berlin-Abkommen als amerikanisch-sowjetisches Gemeinschaftswerk gesichert sehen[58]. Das Abkommen bildete für Washington wie Moskau den gelungenen »Test« und ermutigte beide, den Weg zu SALT und zum Gipfel weiterzuverfolgen[59].

Die Verträge mit der DDR

Die Berlin-Verhandlungen beendeten auch die »Denkpause«, die seit der Begegnung in Kassel zwischen den deutschen Regie-

---

[57] Ebd., S. 883. Nixon sagte zu Brandt, die Russen kämen zwei Drittel des Weges entgegen, ähnlich Breschnew zu Brandt (Begegnungen, S. 390, 464). »Besser, als er erwartet habe«, meinte der französische Verhandlungsführer Sauvagnargues zu dem CDU-Abgeordneten Birrenbach (Anm. 47, S. 359).
[58] Brandt, Begegnungen, S. 400 u. 570.
[59] Über Breschnew und Nixon ebd., S. 469 und 391.

rungen herrschte. Im Oktober 1970, der Moskauer Vertrag war unterschrieben, und Moskaus Interesse an einer Berlin-Regelung wurde spürbar, bot die DDR Gespräche zur Entspannung »im Herzen Europas« an[60]. Hinter der poetischen Bezeichnung verbarg sich Berlin: die DDR wollte mit Bonn über Bundespräsenz und Transit reden, um mehr Einfluß auf die Vierer-Verhandlungen zu bekommen, die zu ihren Lasten zu gehen drohten. Aus eben diesem Grunde lehnte die Bundesregierung das Thema, nicht aber die Gespräche ab. Schon Ende November eröffneten die Staatssekretäre Bahr und Kohl einen breiten »Meinungsaustausch«, der sich 1971 allmählich auf allgemeine Verkehrsfragen erstreckte und als sehr nützlich erwies. Man lernte sich kennen und bereitete sich zwanglos auf die Verhandlungen vor, die zwischen Bonn und Ostberlin anstanden. Am 3. September 1971 wurde das Vier-Mächte-Abkommen unterzeichnet, gut drei Monate später, am 17. Dezember, konnten Bahr und Kohl die Ergänzungsvereinbarungen vorlegen. Am 26. Mai 1972 unterzeichneten sie den Verkehrsvertrag.

Inzwischen war in Ostberlin eine entscheidende Änderung eingetreten. Erich Honecker hatte Walter Ulbricht als Parteichef abgelöst (3. Mai 1971). Im Hintergrund stand Moskau[61], dem Ulbricht zu selbständig geworden war, wirtschaftspolitisch und ideologisch, aber auch außenpolitisch. Breschnew verdächtigte ihn, sich gefährlich eng mit dem sozialdemokratischen Kanzler in Bonn einlassen zu wollen, Honecker hingegen warnte scharf vor dem westdeutschen Klassenfeind; er schien Breschnew damals eine bessere Garantie zu geben, daß die DDR nicht, von Entspannungsmöglichkeiten verlockt, zu weit nach Westen abtreiben werde. Breschnew dachte wie Kissinger: Wenn Entspannung, dann macht der Hegemon sie und nicht der kleine Verbündete. Wie Gomulka empörte es Ulbricht, in welchem Maße Breschnew seine Deutschlandpolitik als Großmachtpolitik führte. Er machte (auch wirtschaftlich) das große Geschäft mit Bonn, aber die DDR durfte sich der Bundesrepublik nicht annähern und sollte außerdem den Preis zahlen: die Souveränität über den deutschen Berlin-Transit

[60] Zündorf, Ostverträge, S. 181.
[61] Ilse Spittmann in: Deutschland Archiv, Juni 1971, S. 568. Die hier gegebene Darstellung stützt sich auf Gespräche Breschnews mit SED-Politikern im Sommer 1970, dokumentiert bei Peter Przybylski, Tatort Politbüro, Berlin 1991, S. 280ff.

aufgeben, staatliche Bindungen Westberlins zu Bonn hinnehmen und eine Invasion von Besuchern aus der »Frontstadt«
ertragen.

Aber Ulbricht hatte sich übernommen: gegen Moskau *und*
Bonn kam er nicht an. Honecker fügte sich dem sowjetischen
Konzept, das der DDR, obwohl unter Opfern, die Anerkennung im Westen und die Aufnahme in die Vereinten Nationen
versprach. Er verzichtete auch auf andere ehrgeizige Ansprüche Ulbrichts und durfte ihn ablösen. Die Vier-Mächte-Ver-
handlungen kamen danach zügig voran, der deutsch-deutsche
Zweikampf war zu Ende, und die Beziehungen entwickelten
sich nach Brandts Kompromißvorschlag, die dringenden Er-
fordernisse beider Seiten gleichzeitig zu erfüllen. Der Verkehrsvertrag bildete dafür den exemplarischen Beginn: er war
ein Staatsvertrag, der erste zwischen Bundesrepublik und
DDR, befriedigte also Ostberlin; er regelte politisch neutrale
Sachfragen, was im Interesse beider Seiten lag; er schuf Reiseerleichterungen, wie Bonn sie wünschte. Ein Jahr später hatten die DDR-Besuche von Bundesbürgern um 60 Prozent zu-
genommen; auch die Zahl der Rentnerfahrten in den Westen
wuchs, und zum ersten Mal erhielten DDR-Bürger, die noch
nicht Rentner waren, die Möglichkeit, in dringenden Familienangelegenheiten in die Bundesrepublik zu kommen. Diese
Möglichkeit blieb lange Zeit scharf begrenzt, doch etwa 40000
Menschen konnten sie jährlich nutzen, Mitte der achtziger
Jahre stieg die Zahl.

Am 12. Mai 1972 wurde der Verkehrsvertrag paraphiert und
sogleich veröffentlicht, am 17. Mai sollte der Bundestag über
die Verträge von Moskau und Warschau entscheiden. Davon
aber seien, erklärte Staatssekretär Kohl, auch die Zukunft des
Verkehrsvertrages sowie dessen Reiseerleichterungen abhängig[62]. Schon vorher war die DDR-Regierung einer Anregung
Breschnews gefolgt, der seinerseits eine Anregung Brandts aufnahm[63], und hatte die Reiseerleichterungen des Berlin-Abkom-
mens befristet in Kraft gesetzt: zu Ostern und Pfingsten 1972
durften die Westberliner in die DDR und die Westdeutschen
mit privilegierter Abfertigung nach Westberlin fahren[64].
Brandts Bundestagsmehrheit war fast auf Null gesunken, jeder

[62] Texte, Bd. 10, S. 421.
[63] Brandt, Begegnungen, S. 518.
[64] Texte, Bd. 10, S. 108 u. 398.

Abgeordnete sollte sehen, was verlorengehe, wenn die Ostverträge nicht ratifiziert würden.

Nur wenig später, am 15. Juni 1972, setzten sich die unermüdlichen Unterhändler Bahr und Kohl bereits wieder zusammen. Der »Vertrag über die Grundlagen der Beziehungen«[65], den sie am 8. November präsentierten, ließ die gleichen drei Elemente erkennen wie der Verkehrsvertrag: einerseits die Formalisierung des zwischenstaatlichen Verhältnisses, andererseits »menschliche Erleichterungen«, schließlich eine Liste der Sachgebiete, auf denen man künftig »zum beiderseitigen Vorteil« zusammenarbeiten und Abkommen schließen wollte.

Bei der Formalisierung ging es darum, der DDR ihren Staatscharakter unzweideutig zu bestätigen, ohne sie völkerrechtlich anzuerkennen. Die Bundesrepublik mußte den Alleinvertretungsanspruch sowie die Hallstein-Praxis aufgeben und der DDR Gleichberechtigung gewähren. Das hieß: keiner kann »den anderen international vertreten oder in seinem Namen handeln«, deshalb sollten beide gleichzeitig ihre Aufnahme in die Vereinten Nationen beantragen. Es hieß ferner: »Die Hoheitsgewalt jedes der beiden Staaten beschränkt sich auf sein Staatsgebiet.« Diese Sätze beendeten eine Ära: die Regierung der DDR wurde als Regierung anerkannt, obwohl sie demokratisch nicht legitimiert war.

Die DDR mußte ihrerseits in einer Note an Moskau anerkennen, daß die vier Mächte nach wie vor »Rechte und Verantwortlichkeiten« in Deutschland haben; sie mußte auch formale Beschränkungen hinnehmen: ihre Staatsbürgerschaft wurde nicht anerkannt, die Botschaften nannte man »Ständige Vertretungen«, was in Bonn zu einer absonderlichen Regelung führte: das Außenministerium durfte für die DDR-Vertretung nicht zuständig sein, weil die DDR nicht Ausland sei, das innerdeutsche Ministerium konnte nicht zuständig werden, weil die DDR »innerdeutsche« Beziehungen ablehnte, so blieb nur das Kanzleramt, was immer wieder Kompetenzwirrwarr verursachte. Auch über die deutsche Einheit gab es natürlich keinen Konsens: allein dadurch, daß man »unterschiedliche Auffassungen« zur »nationalen Frage« feststellte, war es möglich, die nationale Frage in den Vertrag zu bringen. Die Bonner Auffassung darüber, den »Brief zur deut-

[65] Siehe Dokument Nr. 15.

schen Einheit«, nahm die DDR lediglich entgegen, wie auch die sowjetische Regierung es getan hatte.

Bahrs größten Gewinn bildete der kleine Grenzverkehr, in seinem Zweck vergleichbar den Berliner Passierschein-Abkommen: familiäre und nachbarliche Verbindungen, von der Grenze zerschnitten, sollten bewahrt oder wiederhergestellt werden. Die Bewohner der grenznahen Kreise der Bundesrepublik – etwa sechs Millionen Menschen – erhielten eine vereinfachte Möglichkeit, die grenznahen Kreise auf der anderen Seite zu besuchen. Dafür wurden auch vier neue Grenzübergänge geöffnet.

Wie beim Passierschein-Abkommen war die Wirkung fast so wichtig wie die Sache: die beiden Deutschland entfernten sich nicht mehr voneinander, sondern näherten sich; der scheinbar unaufhaltsame Teilungsprozeß wurde gestoppt. Sogar für DDR-Bürger öffneten sich mehr Wege nach Westen: bei den Reisen in dringenden Familienangelegenheiten und – zum ersten Mal formell vereinbart – zur Familienzusammenführung. Getrennte Eheleute durften zu ihrem Partner in der Bundesrepublik, Eltern zu ihren Kindern dort; »in besonderen Ausnahmefällen« konnten Frauen sogar in den Westen heiraten. Rechtsansprüche wurden nirgendwo begründet, aber Möglichkeiten eröffnet.

Zur Normalisierung gehörte auch die Akkreditierung westdeutscher Korrespondenten in der DDR. Was über deren Arbeitsbedingungen ausgehandelt wurde, verursachte mehr, vor allem öffentlichen, Streit als andere Vereinbarungen – aus der Natur journalistischer Tätigkeit ebenso erklärlich wie aus der Empfindlichkeit Ostberlins gegen Medien, die sein Informationsmonopol durchbrachen und teilweise sogar – Funk und Fernsehen – in die DDR hineinwirkten.

Am 8. November 1972 wurde der Grundlagenvertrag in Bonn paraphiert und veröffentlicht; zehn Tage später, am 19. November wurde, weil SPD und FDP über ihrer Ostpolitik die Mehrheit verloren hatten, ein neuer Bundestag gewählt. Die DDR hatte auch diesen Vertrag unter ähnlicher Belastung ausgehandelt wie den Verkehrsvertrag, sie mußte viel nachgeben und bieten, um Brandts Ostpolitik nochmals im besten Licht erscheinen zu lassen. Das gesamte östliche Europa, inzwischen wahrscheinlich auch die Führung der SED selbst, waren dringend daran interessiert, daß die sozialliberale Koalition die Wahlen gewann – den Preis hatte wiederum die DDR zu zahlen. Noch mehr Westbesucher sollten ins Land strömen und ihren Wirtschaftswunderglanz verbreiten, und noch weniger würde die DDR sich bei ihren Bürgern als einziger Hort des Friedens und des Fortschritts glaubhaft machen können, wenn in Bonn ein Friedens-Nobelpreis-Träger und Sozialdemokrat regierte. Brandt war zum populärsten deutschen Politiker geworden und zum populärsten Politiker in Deutschland. Erstmals in der Geschichte der Bundesrepublik wurde die SPD am 19. November 1972 stärkste Bundestagsfraktion; und in der DDR wäre sie, so erschien dort die allgemeine Stimmung, stärkste Partei geworden.

Einfache Selbsterhaltung gebot der Ostberliner Führung, sich zu wehren. Schon seit dem Herbst 1970, als sie das Gespräch mit Bonn wieder aufnahm, proklamierte sie die »Abgrenzung« von der »imperialistischen« Bundesrepublik. Dabei handele es sich um einen »objektiven« und »gesetzmäßigen« Prozeß, was ideologisch Unfug war, politisch aber einleuchtend: Wenn der ostdeutsche Staat sich den westdeutschen Einflüssen öffnen mußte, wollte er wenigstens die staatstragenden Schichten schützen; den Kadern wurde fast jeder »Westkontakt« verboten – mit der üblichen Übertreibung oft bis zum kleinen Postbediensteten hinunter, der plötzlich zum »Geheimnisträger« avancierte. Was die DDR politisch nicht schaffte, glich sie administrativ aus, so war es immer gewesen. Entspannung und Abgrenzung widersprachen sich nicht, wie damals viele in der Bundesrepublik meinten, sondern bedingten einander und würden es auch weiter tun, bis der DDR mehr innere Stabilität und ihrer Führung größeres Selbstvertrauen nachwüchsen.

Fast ein Vierteljahrhundert lang hatten die deutschen Staaten in Feindschaft gelebt. Nicht nur der ideologische Ausschließlichkeitsanspruch beider Seiten trennte sie, die Feindschaft wuchs auch durch die Länge und Erbitterung des Kampfes und durch Enttäuschungen, wenn der eine oder andere zwischendurch einen Ausgleich versucht hatte. Zehn oder zwanzig Jahre vorher wäre der prinzipielle Gegensatz größer, aber auch die Gesprächsfähigkeit höher gewesen. So war es kein Zufall, daß Brandt den Grundlagenvertrag nicht, wie alle anderen Ostverträge, selbst unterzeichnete und die große Geste, wie beim Moskauer und vor allem beim Warschauer Vertrag, ausblieb. Die Deutschen waren fähig zum Interessenausgleich, aber noch nicht zu dessen Demonstration.

Der Vertrag mit der DDR enthielt weit mehr, als die Bundesregierung erhofft hatte[66]. Unter einmalig günstigen Umständen war das Maximum des Möglichen herausgekommen, dennoch bestanden am Jahresende 1972 nicht mehr als die »Grundlagen« für künftige Vernunft zwischen den deutschen Staaten. Vor allem die Kenner der Verhältnisse zitierten immer wieder Egon Bahrs Satz: »Früher hatten wir gar keine Beziehungen zur DDR, jetzt haben wir wenigstens schlechte.«

Der Vertrag mit Prag

Wie schon in den sechziger Jahren dauerte mit der Tschechoslowakei alles am längsten. Mitte Oktober 1970 hatte die Bundesregierung erstmals in Prag sondiert, Mitte Juli 1974 trat endlich der Vertrag in Kraft – fast vier Jahre brauchte das Abkommen mit der geringsten Problematik und Bedeutung. Außer dem Münchner Problem mußte das gleiche verhandelt werden wie mit den anderen Oststaaten (Grenzen, Gewaltverzicht, Zusammenarbeit) und wurde, meist sogar wörtlich, ebenso geregelt. Der Streit ging allein um München: die verletzte Seele der Tschechen verlangte als Zeichen, daß damals unentschuldbares Unrecht geschehen war, die Tilgung von Anfang an. Die Deutschen mußten alle Rechtsfolgen einer solchen Tilgung für die Sudetendeutschen abwehren und den Anschein vermeiden, als erkenne die Bundesrepublik deren Vertreibung als rechtens an. All das wurde bis ins Detail geklärt, aber auch hier war, wie überall im Osten, die Geste so nötig wie der Paragraph, doch unter den Händen der Juristen verkümmerten die Verhandlungen zur Wortklauberei. Einige würdige Worte des Kanzlers bei der Vertragsunterzeichnung boten nur wenig Ausgleich. Vom Geist der neuen Ostpolitik bekamen Hitlers erste Opfer im Osten beinahe nichts mehr zu spüren.

Die Bundesregierung beklagte Prags »Unbeweglichkeit«, vermutlich zu Recht; sie hatte auch den Eindruck, als störe im Hintergrund die DDR; zuletzt ging es, wie schon 1964, um die Einbeziehung Westberlins. Doch wichtiger war, daß Bonn selbst sich geändert hatte: es verhandelte aus viel stärkerer Position als früher. Von allen Ost-Regierungen hatte die tschechoslowakische Führung, Liquidator des Prager Frühlings, das geringste Ansehen. Die sozialliberale Koalition aber befand sich,

[66] Baring, Machtwechsel, S. 480.

als Anfang 1973 die Verhandlungen in ein ernsthaftes Stadium kamen, auf dem Höhepunkt ihrer internationalen Reputation. Sie stand innen- wie außenpolitisch nicht mehr unter Druck. Vom Prager Vertrag hing nichts ab außer den diplomatischen Beziehungen zu Ungarn und Bulgarien, die nicht dringlich erschienen, weil das Verhältnis zu Südosteuropa sich ohnehin vorzüglich entwickelte; und die entscheidenden Ostprobleme (Moskau, Warschau, Westberlin und Ostberlin) waren gelöst. All das ließ man die Tschechen spüren, nicht bewußt oder gar absichtlich, doch aus dem Machtgefühl heraus, das dem Machtgewinn meist nachwächst.

Auch die Ratifizierung des Prager Vertrags stand nicht in Frage. Nach dem Wahlsieg vom November 1972 hatte die Koalition eine so sichere Bundestagsmehrheit, daß alle parlamentarischen Verhinderungsversuche sie nicht schrecken konnten. Sie brauchte bei den Verhandlungen in Prag weit weniger Rücksicht auf die Opposition zu nehmen als vorher in Moskau und Warschau. Trotzdem drängte Staatssekretär Paul Frank seinen Partner Jiri Goetz weiter als nötig. Was in Warschau und Ostberlin längst aufgegeben war, z. B. die Grenzachtung als Unterabteilung des Gewaltverzichts – Prag wurde es wieder aufgenötigt.

Aber es half nicht im geringsten. Denn ähnlich wie die Regierung fühlte die Opposition sich von Rücksichten befreit, nutzte ihre letzten Möglichkeiten und spielte alles durch, was die Verfassung zur Verhinderung eines Vertragsgesetzes erlaubt. Und ähnlich wie die Regierung tat sie es in der Gewißheit, daß nichts mehr auf dem Spiele stand und man daher Gesinnungsstärke zeigen konnte.

Parteienstreit und Ratifizierung

Brandts Ostpolitik war zwischen den Parteien ähnlich umstritten wie Adenauers Westpolitik, aber die Meinungen deckten sich nur teilweise mit den Parteifronten. Zehn Abgeordnete, vier Sozialdemokraten und sechs Freidemokraten, verließen die Koalition, nicht allein wegen der Ostpolitik, aber meist auch deswegen[67]. In beiden Parteien, besonders in der Berliner SPD, mußten manche erst überzeugt werden, zuletzt durch den Erfolg.

Umgekehrt stimmte in CDU und CSU eine gewichtige Min-

[67] Baring, Machtwechsel, S. 297 ff. u. 405 ff.

derheit Brandts Politik im wesentlichen zu. Wer die außenpolitische Lage übersah und sich nichts vormachte, wußte, daß es
gar keine andere Möglichkeit gab. Der Oppositionsführer Rainer Barzel gehörte selbst zu dieser Gruppe, deren eigentliche
(nicht die geäußerte) Kritik nur den Formen, dem Tempo und
irgendwelchen Einzelheiten galt, aber nicht der Richtung. Zur
Einsicht kam bei einigen der moralische Impetus erlebter
Osterfahrung; Richard von Weizsäcker war hier der bekannte-
ste. Ältere, Weggefährten Adenauers wie Heinrich Krone und
Walter Hallstein, befanden sich in unüberbrückbarem Konflikt
zwischen Gefühl und Einsicht[68]. Wer früher regiert oder eigene
Pläne entwickelt hatte – Schröder, Kiesinger, Strauß – konnte
schwer bei anderen billigen, was er selbst versäumt hatte. Vor
allem gab es immer noch die nationalen und antikommunistischen Dogmatiker und Pathetiker. Als Brandt erstmals die
DDR als Staat bezeichnet hatte, sprach der Baron zu Gutten-
berg (CSU) von einer »dunklen Stunde für unser Haus, für
unser Volk«, und der außenpolitische Arbeitskreis der CDU/
CSU-Fraktion lehnte darauf die Regierungspolitik so grundsätzlich ab, daß er darüber nicht einmal mehr grundsätzlich
diskutierte[69]. Die Mehrheit der Unionsfraktion war ostpolitisch
völlig unerfahren, schlecht unterrichtet und unverändert kon-
servativ. Sie hatte alle Parteiführer seit Adenauer ostpolitisch
gefesselt, mußte sich unter Kiesinger und im Bündnis mit der
SPD zurückhalten – nun aber, als Opposition gegen die Sozialdemokraten, konnte sie um so stärker den Ton bestimmen.

Doch die Regierung trug auch ihrerseits dazu bei, die Gegensätze zu verschärfen; zeitweise verhielt sie sich, als wollte sie
Wehners Wort, man brauche die Opposition nicht, bestätigen.
Schon um die Zweifler in den eigenen Reihen kümmerte sie sich
zu wenig[70], noch weniger bemühte sie sich, die sachlich denken-
den Vertreter in der Union zu überzeugen, was mit ausreichen-
der Information hätte beginnen müssen. Doch dazu war das
Mißtrauen zu groß – und teilweise zu berechtigt. Zwang und
Neigung zur Geheimdiplomatie ergänzten einander und steigerten sich, als im Juni 1970 die ›Bild-Zeitung‹ Teile des »Bahr-
Papiers« veröffentlichte. Die Springer-Zeitungen und die Illu-

[68] Krone, Aufzeichnungen, S. 192 (unter dem 13. 4. 1967). Zu Hallstein: Baring, Machtwechsel, S. 444.
[69] Baring, Machtwechsel, S. 429.
[70] Selbstkritisch Brandt, Begegnungen, S. 302.

strierte ›Quick‹ spezialisierten sich auf Indiskretionen, das Auswärtige Amt zählte in den ersten 18 Monaten 54 Fälle von Geheimnisverrat[71]. Die Bundesregierung war dauernd blamiert und in ihrer Verhandlungsposition geschwächt; ihre Erbitterung stieg, und ihre Bereitschaft zur Offenheit sank.

Vor allem litt das innenpolitische Klima, weil die Unionsführung den Kampf gegen die Ostpolitik meist unter dem Niveau ihrer eigenen Einsicht führte. Zum Maßstab erhob sie die Grundsätze der vergangenen zwanzig Jahre, und da die Regierung diese Grundsätze zwar überwinden wollte, aber nur teilweise bestreiten konnte, kam es zu einer Gespensterdebatte. Angegriffen mit den Argumenten von gestern wehrten sich SPD und FDP allzu oft auch nur mit den Argumenten von gestern. Den Höhepunkt des Kampfes bildete Barzels Versuch, Brandt durch ein konstruktives Mißtrauensvotum zu stürzen – zwei CDU-Abweichler ließen Barzel scheitern, gaben aber Brandt die verlorene Mehrheit nicht wieder.

Es entstand eine Situation, die keiner vorhergesehen hatte. Die Regierung brauchte nun doch die Opposition, um die Ostverträge durch das Parlament zu bringen; aber die Opposition brauchte auch die Ostverträge, um nicht einen Schaden zu verursachen, den sie als Partei nicht ertragen und dem Land nicht zumuten konnte. CDU und CSU hatten Brandts Ostpolitik erbittert bekämpft, doch jetzt, da ihnen die Verantwortung dafür zufiel, wagten sie nicht, die Verträge scheitern zu lassen, und da die Ostverträge mit dem Berlin-Abkommen unlösbar verknüpft waren, konnten sie es nicht. Das Abkommen bot zu große (von der DDR gerade praktisch vorgeführte) Vorteile; und es war ein Vertrag, den nicht Brandt geschlossen hatte, sondern die Alliierten. Selbst wenn die Unionsführung gewollt hätte – sie konnte nicht auch noch gegen die Verbündeten opponieren, und Barzel wollte es auch gar nicht. Er hatte sich mit den Verträgen längst abgefunden, sprach davon, sie »zustimmungsfähig« zu machen, und plante, sobald er Kanzler wäre, mit Moskau einige Verbesserungen auszuhandeln, die der Union ein Ja erlaubten.

Die neue Ostpolitik bewährte sich im Augenblick ihrer größten Schwäche. Brandt und Scheel hatten, was selten vorkommt, den Bestand ihrer Regierung riskiert, um ihre Politik durchzusetzen. Sie hatten Tatsachen geschaffen, die auch die Opposi-

---

[71] Günther Schmid, Entscheidung in Bonn. Köln 1979, S. 366, Anm. 392.

tion hinnehmen, ja übernehmen mußte, obwohl die Regierung machtlos geworden war. So blieb beiden Seiten nur ein Kompromiß, der an den Verträgen nichts ändern durfte, der deren Gegnern aber helfen sollte, das Gesicht zu wahren. Eine Vierer-Kommission mit Ehmke (SPD), Genscher (FDP), Marx (CDU) und Strauß (CSU) verfaßte unter informeller Unterrichtung des sowjetischen Botschafters Falin eine Parlaments-Entschließung, mit der die Verträge so interpretiert wurden, daß CDU und CSU ihnen zustimmen könnten. Die Operation gelang, aber der Patient überlebte nur knapp; die Verträge passierten Bundestag und Bundesrat, doch sie wurden beschädigt.

Der Zweck der Verträge war, den Status quo anzuerkennen; das Ziel der Union war, diese Anerkennung rechtlich zu relativieren und zeitlich zu begrenzen. Ansatzpunkte dafür gab es, da auch die Regierung mit Rücksicht auf Grundgesetz und alliierte Rechte Einschränkungen hatte machen müssen. So sprach die Entschließung von einem »modus vivendi«, und so stand darin: »Die Verträge ... schaffen keine Rechtsgrundlage für die heute bestehenden Grenzen.«[72] Beides war mit Geist und Absicht der Verträge nicht vereinbar: Russen und Polen hatten sie unterschrieben in dem guten Glauben, eine Dauerregelung und endgültige Grenzbestätigung zu erhalten. Sie fanden sich mit der Entschließung nur ab, weil sie der begründeten Ansicht waren, verbindlich sei allein der Vertragstext, nicht eine einseitige Interpretation des Vertragspartners.

CDU und CSU hatten einen Erfolg erzielt, zeigten sich aber außerstande, die Gegenleistung zu erbringen und den Verträgen zuzustimmen. Barzel war zu schwach, Strauß zu wankelmütig, die Gruppe der Vertragsbefürworter zu unentschlossen, nur die entschiedenen Neinsager hielten Kurs. So mißlang alles. Die Union schaffte das Ja nicht, aber auch nicht eine geschlossene Stimmenthaltung; sie wagte nicht, die Abstimmung freizugeben und vermochte nicht einmal, den Überzeugten beider Richtungen gleiches Recht zu lassen. Empfohlen wurde Enthaltung; wer Nein sagen wollte, durfte es; wer Ja sagen wollte, durfte es nicht, und daran hielten sich auch alle. So kam es am 17. Mai 1972 zu einem Ergebnis, das gleichermaßen peinlich war und nicht repräsentativ. Die meisten Oppositionsabgeordneten enthielten sich der Stimme; beim Moskauer Vertrag, wo es um die Hinnahme der Macht ging, gab es zehn Gegenstimmen, beim

---

[72] Texte, Bd. 10, S. 427.

Warschauer aber, wo auch in der Union eine moralische Verpflichtung empfunden wurde, siebzehn.

Die schlechte Figur, die CDU und CSU gemacht hatten, führte sie am 19. November 1972 in eine schwere Wahlniederlage. Auch ein Versuch, im letzten Moment den ostpolitischen Zug zu besteigen, half nichts: Im Oktober stimmte die Union dem Verkehrsvertrag mit der DDR (und dessen Reiseerleichterungen) zu. Als sie dann aber endgültig in die Opposition verwiesen war, lehnte sie alles ab, was das Parlament ostpolitisch zu entscheiden hatte: den Grundlagenvertrag mit der DDR, den Prager Vertrag, die Zusatzvereinbarungen mit Polen und sogar – als einzige europäische Partei außer den albanischen Kommunisten – die Schlußakte der KSZE von Helsinki. Gegen den Grundlagenvertrag erhob die Bayerische Staatsregierung sogar Verfassungsklage. Wäre sie mit ihren Absichten durchgekommen, hätte sie Ulbricht zu postumem Sieg verholfen: die DDR wäre weltweit anerkannt und Mitglied der Vereinten Nationen geworden, ohne den Preis des Grundlagenvertrags und der damit verbundenen Erleichterungen[73]. Nur blinder Zorn konnte die CSU-Führung soweit treiben. Doch in der gesamten Union hatten die Niederlagen des Jahres 1972 ein Trauma erzeugt, das zu überwinden die Partei erst Aussicht erhielt, als sie zehn Jahre später wieder zur Regierung kam.

Aber ihre Opposition hatte Wirkungen. Sie verzögerte die Ratifizierung so lange, daß vom Schwung der neuen Ostpolitik viel verlorenging, auch im Osten. Sie schuf Instrumente, mit denen sie eine Fortsetzung behindern konnte: die Bundestagsentschließung zu den Ostverträgen und das Verfassungsgerichtsurteil zum Grundlagenvertrag. Darin wurde das Deutsche Reich vorgeführt, als sei es nur vorübergehend »nicht handlungsfähig«, und die Grenze zwischen Bundesrepublik und DDR ähnlich qualifiziert wie die Grenzen zwischen den Bundesländern. Außenpolitisch litt die Zuverlässigkeit der Bundesrepublik – was ist von einem Partner zu halten, der Verträge nachträglich entwertet! Innenpolitisch riß die Kluft zwischen Fiktion und Realität wieder auf, als wären die fünfziger oder sechziger Jahre zurückgekehrt. Man hatte wieder Rechtspositionen, um die Scheindebatte von damals fortzuführen, als gebe es gar keine Ostverträge.

Die Regierung Brandt/Scheel war Ende 1972 durch einen

---

[73] Zündorf, Ostverträge, S. 310 ff.

204

großen Wahlsieg belohnt worden; die Bundesrepublik hatte sich innerlich verändert. Die Ostangst, obwohl die Union sie wieder zu mobilisieren suchte, war erheblich verringert. Immer weniger Leute glaubten, daß die Sowjetunion Westeuropa überfallen wolle; man gehörte zur NATO und vertraute auf die Weltmacht Amerika, Sicherheit war selbstverständlich geworden (erst zehn Jahre später änderte sich das wieder). Auch immer weniger Leute machten sich noch Illusionen über die Lage Deutschlands, weniger jedenfalls, als viele Politiker annahmen. Wo Kiesinger noch zögerte und sich den (erfragten) Meinungen anpaßte, hatte Brandt gehandelt und die Meinungen sich angepaßt; seine Ostpolitik wurde von der Mehrheit getragen, nun auch von einer sicheren Bundestagsmehrheit.

Doch wie es oft nach dem Sieg geschieht, den Sieger verließen die Kräfte. Die Mission war erfüllt, und schon 1974 traten die beiden Hauptfiguren ab. Walter Scheel entzog sich der aktiven Politik und wurde Bundespräsident, Willy Brandt sah sich immer mehr mit Problemen konfrontiert, die nicht seine Sache waren: Wirtschaft, Währung, Finanzen, die Ölkrise und Tarifkämpfe. Sie setzten ihm so zu, daß ihn im Mai 1974 ein Stoß zu Fall brachte, der ihn zwei Jahre früher nicht umgeworfen hätte: einer seiner persönlichen Referenten war als DDR-Spion entlarvt worden. Brandt hatte den politischen Bürgerkrieg mit dem SED-Staat beendet und fiel als dessen letztes Opfer.

III. Die Folgen

1. Die Veränderungen des Umfelds

Die Ostverträge der Regierung Brandt/Scheel haben nichts Neues geschaffen, aber Neues ermöglicht. Sie bewirkten zunächst nicht mehr als die Beseitigung von Hindernissen. Ihre Bedeutung ergibt sich aus der Größe der Hindernisse: Sie hatten die Bonner Außenpolitik fast zur Hälfte blockiert und die Annäherung zwischen West- und Osteuropa sehr erschwert.

Als erstes gaben die Verträge den Weg frei für gesamteuropäische Politik. Die deutschen Staaten lagen nicht mehr wie ein Eisklotz des Kalten Krieges inmitten eines Kontinents, dessen Klima sich erwärmte. Bonner Rechtsvorbehalte zwangen den Westen nicht mehr zu unnötiger Rücksicht und den Osten nicht mehr zu unbegründeter Vorsicht. Gesamteuropäische Verhandlungen, von der Familienzusammenführung über den Wirtschaftsaustausch bis zur Truppenreduzierung, wurden möglich, weil sich die Bundesrepublik nicht mehr weigerte, mit der DDR am selben Tisch zu sitzen. Ein Vierteljahrhundert lang war der größte Teil Europas in zwei feindlichen Blocks organisiert und diszipliniert gewesen, jetzt konnte erstmals eine Institution entstehen, die beide »Lager« überwölbte, die »Konferenz für Sicherheit und Zusammenarbeit in Europa« (KSZE).

Als zweites erlaubten die Verträge, daß sich das »natürliche« Interesse von Nachbarn, in guter Nachbarschaft zu leben, wiederherstellte. Bonns Ostpolitik machte es möglich, den absurden Zustand zu beenden, daß die Spannung dort am stärksten war, wo Entspannung am meisten nottat: in Berlin und in Deutschland sowie zwischen der Bundesrepublik und den Ländern östlich der Oder und des Böhmer Waldes. Engländer und Tschechen, sogar Franzosen und Polen konnten sich zur Not schlechte Beziehungen leisten, es berührte sie nicht ernstlich. Deutsche hingegen durften sich ein gestörtes Verhältnis zu ihren östlichen Nachbarn, zu Polen und Tschechen und vor allem Russen nicht auf die Dauer gestatten, ohne Schaden zu nehmen. Die Bewohner des geteilten Deutschland, und noch mehr des geteilten Berlin, waren sogar bis in ihr Privatleben davon abhängig, ob ihre Regierungen sich bekämpften oder gut miteinander auskamen.

Die Möglichkeiten, die sich aus dem Fortfall des deutschen Hindernisses ergaben, wurden daher unterschiedlich genutzt. Bonn *mußte* Entspannungspolitik treiben, seine Verbündeten konnten es. Sehr bald verkehrte sich die Rolle der Bundesrepublik ins Gegenteil: Früher hatten die anderen sie gedrängt, sich mit dem Osten zu arrangieren, jetzt drängte sie die anderen, nicht zuletzt dadurch, daß sie ihnen auf dem Weg nach Osten voranging. Meinungsverschiedenheiten waren die unvermeidliche Folge, doch nicht nur, weil Mißtrauen und Rapallo-Ängste wieder aufkamen, sondern weil die Entspannungspolitik sehr unterschiedlich »funktionierte«: für die Bundesrepublik verhältnismäßig gut, für die Westeuropäer leidlich und für die Amerikaner schlecht.

Die eindrucksvolle Partnerschaft, manche fürchteten sogar Komplizenschaft, die Nixon und Breschnew Anfang der siebziger Jahre begründeten, hielt nicht lange. Die Rivalität in der »Dritten Welt«, besonders Moskaus Ausgreifen nach Afrika, entfremdete die Großmächte bald wieder; Nixons Nachfolger Gerald Ford wollte das Wort »détente« gar nicht mehr in den Mund nehmen. Ende des Jahrzehnts sprachen die Experten vom »Ende der Entspannung« und Anfang der achtziger von der Gefahr eines neuen Kalten Krieges, manche befürchteten sogar einen Atomkrieg. Zu viel kam zusammen. Die sowjetische Invasion in Afghanistan (Dezember 1979), das polnische »Kriegsrecht« (Dezember 1981), der Streit um die Stationierung von Mittelstreckenraketen in Europa und schließlich eine unglückliche personelle Konstellation: in Washington ein neuer, militant auftretender Präsident, in Moskau eine vergreiste, bewegungsunfähig gewordene Führung. Die Beziehungen der Großmächte wurden so schlecht wie seit zwanzig Jahren nicht mehr, seit der Cuba-Krise 1962.

Die Amerikaner, die bei der Entspannung wenig zu verlieren hatten, drängten auf scharfe Sanktionen gegen den »Ostblock« und verlangten strenge Bündnisdisziplin; die Westeuropäer wollten Ruhe in Europa bewahren; viele fürchteten, ein Machtkampf der Großen werde zerstören, was an – begrenzter – Normalität in den siebziger Jahren erreicht worden war. Das gleiche Bild, nur weniger deutlich erkennbar, zeigte sich auf der Ostseite. Auch dort sorgten sich die meisten Regierungen der Mittel-

und Kleinstaaten, bei einer Konfrontation der Großmächte könnten die Fäden zerreißen, die sie mühsam nach Westen geknüpft hatten. Auch dort aber verlangte die Vormacht Bündnisdisziplin, und es kam zu Auseinandersetzungen. Die Alte Welt hatte sich – obwohl in Grenzen – emanzipiert. Die Allianzen blieben die bestimmenden, im Ernstfall entscheidenden Größen, doch dahinter war eine zweite Interessenstruktur entstanden: auf der einen Seite die Großmächte, befangen in ihrer Rivalität, beherrscht von der Automatik des Wettrüstens und im Machtkampf fixiert aufeinander, auf der anderen Seite die Mehrzahl der Europäer zwischen Polen und Portugal, vereint miteinander in dem Streben, die Großen zu mäßigen.[1]

Die Spannungen zwischen den Allianzen und die Kontroversen innerhalb der Allianzen verringerten sich, als im März 1985 Michail Gorbatschow das Regiment in Moskau übernahm; sie schwanden aber erst, als sich in den westlichen Hauptstädten die Einsicht durchgesetzt hatte, daß der neue Mann eine von Grund auf neue Politik nicht nur proklamierte, sondern auch betrieb. Nicht zufällig war es der westdeutsche Außenminister Hans-Dietrich Genscher, der sich für die Verbreitung dieser Einsicht besonders engagierte.

Gorbatschow bestimmte die sowjetischen Interessen anders als alle seine Vorgänger. Die innere Gesundung erhielt Vorrang vor der äußeren Macht. Um die notleidende Wirtschaft zu entlasten, bemühte er sich um substantielle Abrüstungsvereinbarungen; um sie zu modernisieren, brauchte er die Mitarbeit der westlichen Industriestaaten. Da er das politische System demokratisieren wollte, konnte er den Polen und Ungarn, die auf diesem Wege schon weitergingen als er, keine Vorschriften mehr machen. So erlaubte er den Gefolgsstaaten Moskaus zuerst »eigene Wege zum Sozialismus« und später die freie Wahl des Systems, sie durften sich für Marktwirtschaft und westliche Demokratie entscheiden. Gorbatschow hatte alles andere im Sinn als die Aufgabe des Imperiums oder gar eine Vereinigung Deutschlands, doch seine Versuche zu reformieren, was nicht reformierbar war, und eine Gemeinschaft neu zu begründen, in der es immer weniger Gemeinsamkeit gab, endeten im Ruin der sowjetischen Macht.

Für die Fortführung der westdeutschen Ostpolitik, wie Willy

[1] Peter Bender, Das Ende des ideologischen Zeitalters. Die Europäisierung Europas. Berlin 1981, S. 11 ff., S. 173 ff.

Brandt sie eingeleitet hatte, bestanden sehr unterschiedliche Bedingungen. Zuerst, bis zum Ende der siebziger Jahre, konnten die Verträge »mit Leben erfüllt« werden. Dann verschlechterte sich die allgemeine Lage dramatisch, Entspannung galt als Illusion, das Wort war nur noch mit entschuldigenden Zusätzen wie »realistisch« verwendbar. Mit Gorbatschow entstanden schließlich aber neue, ganz außerordentliche Möglichkeiten, wie kein Ostpolitiker sie sich hätte träumen lassen. Schließlich wurde das Unerwartete Ereignis: Moskau entließ die DDR in ein Gesamtdeutschland, das der Europäischen Gemeinschaft und der NATO angehört; der Warschauer Pakt löste sich auf, und der Kommunismus als Wirtschafts- und Herrschaftssystem brach zusammen. Damit ging auch die neue Ostpolitik zu Ende, denn ihr Gegenstand, der sowjetisch bestimmte Osten, existierte nicht mehr.

2. Gesamteuropäische Annäherungen

KSZE

In den letzten Julitagen des Jahres 1975 erreichte die Entspannung ihren Gipfel – ganz wörtlich: In Helsinki versammelten sich die Staats- und Regierungschefs aller Staaten Europas (außer Albanien) und Nordamerikas; sie verabschiedeten ein Dokument, das in der Nachkriegsgeschichte ohne Vergleich ist. Seit der Einigung über die Charta der Vereinten Nationen war es Demokraten und Kommunisten nicht mehr gelungen, sich auf Regeln im zwischenstaatlichen Umgang zu verständigen – schon gar nicht bis in Einzelheiten wie Manöverbeobachtung, Luftverschmutzung oder Heiratsmöglichkeiten. Zweieinhalb Jahre lang hatten 35 Delegationen verhandelt, bis die 35 Staatsoberhäupter, Ministerpräsidenten oder Kanzler die »Schlußakte« unterzeichnen konnten. Nie zuvor waren Bereitschaft und Wille zu dauerhafter Entspannung so hoch und zahlreich repräsentiert und so feierlich demonstriert worden.

Die »Konferenz für Sicherheit und Zusammenarbeit in Europa« (KSZE) setzt multilateral fort, was bilateral seit Anfang der sechziger Jahre begonnen worden war; sie wurde durch Bonns neue Ostpolitik ermöglicht. Die Schlußakte folgte dem gleichen Schema wie die Ostverträge. »Korb 1« enthielt Grundsätze und Grenzen (vor allem Ost-Interesse), »Korb 2« Zusammenarbeit in praktischen, besonders wirtschaftlichen Fragen (allseitiges Interesse), »Korb 3« menschliche Erleichterungen und Informationsaustausch (West-Interesse). Ein Kompromiß bis ins letzte Komma, der die Bedürfnisse beider Seiten befriedigte: Der Status quo bildete die Voraussetzung, auf der sich zwischen beiden Teilen Europas ein besseres Verhältnis, das detailliert beschrieben war, entwickeln sollte. Ein Kompromiß aber auch durch das Wechselspiel, in dem diese Veranstaltung überhaupt zustande kam.

Der Osten wollte die Konferenz, der Westen stellte Bedingungen. Der Osten mußte die Bedingungen akzeptieren, aber nachdem er sie akzeptiert hatte, mußte der Westen zu einer Konferenz gehen, die er ursprünglich gar nicht wollte. Am Ende waren beide nicht mehr ganz Herr ihrer Entschlüsse, beide übersahen nicht mehr völlig, worauf sie sich einließen. Die

Konferenz von 1975 war nicht die Konferenz, die der Warschauer Pakt zehn Jahre vorher angeregt hatte; sie war aber auch nicht, was der Westen eigentlich wünschte. Die KSZE hatte sich – zum Teil jedenfalls – verselbständigt. Das Beste an ihr war, was im Interesse aller Europäer lag, aber keineswegs allen schmeckte. Das Beste kam oft von den Neutralen, auch sie verfolgten ihre Interessen, aber blieben unabhängig vom Block-Denken. Das Beste war die dritte Position: nicht Osten, nicht Westen, sondern Europa. Es war der ganze Kontinent, der ins Blick- und Aktionsfeld rückte – darin lag das Neue.

Aber das Neue war so neu, daß nur manche es erkannten und beinahe nur die Leute aus der Wirtschaft es sogleich zu nutzen vermochten. In Ost wie West hatten sie sehnsüchtig darauf gewartet, daß die politischen Barrieren fielen. Bis zur Mitte der siebziger Jahre verdreifachte sich der Warenaustausch, stockte dann jedoch und ging teilweise auf den früheren Stand zurück[1] – aber (außer in Polen) nur aus wirtschaftlichen Gründen: Man hatte sich übernommen.

Anders in der Politik, hier mußte man neu denken: daß der Gegner nicht nur Gegner war, sondern auch möglicher Partner; daß Vorteil für den einen nicht automatisch Nachteil für den anderen bedeutete und daß es außer dem Frieden noch andere gemeinsame Interessen gab. Doch das wurde nur in Ansätzen vollzogen. Willy Brandt notierte bald nach dem Helsinki-Gipfel: »Weder die Sowjetunion noch der Westen waren auf einen neuen Abschnitt ihrer Beziehungen so vorbereitet, wie es möglich und notwendig gewesen wäre.«[2]

Der »KSZE-Prozeß« setzte sich zwar in Folgekonferenzen fort, konnte aber seine Möglichkeiten wenig entfalten, da sich in der zweiten Hälfte der siebziger Jahre das Ost-West-Verhältnis verschlechterte. Anlaß zu immer neuem Streit gab der »Korb 3«, in dem praktische Erleichterungen für die Bürger der Teilnehmerstaaten sowie Informationsaustausch vorgesehen waren. Beides widersprach der kommunistischen Staatsauffassung und -praxis. Zwar enthielt die Schlußakte von Helsinki keine rechtlichen Verpflichtungen, sondern nur Absichtsbekundungen; doch unterschrieben und damit anerkannt hatten alle Ost-Regierungen nun einmal Regelungen, die sie nur scheinbar, nur unzureichend oder gar nicht verwirklichten. Das

---

[1] Siehe Übersicht S. 364.
[2] Brandt, Begegnungen, S. 558.

genügte, um Menschen- und Bürgerrechtlern im Osten eine Handhabe zu geben, sie bekamen in der Schlußakte einen Text, auf den sie sich berufen konnten. In mehreren Ländern bildeten sich »Helsinki-Komitees«, die ihre Regierungen mit konkreten Forderungen beunruhigten und meist unterdrückt wurden, aber dennoch die Parteiherrschaft ständig herausforderten, weil sie das Bewußtsein für Grundwerte und Maßstäbe wach hielten, die über aller Ideologie und Staatsräson standen. Auch die unabhängige Gewerkschaft Solidarność, die in Polen zur politischen Massenbewegung und Gegenmacht zum Regime wurde, zog einigen Vorteil aus dem Dokument von Helsinki.

Für das Ost-West-Verhältnis wurde der »Korb 3« fast zum Sprengsatz. Der Osten hatte darin mehr zugestanden, als er sich leisten konnte und wollte; der Westen erhob ihn zum Maßstab für das Ganze – statt gemeinsame Möglichkeiten zu suchen, wurde erbittert gestritten. Besonders die Amerikaner, die an Gesamteuropa kein Interesse haben konnten und in der ganzen Veranstaltung wenig Sinn sahen, machten die Nachfolge-Konferenzen zum Tribunal. Nur den Europäern war es zu verdanken, daß die KSZE überlebte und wieder aufleben konnte, als die Hochspannung zwischen den beiden Großmächten Mitte der achtziger Jahre nachließ.

Im November 1990 feierte die Konferenz ihren höchsten Triumph, in Paris verabschiedeten die Staats- und Regierungschefs eine »Charta für ein neues Europa«[3]. Es war das Ende des ideologischen Gegensatzes zwischen West und Ost: Menschen- und Grundrechte wurden feierlich beschworen und die Demokratie als einzige Regierungsform in Europa anerkannt. Bundeskanzler Kohl, dessen Partei 1975 die Schlußakte von Helsinki abgelehnt hatte, stellte »dankbar« fest: »Ohne das vor 15 Jahren gelegte Fundament der ganz Europa umfassenden Friedensordnung wäre es jetzt nicht möglich gewesen, sowohl die deutsche Einheit glücklich zu vollenden als auch die geschichtlich gewachsene Einheit unseres Kontinents neu zu begründen.«[4]

[3] Europa-Archiv 24 (1990), S. 656ff.
[4] Bulletin 24. 11. 1990, S. 1423f.

MBFR

Die militärische Parallel-Konferenz zur KSZE durchlitt das gleiche Auf und Ab, nur noch drastischer. Das Ziel der »Mutual Balanced Force Reductions« (MBFR) war eine ausgewogene Truppenverringerung in Mitteleuropa. Im Oktober 1974 begannen in Wien die Verhandlungen zwischen Mitgliedern beider Bündnisse, doch sie verfingen sich bald in Zahlenspielen, wer, wo, wie viele und welche Soldaten und Waffen stehen hatte, und liefen Ende der achtziger Jahre ergebnislos aus. Erst Gorbatschow ermöglichte einen neuen Anlauf und einen Vertrag, der eine wesentliche Reduktion der »konventionellen« Streitkräfte in Europa bewirkte.

Die »militärische Entspannung«, schon von Brandt und Bahr für nötig gehalten und geplant als Ergänzung zur politischen, kam am wenigsten voran – im Gegenteil: Das Wettrüsten ging weiter. Präsident Ronald Reagan schreckte die Sowjetunion mit dem Anti-Raketen-System SDI, das die strategische Balance zwischen den Atommächten bedrohte; in Europa provozierten sowjetische Mittelstreckenraketen die Aufstellung amerikanischer Gegenraketen, die Moskau dann mit Gegen-Gegen-Raketen beantwortete. Erst Gorbatschows »neues Denken« und Reagans neue Kompromißbereitschaft erlaubten Ende des Jahrzehnts, dem ganzen Spuk ein Ende zu machen und alles wieder abzubauen, was man unter großen, vor allem politischen Kosten gegeneinander aufgebaut hatte. Im Jahr 1990 erklärten die beiden Militärallianzen, daß sie einander »nicht mehr Gegner sind«[5]. Doch bis dahin hat das Wettrüsten der Großmächte Bonns Ostpolitik erheblich behindert und zeitweise fast zum Erliegen gebracht.

[5] Europa-Archiv 24 (1990), S. 654.

3. Die Bundesrepublik

Emanzipation

Mit den Ostverträgen hat die Bundesrepublik von ihren drei Konflikten zwei beinahe ganz gelöst und den dritten wenigstens halb. Für den Osten war sie nicht mehr der Feind, der den Frieden bedrohte; für den Westen war sie nicht mehr eine Last beim Interessenausgleich mit Moskau; und an der Entwicklung eigener Beziehungen zum Osten war Bonn nicht mehr gehindert, die konservative Opposition störte nur noch. Die Ostpolitik erfüllte ihren Hauptzweck, sie öffnete die Bundesrepublik zum Osten und den Osten zur Bundesrepublik. Beides erreichte sie nicht allein mit den Verträgen, sondern in einem Prozeß, der sich durch die siebziger Jahre zog und – mit Unterbrechungen – in den Achtzigern fortsetzte.

Der westdeutsche Staat hatte die Beschränkungen durchbrochen, die seine Außenpolitik eingeengt hatten. Im Sowjetbereich war er nur als wirtschaftlicher, nicht als politischer Partner geduldet worden, und in der »Dritten Welt« war er nur begrenzt handlungsfähig gewesen, weil der Kampf gegen eine Anerkennung der DDR Bonns Politik dominierte und deformierte. Jetzt konnte die Bundesrepublik überall auftreten wie andere Länder und ihre Möglichkeiten ausspielen. Sie war weniger abhängig von ihren Verbündeten und wurde im Osten bald nicht nur als Helfer in wirtschaftlichen Nöten gesucht, auch politisch rückte sie immer mehr nach vorn, in manchen Ländern an den ersten Platz. Ihre Rolle änderte sich: »Früher ein Quell der Sorge, jetzt der Hoffnung«, sagte ein ungarischer Politiker[1].

Bonn wurde nicht nur freier, sondern auch stärker. Als festes und einflußreiches Mitglied der Europäischen Gemeinschaft und der NATO mußte es im Osten respektiert werden, als gesuchter Partner aller Oststaaten gewann es mehr Gewicht im Westen. Schließlich, im Jahr 1989, beförderte der amerikanische Präsident George Bush die Bundesrepublik zum »partner in

---

[1] Privatgespräch des Autors in Budapest.

leadership«[2], und der sowjetische Generalsekretär Michail Gorbatschow bescheinigte ihr beinahe Gleichrangigkeit mit Moskau: »Angesichts des Gewichts, das jede Seite in ihrem Bündnis hat«, habe das Verhältnis zwischen Bonn und Moskau »für das West-Ost-Verhältnis insgesamt zentrale Bedeutung«[3]. Bush wie Gorbatschow übertrieben zu erkennbarem Zweck. Bush wollte sich die Bundesrepublik stärker verpflichten, Gorbatschow wollte ihre wirtschaftliche und auch politische Hilfe für seine Westpolitik gewinnen. Auch wenn man die Komplimente nur zum halben Nennwert nahm, so bewiesen sie jedoch, daß die Bundesrepublik in eine neue Position aufgerückt war. In den sechziger Jahren hatte sie sich zu einer Macht in Westeuropa entwickelt, in der Folgezeit wuchs sie zu einer europäischen Macht.

Die Veränderungen wurden allmählich auch bewußt. Wer in Bonn von Europa sprach, meinte früher mit Sicherheit nur den Westteil; es galt als Entdeckung, wenn Politiker erklärten, auch Polen oder die Tschechoslowakei gehörten zu Europa. Im Gefolge der Ostverträge wurde der Osten leichter oder überhaupt erst zugänglich. Minister und Abgeordnete, Professoren, Studenten und Journalisten und nicht zuletzt immer mehr Touristen fuhren dorthin und erfuhren, daß es auch hinter dem »Eisernen Vorhang« Leben gab und Menschen wohnten, die sich leidenschaftlich als Europäer fühlten. Der Osten entdämonisierte sich, der Horizont der Westdeutschen weitete sich, und allmählich lernten viele, zwischen Ideologie und Geographie zu unterscheiden: Man fühlte sich nach Lebensform und -auffassung als Teil des Westens, aber begriff, daß Deutschland im Zentrum Europas liegt. Auf dem Kirchentag im Sommer 1985 gab Bundespräsident Richard von Weizsäcker dem neuen Selbstverständnis die klassische Form: »Die Bundesrepublik Deutschland ist der Osten des Westens geworden, die DDR der Westen des Ostens ... Trotz doppelter Randlage bleibt Deutschland aber von den Bedingungen seiner Lage in der Mitte Europas geprägt. Zwar ist diese Mitte geteilt, aber sie bleibt Mitte.«[4]

[2] Richard Kiessler/Frank Elbe, Ein runder Tisch mit scharfen Ecken. Der diplomatische Weg zur deutschen Einheit. Baden-Baden 1993, S. 19. Heinrich Bortfeld, Washington-Bonn-Berlin. Die USA und die deutsche Einheit. Bonn 1993, S. 18 f.

[3] Bulletin 15. 6. 1989, S. 544.

[4] Texte, Reihe III, Band 3, S. 273.

Kontinuität

Teils trotz und teils mit diesem Wandel hielt sich der dritte
ostpolitische Konflikt am Leben. Bundeskanzler Helmut
Schmidt führte Brandts Politik weiter, CDU und CSU oppo-
nierten weiter. Schmidt handelte aus eigener Überzeugung, aber
mit dem verminderten Engagement des Nachfolgers; sein Ehrgeiz und seine Leistungen lagen auf anderen Feldern. Außerdem war es nicht leicht, nach Brandt im Osten Politik zu machen, denn das Vertrauen der Regierungen und Völker dort
hatte sich auf den Mann konzentriert, der den Neubeginn gewagt hatte und durch Persönlichkeit und Biographie verkörperte. Wird Schmidt das Werk seines Vorgängers fortsetzen, fragte
man sich besonders in Moskau und Warschau. Allmählich gelang es dem neuen Kanzler, als verläßlicher Partner überall Ansehen zu gewinnen; bei ihm war Verständnis, jedenfalls mehr
Verständnis als sonst im Westen zu finden, wenn die Nöte der
Europäer im Osten Beachtung verlangten. Mit dem polnischen
Parteichef Edward Gierek verbanden ihn Respekt und sogar
einige Sympathie.

Wenn Schmidt auch Ostpolitik nicht mit zielstrebiger Konsequenz betrieb[5], so betrieb er sie doch wie Brandt in dem wachen
Bewußtsein, daß die Hitler-Vergangenheit östlich der Oder
noch lebte[6]. Er war auch zur Stelle und kämpfte, wenn die
Entspannung in Gefahr geriet. Brandt hatte, als die Ostverträge
1972 ratifiziert waren, eine feste Grundlage geschaffen; Schmidt
und Außenminister Hans-Dietrich Genscher errichteten darauf
ein wirtschaftliches und politisches Bauwerk; es war zwar klein,
lücken- und mangelhaft im Vergleich zu der hoch entwickelten
Architektur, welche die Bundesrepublik mit dem Westen verband, aber schon so solide, daß es nicht mehr einzureißen war.

Doch alles, was der zweite Bonner Ostpolitiker unternahm,
ob er in Berlin statt lauter Bekenntnisse pragmatisch Vernunft
walten ließ, mit Polen Verträge schloß oder Honecker besuchte
– es war begleitet und gestört von einer oft wütenden Opposition, die fast durchweg verdammte, was sie später dann selbst
tat. Milliardenkredite, wie Kohl und Strauß sie 1983 und 1984

[5] So auch Klaus Bölling, Die fernen Nachbarn. Erfahrungen in der DDR.
Hamburg 1983, S. 138, 156, 178–80.
[6] Ein Beispiel geben sein Besuch und seine Rede in Auschwitz-Birkenau im
November 1977. Deutsch-polnische Verständigung, Bundeskanzler Helmut
Schmidt in Polen, Bundespresseamt (Hrsg.) 1978, S. 45 ff.

der DDR zukommen ließen, hätte Schmidt kaum wagen können.

Die Welt sieht sich anders an, wenn man regiert und nicht mehr opponiert. Als im Oktober 1982 der CDU-Vorsitzende Helmut Kohl Bundeskanzler wurde, konnte er nicht zurück zur Politik der sechziger Jahre – und wollte es auch nicht: Die Ost-Verträge galten; die gut entwickelten Beziehungen zu allen Oststaaten waren ein politischer und wirtschaftlicher Gewinn, den ein Kanzler mit ausgeprägtem Machtinstinkt nicht verspielen durfte; und die Verantwortung für die Ostdeutschen erlaubte keine Konfrontation mit der DDR.

So versprach Helmut Kohl Kontinuität, führte die Entspannungspolitik seiner Vorgänger in den Grundzügen fort, verband sie aber mit national gestimmten Begleitreden. Der Kanzler der Unionsparteien hatte es einerseits leichter als Brandt und Schmidt, weil er keine parlamentarische Opposition fürchten mußte – die Sozialdemokraten konnten die Fortsetzung ihrer eigenen Politik nicht behindern. Andererseits hatte Kohl es schwerer, weil die Opposition im eigenen Lager saß[7]. Die Konservativen witterten nach dem Regierungswechsel Morgenluft, Franz Josef Strauß gab ihren Gefühlen Ausdruck, als er sagte, er habe nicht dreizehn Jahre lang gegen die Ost- und Deutschlandpolitik der sozialliberalen Koalition angekämpft, um nun ihre Kontinuität zu vertreten[8]. Hinzu kam für Kohl die Sorge, die Vertriebenenverbände zu enttäuschen und die zwei bis drei Prozent der Wählerstimmen, die sie angeblich boten, zu verlieren. Der Kanzler lavierte aus innenpolitischer Rücksicht mehr, als seiner Ostpolitik gut tat. Er beschwor bei jeder passenden und unpassenden Gelegenheit die »Offenheit« der deutschen Frage und duldete, daß sogar Kabinettsmitglieder diese Frage auf die ehemals deutschen Ostprovinzen ausdehnten[9]. Kohls Reden wie sein Schweigen weckten Zweifel an seinen Ansichten und Absichten. Da Teile der CDU und die CSU den Konflikt zwischen Wunsch und Wirklichkeit noch nicht bewältigt hatten, ließ auch die Politik des Kanzlers die letzte Klarheit vermissen, die gerade im Verhältnis zu den Regimen und Völkern im Osten unerläßlich war. Im östlichen Mitteleuropa entstand

---

[7] Ausführliche Darstellung der innerparteilichen Unterschiede und Gegensätze bei Matthias Zimmer, Nationales Interesse und Staatsräson, Paderborn 1992. S. 69–111.

[8] Zimmer a.a.O. S. 145.

[9] Zimmer a.a.O. S. 145.

auch Irritation, weil sich das konservative Bonn offensichtlich vor allem um Moskau und die DDR bemühte; die Ostpolitik geriet in Verdacht, nur noch Mittel der Deutschlandpolitik zu sein.

Einen gewissen Ausgleich schuf hier Außenminister Hans-Dietrich Genscher, der sich auch um die kleinen Nachbarländer im Osten kümmerte. Genscher verkörperte die Kontinuität; während er im Bund mit der SPD scharf darauf geachtet hatte, daß Ostpolitik nicht zu Lasten der Westpolitik ging, und zuweilen als Bremser wirkte, wurde er in der Koalition mit CDU und CSU zum Antreiber. Zweifellos aus Überzeugung, zweifellos auch, weil eine konsequente und vernünftige Ostpolitik das Profil der FDP, deren Vorsitzender er lange war, schärfte – besonders gegenüber der ewig räsonierenden CSU. *grumbling*

Außerordentlich hilfreich wirkte Bundespräsident Richard von Weizsäcker, der Kohls Schwächen in Fragen des Stils ausglich und die historisch-moralische Dimension der Ostpolitik in Erinnerung hielt. Weizsäcker betonte, das deutsche Unheil habe nicht 1945, sondern 1933 begonnen – das war im Sinne Brandts und im Gegensatz zur Vorstellung großer Teile der Unionsparteien gesagt. Die beispiellose Wirkung der Rede, die er zum vierzigsten Jahrestag des Kriegsendes hielt[10], zeigte allen Nachbarländern, daß hier der Repräsentant eines gewandelten Deutschland gesprochen hatte.

Auf ihre Weise arbeitete auch die SPD ostpolitisch weiter. Sie setzte nach 1982 als Partei fort, was sie als Regierung nicht mehr tun konnte. Sie bewahrte und pflegte ihre guten Beziehungen zu den Ost-Regierungen. Egon Bahr dachte »Wandel durch Annäherung« militärstrategisch weiter und beeinflußte auch das strategische Denken in Moskau, indem er darlegte, daß Sicherheit nicht mehr einseitig, sondern nur noch gemeinsam mit dem Gegner zu erreichen sei. Bahr führte regelrechte Verhandlungen mit der SED und schloß ausformulierte Verträge über atom- und chemiewaffenfreie Zonen in Mitteleuropa. Erhard Eppler, der Vorsitzende der SPD-Grundwerte-Kommission, vereinbarte mit der SED ein Grundsatz-»Papier«: Dessen Zweck war, den – unvermeidlichen – Streit der Ideologien künftig in zivilisierten Formen auszutragen und die Zusammenarbeit der Staa-

---

[10] Bulletin 9, 5, 1985, S. 441 ff. Infolge der Nachfrage stieg die Auflage des Redetextes bis Ende Juli 1989 auf zweieinhalb Millionen; achtzigtausend Schallplatten wurden verkauft.

ten damit nicht zu beeinträchtigen. Bahrs Verträge mit Ostparteien sollten europäische Rüstungskontrollverträge inspirieren, und Epplers »Streitkultur« sollte als Modell für den Umgang zwischen Demokraten und Kommunisten dienen.

Die Bundesregierung versagte beidem ihre Zustimmung. So blieb, was die Sozialdemokraten taten, eine »Nebenaußenpolitik«; sie war einerseits schädlich, weil sie im Osten Erwartungen weckte, die sich nicht erfüllen konnten; sie war andererseits nützlich, weil sie Kohl ostpolitisch etwas unter Druck setzte und ihn zuweilen diskret unterstützte. Der Bonn-Besuch des Volkskammerpräsidenten Horst Sindermann gab ein Beispiel: CDU und CSU sahen sich außerstande, den Vertreter des Scheinparlaments einzuladen, die SPD tat es und ermöglichte CDU-Politikern, einen Besuch Honeckers vorzubereiten[11]. Der Graben zwischen Regierung und Opposition war nicht so tief, wie er nach manchen Reden erschien.

Aufs Ganze gesehen brachte die Ostpolitik der christlich-liberalen Regierung keinen Rückschritt, wie viele, besonders im Osten, befürchtet hatten, sondern Kontinuität. Zwischen Brandt, Schmidt und Kohl bestanden zwar große Unterschiede, herrührend aus Begabung, Temperament und politischer Herkunft, doch in den Kernfragen der Außen- und Deutschlandpolitik dachten sie gleich[12]. Alle drei zweifelten an der Möglichkeit, einen deutschen Nationalstaat wiederherzustellen, und begnügten sich mit unbestimmten Andeutungen über eine unerkennbare Zukunft, in der sich die Deutschen hoffentlich »wieder begegnen« (Brandt), in »bisher nicht vorgestellter Form unter ein gemeinsames Dach kommen« (Schmidt) oder »wieder zusammenkommen« (Kohl). Alle drei meinten, auch das werde Jahrzehnte oder Generationen dauern und könne nur gelingen als Ergebnis großer Veränderungen in Europa. Alle drei mieden daher das Wort Wiedervereinigung und sprachen von Selbstbestimmung, was den Weg zu staatlicher Vereinigung bezeichnen konnte oder lediglich Demokratie für die DDR. Alle drei hielten eine staatliche Vereinigung nicht für die einzig mögliche

[11] Zimmer a.a.O. S. 214–15.
[12] Brandt im Bundestag am 30. 10. 1969, Texte IV, S. 46f. Schmidt im Bundestag am 1. 10. 1982 und 10. 9. 1986, im ZDF am 30. 8. 1979 »Der Bundeskanzler im Reichstag«, Dokumentation des Bundespresseamts S. 18. Kohl im Deutschlandfunk am 27. 2. 1983, »Interview der Woche«, dokumentiert vom Deutschlandfunk. Ausführlich zu Kohls deutschlandpolitischen Auffassungen Zimmer a.a.O. S. 85–111.

Lösung der deutschen Frage, vielleicht nicht einmal für die beste, weil sie die Gefahr einer Rückkehr zum Bismarck-Reich barg. Helmut Kohl unterschied sich hier von den Konservativen seiner Partei und vor allem von der CSU.

Brandt, Schmidt und Kohl dachten gleichermaßen pragmatisch und beschränkten ihre Ziele auf das Nächstliegende und Mögliche. Brandt hatte das schon in seinen ersten Erklärungen als Kanzler getan. Schmidts Vermächtnis an Kohl, ausgesprochen in seiner letzten Kanzlerrede im Bundestag, lautete: »Der Sinn unserer Deutschlandpolitik, der innerste Kern ist die Erhaltung der Einheit der Nation ... Deutschlandpolitik muß auch in Zukunft durch die sprichwörtlichen kleinen Schritte dazu helfen, daß Deutsche sich treffen können, daß sie miteinander reden können und daß sie sich praktisch als Angehörige ein und desselben Volkes erleben.« Wenige Monate später hieß es bei Kohl: »Die Voraussetzung für die Einheit der Nation ist, daß die Menschen einander kennen, etwas voneinander wissen, daß sie nicht nur die gleiche Sprache sprechen, sondern sich auch die Inhalte der Sprache nicht so verändern, daß sich die Menschen auseinanderleben. Das ist, wenn Sie so wollen, auf einen knappen Nenner gebracht, das Ziel meiner Politik in Deutschland.«

Um das gleiche Ziel zu erreichen wie seine Vorgänger, mußte Kohl die gleiche Politik wie sie treiben. Die Unionsregierung war noch nicht einmal ein Jahr im Amt, als sie – Anfang Juli 1983 – der DDR einen Bankenkredit von einer Milliarde D-Mark vermittelte und die volle Bürgschaft übernahm, um den ostdeutschen Staat international wieder kreditwürdig zu machen. 1983 war ein besonders schwieriges Jahr, denn im Herbst, das erschien sicher, würde der Bundestag der Stationierung der amerikanischen Mittelstrecken-Raketen zustimmen, das Ost-West-Verhältnis würde sich weiter verschlechtern, und den innerdeutschen Beziehungen drohte Stillstand oder gar Rückschritt. Der Kredit entschärfte die bevorstehende Raketen-Entscheidung, bewies Moskau, das Kohl wenige Tage später besuchte, die Kooperationswilligkeit der neuen Bundesregierung und gab Ostberlin eine gewisse Bewegungsfreiheit gegenüber Bonn.

Der Unionskanzler trieb klassische Ostpolitik, und zu allgemeiner Verwunderung wurde er dabei von Franz Josef Strauß, dem schärfsten Kritiker dieser Politik, sogar noch überholt. Strauß rühmte sich, die Sache »eingefädelt« zu haben, fuhr drei

Wochen später »privat« zu Honecker und ließ sich mit dem Generalsekretär vor dessen Jagdhaus in der Schorfheide photographieren. Strauß erwies sich, wie schon Jahrzehnte vorher erkennbar war (S. 125/6), als realistischer Ostpolitiker, sobald er dazu Gelegenheit bekam: »Bei meinem Entschluß, den Kreditwunsch der DDR zu unterstützen, ließ ich mich auch von den Erfahrungen der jüngsten Geschichte leiten. 1953, 1956, 1968, 1980/81, ob in der DDR, in Ungarn, in der Tschechoslowakei oder zuletzt in Polen – niemals, wenn es zu Aufständen in einem der Ostblockstaaten kam, hat der Westen eingegriffen. Wegen der damit verbundenen Gefahr lebensgefährlicher, kriegerischer Verwicklungen konnten und können Volkserhebungen in den Staaten des Warschauer Pakts nicht unterstützt werden. Es hat deshalb keinen Sinn, die Notsituation dort so zu verschärfen, daß die Belastungen für die Menschen unerträglich werden und es zur Explosion kommt. Während der Westen auf den Bänken gesicherten Wohlstands sich auf die Zuschauerrolle beschränkt, gibt es drüben Tote, Verwundete, massive Strafen und Verfolgungen. Ich jedenfalls konnte und kann aufgrund meiner von christlichem Gewissen geprägten Grundhaltung eine solche Politik nicht hinnehmen oder gar fördern. Dieses Motiv hat man vielleicht nicht richtig verstanden«.[13]

Wenn man von der betonten Berufung auf das christliche Gewissen absieht, könnten diese Sätze auch von Brandt, Bahr oder Schmidt stammen. Strauß' offener Übergang zu den Ostpolitikern erleichterte Kohl die »Kontinuität«: Der Häuptling und die Hoffnung der Opponenten in CDU und CSU hatte die Seiten gewechselt, die Grundsätze der Unionspolitik schmolzen dahin. »Keine Leistung ohne Gegenleistung« – das war nicht durchzuhalten, wenn man etwas erreichen wollte. Die demokratische Kampfansage an das diktatorische Regime mußte der Notwendigkeit weichen, mit diesem Regime zur Durchsetzung der eigenen Ziele zu verhandeln; und die Ziele waren nicht mehr nach dem Wünschbaren zu bestimmen, sondern nach dem Möglichen. Die sichtbaren Erfolge blieben meist bescheiden und mußten größer gemacht werden, als sie waren, weil die unsichtbaren Erfolge nicht meßbar waren und der Öffentlichkeit schwer vermittelt werden konnten. Oft mußte man Erfolge vertagen, weil das Prestige der DDR eine

[13] Franz Josef Strauß, Die Erinnerungen. Berlin 1989, S. 476.

schnelle Gegenleistung nicht zuließ; manchmal mußte man sogar darauf verzichten, weil es wichtiger war, im Gespräch zu bleiben und eine Notzeit zu überbrücken.

In seiner politischen Praxis unterschied sich Kohl kaum von seinen Vorgängern. Schon ein Jahr nach dem Milliardenkredit gewährte er einen zweiten; seine Kanzleramtsminister Philipp Jenninger und Wolfgang Schäuble verhandelten mit Ostberlin wie ihre sozialliberalen Vorgänger; Ziele wie Methoden blieben sich gleich; in kritischen Situationen telephonierte der Kanzler mit dem Generalsekretär. Helmut Schmidts Einladung an Honecker hatte er sogleich nach seiner Amtsübernahme erneuert.

So konnte Kohl, spürbar seit 1986, ernten, wo Brandt und Schmidt gesät hatten. Die Zahl der DDR-Besucher in der Bundesrepublik schwoll zu einem Umfang an, den die früheren Ostpolitiker kaum zu hoffen wagten. Die staatliche Teilung blieb im wesentlichen unberührt, befestigte sich sogar durch Gewöhnung an zwischenstaatlichen Umgang, doch das Gefühl für die Einheit der Nation wurde gestärkt. Sachsen und Thüringer, Brandenburger und Mecklenburger rückten den Westdeutschen näher, man lernte sich besser oder erstmals kennen. Auch innerhalb Deutschlands weitete sich der Horizont. So bestätigte auch Kohls Ostpolitik zwar die Teilung, durchbrach aber die Trennung. Eine Alternative gab es nicht, denn fast jeder wußte, daß eine Fortdauer der Trennung auch die Teilung noch mehr vertiefen würde.

Wie die Sozialdemokraten 1960 Adenauers Westpolitik übernahmen, so setzten nun Kohl und die Mehrheit der Unionsparteien fort, was Brandt begonnen und Schmidt konsolidiert hatte. Die neue Ostpolitik erfuhr ihre letzte und stärkste Bestätigung durch ihre einstigen Gegner. Und wie Adenauer dafür sorgte, daß seine Nachfolger »in fest vorgezeichneten Bahnen« blieben und von seiner Westpolitik nicht abwichen, so hatte Brandt eine ostpolitische Linie gezeichnet, der alle Kanzler nach ihm folgen mußten.

4. Die Verbündeten

Emanzipation ist immer Anlaß zur Sorge. Unbefangen betrachtet handelte es sich bei der Fortführung der Ostpolitik nur um eine Normalisierung im genauen Wortsinn: Indem die Bundesrepublik ein normales Verhältnis zum Ostteil Europas herstellte, holte sie nach, was Amerikaner und Westeuropäer schon in den sechziger Jahren begonnen hatten – aber wenn Deutsche das gleiche taten wie andere, erschien es nicht als das gleiche. Die Bundesrepublik beendete eine fast beispiellose Absurdität, als sie sich um Beziehungen und nachbarschaftliche Regelungen mit dem anderen Teil des eigenen Landes bemühte, niemand konnte dem widersprechen – aber wenn die Deutschen anfingen, die Köpfe zusammenzustecken, entstand sogleich der Verdacht, daß sie bald politisch zusammengehen und sich am Ende sogar vereinigen würden. Die Nachkriegsordnung Europas erschien bedroht.

An der Bündnistreue der Kanzler Schmidt und Kohl konnte es keinen Zweifel geben; beide strengten sich auch an, den Vorrang der Westbindung vor der Ostpolitik immer wieder zu beweisen und die Integration (West-)Europas voranzutreiben. Schmidts westpolitische Bilanz ist besser als seine ostpolitische; und für Kohl würde das gleiche gelten, wenn er nicht die Chance zur Vereinigung Deutschlands bekommen und genutzt hätte.

Dennoch blieben bei den Verbündeten Vorbehalte. Auch wenn Schmidt zu trauen war, durfte man der SPD trauen, in der eine neue Generation Einfluß gewann, für die nicht mehr der Ost-West-Konflikt und damit die Treue zum Westen die Basis aller Politik bildete? Was sollte man von sozialdemokratischen Politikern wie Egon Bahr halten, für die »gemeinsame Sicherheit« nicht nur das Bündnis bedeutete, sondern auch Organisation von Sicherheit gemeinsam mit dem Feind? Wie stark war die Friedensbewegung, die mehr gegen amerikanische als gegen sowjetische Raketen demonstrierte? Würde sich linker Pazifismus mit rechtem Nationalismus treffen? Und wie lange könnte eine Bundesregierung diesen Strömungen widerstehen?

Die Deutschen wurden, weil sie im Osten Boden gewannen, stärker, und deutsche Stärke war für ganz Europa schwer erträglich. Sie war es besonders deshalb, weil fast niemand sich vorstellen konnte, daß sich die Deutschen mit ihrer Teilung abgefunden hatten. Die Rhetorik der seit 1982 wieder regierenden Christdemokraten und besonders der CSU schien zu bestätigen, daß Wiedervereinigung doch das letzte Ziel der Bonner Politik sei. Und dieses Ziel konnte nur durch große Konzessionen an Moskau erreicht werden, durch ein neues Rapallo zu Lasten des Westens. Daß die Einheit bald fast umsonst zu haben war, vermochte sich bis Ende 1989 überhaupt niemand vorzustellen.

Diese und ähnliche Befürchtungen zeigten sich besonders in Frankreich. Paris blieb Bonns wichtigster Verbündeter in Europa, Schmidt wie Kohl entwickelten auch gute persönliche Beziehungen zu den Staatspräsidenten Giscard d'Estaing und Mitterand, aber Frankreich fühlte sich durch Bonns wachsenden Einfluß im Osten herausgefordert und suchte zu verhindern, daß die Deutschen dort zu stark würden. In der Afghanistan-Krise beeilte sich Giscard, vor Schmidt mit Breschnew zu sprechen und eine Vermittlung zu versuchen. Später plädierte Mitterand nachdrücklich für die Stationierung amerikanischer Mittelstreckenraketen in der Bundesrepublik, nicht zuletzt mit dem Hintergedanken, daß die deutsche Frage damit für einige Zeit blockiert würde. Als sie sich dann im Spätherbst 1989 doch stellte, traf sich der Staatspräsident mit Gorbatschow in Kiew, wo beide erklärten, die deutsche Frage stehe nicht auf der Tagesordnung. Kurz vor Weihnachten fuhr Mitterand nach Ost-Berlin; er war das erste und das letzte Staatsoberhaupt der drei Westmächte, das der DDR einen Besuch machte.

Die Sorge, Bonn könne um der deutschen Einheit willen die Westbindung lockern oder gar aufgeben, war zwar begreiflich, aber immer grundlos. Westdeutschland hatte sich unlösbar mit dem Westen verbunden, seine Sicherheits- und Wirtschaftserfordernisse erlaubten nichts anderes, die große Mehrheit der Bundesbürger dachte und lebte westlich, die jüngeren Generationen hatten sich von ihren Landsleuten im Osten entfremdet. Aber die Ostpolitik hatte einen Interessenunterschied zwischen der Bundesrepublik und ihren Verbündeten geschaffen, der vorher nicht bestand. Der Unterschied wurde um so größer, je ergebnisreicher diese Politik wurde, denn nun hatte Bonn im Osten, besonders im Ostteil Deutschlands, etwas zu verlieren, realen Vorteil und die Hoffnung auf weiteren Vorteil.

Gerade das Wichtigste, die Erfüllung humanitärer Vereinbarungen, konnte kaum eingeklagt werden, sondern blieb meist ins Ermessen der Partnerregierungen und manchmal sogar der lokalen Behörden gestellt. Wie viele »Deutschstämmige« dürfen aus der Sowjetunion und Polen ausreisen? Wie viele Ostdeutsche dürfen »in dringenden Familienangelegenheiten« in die Bundesrepublik kommen? Die Antwort hing großenteils davon ab, wie die Beziehungen zu Moskau, Warschau oder Ostberlin gerade waren. Bonn war, wenn auch nur in Grenzen, erpreßbar geworden – eine »nicht unehrenhafte« Lage, wie Klaus Bölling meinte[1]; in den Augen mancher Alliierter aber zeigte sich da eine bedenkliche Schwäche. Am Rhein allerdings wußte man: Wenn ein neuer Kalter Krieg entstünde, würden in Washington, Paris und London flammende Reden zu hören sein, aber auszuhalten hätten es die Deutschen.

Hinzu kamen wirtschaftliche Interessenunterschiede. Der Osthandel der Bundesrepublik (einschließlich DDR-Handel) machte zwar niemals mehr als acht Prozent des gesamten Außenhandels aus, doch er überstieg den Osthandel der Verbündeten beträchtlich. Wenn die Vereinigten Staaten Sanktionen gegen die Sowjetunion oder den ganzen Warschauer Pakt forderten, so kostete das Amerika wenig, die Westeuropäer etwas und die Bundesrepublik verhältnismäßig viel.

Die Deutschen hatten, wenn die Entspannung zu Ende ging, den größten Schaden zu erwarten. Aus dem Unterschied der Interessen ergab sich auch ein Unterschied der Auffassungen, besonders zwischen Bonn und Washington. Die Weltmacht betrachtete das Ost-West-Verhältnis global und hielt die Entspannung für unteilbar. Die Deutschen, wie viele andere Europäer, hatten vor allem Europa im Auge und wollten die dort mühsam errungene Entspannung bewahren. Die Großmacht Amerika setzte, weil sie Großmacht war, gern auf ihre Kraft. Sie forderte und drohte, verhängte Sanktionen und rüstete, um den Kreml zum Nachgeben zu zwingen; bei dessen Gefolgsstaaten »belohnte« sie die »liberalen« Regime und »bestrafte« die »dogmatischen«. Die Deutschen hingegen setzten auf die stille Wirkung goldener Fesseln. Zwei Staaten, die wirtschaftlich voneinander abhängen, führen keinen Krieg gegeneinander, sagte Helmut Schmidt zu Breschnew[2].

Wenn die Präsidenten Carter und Reagan versuchten, den Osthandel der Bundesrepublik zu beschneiden, um eine geschlossene Front gegen Moskau zu schaffen, widersetzten sich

[1] A. a. O. S. 93.
[2] Helmut Schmidt, Menschen und Mächte. Berlin 1987, S. 54.

westdeutsche Politik und Wirtschaft nicht nur, weil sie sich die Geschäfte nicht verderben lassen wollten. Es ging auch um eine langfristig gedachte Politik, die einen Gegner, den man nicht besiegen konnte, durch dessen eigene Interessen zur Zurückhaltung bringen und zur Kooperation ermuntern sollte. Allerdings wurde der Unterschied der »Philosophien« nie hinreichend deutlich, weil die deutschen Politiker meist bei formalen Ausreden Zuflucht nahmen und ihre Auffassung selten öffentlich darlegten. Man wagte nicht zuzugeben, daß die Bundesrepublik andere Interessen hatte als ihr großer Verbündeter. So breitete sich in Amerika, aber auch sonst, der Eindruck aus, die Deutschen seien entweder Krämerseelen, denen ihr Geschäft über alles gehe, oder Schwächlinge, die vor Moskau in die Knie gingen. Carters Sicherheitsberater Zbigniew Brzezinski sprach von einer »Selbstfinnlandisierung« der Bundesrepublik, und Außenminister Genscher wurde zur Verkörperung einer fragwürdigen Ost-Aktivität – man nannte es »Genscherismus«.

Kein Politiker in Bonn, gleich welcher Partei, konnte dem Konflikt zwischen Bündnisloyalität und ostpolitischer Notwendigkeit ausweichen. Nicht nur Helmut Schmidt, der außerdem noch ein gestörtes Verhältnis zu Präsident Jimmy Carter hatte, sträubte sich, an einer Verschärfung des Ost-West-Gegensatzes mitzuwirken. Helmut Kohl bemühte sich zwar, als er die Regierung übernahm, das alte Vertrauensverhältnis zu Washington wiederherzustellen; aber auch er weigerte sich, einen Vertrag mit Moskau zu kündigen, der die Lieferung von Spezial-Stahlröhren an die Sowjetunion und die Gegenlieferung von sowjetischem Erdgas vorsah. Kohl stimmte zwar einer Stationierung amerikanischer Mittelstreckenraketen in der Bundesrepublik zu, nachdem die Verhandlungen zwischen den USA und Moskau gescheitert waren, aber er wollte den Schaden begrenzen und geriet unvermeidlich in Gegensatz zu Washington, dessen Politik es war, der Sowjetunion Schaden zuzufügen. Als offenkundig wurde, daß auch Kohl die Beziehungen zur DDR vor den Großmächtekonflikten zu schützen versuchte, setzte er sich dem gleichen Verdacht aus wie sein Vorgänger: er unterlaufe die Politik der Allianz durch ein deutsch-deutsches Spezialverhältnis. Auch die Antwort aus Bonn war immer die gleiche. Moskau und die DDR haben achtzehn Millionen deutsche Geiseln in ihrer Gewalt.

So offen die Gegensätze zwischen der Bundesrepublik und ihren Verbündeten immer wieder hervortraten, den Kern der

Beziehungen verletzten sie nicht. Bonns Verhältnis zu Amerika besserte sich in dem Maße, in dem sich das Verhältnis Amerikas zur Sowjetunion besserte. Als Ronald Reagan am Ende seiner Amtszeit den Ausgleich mit Gorbatschow einleitete, liefen Washington und Bonn in ihrer Ostpolitik wieder parallel – erstmals seit zehn Jahren. Es war eine gute Voraussetzung für das Entscheidungsjahr 1990, als Deutschland plötzlich zu einer zentralen Frage für beide Großmächte und ganz Europa wurde.

5. Die Sowjetunion

Wenn die führenden Politiker der Sowjetunion und der Bundesrepublik ohne strenge Tagesordnung miteinander sprachen, kamen sie meistens bald zur Vergangenheit, in der zuerst die Deutschen den Russen und dann die Russen den Deutschen viel zugefügt hatten. So war es, als sich 1955 Chruschtschow und Adenauer begegneten, so war es später zwischen Breschnew und Brandt sowie Breschnew und Schmidt, schließlich auch zwischen Gorbatschow und Kohl, die am Krieg nicht mehr teilgenommen, ihn aber noch bewußt erlebt hatten. Die Offenheit, manchmal Härte, mit der die Erinnerungen und Gefühle aufbrachen, befreite beide Seiten und erleichterte die politischen Verhandlungen. Doch weder die russischen noch die deutschen Politiker konnten oder wollten die Erfahrungen, die sie miteinander gemacht hatten, ihren Völkern vermitteln.

So kam es den allermeisten Bundesbürgern gar nicht in den Sinn, daß auch mit der Sowjetunion Versöhnung nötig war. Die Westdeutschen kannten die Sowjetunion als Siegermacht, die Deutschland geteilt und die DDR unter ihrer Herrschaft hielt, vor allem aber als Bedrohung, gegen die man sich schützen mußte. Wer Furcht hat, kann sich kaum vorstellen, daß der andere auch Furcht hat; wer seine Landsleute Gewalt leiden sieht, will nicht erinnert werden, daß er selbst Gewalt geübt hat. So wurden die deutschen Verbrechen in Rußland verdrängt, kaum jemand wußte zum Beispiel, daß Weißrußland ebenso verheert worden war wie Polen.

Auf sowjetischer Seite hingegen blieb der Schrecken der Jahre 1941 bis 1944 in lebendiger Erinnerung (S. 33); der Schrecken, den die Rote Armee und der Stalinismus verbreitet hatten, wurde kaum bewußt, die Herrschaft über die DDR verstand man als Frucht eines opferreichen Kampfes. Wo beide Seiten verdrängten, meinte keiner, dem anderen etwas schuldig zu sein; auch wo die eigenen Untaten im Gedächtnis waren, sahen Russen und Deutsche auf die Untaten des anderen und glaubten, »quitt« zu sein. In den Bemühungen Bonns um Moskau blieb daher eine Lücke. Versöhnung als Aufgabe war, anders als bei Juden und auch Polen, kein Thema. Wenn es um die Sowjetunion ging, dann ging es nur um Politik und Wirtschaft[1].

Wie der Moskauer Vertrag den Schlüssel für Brandts Ostpolitik gebildet hatte, so war der Ausbau der Beziehungen zu Moskau das Kernstück aller weiteren Ostpolitik. Die Notwendigkeit, ein möglichst gutes Verhältnis zum Kreml zu entwickeln, bedurfte keiner näheren Begründung – es handelte sich um die zweite Weltmacht, und alles wesentliche, was Bonn im östlichen Europa anstrebte, war gegen Moskau nicht zu erreichen. Zwar verringerte sich die Abhängigkeit der sowjetischen Gefolgsstaaten im Laufe der Zeit, doch die Gefahr eines sowjetischen Veto blieb. Für Helmut Schmidt und Helmut Kohl behielt Moskau daher Vorrang vor den anderen Hauptstädten im Osten.

Die siebziger Jahre brachten beachtliche Fortschritte. Der Handel stieg von 1969 bis 1979 auf das Sechsfache, Tourismus und Kulturaustausch wuchsen beträchtlich, die Umsiedlung Deutscher verlief, nach sowjetischen Maßstäben, großzügiger. Das Bild, das beide Seiten voneinander bekamen, versachlichte sich hör- und sichtbar in den Medien, spürbar auch in der öffentlichen Meinung. Vor allem aber: wo es vorher nur diplomatische Beziehungen gab, entstand nun ein politisches Verhältnis, abzulesen schon an den Staatsvisiten. Die Bundesrepublik war das erste NATO-Land, das Breschnew im Mai 1973 besuchte, knapp ein Jahr nach der Ratifizierung des Moskauer Vertrages und noch vor seiner Amerika-Reise. 1977 ging er nach Paris, 1978 und 1981 kam er wiederum nach Bonn. Die Bundesrepublik wurde neben Frankreich, zeitweise vor Frankreich, zum wichtigsten westeuropäischen Partner der Sowjetunion. Moskau andererseits rückte für Bonn in den Kreis der Hauptstädte, mit denen ständige Abstimmung, wenn Übereinstimmung nicht möglich war, nötig erschien. Wer Kanzler werden wollte, fuhr nicht wie früher nur nach Washington, sondern auch nach Moskau.

Die Veränderungen waren groß, verglichen mit der Zeit vor 1970, doch sie blieben begrenzt. So überstiegen die sowjetischen Erwartungen die deutschen Möglichkeiten. Breschnew

[1] Erst 1989 erschien ein umfangreicher Sammelband, der die immaterielle Dimension der deutsch-sowjetischen und deutsch-russischen Beziehungen behandelt: Frieden mit der Sowjetunion – eine unerledigte Aufgabe. Dietrich Goldschmidt (Hrsg.), Gütersloh 1989.

entwarf schon bei seinem ersten Besuch in der Bundesrepublik eine fast gigantische Vision russisch-deutscher Zusammenarbeit. Die Nüchternheit, mit der deutsche Industrielle und Politiker reagierten, erschien den Russen als Kleinlichkeit, wenn sie an ihren eigentlichen Wunschpartner dachten: Amerika, wie die Sowjetunion ein Land von kontinentaler Dimension und weiten Horizonten im Denken und Handeln. Die Deutschen hatten jedoch aus Moskauer Sicht einige Vorteile. Sie waren zu schwach, um Rivalen zu sein, man konnte sie nutzen, ohne sie fürchten zu müssen. Sie waren Europäer und hatten mehr Verständnis und Interesse für gesamteuropäische Projekte. Und sie waren eben die Deutschen, die man seit Jahrhunderten kannte und als Helfer schätzte. Russen und Deutsche, schien es, ergänzten sich ideal: die Russen stark, groß und großzügig, die Deutschen sorgfältig, tüchtig und zuverlässig. Rußland unermeßlich reich an Naturschätzen, Deutschland reich an industrieller Erfahrung und Fertigkeit. Rohstoffe, Erdgas und Erdöl gegen moderne Technik und Großanlagen – das schien sich so wunderbar zu ergänzen, daß auch Machtpolitiker des Kreml ins Schwärmen geraten konnten.

Wirtschaftliche Zusammenarbeit war schon Chruschtschows Thema im Gespräch mit Adenauer und blieb auch in den siebziger und achtziger Jahren eines der Hauptinteressen der Sowjetunion. Moskau verfolgte dieses Interesse weitgehend unabhängig vom Stand der politischen Beziehungen, was gelang, weil die deutsche Seite ebenso dachte. Sogar wenige Wochen nach dem sowjetischen Einmarsch in Afghanistan besuchten deutsche Spitzenmanager Moskau, und die Bundesregierungen förderten, nicht zuletzt aus politischen Gründen, den Handel mit dem mächtigen Nachbarn.

Übereinstimmung herrschte zwischen Bonn und Moskau auch darüber, daß die Entspannung in Europa »unumkehrbar« werden müsse. Beide förderten die KSZE, wobei sich allerdings bald ein Gegensatz zeigte. Die Sowjetunion hatte vor allem die Bestätigung und Befestigung ihres imperialen Besitzstandes im Auge, die Deutschen hingegen wollten sich eine Wiedervereinigung nicht rechtlich verbauen lassen; wie sie dem Moskauer Vertrag den »Brief zur deutschen Einheit« hinzufügten, setzten sie in der Schlußakte von Helsinki das Recht auf friedliche und einvernehmliche Grenzänderung durch. Wichtiger, weil von praktischer Bedeutung, war ein anderer Interessenunterschied. Moskau betrieb, allerdings mit Unterbrechungen, den Ausbau gesamteuropäischer Institutionen und Strukturen, Bonn mußte und wollte den Ausbau der westeuropäischen Gemeinschaft voranbringen. Beide Vorhaben waren nur begrenzt vereinbar. Die Bundesrepublik stand zwischen der Absicht Moskaus, durch gesamteuropäische Projekte auch den westeuropäischen Zusammenschluß zu behindern, und den meist übertriebenen Befürchtungen der Westeuropäer vor dieser Absicht. Da solche Befürchtungen auch am Rhein verbreitet waren und die Westpolitik prinzipiell Vorrang hatte, versagte sich Bonn auch manchen sinnvollen Vorschlägen Moskaus wie einer gesamteuropäischen Verkehrskonferenz. Dennoch blieb die Bundesrepublik Moskaus bester und bevorzugter Partner, wenn es darum ging, Europa nicht an der Elbe enden zu lassen.

Weit mehr als begründet beschäftigten sich beide Regierungen mit Berlin. Das Vier-Mächte-Abkommen funktionierte zwar in seinen wesentlichen Teilen gut, gab aber in einigen kompromißhaften Bestimmungen Anlaß zu jahrzehntelangem Streit. Die Prinzipienreiter und Rechthaber beider Seiten überboten einander, bis die Standpunkte so dogmatisiert waren, daß – nur ein Beispiel – der Regierende Bürgermeister Westberlins nur deshalb Moskau nicht besuchte, weil man sich nicht einigen konnte, ob ihn die bundesdeutsche Botschaft dort betreuen dürfe oder nicht. Die deutschen Juristen sagten ja, denn Berlin werde im Ausland vom Bund vertreten; die sowjetischen Juristen sagten nein, denn Berlin sei kein Teil der Bundesrepublik. Ernstlich geschädigt wurden die Beziehungen durch diese Querelen nicht, aber stark gestört.

Zum Konflikt kam es zwischen Sowjetunion und Bundesrepublik durch ein fundamentales Mißverständnis in Sicherheitsfragen. Moskau stationierte seit Mitte der siebziger Jahre eine neue Generation von Mittelstreckenraketen, die Helmut Schmidt als wachsende Bedrohung empfand[2]. Doch in Moskau begriff man die Sorge des Kanzlers nicht oder wollte sie nicht begreifen. Auch die Amerikaner fühlten sich zunächst nicht alarmiert, nahmen bald aber die Sorgen ihres Verbündeten ernst und schlugen vor »nachzurüsten«, also ihre neuesten Mittelstreckenraketen als Gegengewicht in Westeuropa zu stationie-

[2] Die Problematik der »Nachrüstung« ist ausführlich dargestellt in einem anderen Band der Reihe ›Deutsche Geschichte der neuesten Zeit‹: Helga Haftendorn, Sicherheit und Stabilität. Außenbeziehungen der Bundesrepublik zwischen Ölkrise und NATO-Doppelbeschluß. München 1986.

ren. Ein Streit brach los, wie ihn die Bundesrepublik seit den fünfziger Jahren, als es um die Wiederbewaffnung ging, nicht mehr erlebt hatte: Werden die amerikanischen Raketen das Gleichgewicht wieder herstellen und Sicherheit schaffen? Oder werden sie in Europa ein Wettrüsten in Gang setzen, das Kriegsgefahr schafft? Eine Friedensbewegung entstand, die Hunderttausende bewegte, große Teile der SPD versagten ihrem Kanzler die Gefolgschaft. Die NATO faßte einen »Doppelbeschluß«: Wir verhandeln mit Moskau, damit es seine Raketen abbaut, wenn es das nicht tut, bauen wir unsere auf. Doch die alten Herren im Kreml begriffen immer noch nicht, daß hier eine sinnlose Konfrontation entstand. Die Verhandlungen scheiterten, und nun mußte stationiert werden, denn nun ging es nicht mehr um Strategie, sondern um den Zusammenhalt und die Handlungsfähigkeit der NATO.

Das Verhältnis zwischen Bonn und Moskau litt Schaden. Beide Seiten warfen einander vor, die Misere verschuldet zu haben, die Russen mit ihrer rücksichtslosen Raketenrüstung gegen Westeuropa, Helmut Schmidt mit seiner unbegründeten Alarmierung der Amerikaner. Die deutschen Politiker verzweifelten an der Starrköpfigkeit des Kreml, der auf keinen Verständigungsversuch reagierte, auch Willy Brandt hatte nichts ausrichten können. Die sowjetischen Politiker wiederum erregten sich, daß die gefährlichsten US-Raketen allein in der Bundesrepublik Platz finden sollten, und sprachen wieder von deutschem Revanchismus. Zugleich hofften sie auf die Friedensbewegung, die sie zu unterstützen suchten, was in Bonn wiederum Regierung und Opposition verärgerte. Die Bemühungen Schmidts wie Kohls, die Beziehungen nicht auf Politik und Wirtschaft zu konzentrieren, sondern auf möglichst viele Lebensgebiete auszudehnen, blieben erfolglos. Moskau verengte das Verhältnis auf die Raketenfrage, und als das keine Frage mehr war, weil die Stationierung begann, trat Stagnation ein.

Sie dauerte bis zum Ende der achtziger Jahre, doch es war eine Stagnation auf höherem Niveau als in den Fünfzigern und Sechzigern. Mit dem Moskauer Vertrag war eine gemeinsame feste Basis entstanden, die keine Seite in Frage stellte und die sich als so tragfähig erwies, daß sich das Verhältnis zwar trübte, aber nicht mehr feindselig wurde. Auch wenn die Politiker nichts voranbrachten, blieben sie doch im Gespräch: Schmidt und Breschnew besuchten einander sogar bald nach dem sowjetischen Einmarsch in Afghanistan, Gromyko nahm Anfang

1983 in Bonn die neue Bundesregierung in Augenschein, im Sommer fuhr Kohl nach Moskau und nutzte in den folgenden Jahren die Trauerfeiern für die Generalsekretäre Andropow und Tschernenko, um wenigstens den persönlichen Kontakt zu halten oder herzustellen. Außenminister Genscher betrieb unermüdlich Reisediplomatie im gesamten Osten Europas, um die Beziehungen möglichst unbeschädigt durch die schlechten Zeiten zu bringen. Auch die Sozialdemokraten setzten ihre Ostpolitik fort, vor allem Brandt und Bahr sprachen mit der jeweiligen Moskauer Führung.

Als Gorbatschow im Frühjahr 1985 das Regiment übernahm, besserte sich zunächst nichts. Der neue Generalsekretär konzentrierte sich auf die Vereinigten Staaten; und als er sich Westeuropa zuwandte, umging er die Bundesrepublik, deren Kanzler mehr Deutschland- als Ostpolitik betrieb und sich aufs Abwarten verlegt hatte. Aber Kohl war sich sicher, daß die Bundesrepublik auf die Dauer nicht zu umgehen war. Im Sommer 1986 ebnete Hans-Dietrich Genscher den Weg, aber dann verglich der Kanzler Gorbatschow mit Goebbels und blockierte die beginnende Annäherung. Erst das Jahr 1987 brachte eine Wende. Fachminister unterzeichneten Fachverträge in Moskau, Bundespräsident Richard von Weizsäcker fuhr zum Staatsbesuch dorthin, und am Jahresende kam sogar Franz Josef Strauß. 1987 war das Jahr, in dem Honecker das sowjetische Einverständnis zu einem offiziellen Besuch der Bundesrepublik erhielt.

Danach ging es aufwärts bis zum Bonner Gipfel mit der »Bonner Erklärung« vom 13. Juni 1989[3]. Die ideologischen Schranken waren teilweise gefallen, die Abrüstung befand sich auf gutem Weg, beide Seiten wünschten dringend einen neuen Anfang. Gorbatschow war innenpolitisch zwar schon geschwächt, aber noch keineswegs gescheitert, er genoß in der Bundesrepublik Sympathie wie kein sowjetischer Staatsmann zuvor; die »Gorbimanie« ging fast so weit ins Extrem, wie es vorher das Mißtrauen gegen die früheren Herren des unheimlichen Ostens getan hatte. Zwanzig Jahre wechselnde, aber undramatische Beziehungen hatten ihre Wirkung getan, die Russen erschienen zwar noch fremd, aber nicht mehr gefährlich – im Gegenteil: die Fremdheit machte sie interessant. Alles schien gut zu werden zwischen Deutschen und Russen, die gemeinsam

[3] Bulletin 15. 6. 1989, S. 542–44.

am großen »Europäischen Haus« bauen wollten. Von der Einheit Deutschlands sprach der Kanzler nur in einer besinnlichen Abendstunde, als er mit seinem Gast auf den Rhein blickte: Wie der Fluß unter ihnen zum Meer gehe, so gehe der Fluß der Geschichte zur deutschen Einheit; man könne ihn viele Jahre lang aufhalten, aber nicht für immer[4].

Ob Kohl im Sommer 1989 die staatliche Einheit meinte oder, wie sonst, die Einheit der Nation, ließ er offen, als er 1991 von diesem Gespräch erzählte. Was er im Juni 1989 mit Gorbatschow vereinbarte und plante, richtete sich nicht auf Deutschland, sondern auf Europa. Seine Politik blieb ganz in den Bahnen, in denen Bonns Politik seit der großen Koalition von 1966 lief: In Europa sollte ein »Zustand des Friedens« geschaffen werden, der den Deutschen eine Chance zur Selbstbestimmung eröffnete. Der Kanzler wie der Generalsekretär ahnten nicht, daß sich die deutsche Einheit wenige Monate später ihren eigenen Weg bahnen würde. Doch die gute Beziehung, die sie nun zueinander gefunden hatten, war eine große Hilfe für das Jahr 1990, als das Verhältnis zwischen Russen und Deutschen seine schwerste Bewährungsprobe bestehen mußte[5].

---

[4] Timothy Garton Ash, Im Namen Europas. Deutschland und der geteilte Kontinent. München 1993, S. 176–77, 678.
[5] So auch Gorbatschows außenpolitischer Berater Anatoli Tschernajew, Die letzten Jahre einer Weltmacht. Der Kreml von innen. Stuttgart 1993, S. 259.

6. Polen

Das Verhältnis zur Sowjetunion bildete den wichtigsten Teil der Ostpolitik, das Verhältnis zu Polen den schwierigsten. Polen und Deutsche trennte nicht nur, was sie einander in der Vergangenheit angetan hatten, die blutige Okkupation Polens und die Vertreibung der Deutschen; das Verhältnis litt auch unter dem Übergewicht, das die Bundesrepublik durch wirtschaftliche Blüte und ihre starke Stellung im Westen hatte. Die Vergewaltiger von einst waren schon wieder die Stärkeren – eine historische Ungerechtigkeit im Empfinden vieler Polen, die nahelegte, die deutsche Überlegenheit durch Hervorhebung der deutschen Schuld auszugleichen. Die Warschauer Führung schwankte, sie fürchtete die Deutschen, aber brauchte sie auch, einerseits sorgte sie sich vor neuem »Revanchismus«, andererseits vor der alten Mißachtung und Gleichgültigkeit der Deutschen gegenüber Polen. In der polnischen Politik mischten sich Überzeugung und Taktik; wirkliche Furcht und Ausnutzung der Furcht waren kaum mehr zu unterscheiden, hinzu kamen die Rücksicht auf Moskau und Vorsicht gegenüber der DDR, die bis ins Detail beobachtete, wie und wo sich Warschau mit Bonn verständigte. Während Deutsche oft vorschnell von Aussöhnung redeten, sprach man in Warschau von einer Stufenfolge, die von einer Normalisierung über Verständigung schließlich zu einer Aussöhnung führen könne.

In der Bundesrepublik bestimmten zwei Minderheiten das Bild. Kleine, aber sehr engagierte Gruppen, oft in Gesellschaften organisiert, bemühten sich um Verbindung, Austausch und wechselseitiges Verständnis; Institutionen fast jeder Art suchten Kontakt zu polnischen Institutionen; der Reiseverkehr führte nicht nur viele Ostdeutsche in ihre alte Heimat, sondern auch Westdeutsche, die »den Osten« kennenlernen wollten, nach Warschau und Krakau, nach Breslau und Danzig. Die zweite Minderheit setzte sich aus Ost-Vertriebenen und Konservativen in CDU und CSU zusammen. Sie meinte, unter den sozialliberalen Regierungen sei zu viel von den Leiden der Polen und zu wenig vom Schicksal der Vertriebenen die Rede, verlangte Minderheitenrechte für die Deutschen, die noch in Polen lebten, und stellte die Endgültigkeit des Warschauer Vertrages in Frage.

Die große Befriedigung, die der Vertrag und Brandts Warschaubesuch geschaffen hatten, wich sehr bald beiderseitiger Enttäuschung. Am Rhein wie an der Weichsel hatte man sich Illusionen gemacht: Die Polen erwarteten von Bonn großzügige Wirtschaftshilfe, die Deutschen erwarteten von Warschau großzügige Gewährung von Ausreisen für deutsche Umsiedler. Beide Erwartungen waren gerechtfertigt, aber beide Regierungen zeigten sich außerstande, einen großen, befreienden Schritt zu tun. Bald wucherte jeder mit seinem Pfund: Weniger Ausreisen, wenn nicht mehr Geld kommt; weniger Geld, wenn nicht mehr Ausreisen erlaubt werden. Alle Beteiligten, sogar die meisten Journalisten, verdeckten und beschönigten den peinlichen Handel, aber jeder wußte, daß es ein Handel war.

Im Hintergrund standen auf beiden Seiten nationale Gefühle. Die Polen bezeichneten Schlesien, Pommern und Ostpreußen als die »urpolnischen Westgebiete«, nun sollten sie, nach 25 Jahren, zugeben, daß dort noch Deutsche lebten. Die Deutschen wiederum betrachteten diese Gebiete als altes deutsches Land und empörten sich, wenn Polen die dort noch lebenden Deutschen für sich beanspruchte und nicht ausreisen ließ. Dabei wurde – gegen den Willen der Bundesregierung – die Zahl der Umsiedler bald zum Erfolgsmaßstab der Ostpolitik. Wer praktisch mit dem Problem zu tun hatte, erkannte jedoch, daß es großenteils unlösbar war. Nach so langer Zeit bedeutete jede Familienzusammenführung auch eine Familientrennung, und es wurde immer weniger möglich, mit dem Kriterium der »unbestreitbaren deutschen Volkszugehörigkeit« zu arbeiten.

Aber das war noch nicht alles. Polnische KZ-Opfer forderten Wiedergutmachung, polnische Zwangsarbeiter verlangten von der deutschen Sozialversicherung Renten. Auch hier waren starke Gefühle beteiligt, nicht nur bei Polen, die sich ihrer Leiden erinnerten, auch bei den Deutschen. Brandt hatte schon 1970 zu Gomulka gesagt: Zwar habe das polnische Volk »unsäglich gelitten, doch nach dem Krieg waren ihm große deutsche Gebiete überantwortet worden; die Flüchtlinge und Heimatvertriebenen hatten Eigentum von einem kaum mehr zu schätzenden Wert zurückgelassen.«[1]

Seit 1973 suchten die Regierungen, alle Streitfragen als »Paket« zu lösen. Da der Finanzminister Schmidt dafür noch nicht das Verständnis hatte wie später der Kanzler Schmidt, gelang

[1] Brandt, Begegnungen, S. 539.

erst nach langem, ebenso unnötigem wie unerfreulichem Gepoker beider Seiten der Kompromiß. Am Rande des KSZE-Gipfels im Juli 1975 traf sich Schmidt mit dem polnischen Parteichef Edward Gierek und fand in einer langen finnischen Nacht einen Ausgleich der Interessen: eine Milliarde Mark Finanzkredit für Polens Wirtschaft; 1,3 Milliarden Mark als pauschale Abgeltung der polnischen Rentenansprüche; Ausreisegenehmigung für 120 000 bis 125 000 Deutschstämmige innerhalb von vier Jahren.

Danach ging es sichtlich aufwärts. Gierek kam zu großem Staatsbesuch in die Bundesrepublik, von den Polen als Aussöhnungsschritt mit de Gaulles Besuch im Jahre 1963 verglichen. Die Beziehungen entwickelten sich, nicht allein zwischen den Staaten, auch zwischen den Menschen. Ende des Jahrzehnts war ein Zustand erreicht, in dem die polnischen Behörden, obwohl sie es wünschten, den Überblick über die Vielzahl der Begegnungen, Veranstaltungen und Verbindungen verloren hatten[2]. Deutsche und Polen kamen einander näher als je zuvor in diesem Jahrhundert; die Vorbehalte verschwanden keineswegs, aber sie verringerten sich, besonders bei der Jugend. Es gelang sogar, was mit keinem anderen Oststaat auch nur versucht wurde, eine gemeinsame Empfehlung polnischer und deutscher Professoren zur Entrümpelung der Schulbücher von nationalen Befangenheiten. Die scharfe Kritik auf beiden Seiten bewies die Qualität der Arbeit.

Als sich Anfang der achtziger Jahre die staatlichen Beziehungen wieder trübten, stand im Hintergrund zwar die große Ost-West-Krise, aber stärker wirkten innenpolitische Veränderungen. In Bonn regierten seit dem Herbst 1982 die einstigen Gegner der Ostpolitik, in Polen hatte die Gewerkschaft Solidarność das ganze Land verwandelt. Die Freiheitsbewegung erregte in der Bundesrepublik Bewunderung, aber auch die Sorge, ob das »gutgehen« könne. Als General Jaruzelski dann den Ausnahmezustand, genannt Kriegsrecht, verhängte, fand er in Bonn zwar keine Zustimmung, aber bei SPD und FDP mehr Verständnis als sonst im Westen: Bis dahin hatte Moskau jede Freiheitsregung in seinem Machtbereich gewaltsam unterdrückt –

[2] Soweit ein Überblick möglich ist, vermitteln ihn Werner Plum (Hrsg.), Ungewöhnliche Normalisierung. Beziehungen der Bundesrepublik Deutschland zu Polen. Bonn 1984, und Winfried Lipscher, Bundesrepublik Deutschland-Volksrepublik Polen. Kulturelle Zusammenarbeit. Darmstadt 1982.

war nicht ein polnisches Kriegsrecht besser als ein Einmarsch der Sowjetarmee und vielleicht sogar deutscher Soldaten im Feldgrau der DDR-Streitkräfte?

Die Sozialdemokraten hatten sich mit den Warschauer Regenten allmählich arrangiert; mit ihnen hatten sie den Weg zur Verständigung frei gemacht und zu manchen sogar ein gewisses Vertrauensverhältnis entwickelt. Dabei erlagen sie dem gleichen Irrtum wie die meisten im Westen: Sie überschätzten die Macht Moskaus und unterschätzten die Möglichkeiten politischer Opposition im östlichen Mitteleuropa. Sie hielten das Kriegsrecht für ebenso bedauerlich wie unvermeidlich, pflegten ihre Beziehungen zur Warschauer Führung weiter und ignorierten die Opposition – es kam zu peinlichen Szenen. Gerade von einer linken Partei hatte die bedrängte und isolierte Solidarność Solidarität erwartet – die Kränkung saß tief und hielt lange an. Sie beschädigte das Ansehen, das sich die Schöpfer des Warschauer Vertrags in Polen erworben hatten, stark; sogar das Bild des bewunderten Willy Brandt blieb nicht unversehrt.

Die Christdemokraten waren rigoroser in ihrem Antikommunismus und nie gezwungen gewesen, mit der kommunistischen Führung in Warschau zu verhandeln. Sie hatten es leichter, aber vermochten die Chance, die ihnen der Prestigeverlust der Sozialdemokraten bot, nur wenig zu nutzen. Als die Union im Herbst 1982 die Regierung übernahm, bekamen die Grenzgegner neuen Mut[3]. Die CSU, der konservative Teil der CDU und die Vertriebenenverbände betonten noch stärker als früher: Der Warschauer Vertrag gelte nur für die Bundesrepublik; solange nicht ein Friedensvertrag mit Gesamtdeutschland die Grenze festlege, sei Schlesien daher deutsch und die deutsche Frage erstrecke sich auch auf die deutschen Provinzen östlich von Oder und Neiße. Der Sinn des Vertrages, die endgültige Bestätigung der Grenze, war ins Gegenteil verkehrt.

Nicht nur der bayerische Ministerpräsident Franz Josef Strauß, sondern auch die CSU-Bundesminister Friedrich Zimmermann und Theo Waigel argumentierten so; und da Bundeskanzler Kohl sie gewähren ließ und sich selbst nie mit letzter Klarheit äußerte, mußten sich die Polen fragen, wie ernst das »pacta sunt servanda« der neuen Bonner Regierung zu nehmen

---

[3] Die Auseinandersetzungen innerhalb der Unionsparteien über die Oder-Neiße-Grenze beschreibt Matthias Zimmer, Nationales Interesse und Staatsräson. Zur Deutschlandpolitik der Regierung Kohl 1982–1989, S. 130 ff., 144.

sei. Auch Kohl mißfielen die schrillen Töne in seiner Partei, er versuchte hinter den Kulissen, die Gegensätze in der Union zu mildern, doch am Ende überwog die Parteiräson immer die außenpolitische Notwendigkeit. Das fiel um so leichter, als Polen unter dem Kriegsrecht sein früheres Ansehen im Westen eingebüßt hatte. Der Kanzler übersah allerdings, daß über ihre Westgrenze alle Polen gleich dachten, auch die Anhänger von Solidarność.

Polens innere und äußere Schwäche erwies sich auch sonst als Hindernis für die westdeutsch-polnischen Beziehungen. Jaruzelski war bedrängt von der Opposition im Lande, zur Rücksicht gezwungen auf Moskau, mißachtet und isoliert im Westen und eifersüchtig auf Honecker, der die polnische Rolle als östlicher Vorkämpfer für Entspannung usurpierte. Jaruzelskis Spielraum blieb begrenzt, und wie am Rhein Vertriebenenpolitiker und Nationalkonservative eine Rolle spielen konnten, die sie vorher nicht hatten, so verstärkten an der Weichsel die nationalistischen Deutschland-Ankläger ihren Einfluß. Beide bekamen ihre Chance durch die veränderten Verhältnisse in ihrem Lande, beide arbeiteten einander aber auch ungewollt in die Hände, indem sie sich gegenseitig wichtiger machten, als sie waren. Die einen schlugen auf die Kommunisten in Warschau, was erlaubte, deutsch-nationale Forderungen zu stellen, die anderen schlugen auf die Revanchisten, was ermöglichte, die Diktatur der Generäle und das Bündnis mit Moskau zu rechtfertigen. Der wirtschaftliche Austausch litt unter den großen Schulden, die allzu unbesorgte Kreditnahme und -vergabe in den siebziger Jahren verursacht hatte. Das politische Verhältnis litt unter neu erwachtem wechselseitigem Mißtrauen und allmählicher Ermüdung. Das Interesse aneinander ließ nach. Die Regierung Kohl sah ohnehin weit mehr auf Ostberlin und Moskau als auf Warschau und Prag, und die Regierung Jaruzelski war vor allem mit den Nöten des eigenen Landes beschäftigt.

Dennoch galt auch hier, was schon für das Verhältnis zur Sowjetunion gesagt wurde: Es war eine Stagnation auf höherem Niveau. Vor allem hielt zwischen Polen und Westdeutschen das Netz der informellen und halb legalen Beziehungen, das im ersten Jahrzehnt nach dem Warschauer Vertrag entstanden war. Vieles wurde nur noch informeller und noch weniger legal, aber die meisten »Drähte« rissen nicht. Jaruzelskis »Kriegsrecht« war ein polnisches Kriegsrecht, das manche Lücken ließ und manche lassen sollte. So bildete sich ein wohltätiger Unterschied heraus. »Oben«, zwischen Politikern und Diplomaten, stritt man sich über Ortsnamen, Gelder und Grenzen, »unten« verkehrte man von Mensch zu Mensch. »Oben« verhandelte man über Normalisierung, »unten« herrschte bereits viel Normalität. Die Völker waren weiter als ihre Regierungen.

In der zweiten Hälfte der achtziger Jahre hellte sich auch das trübe Klima zwischen den Staaten ein wenig auf. Jaruzelski entwickelte ein gutes Verhältnis zu Gorbatschow und leitete eine innenpolitische Entspannung ein. Mitte 1988 waren sich die Regierung wie die noch illegale, aber wirksame Opposition klargeworden, daß keiner den anderen niederzwingen konnte und beide einen Kompromiß brauchten. Im April 1989 wurde Solidarność wieder legalisiert, am »Runden Tisch« vereinbarten Regierung und Opposition freie Wahlen (aber mit teilweise vorbestimmtem Ergebnis), Mitte Juni hatte Solidarność die Wahlen haushoch gewonnen, und am 24. August 1989 hatte Polen den ersten nicht-kommunistischen Ministerpräsidenten im Sowjetbereich.

Die innere Befreiung Polens schuf eine gute Voraussetzung, auch das westdeutsch-polnische Verhältnis von seiner Verkrampfung zu befreien. Am 1. September 1989 gedachte Polen des deutschen Überfalls vor fünfzig Jahren, Bundespräsident Richard von Weizsäcker wollte nach Warschau fahren, er war nach seiner großen Rede zum vierzigsten Jahrestag des Kriegsendes der überzeugendste Vertreter des deutschen Verständigungswillens, er kannte Polen und war dort bekannt. Doch Bundeskanzler Kohl verhinderte die Reise des Präsidenten, er wünschte keine große Geste zu einem so heiklem Datum und gönnte auch seinem ungeliebten Nachbarn in der Villa Hammerschmidt nicht den ersten Auftritt.

Im November fuhr Kohl selbst nach Polen, doch die Geste, die dort von ihm erwartet wurde, kam nicht. Der Kanzler spürte die Besorgnisse seiner Gesprächspartner vor einer Vereinigung Deutschlands. So verhaßt den meisten Polen die DDR war und so gern sie die sowjetisch-deutsche Barriere zwischen sich und dem Westen fallen sahen, so sehr sorgten sie sich auch, wieder zwischen die Mühlsteine Rußland und Deutschland zu geraten. Brandts Warschauer Vertrag war durch die ständige Umdeutung bei CDU und CSU halb entwertet, die Grenze war wieder zur Lebensfrage Polens geworden. Horst Teltschik, Kohls engster außenpolitischer Berater und Helfer, berichtet über den Kanzlerbesuch: »Die Grenzfrage begleitete uns in Polen auf Schritt und Tritt. Aussöhnung zwischen Deutschen und Polen wird so lange nicht möglich sein, wie dieses erdrückende Problem den Weg zueinander versperrt. Der ständige Verweis auf die Rechtslage reicht nicht aus, auch nicht der unermüdliche Versuch des Bundeskanzlers, um persönliches Vertrauen zu werben. Die Polen fühlen, daß er es ehrlich meint. Aber warum sagt er nicht das für sie erlösende Wort?«[4]

Er sagte es noch über ein halbes Jahr lang nicht und geriet deshalb auch mit dem neuen polnischen Ministerpräsidenten in scharfen Gegensatz. Tadeusz Mazowiecki war Christ, Demokrat und bewährter Verfechter polnisch-deutscher Verständigung, Kohl hatte einen Partner, wie kein Bonner Ostpolitiker ihn je zuvor hatte. Bei ihm fand er sogar Verständnis für seinen Wunsch, den noch in Polen lebenden Deutschen Minderheitenrechte zu gewähren. Doch in der Grenzfrage zwang der Kanzler Mazowiecki in einen grotesken Streit: Sollte ein Vertrag, der die Oder-Neiße-Grenze auch für Gesamtdeutschland bestätigt, vor oder nach der Vereinigung ausgehandelt werden? Mazowiecki verlangte das erste, das gesamtdeutsche Parlament solle den unterschriebenen Vertrag lediglich ratifizieren. Kohl beharrte darauf, erst die gesamtdeutsche Regierung könne den Vertrag aushandeln. Die Polen wollten absolute Gewißheit, bevor Deutschland vereinigt würde; der Kanzler wollte die vollzogene Vereinigung, bevor er seiner Partei und seinen rechten Wählern einen Grenzvertrag ohne jede Hintertür zumutete. Am liebsten hätte er auch noch die Bundestagswahlen im Dezember 1990 abgewartet und erst danach die Verhandlungen mit Warschau aufgenommen[5]. Mazowiecki suchte internationale Hilfe nicht nur in Paris und Washington, sondern sogar in Moskau; als Kohl sich nicht rührte, forderte er schließlich: Die Vier-Mächte-Verantwortung für Deutschland müsse erhalten bleiben, bis der Grenzvertrag mit Polen ratifiziert sei[6].

Aber der Kanzler war in der stärkeren Position und gewann den absurden Zweikampf. Außer Bush, der sich neutral verhielt, waren fast alle gegen ihn: Sein Freund Mitterand, mit dem er sich ernstlich zerstritt, seine kühle Kontrahentin Margaret Thatcher, sein neuer Parteifreund, der DDR-Ministerpräsident

---

[4] Horst Teltschik, 329 Tage. Innenansichten der Einigung. Berlin 1991, Taschenbuchausgabe 1993, S. 30, 13–16.
[5] Teltschik a. a. O. S. 359.
[6] Teltschik a. a. O. S. 311.

de Maizière, und sein Koalitionspartner Genscher – es sei der »brisanteste Sprengsatz« für das Regierungsbündnis gewesen, heißt es aus Genschers Umgebung[7]. Kohl blieb unbeirrbar. Fast alle verlangten von ihm ein unzweideutig klares Wort zur Grenze, doch er sträubte sich bis zum Juni 1990, als er seiner Partei und den Vertriebenen-Politikern sagen konnte: »Entweder wir bestätigen die bestehende Grenze, oder wir verspielen heute und für jetzt unsere Chance zur deutschen Einheit.«[8] Am 14. November, einen Monat nach der Vereinigung, unterzeichneten die Außenminister in Warschau einen Vertrag, mit dem nun auch das vereinte Deutschland die Westgrenze Polens unwiderruflich anerkannte. Der Inhalt glich dem Warschauer Vertrag, teilweise sogar bis in den Wortlaut. Dennoch bestand ein Unterschied. Brandt hatte das Unvermeidliche getan, um Verständigung mit Polen zu ermöglichen; Kohl leistete den nationalen Verzicht erst, als er ihn mit einem nationalen Erfolg rechtfertigen konnte.

[7] Richard Kiessler/Frank Elbe, Ein runder Tisch mit scharfen Ecken. Der diplomatische Weg zur deutschen Einheit. Baden-Baden 1993, S. 116–17.
[8] Texte, Reihe III, Band 8 a, S. 400. Vorher hatte der Kanzler führende Unions- und Vertriebenenpolitiker zu einem vertraulichen Gespräch geladen, wo er ebenso argumentierte. Teltschik a. a. O. S. 270, vgl. S. 264.

7. Die DDR

Die neue Ostpolitik hat die DDR außenpolitisch befreit und innenpolitisch gefährdet. Sie ermöglichte dem zweiten deutschen Staat, auch im Westen politisch Fuß zu fassen, doch er konnte sich dem Westen nicht mehr wie früher verschließen und mußte dessen wachsenden Einfluß ertragen.

Emanzipation

Bis zu ihrer Anerkennung im Jahr 1973 hatte die DDR ihre außenpolitische Energie fast ganz auf den Kampf für die Anerkennung konzentriert, für mehr blieben kaum noch Kraft und Gedanken. Erst als ihr Bestand nicht länger bezweifelt war, wurde sie fähig, ihre Interessen so zu bestimmen, wie es ihrer Lage im Zentrum Europas entsprach. Erst jetzt vermochte sie nachzuholen, was Polen, Rumänen und Ungarn, auch Tschechen und Bulgaren schon lange vorher begonnen hatten.

Wie die Bundesrepublik nach den Ostverträgen Botschafter in alle Länder des Ostens entsenden konnte, so durfte die DDR nun erstmals im Westen diplomatisch auftreten. Sie bemühte sich, den Beziehungen wirtschaftliche und politische Substanz zu geben; Honeckers, auch persönlicher, Ehrgeiz richtete sich darauf, überall Staatsbesuche zu machen, was ihm in den achtziger Jahren auch gelang. Zuerst wurde er in den kleineren Ländern Westeuropas empfangen, auch im fernen, aber wichtigen Tokio, und schließlich sogar in Bonn und Paris. Seine Traumziele, London und vor allem Washington, erreichte er nicht mehr.

Mit der Möglichkeit, auch im Westen Politik zu machen, erweiterte sich der Horizont. Vor ihrer Anerkennung war die DDR, abgesehen von Albanien, der am wenigsten europäische Staat Europas. Ulbricht unterlief 1968 ein Versprecher, der verriet, daß er unter Europa das gleiche verstand wie Adenauer, nämlich nur Westeuropa[1]. Während alle Staaten im Osten europäische Pläne und Wünsche entwickelten, blieb die DDR fixiert

[1] Ulbricht sprach von »Hegemonie des westdeutschen Imperialismus nicht nur über Europa, sondern bis zum Bug«. Neues Deutschland v. 21. 6. 1968.

auf den Feind in Bonn und den Freund in Moskau; der eine bestritt ihr das Daseinsrecht, der andere garantierte es. »Europa« erschien als Aufweichung der Klassenfronten, war bestenfalls benutzbar zur Begründung einzelner DDR-Interessen. Aber schon 1975, auf der gesamteuropäischen Gipfelkonferenz in Helsinki, beschrieb Honecker die DDR als »sozialistischen Staat im Herzen Europas«[2]. Zehn Jahre später empfahl er sie den Franzosen nicht mehr ideologisch, sondern nur noch europäisch: »Die Existenz der beiden (deutschen, P. B.) Staaten ist ein wesentliches, unverzichtbares Element der europäischen Nachkriegsordnung, ihrer Stabilität.«[3] Honecker spekulierte auf das Interesse westlicher Regierungen an der Teilung Deutschlands: Die DDR garantiert sie, sichert das Gleichgewicht in Europa und ermöglicht Frieden, Entspannung und Ruhe.

Solche Äußerungen waren mehr als Diplomatie, die Führung in Ostberlin hatte ihre Interessen neu definiert. Früher empfand sich die DDR als Frontstaat ihres »Lagers«, fühlte sich am meisten bedroht und drängte am meisten auf militärische Stärke. Jetzt fürchtete sie, Opfer militärischer Konfrontation zu werden, und wünschte Abbau der Rüstungen. Früher galt ihr Entspannung als imperialistischer Trick, jetzt suchte auch sie ihr Heil in Entspannung. Früher sah sie eine Kriegsgefahr allein in der Politik des Westens, nach dem sowjetischen Einmarsch in Afghanistan zeigte sie sich besorgt, daß ein außereuropäischer Konflikt der Großmächte auf Europa übergreifen könnte.

Wie bei anderen Ost-Regierungen verbarg sich hinter europäischen Reden auch ein Drang nach Westen. Der Ausbau guter Beziehungen, vor allem zu den kleineren Staaten Westeuropas, interessierte Honecker mehr als die dauernd beschworene »Freundschaft« mit den kleineren »Bruderländern« im Osten. Nicht nur um die Wirtschaft und Politik ging es den deutschen Kommunisten, sondern auch um soziale Anerkennung: Die DDR, und damit auch ihre Regenten, wollte in die »Gesellschaft« der etablierten Staaten Westeuropas aufgenommen werden; der »Arbeiter- und Bauernstaat« sollte nicht nur gleichberechtigt sein, sondern auch gleich geachtet. Und das um so mehr, als die DDR – im Unterschied zu Polen oder Rumänien –

[2] Hans-Adolf Jacobsen (Hrsg.), Sicherheit und Zusammenarbeit in Europa (KSZE). Analyse und Dokumentation 1973–1978. Köln 1978, S. 799.
[3] Interview mit Le Monde, Neues Deutschland v. 8. 6. 1985.

als bloßer Satellit Moskaus galt und ihr der Ruch des »Mauer-
staats« anhing; sogar bei seinen Staatsbesuchen bekam Honekker das zu spüren. Ganz allmählich, in den achtziger Jahren,
gelang es Ostberlin, die skeptischen Westregierungen davon zu
überzeugen, daß es nicht in sowjetischem Auftrag, sondern im
eigenen Namen auftrat. Sogar in Amerika begann man, sich für
die DDR zu interessieren. Die Mauer jedoch bezeichnete die
Grenze, die der Westpolitik des SED-Staates gesetzt blieb: Er
mußte sich abschotten von denen, die er umwarb, und hinderte
damit Westeuropäer und Amerikaner, die DDR als authenti-
sches zweites Deutschland zu respektieren[4].

Die Hauptschwierigkeiten für die neue Außenpolitik Ost-
Berlins lagen jedoch in Moskau. Spiegelverkehrt erging es der
DDR mit ihrer Westpolitik ähnlich wie der Bundesrepublik mit
ihrer Ostpolitik: Die Verbündeten befürchteten, daß »ihre«
Deutschen zu weit zum anderen »Lager« hin abdrifteten. Schon
im Sommer 1970, als der Moskauer Vertrag kurz vor der Unterzeichnung stand, hatte Breschnew Honecker ermahnt, die Entspannung dürfe nicht zu einer Annäherung zwischen den deutschen Staaten führen, Abgrenzung sei notwendig[5]. Honecker
folgte der Weisung, vermutlich auch aus eigener Sorge um die
innere Stabilität der DDR. Doch hinter der administrativen Abgrenzung bemühte er sich um wirtschaftliche Annäherung und
verschuldete sich in der Bundesrepublik in einem Umfang, der
in Moskau wie im eigenen Politbüro wachsende Befürchtung
hervorrief.

Die sowjetische Sicht ist in den Erinnerungen des Diplomaten
Julij A. Kwizinskij nachzulesen[6]. Danach hatte man in Moskau
zwar Verständnis, daß sich die DDR nach ihrer Anerkennung
»auf die stürmische See der internationalen Politik« hinauswag-
te. Aber ihre wirtschaftliche Kraft reichte nicht: »Wenn ein
Staat mehr verbraucht, als er produziert, kommt es früher oder

---

[4] Besonders scharf äußerte sich der französische Premierminister Jacques Chi-
rac bei Honeckers Paris-Besuch im Januar 1988: Die Mauer »verletzt zutiefst die
Gefühle aller Franzosen … die Mauer, die Berlin auf so unmenschliche Weise
teilt und deren Abbruch eine wesentliche Etappe zur Wiederherstellung dieses
Vertrauens bilden muß. … Wir wollen kein Europa, das von Stacheldraht
starrt«. Texte, Reihe III, Band 6, S. 17.
[5] Peter Przybylski, Tatort Politbüro. Die Akte Honecker. Berlin 1991, S. 283.
[6] Julij A. Kwizinskij, Vor dem Sturm. Erinnerungen eines Diplomaten. Berlin
1993, S. 255 ff. Ergänzung und Bestätigung geben die Notizen des Politbüromitglieds Werner Krolikowski, der Moskau über Interna der SED-Führung informierte. Przybylski a.a.O. S. 321–356.

später dazu, daß er mit seinen Interessen und seiner Politik Handel treibt«. Ost-Berlin sei daher in finanzielle Abhängigkeit von Bonn geraten, eine gefährliche Entwicklung, denn nach sowjetischer Überzeugung investierte Bonn in der DDR nur, um »jenen ›Wandel durch Annäherung‹ zu erreichen, den Brandt und Bahr bereits 1963 konzipiert hatten«. Sogar Mitglieder seines Politbüros warnten Honecker, Moskau mahnte und schickte Pjotr Abrassimow, den altbewährten Statthalter wieder als Botschafter nach Berlin, damit er seinen Freund Erich, für den er viel getan hatte, zur Räson bringe. Doch alles blieb vergeblich. Honecker entzog sich einer Aussprache mit Breschnew, schloß die Warnschreiben aus Moskau in seinen Panzerschrank und informierte nicht einmal das Politbüro.

Kwizinskij registriert schon 1974 ein »vollkommen neues Moment«: Ein ganzes Paket von Vereinbarungen mit der Bundesregierung war »ohne Konsultationen mit Moskau ausgehandelt worden. Im Grunde genommen, hatte man uns einfach vor vollendete Tatsachen gestellt«. Das war die gleiche Klage, wie sie Henry Kissinger 1970 gegen die beginnende Bonner Ostpolitik führte: Man hat uns nicht mehr konsultiert, sondern nur noch informiert. Aber selbst mit der Information haperte es anscheinend zwischen Ostberlin und Moskau. Honecker versuchte, seine »geheimen Absprachen« mit der Bundesregierung »vor Moskau, so gut es ging, zu verbergen«. Er verkehrte mit Bonn vorwiegend auf Sonderkanälen und umging sein Außenministerium sowie die DDR-Vertretung am Rhein. Kein Geheimnis blieb jedoch für die sowjetischen Diplomaten, daß der Generalsekretär »immer ungenierter und abschätziger über Breschnew und die Sowjetunion sprach«.

Aus diesen Sätzen spricht der Ärger der Großmacht, die Gehorsam gewohnt war und Honecker keineswegs freien Lauf ließ. In strategischen Fragen hatte er nicht den geringsten Spielraum, scheint nicht einmal ganz über alles informiert gewesen zu sein, was die sowjetischen Militärs auf dem Territorium der DDR hatten und taten. Bei Verhandlungen mit der Bundesrepublik stellte er stets Sicherheitsfragen in den Vordergrund, nicht zuletzt um seine Kontakte zu Schmidt und Kohl vor den mißtrauischen Russen zu rechtfertigen: Indem er die sowjetische Militärpolitik vertrat, konnte er auch die eigenen Geschäfte betreiben. Bei allem, was er mit

Bonn begann, behielt er die »Großwetterlage« im Auge; um die Bundesrepublik zu besuchen, brauchte er das Einverständnis des Kreml, daß ihm zweimal verweigert wurde.

Die Sowjetunion zog die außerpolitischen Grundlinien für den gesamten Warschauer Pakt, zumindest zog sie Grenzen, die nicht überschritten werden durften. Neu war aber, daß auch ihr Grenzen gesetzt waren. So wagten nach Kwizinskij die Verantwortlichen immer weniger, Honecker wegen seiner Eigenwilligkeiten zur Rede zu stellen, oder hielten es für zwecklos. Ihn abzulösen erschien unmöglich – die Zeiten dafür waren vorbei, und Honeckers Anhänger saßen in den Schlüsselstellungen der DDR. Ein Moskau ergebener Nachfolger war nicht in Sicht. Vor allem fehlte der Sowjetunion die wirtschaftliche Kraft, der DDR zu liefern, was sie aus dem Westen bezog – eine drastische Einschränkung der deutsch-deutschen Beziehungen war nicht durchzusetzen, weil sie den Lebensstandard in der DDR und damit deren Stabilität gefährdet hätte. Und so stabil, wie sie tat, war die DDR nicht mehr – sowjetische Beobachter erkannten das früher als andere. Außerdem wurde sie von Leuten regiert, die – anders als früher die Moskau-Emigranten wie Pieck und Ulbricht – »weniger geneigt waren, die Treue zu Moskau über die Interessen des eigenen Landes zu stellen«. Auf Moskau angewiesen blieb diese DDR-Führung nur noch für Rohstoff- und Energielieferungen sowie für den äußersten Notfall. »Im übrigen handelte Ostberlin nach eigenem Ermessen.«

Abgrenzung und Kooperation

Die DDR gewann außenpolitische Bewegungsfreiheit und emanzipierte sich, in Grenzen, von Moskau – darin lag die erste Folge der Bonner Ostpolitik. Die zweite bestand darin, daß die SED-Führung einen hohen Preis zahlen mußte; Anerkennung durch den Westen verlangte Mäßigung in der Innenpolitik und Öffnung zum Westen, und das war riskant. Ostberlins Hauptfurcht war und blieb das »Eindringen«, die »Diversion«, die »Aggression auf Filzlatschen«, gemeint war die leise Verführung durch offene Vorführung der westdeutschen Lebensverhältnisse, des Wohlstands wie der Freiheit[7]. Schon 1973, nach

[7] Peter Bender, 6 × Sicherheit. Befürchtungen in Osteuropa. Köln 1970, S. 50 ff.

Abschluß des Verkehrs- und des Grundlagenvertrages, bekamen die Ostdeutschen sechs Millionen Mal Besuch aus dem Westen, zwei Jahre vorher war es nur etwas mehr als eine Million[8]. Seit auch die Einreise mit dem Auto erlaubt war, kamen die Westbesucher mit ihren Westkarossen bis in die letzten Dörfer. Jeder gab, auch wenn er bescheiden auftrat, was nicht immer geschah, ein Beispiel, wie man in der Bundesrepublik lebte; und die ehemaligen DDR-Bürger, die ihre Heimat wieder besuchen durften, bildeten den lebenden Beweis, wie schnell man es »im Westen« zu etwas bringen konnte.

»Abgrenzung« erschien der Führung daher als Gebot der Selbsterhaltung. Abgrenzung hieß, den Westen in jeder Gestalt soweit wie möglich auf Abstand halten, seinen Einfluß beschränken und zumindest die »Kader« davor schützen. »Geheimnisträgern« wurde jeglicher Kontakt mit Bundesbürgern untersagt, das Verbot strafrechtlich untermauert. Um den Strom der Westbesucher einzudämmen, erhöhte die DDR-Regierung zweimal den Pflichtumtausch; eine vierköpfige Westberliner Familie, die Ostberliner Freunde besuchte, zahlte seit dem Herbst 1980 hundert D-Mark »Eintritt«. In die umgekehrte Richtung durften nur Rentner fahren, die Reisen für Jüngere »in dringenden Familienangelegenheiten« beschränkte die Regierung auf ein Minimum (S. 195). Und bis zu ihrem Ende beengte und behinderte sie die bundesdeutschen Korrespondenten, besonders die Funk- und Fernsehjournalisten, die das Informationsmonopol der SED durchbrachen, indem sie aus der DDR über die DDR auch in die DDR berichteten. Schließlich bestritt die Parteiführung seit 1970 jegliche deutsche Gemeinsamkeit, sie proklamierte zwei Nationen, zwei Kulturen und zweierlei Geschichte; 1974 ließ sie die deutsche Nation aus der Verfassung streichen[9].

Schließlich verlangte sie beharrlich, die letzten rechtlichen Besonderheiten im zwischenstaatlichen Verhältnis aufzuheben: Bonn müsse die DDR-Staatsbürgerschaft anerkennen und die »Ständigen Vertretungen« in Bonn und Ostberlin zu Botschaften erheben. Das Verhältnis zwischen den deutschen Staaten sollte sein wie das Verhältnis zwischen fremden Ländern.

---

[8] Siehe Übersicht S. 359.

[9] Belege im DDR-Handbuch, Bundesministerium für innerdeutsche Beziehungen (Hrsg.). Köln 1985, unter den Stichworten »Abgrenzung« sowie »Nation und nationale Frage«.

imitation

Doch eben das durfte, nach Überzeugung aller Parteien im Bundestag, nicht sein. Brandts Kompromiß zwischen Praxis und Prinzip galt weiter: Die DDR ist gleichberechtigt, aber nicht Ausland. Doch nicht nur die Grundsätze beider Seiten schlossen sich aus, auch wesentliche Interessen waren unvereinbar. Was Bonn am meisten wollte, mehr Verbindung zwischen den Deutschen, mußte Ostberlin am entschiedensten verweigern. Andererseits kamen beide, nachdem sie sich aufeinander eingelassen hatten, nicht mehr voneinander los. Die Bundesrepublik durfte um Westberlins und der Ostdeutschen willen keine Konfrontation riskieren, die DDR mußte auf ein gutes Arbeitsklima achten, weil sie für ihr wirtschaftliches Überleben Kredite und für ihre Westpolitik die Duldung Bonns brauchte; Honecker hätte seine Staatsbesuche kaum machen können, wenn Kohl scharf interveniert hätte.

porcupine

So entstand ein Verhältnis, das widersprüchlicher kaum sein konnte; der österreichische Bundeskanzler Bruno Kreisky verglich es mit den »Schopenhauerschen Stachelschweinen«: »Einmal rückt man einander näher, dann merkt man die Stacheln und geht wieder auf Abstand.«[10] Es entstand ein Nebeneinander extremer Gegensätze. Bonns ständige Vertreter in der DDR handelten Verträge über fast alles aus, was Nachbarn miteinander zu regeln haben; zugleich sprach und verhielt sich das offizielle Ostberlin, als ob es mit der Bundesrepublik nichts zu tun habe. Viele Westdeutsche hatten Verständigung erwartet und bekamen Abgrenzung, viele Ostdeutsche hatten Reise- und andere Freiheiten erhofft und bekamen lange nur die unverändert restriktive Bürokratie zu spüren. Dicht unter der Oberfläche zwischenstaatlicher Normalität schlummerten weiterhin Unsicherheit und Gereiztheit. Schon geringfügige Anlässe, ein kleiner Grenzzwischenfall, brachten sie zum Ausbruch und zerstörten, was sich gerade an Kooperation entwickelt hatte. Mehr als ein Jahrzehnt mußte vergehen, bis erkennbar wurde, daß auf der anderen Seite nicht nur ein Gegner, sondern auch ein Partner stand.

Beide Regierungen taten sich schwer. Brandts Treffen mit Stoph im Jahre 1970 blieben für ein Jahrzehnt die einzigen Spitzenbegegnungen. Bundeskanzler Schmidt besuchte alle Partei- oder Staatschefs im Osten oder empfing sie in Bonn, manche sogar mehrfach, doch eine Reise in die DDR, die nicht sichtbare

[10] Interview in Der Spiegel v. 17. 11. 1980.

Ergebnisse brachte, riskierte er nicht; und je länger er zögerte, desto höher wuchsen die Erwartungen und damit wiederum die Hemmungen. Erst Ende 1981 kamen Kanzler und Staatsratsvorsitzender endlich zusammen, doch gerade dabei zeigte sich, wie fern sie sich standen. Daß am letzten Besuchstag Schmidts das »Kriegsrecht« in Polen verkündet wurde, war ein Zufall. Aber daß der Kanzler, als er Güstrow besuchte, in eine von der Staatssicherheit geräumte menschenleere Geisterstadt geführt wurde, entsprach dem Charakter der DDR[11].

Wo Entspannung und Zusammenarbeit Vertragsziele bildeten, wurde ein »Grenzregime« unerträglich, dem ständig Menschen zum Opfer fielen[12]. Die Regierungen Schmidt wie Kohl ertrugen es, weil sie es nicht ändern konnten und wußten, daß die Ostberliner Führung darin eine Existenznotwendigkeit sah; eine Rücknahme des »Schießbefehls« wurde zwar immer wieder gefordert, von der christlich-liberalen Koalition mehr als von der sozialliberalen, aber erreicht wurde 1983 durch eine Mischung aus Druck und Geschäft lediglich, daß Honecker die »Selbstschußanlagen«, automatische Mordmaschinen an den Grenzen, abbauen ließ. Doch geschossen wurde weiter.

Für Bonn lag die größte Schwierigkeit darin, daß die DDR innerlich schwach war und zugleich unüberwindbar stark, weil Moskau hinter ihr stand. Schmidt und Kohl konnten Honecker nichts abzwingen, sie mußten ihm alles abhandeln, aber dabei durften sie ihm nicht mehr zumuten, als der seiner selbst unsichere SED-Staat vertrug. Für die Politiker am Rhein ging es um nationale Grundsätze und humanitäre Ziele, für das Berliner Politbüro ging es um die Existenz. Nach dessen Idealvorstellung hätten sich die Beziehungen auf einen umfangreichen Wirtschaftsaustausch und Spitzendiplomatie beschränkt, fast alles weitere erschien bedenklich oder sogar bedrohlich. Vereinbarungen, die auch die Bürger beider Staaten in Berührung brachten, waren für Ostberlin nur tragbar, weil Bonn versicherte, sie nicht zur Schwächung der DDR auszunutzen. Die glaub-

---

[11] Schilderung einschließlich Vorgeschichte bei Klaus Bölling, Die fernen Nachbarn. Erfahrungen in der DDR. Hamburg 1983, S. 160–169.

[12] Während man bis zum Ende der DDR mit 197 Todesopfern rechnete, ergaben Ermittlungen bis zum August 1993 »mindestens 588 Grenztote«: An der Grenze Bundesrepublik-DDR 290, an und in der Ostsee 81, an den Berliner Grenzen 172, an den Westgrenzen der Tschechoslowakei, Ungarns und Bulgariens 20. Hinzu kommen 25 DDR-Grenzsoldaten. Auskunft der »Arbeitsgemeinschaft 13. August« in Berlin.

hafte Zusage, die DDR »nicht destabilisieren« zu wollen,[13] wurde zur Geschäftsgrundlage, auf der die Bundesregierungen durchsetzten, was sie wollten: Reiseerleichterungen und Besuchsmöglichkeiten, Städtepartnerschaften und Kulturaustausch. Weder Brandt noch Schmidt noch Kohl beabsichtigten eine Stabilisierung der DDR, kein Kanzler war so naiv zu glauben, Stabilisierung werde Liberalisierung bringen; aber alle drei wußten, daß es ihnen nichts nützen würde, wenn die DDR, die Moskau am Leben hielt, tödlich erkrankte. Ein kommunistisches Regime, das um seine Herrschaft fürchtet, greift zur Gewalt und riegelt sich nach außen ab, das war die Erfahrung der vergangenen Jahrzehnte. So setzten die Bundesregierungen auf eine langfristige Politik: Durch vertragliche Regelungen in immer mehr Teilbereichen sollte ein Netz wechselseitiger Abhängigkeit geknüpft werden, ein Netz so eng und fest, daß es nicht mehr zerreißbar war und Ostberlin zu Zugeständnissen nötigte[14].

Die Deutschlandpolitik Bonns, die eigentlich einer Quadratur des Kreises glich, brachte allmählich Erfolge, weil die deutschen Staaten auch gemeinsame Interessen hatten, sich ihrer bewußt wurden, sie pflegten und am Ende sogar gegen Störungen von außen verteidigten. Honecker trieb eine aufwendige Sozialpolitik, die seine Herrschaft stützte, aber die wirtschaftlichen Kräfte der DDR überforderte – er brauchte Devisen, die er nur von Bonn bekam. Geld war der Trumpf der westdeutschen

[13] »Dennoch darf die Bundesregierung, auch wenn sie von der Legitimität der Regierung in Ost-Berlin nicht überzeugt sein kann, nichts tun, um die Staatsführung der DDR zu destabilisieren oder gar zu unterminieren.« Helmut Schmidt, Menschen und Mächte. Berlin 1987, S. 44. Die gleiche Auffassung äußerte Ludwig Rehlinger, der Staatssekretär im innerdeutschen Ministerium Mitte der achtziger Jahre gegenüber dem Autor. Im September 1989 sagte Außenminister Genscher zum ›Spiegel‹: »Wir wollen auch in Zukunft die DDR nicht destabilisieren.« Hans-Dietrich Genscher, Unterwegs zur Einheit. Reden und Dokumente aus bewegter Zeit. Berlin 1991, S. 199.
[14] Helmut Schmidt empfahl Honecker ein wirtschaftliches Rahmenabkommen: »Wenn wir uns darüber verständigten, daß eine stetig wachsende ökonomische Zusammenarbeit zu einer bewußt gewollten, nämlich positiven Abhängigkeit des einen von dem anderen führte, entstünde mehr Berechenbarkeit und in der Folge vielleicht auch eine Atmosphäre, die schrittweise eine bessere politische Kooperation ermöglicht.« Klaus Bölling a. a. O. S. 136. Die Bundesministerin für innerdeutsche Beziehungen erklärte am 24. 1. 1989: »Die Beziehungen zur DDR wollen wir weiter ausbauen, eine Vernetzung der Interessen soll auf mittlere Sicht jeden einseitigen Rückzug aus eingegangenen Verpflichtungen erschweren«. Texte, Reihe III, Band 7, S. 28. Im gleichen Sinne Genscher a. a. O. S. 86 und 93, ebenso im Bundestag 10. 12. 1987, in: Der Spiegel 24/1989.

DDR-Politik. Allein mit Geld vermochte sie, der SED-Führung Zugeständnisse abzuringen, die deren vitale Interessen berührten oder sogar verletzten. Mit Geld erkaufte sie Verbesserungen für die Insel Berlin und Erleichterungen im zwischendeutschen Reiseverkehr; mit Geld befreite sie politische Gefangene und reinigte Grenzflüsse; mit dem »Milliardenkredit« überbrückten Kohl und Strauß das gefährlich spannungsreiche Jahr 1983 und hielten die innerdeutschen Beziehungen in Gang. Geld war nicht alles in diesen Beziehungen, aber ohne Geld wären sie zu diplomatischen Formalitäten verdorrt.

Als Mittel wie als Zweck fungierte Westberlin. Von den siebzehn Verträgen, die Günter Gaus, Bonns Vertreter in Ostberlin, aushandelte, gab es fünfzehn nur wegen Westberlin[15]; am bekanntesten wurden die Abkommen über den Bau oder Ausbau von Transitwegen. Die Bundesrepublik zahlte, die DDR baute, und Westberlin, auf glatten Autobahnen bequemer erreichbar, rückte der Bundesrepublik wieder ein Stück näher. Die Inselstadt wurde nützlich für beide Seiten, denn sie bot, was die Diplomaten »Verhandlungsmasse« nennen. Allmählich verband Berlin die deutschen Staaten mehr, als daß es sie trennte.

Auch außenpolitisch rückten sich Bundesrepublik und DDR erkennbar näher. Als 1980 die Entspannung bedroht war, sagte Honecker zu Schmidt: »Beide deutsche Staaten sollten bemüht sein, negative Wirkungen der Afghanistan-Krise von sich fernzuhalten oder doch einzudämmen.«[16] Als die Stationierung amerikanischer Mittelstreckenraketen in der Bundesrepublik anstand, drängte Honecker Schmidt und Kohl, sich dem zu widersetzen. Er tat es in enger Abstimmung mit Moskau, aber auch im eigenen Interesse, weil der DDR die Stationierung von sowjetischen Gegen-Raketen drohte. Als die Raketen dann beiden Staaten doch nicht erspart blieben, proklamierte er »Schadensbegrenzung« und erklärte fast trotzig, »jetzt erst recht« müsse man sich um einen »Stopp des Wettrüstens« bemühen. Honecker sprach von einer »Koalition der Vernunft«[17], über-

[15] Gaus in einem Vortrag vor der Friedrich-Ebert-Stiftung in Berlin am 17. 1. 1987.

[16] Klaus Bölling, a. a. O. S. 179. Helmut Schmidt, Menschen und Mächte, Berlin 1987, S. 73.

[17] Deutschland Archiv 1883, S. 1344 und 1984, S. 105. Texte, Reihe III, Band 1, S. 242, und Band 2, S. 51. Kohl griff Honeckers »Koalition der Vernunft gerne auf«: Texte, Band 1, S. 255.

nahm den Begriff »Verantwortungsgemeinschaft« beider deutscher Staaten und ließ keinen Zweifel daran, daß er auch die sowjetischen Raketen für »Teufelszeug« hielt.

Bonns kooperative DDR-Politik hatte sich bewährt, indem sie bei der DDR ein vitales Interesse an der Fortdauer zwischendeutscher Zusammenarbeit schuf. Von Zeit zu Zeit holte Honecker zwar seine Grundsatzforderungen, unter anderen die Anerkennung der DDR-Staatsbürgerschaft hervor, erhob sie aber nicht zur Bedingung für weitere Vereinbarungen. Im Zwiespalt zwischen Abgrenzung und Kooperation siegte am Ende immer der Zwang zur Kooperation. Durch die ganzen achtziger Jahre erwies sich der Generalsekretär der SED als zuverlässiger Partner, wenn es darum ging, die Entspannung in Deutschland vor den Spannungen zwischen den Großmächten zu schützen. Fast unvermeidlich wurden sich beide Seiten dabei bewußt, daß ihre gleichen Interessen gemeinsame Interessen waren. Nicht nur die Bundesrepublik und nicht allein die DDR erschienen von neuer Waffenkonzentration gefährdet, sondern Deutschland. »Je kürzer die Reichweiten, desto töter die Deutschen« hieß ein populärer Spruch in der Bundesrepublik, der alle Deutschen meinte. Und Honecker vergaß die Theorie von den zwei deutschen Nationen, als er an Kohl schrieb und »im Namen des deutschen Volkes« für ein atomwaffenfreies Europa plädierte[18].

Staatsbesuch und neue Entfremdung

Auch für Bonn und Ostberlin brachte Gorbatschow die entscheidende Veränderung: Die Entspannungspolitik der Deutschen entsprach nun wieder der Politik der Großmächte. Im März 1985 war Gorbatschow Generalsekretär geworden, schon Ende des Jahres vereinbarten Bonn und Ostberlin ein Kulturabkommen, über das sie sich zwölf Jahre lang nicht hatten einigen können. Ebenfalls Ende 1985 vereinbarten die Saarländer Lafontaine und Honecker die erste Städtepartnerschaft (zwischen Saarlouis und Eisenhüttenstadt). Und das Wichtigste: Im Folgejahr 1986 erlaubte die DDR mehr als dreimal so viele West-Reisen von Ostdeutschen, die noch nicht Rentner waren[19].

---

[18] Texte, Reihe III, Band 1, S. 244.
[19] Siehe Übersicht S. 360.

Nochmals ein Jahr später erhielt Honecker endlich in Moskau die Erlaubnis, die Bundesrepublik zu besuchen; der sprunghaft gestiegene Reiseverkehr bewog Kohl, ihn nicht irgendwo im Lande, sondern in der Hauptstadt Bonn zu empfangen. Der Besuch wurde zum Höhe- und zugleich zum Endpunkt fruchtbarer Beziehungen. Der illegitime Herrscher des deutschen Gegenstaates schritt die Front einer Ehrenkompanie der Bundeswehr ab, ein Bild, das Jahrzehnte lang nur als Alptraum vorstellbar gewesen war. Bald danach aber zeigten sich die Grenzen innerdeutscher Beziehungen, das Verhältnis trübte sich, weil die Ostberliner Führung mit ihren inneren Schwierigkeiten nicht fertig wurde.

Wie jedermann im Fernsehen beobachten konnte, folgte Helmut Kohl mit dem Empfang Honeckers einer Pflicht und keiner Neigung. Er tat dem Gast fast alle Ehre an, die einem Staatsgast zukommt, doch er sagte ihm öffentlich, was er von der DDR hielt und was er im deutschen Interesse von ihr verlangte[20]. Die Tischrede am ersten Abend war fast ein Affront, Honecker ertrug sie vermutlich in der Erwartung, daß die vielen folgenden Empfänge einen Ausgleich schaffen würden, was auch geschah. Honecker war große Mode in der Bundesrepublik, schon vorher hatten sich in Berlin und Leipzig Politiker und Prominente jeder Couleur gedrängt, mit ihm zu sprechen; jetzt drängte die Provinz, ihn bei sich zu empfangen: die SPD-Länder Nordrhein-Westfalen und das Saarland, die Unionsländer Rheinland-Pfalz und Bayern.

Deutlicher als je zuvor zeigten sich die beiden Seiten der Bonner DDR-Politik. Einerseits verschaffte der Besuch nicht nur Honecker persönlich, sondern auch der DDR die ersehnte »soziale« Anerkennung. Damit demonstrierte er die Zweistaatlichkeit Deutschlands und erlaubte dem SED-Zentralorgan triumphierend einen polnischen Kommentar zu zitieren: »Die Teilung hat sich vollendet.«[21] Auch 43 Prozent der Bundesbürger meinten, der Besuch habe die Teilung verfestigt.[22] Viele Ostdeutsche hatten, so muß man vermuten, den gleichen Eindruck; je nach Standpunkt sahen sie die Ehrungen ihres Staatschefs mit Befriedigung oder Verbitterung, die meisten wohl mit Gleichgültigkeit.

[20] Texte, Reihe III, Band 5, S. 194 ff.
[21] Neues Deutschland v. 7. 9. 1987.
[22] Meinungsumfrage von INFAS, Zimmer a. a. O. S. 218.

Andererseits fuhr 1987 nicht nur Honecker in die Bundesrepublik. Eine Million und zweihunderttausend Reisen von jüngeren DDR-Bürgern, die noch nicht Rentner waren, wurden genehmigt. Das war beinahe eine Million mehr als im Vorjahr, und unter den Reisenden waren viele, die keine Verwandten im Westen hatten. Am Ende seines Besuchs prophezeite Honecker den Tag, »an dem Grenzen uns nicht mehr trennen, sondern vereinen«[23]. Der Satz war zu vieldeutig, um den Beherrscher Ostdeutschlands zu verpflichten, doch er erweckte Hoffnung auf weiteren Abbau von Barrieren[24], die selbst für viele staatstreue Kommunisten nicht mehr in die Zeit paßten.

Kohl führte zur letzten Konsequenz, was Brandt begonnen hatte, er erkannte die DDR nicht nur als gleichberechtigt, sondern als gleichrangig an und öffnete sie damit soweit zur Bundesrepublik, wie es vorher nie gelungen war. Außerdem setzte er die Ostberliner Führung unter Zugzwang: Zurück zur Abgrenzung konnte sie kaum mehr, sie mußte vielmehr vorwärts auf dem Weg zur Normalität. Doch sehr bald zeigte sich, daß sie dazu nicht fähig war.

Honecker hatte die Entspannung nach außen erstaunlich weit getrieben, die Entspannung im Inneren aber versäumt. Die Unzufriedenheit im Lande wuchs, weil es wirtschaftlich zurückging und politisch nicht vorwärts. Die Führung reagierte auf demonstrierten Unmut und Opposition, wie sie es gewohnt war, doch nach Honeckers Verständigungsreise durch die Bundesrepublik bekamen die alten Methoden eine neue Bedeutung.

Was früher als unabänderlich hingenommen wurde, erschien nun nicht mehr hinnehmbar. Das Regime hatte »Andersdenkende«, die nicht im stillen Kämmerchen blieben, nie geduldet; doch jetzt wirkte deren Verfolgung wie ein Rückfall in längst vergangene Zeiten. Die Regenten in Ostberlin hatten, seit es die DDR gab, alle Wahlen gefälscht; doch als sie auch die Kommunalwahl im Frühjahr 1989 fälschten, erregten sie Widerstand. Sie hatten ihren Staat schon fast dreißig Jahre lang mit der Berli-

[23] Neues Deutschland v. 11. 9. 1987. Der frei gesprochene Satz fehlt in den Dokumentationen der Bundesregierung.
[24] »Wir leiten daraus keine utopischen und phantastischen Schlußfolgerungen ab, sehen in Ihren Worten aber hoffnungsvolle Anzeichen für einen besseren Weg in eine gesicherte Zukunft«, sagte der bayerische Ministerpräsident Franz Josef Strauß zu Honecker. Der Besuch von Generalsekretär Honecker in der Bundesrepublik Deutschland, Dokumentation, Bundesministerium für innerdeutsche Beziehungen (Hrsg.), Bonn 1988, S. 163.

en Thused

ner Mauer zusammengehalten, und die meisten Deutschen hatten sich allmählich an das Monstrum gewöhnt, doch als Honecker 1989 sagte, die Mauer könne noch hundert Jahre stehen[25], war das eine offene Provokation. Das Regime hatte seit Bestehen der DDR Flüchtende an den Grenzen niederschießen lassen, doch nach Honeckers Bonn-Visite schien es damit ein Ende zu haben. Der Staatsratvorsitzende hatte von Grenzen geschwärmt, die vereinen, und durch das ganze Jahr 1988 kam keine Todesmeldung. Als im Februar 1989 wiederum ein junger Mann an der Mauer erschossen wurde, war das ein Schlag, der die Beziehungen zwischen Bonn und Ostberlin stärker traf als früher.

Der Widerspruch zwischen vernünftiger Außen- und unvernünftiger Innenpolitik wurde zu krass, um noch überbrückt werden zu können. Weder Ostberlin noch Bonn waren imstande, ihr Verhältnis so weiterzuentwickeln, wie es nach der großen Staatsvisite erwartet wurde. Ostberlin fühlte sich innen- wie außenpolitisch unter Druck gesetzt, sein Handlungsspielraum verengte sich. Bonn konnte von der Unruhe in der DDR nicht absehen, zumal es selbst oft darin verwickelt wurde, weil Ostdeutsche bei westdeutschen Botschaften Hilfe suchten oder die Bundesregierung sich zur Hilfe verpflichtet fühlte. So kam in den innerdeutschen Beziehungen bis zum Spätherbst 1989 nur noch wenig voran, Bonns DDR-Politik war an eine objektive Grenze gestoßen. Auch Ostberlin wünschte zwar mehr Normalität, doch ihm fehlte die nötige Stabilität. Honecker war, wie sich bald zeigte, mit seinem »Westdrall«[26] sogar schon weiter gegangen, als die DDR vertrug.

Tendency

---

[25] »Die Mauer ... wird in 50 und auch in 100 Jahren noch bestehen bleiben, wenn die dazu vorhandenen Gründe noch nicht beseitigt sind.« Texte, Reihe III, Band 7, S. 25, nach Neues Deutschland v. 20. 1. 1989.

[26] Ein Ausdruck des Moskau-treuen Politbüromitglieds Werner Krolikowski über Honeckers Politik, Przybylski a.a.O. S. 341.

8. Berlin

Berlin war mehr als drei Jahrzehnte lang Ursache und Kampf-
platz west-östlicher Konflikte gewesen, hier stand die Entspannungspolitik vor ihrer größten Bewährungsprobe, hier erfuhr
sie ihre stärkste Bestätigung. Henry Kissinger hatte erwartet,
das Vier-Mächte-Abkommen werde »wenigstens vorübergehend« die Spannungen um Berlin beenden, doch es gab der
Stadt Ruhe bis zur Vereinigung. Die im höchsten Maße emp-
findlichen Regelungen funktionierten überraschend gut. Das
für die Westberliner Wichtigste, der Transit nach Westdeutschland, verlief fast ohne Ausnahme reibungslos – das Gefühl des
Eingeschlossenseins verringerte sich, die Insel empfand sich weniger als Insel, erschien sicherer und wurde für Zuwanderer
bewohnbar. Auch die zweite große Neuerung, die Öffnung
Ostberlins und der DDR für Westberliner Besucher, erwies
sich als Erfolg. Allein die Zahlen zeigten es. Trotz bürokrati-
scher Hürden wurden schon 1972 über zwei Millionen »Reisen« registriert, 1973 waren es fast vier Millionen; und durch
die ganzen siebziger Jahre fuhren Westberliner häufiger in den
Osten als Westdeutsche, das änderte sich erst 1980[1].

Dennoch liefen lange Zeit die Gefühle den Tatsachen weit
hinterher. In Berlin hatte der Kalte Krieg seine schlimmsten
Formen angenommen, daher war er hier am schwersten zu
überwinden. Die Westberliner hatten durch das Vier-Mächte-
Abkommen mehr Vorteil aus der Entspannungspolitik gewonnen als alle anderen Deutschen, doch sie wußten es am wenigsten zu schätzen. Ihr Jahrzehnte altes Mißtrauen saß tief, viele
konnten nicht glauben, daß »der Osten« hält, was er verspricht.
Der Gewinn gesicherter Transit- und Besuchsmöglichkeiten
wurde bald als selbstverständlich empfunden, und die Aufmerksamkeit, von einer halb hysterischen Presse geschärft und
wachgehalten, konzentrierte sich auf die Mängel.

Die SED-Führung andererseits betrachtete den Fremdkörper
inmitten der DDR weiter als Störung, die um so gefährlicher
erschien, je mehr Westberliner nach Ostberlin und in die DDR
kamen. Während der Senat der Weststadt auf Vereinfachungen
und Erweiterungen der Besuchsregelungen drängte, war die

---

[1] Siehe Übersicht S. 359.

DDR-Regierung auf Eindämmung des Stroms bedacht und erhöhte schon ein Jahr nach Inkrafttreten des Abkommens ihre Finanzmauer, den Pflichtumtausch. Es entstand der beispielhafte Interessenkonflikt: Was den einen zu wenig war, wurde den anderen schon zu viel; wo der Westen Normalität wollte, blieb der Osten, um zu bestehen, auf Nicht-Normalität angewiesen.

Wie schon früher erhielten Statusfragen mehr Bedeutung, als ihnen zukam. Zeitweise entstand der Eindruck, als bestehe das ganze Berlin-Abkommen für jede Seite nur aus einem Halbsatz: In Bonn und Westberlin zitierte man allein die »Bindungen«, die zwischen der Bundesrepublik und der Inselstadt »entwickelt« werden; in Moskau und Ostberlin zitierte man allein die zweite Hälfte des Satzes, wonach Westberlin nicht »Bestandteil« der Bundesrepublik sei und »nicht von ihr regiert« werde. Um das »Entwickeln« der »Bindungen« zu demonstrieren, siedelte Bonn 1974 eine neue Bundesbehörde, das Umweltbundesamt, an der Spree an. Die Sowjetunion und die DDR veranstalteten einen Wirbel, der die Westmächte in ihrem Zweifel an der Weisheit des Unternehmens bestätigte. Die Westdeutschen mußten die Lektion von Bundestag und Bundesversammlung nochmals lernen: sie hatten sich zwar durchgesetzt, aber zum letzten Mal, weitere neue Bundesbehörden gab es in Berlin nicht mehr. Im Juli 1975, am Rande der KSZE-Gipfelkonferenz, einigten sich Bundeskanzler Schmidt und der Staatsratsvorsitzende Honecker, keiner solle versuchen, die »Belastbarkeit« des Abkommens auszuprobieren. Schmidts praktischer Sinn, dem es auf die »Vitalisierung« der Stadt und nicht auf neue »Messingschilder« ankam, setzte sich allmählich gegen die Demonstrationssucht in allen Parteien durch. Es wurde klar, daß der Stadt Rücksicht auf ihre exponierte Lage weit mehr half als lautstarke Berlin-Bekenntnisse.

Unbefriedigt blieb die »Außenvertretung«, die Einbeziehung Westberlins in Veranstaltungen und Verträge der Bundesrepublik mit Oststaaten. Bei fast jeder Ausstellung oder Messe im Osten, bei Sportkämpfen, Konferenzen und Fachdelegationen gab es Streit, ob und in welcher Form Berliner teilnehmen sollten – als Institutionen oder als Personen, mit eigenem Stand oder vereint mit dem bundesdeutschen, mit Bundes- oder Bärenfahne. Drei Abkommen Bonns mit der Sowjetunion blieben zwölf Jahre unterschriftsreif liegen, weil Moskau eine angemessene Einbeziehung Westberlins verweigerte. Andere Verträge wurden gar nicht erst in Angriff genommen.

Trotz ständigem Ärger blieben sich Bonn und die Westmächte einig, daß es höchst unklug wäre, mit Moskau über Verbesserungen des Vier-Mächte-Abkommens zu verhandeln; alle wußten, daß nur Verschlechterungen herauskommen würden, weil der Kreml nicht mehr unter Erfolgsdruck stand wie 1971. Und bei seiner wichtigsten Aufgabe, in Berlin Ruhe zu schaffen, bewährte sich das Abkommen. Als Anfang der achtziger Jahre ein neuer Kalter Krieg zu drohen schien, war zu befürchten, daß er auch Berlin erfassen werde, wo drei Jahrzehnte lang Ost-West-Konflikte ausgetragen worden waren. Aber auch hier geschah das Gegenteil. Moskau wie Washington hüteten sich, den mühsam erreichten Kompromiß im Zentrum Europas zu gefährden; Berlin blieb von einer Konfrontation verschont. Auch sonst setzten sich Vorsicht und Einsicht in das Mögliche allmählich durch. Die Streitigkeiten nahmen ab, die unlösbaren Probleme traten in den Hintergrund, beide Seiten verzichteten nicht ganz, aber weitgehend auf Versuche, das Abkommen durch Schaffung vollendeter Tatsachen zum eigenen Vorteil zu verändern. Mit Richard von Weizsäcker zog 1981 ein Regierungschef ins Schöneberger Rathaus, der auch die bis dahin opponierende Berliner CDU auf seine Linie verpflichtete – in der kritischsten Region war die neue Ostpolitik akzeptiert.

Nur allmählich änderte sich das Verhältnis der Inselstadt zu ihrer Umgebung. Nach wie vor standen unvereinbare Rechtsauffassungen gegeneinander. Moskau und die DDR erkannten die Weststadt nicht als Teil der Bundesrepublik an, sondern betrachteten sie ausschließlich als Besatzungsgebiet der drei Westmächte. Diese wiederum sowie Bonn und der Westberliner Senat erkannten die Oststadt nicht als Hauptstadt der DDR an, sondern betrachteten sie als »Ostsektor« des Vier-Mächte-Besatzungsgebiets Berlin. Allerdings zollten die Amerikaner, Briten und Franzosen der Wirklichkeit ihren Tribut, indem sie ihre Botschaften bei der DDR in Ostberlin einrichteten. Ein grotesker Zustand ergab sich. Die Westmächte waren in Ostberlin Besatzungsmacht und zugleich bei einem souveränen Staat akkreditiert; sie waren Herr und Gast am selben Ort; ihre Armee-Jeeps patrouillierten im Ostsektor Berlins, ihre Diplomaten gaben Empfänge in der Hauptstadt der DDR.

Die Deutschen konnten es sich nicht so einfach machen; für sie waren Lebensfragen, was für die Siegermächte nur Machtfragen waren. Der DDR gebot ein »natürliches« Interesse, die feindliche Enklave zu schwächen und womöglich zum Verschwinden zu bringen, weshalb die Westberliner sich nicht vorstellen konnten, daß aus ihrem Todfeind ein ehrlicher Partner werden könne. Doch mit der Zeit übte das Vier-Mächte-Abkommen eine heilsame Wirkung aus. Spätestens Mitte der achtziger Jahre waren sich alle Westberliner Parteien einig, daß man sich um ein vernünftiges Verhältnis zum Umland bemühen müsse. Die DDR-Regierung war ebenfalls zum Realismus gezwungen. Aussicht auf eine Eingemeindung der Enklave hatte sie in der voraussehbaren Zukunft nicht, vor allem war sie zu gewisser Rücksicht genötigt: Ihre Devisennot wuchs lebensgefährlich; und die Verträge mit Bonn und dem Senat, von den Transitgebühren bis zur Müllentsorgung, sicherten ständige hohe D-Mark-Einnahmen, mit denen die Planer rechneten. Westberlin war für die DDR zum Goldesel geworden, den sie nicht mehr entbehren konnte.

So kamen sich die getrennten Teile der Stadt allmählich näher. Wenn nicht Statusfragen im Spiel waren, entwickelte und erweiterte sich der Austausch, vor allem in Wirtschaft und Kultur. Die Siebenhundert-Jahr-Feier wurde 1987 zwar nicht miteinander, aber auch nicht gegeneinander begangen. Am liebsten hätte man sich sogar zur Eröffnungsfeier besucht, doch die jeweiligen Verbündeten, besorgt um ihre Rechte, rieten so heftig ab, daß der Regierende Bürgermeister Eberhard Diepgen in Westberlin und der Staatsratsvorsitzende Erich Honecker in Ostberlin blieben.

Das Verhältnis zwischen Westberlin und der DDR blieb immer hinter dem Verhältnis zwischen Bundesrepublik und DDR zurück; doch die extremen Animositäten verschwanden, der Umgang miteinander zivilisierte sich, manche stille Gemeinsamkeit entstand; der versöhnliche Ausdruck »Doppelstadt« ließ eine friedliche, vielleicht sogar fruchtbare Koexistenz erhoffen. Berlin näherte sich der Normalität soweit, wie Normalität in einer Stadt möglich war, durch die eine Mauer mit Todesstreifen ging.

Die neue Ostpolitik hatte das Hauptziel, das sie sich in Berlin setzte, erreicht: Es gab keine Berlin-Krisen mehr. Zu danken war der Erfolg einer schon früher bewährten Arbeitsteilung zwischen den Westmächten und der Bundesrepublik. Während die Alliierten weiter die Sicherheit der Inselstadt garantierten, stärkte Bonn deren Lebensfähigkeit. So gut das Vier-Mächte-

Abkommen war – »wasserdichte« Verträge gab es für eine Stadt in so exponierter Lage nicht (S. 192). Die Einhaltung des Abkommens konnte nicht nur juristisch verteidigt werden, man mußte sie auch politisch stützen und ermuntern. Westberlin blieb die Achillesferse der Bundesrepublik; da man sie ganz nicht schützen konnte, mußte man den Gegnern das Interesse nehmen, sie zu verletzen. Wenn Bonn sich um gute Beziehungen zu Moskau bemühte, steckte darin immer auch Berlin-Politik. Breschnew und alle seine Nachfolger widerstanden der Versuchung, dem Beispiel Stalins und Chruschtschows zu folgen und den Westen an seiner schwächsten Stelle anzugreifen. Sie hielten sich zurück nicht allein aus Vorsicht gegenüber Amerika, sondern auch aus Rücksicht auf die Bundesrepublik, die sich dem Kreml zu wichtig gemacht hatte, als daß er sie verprellen konnte.

Ebenso wirkte Bonns DDR-Politik, die auch dem Schutz Westberlins diente. Die Inselstadt blieb – vor allem im Transit – verletzbar durch vielerlei mutwillige Verzögerungen, Schikanen und Behinderungen, die noch unterhalb eines einklagbaren Vertragsbruchs lagen und doch in wenigen Wochen die psychologische Wirkung des Vierer-Abkommens zerstört hätten: Westberlin wäre wieder als eine unsichere Stadt erschienen. Doch Honecker hat den kleinen Berlin-Hebel nie benutzt, einmal wohl, weil Moskau es nicht zuließ, zum anderen aber, weil ihm die Verträge für und mit Westberlin das finanzielle Überleben ermöglichten. Es war gelungen, die DDR am Fortbestand dessen zu interessieren, was sie am liebsten beseitigt hätte.

9. Die Vereinigung

Der Zusammenbruch der DDR

Die neue Ostpolitik hat die Vereinigung Deutschlands nicht bewirkt, aber erleichtert, begünstigt und beschleunigt. Die Vereinigung war auch nicht das Ziel der Ostpolitik, doch alle, die sie betrieben, blieben überzeugt: Falls es einmal eine Chance gibt, werden wir sie nur wahrnehmen können, wenn wir ein gutes Verhältnis auch zum Ostteil Europas haben und wenn die Deutschen einander nicht gänzlich fremd geworden sind.

Das erste Glied in der Ursachenkette, die zur Vereinigung führte, war der Ruin des Kommunismus in Europa. Das System, nach dem im sowjetischen Machtbereich Politik und Wirtschaft betrieben wurden, war an die letzte Grenze seiner Möglichkeiten gekommen; es wurde mit keiner wesentlichen praktischen Frage mehr fertig, und der Geist, aus dem die Regierenden ihre politische Kraft zogen, hatte sich verflüchtigt. Die Gläubigen, ohnehin eine Minderheit, glaubten nicht mehr; die Lehre inspirierte und motivierte nicht mehr, sondern war zur bloßen Rechtfertigung der Macht erstarrt – sie sollte die Herrschaft Moskaus über die abhängigen Staaten und die Herrschaft der kommunistischen Parteien über ihre Länder begründen, konnte aber auch das nicht mehr. Das System versagte offenkundig, doch die Führungen kamen vom System schwer los, weil ihre Macht darauf beruhte. Alle Ost-Staaten Europas verfielen ökonomisch, ideologisch und moralisch; Unterschiede bestanden nur im Grad und Tempo. Der Kampf zwischen Sozialismus und Kapitalismus, zwischen Diktatur und Demokratie war längst entschieden, als 1989/90 der Ost-West-Konflikt zu Ende ging[1].

Das zweite Glied der Ursachenkette hieß Gorbatschow. Als sogar die Vormacht des »sozialistischen Lagers« die Gebote kommunistischer Herrschaftswahrung nicht mehr achtete, wurde der Niedergang zum Untergang. Gorbatschow wollte System und Imperium erneuern, aber er zerstörte sie. Der politische Osten hatte einen Zustand erreicht, in dem er weder die

[1] Peter Bender, Das Ende des ideologischen Zeitalters. Die Europäisierung Europas. Berlin 1981, S. 21–118.

alten Verhältnisse noch deren Reform ertrug. Gorbatschow gab innen- wie außenpolitisch nichts auf, was nicht bereits verloren war. Mit Gewalt hätte er manches noch eine Zeitlang halten können, aber nur um den Preis noch tieferer Zerrüttung.

Die dritte Ursache für den Untergang der DDR lag darin, daß Honecker sich weigerte, Gorbatschow zu folgen. Die Führungen der abhängigen Staaten waren schrittweise frei geworden zu tun, was sie für richtig hielten. Sollten sie sich den veränderten Umständen anzupassen suchen, die Planwirtschaft durch »Marktelemente« auflockern und den Staat »demokratisieren«? Oder war es sicherer, in der »Machtfrage« keine Zugeständnisse zu machen? Die Gorbatschow-Generation entschied sich meist für Reform, die Älteren fürs Beharren. Den »Realsozialismus« zu retten vermochten weder die einen noch die anderen, doch die Reformstaaten Polen und Ungarn glitten allmählich und ziemlich stoßfrei ins neue System der Marktwirtschaft und parlamentarischen Demokratie hinüber; die dogmatisch geführten Staaten, die DDR und Tschechoslowakei, Bulgarien und Rumänien, brauchten einen Umbruch, denn ihre unbelehrbaren Herrscher wichen nicht, sondern mußten gestürzt werden.

Für Honecker und die SED ging es nicht, wie für die anderen kommunistischen Regenten, allein um die Staatsform, sondern um den Staat: Nur die sozialistische DDR hatte Existenzberechtigung. Der Generalsekretär und seine meist älteren Gefährten blieben gebannt durch ihr Schlüsselerlebnis, den 17. Juni 1953, als Moskau Lockerung befohlen hatte, die Feinde der SED und die Unzufriedenen daraufhin Morgenluft witterten und die DDR fast ums Leben brachten. Die Erfahrungen der ungarischen Revolution 1956, des Prager Frühlings 1968 und der polnischen Solidarność 1980/81 schienen zu bestätigen, daß Einschränkung der absoluten Herrschaft den Anfang vom Ende bedeutete und man deshalb den Anfängen wehren müsse.

So entwickelte sich im östlichen Berlin ein verzweifelt anmutendes Festungsdenken. Honecker und sein Politbüro gerieten immer mehr in die Isolierung: im Westen die wohlhabende und demokratische Bundesrepublik; im Osten die Sowjetunion, die sich liberalisierte, und Polen, wo im Sommer 1989 frei gewählt und ein Demokrat Ministerpräsident wurde; im Inneren eine Partei, die allmählich die Orientierung verlor, und eine Bevölkerung, die zweifelte, ob aus diesem erstarrten Staat noch jemals etwas werden könne. Daraus folgte das vierte Glied der Ursachenkette.

In der DDR entstand, entwickelte und verstärkte sich etwas, das es vorher nie gegeben hatte, eine Opposition, die in die Öffentlichkeit drängte und das Regime bedrängte. Es war eine zwiefache Opposition, die einen wollten das Land verlassen, die anderen wollten es verändern. Die »Ausreiser« suchten Publizität, um auf ihren Wunsch aufmerksam zu machen; sie besetzten westdeutsche und andere westliche Botschaften in Ostberlin, Prag, Warschau und Budapest; je mehr es wurden, desto größer wurde der Anreiz zur Nachahmung und der Zwang für die DDR-Regierung, sich das peinliche Problem vom Halse zu schaffen.

Die »Hierbleiber« hatten sich, manche schon seit Jahren, in informellen Gruppen zusammengefunden, oft im Schutz der evangelischen Kirchen. Sie engagierten sich für Frieden und saubere Umwelt, aber hatten vor allem Menschen- und Bürgerrechte in der DDR im Auge. Im Jahr 1989 gingen auch sie an die Öffentlichkeit. Im Januar forderten Hunderte in Leipzig freie Meinungsäußerung und Versammlungsfreiheit. Im Mai versuchten andere, die Kommunalwahlen zu kontrollieren. Im September gründete sich das »Neue Forum«, die erste landesweite Oppositionsgruppe, zugleich begannen die, von Woche zu Woche anschwellenden Demonstrationen in Leipzig und anderen Städten, die schließlich den Herrschaftsanspruch der SED in Frage stellten: »Wir sind das Volk«, das hieß, die Partei ist nicht das Volk und kann es nicht vertreten.

Mit der Hilflosigkeit, die aus der Aussichtslosigkeit kam, schlug die Führung um sich: gegen Demonstranten und West-Journalisten, die über sie berichteten; gegen Einflüsse aus Moskau, sowjetische Filme und die Zeitschrift ›Sputnik‹ wurden verboten; gegen die Hoffnung auf freie Kritik auch innerhalb der DDR, wie sie durch die Vereinbarung über eine »Streitkultur« zwischen SED und SPD geweckt worden war[2]. Auf Mahnungen und Warnungen reagierte die Parteiführung trotzig. Es klang wie ein innenpolitisches »Nun-erst-recht«, als Honecker die Mauer verewigen wollte und im Juni 1989 die Volkskammer zwang, der chinesischen Parteiführung für die blutige Unterdrückung ihrer Opposition zu applaudieren.

Der einzige Erfolg war, daß alles noch schlimmer wurde. Unzufriedenheit und Opposition wuchsen. Sie durch materielle

---

[2] »Der Streit der Ideologien und die gemeinsame Sicherheit«, veröffentlicht auch in Neues Deutschland v. 27. 8. 1987.

Wohltaten zu beruhigen, fehlten die Mittel, sie zu unterdrücken fehlte allmählich die Kraft. In der DDR entstand, was Lenin als revolutionäre Situation beschrieben hatte: Die unten wollten nicht mehr und die oben konnten nicht mehr. So nahm der Staat der SED ein überraschend schnelles Ende. Immer mehr Ausreiseentschlossene erzwangen ihre Ausreise; und als am 11. September 1989 die reformkommunistische Führung in Budapest ihre West-Grenze auch für DDR-Bürger öffnete, war der Strom nicht mehr einzudämmen. Die Mauer hatte ihren Sinn verloren, Honecker hätte sie, um sein Volk zusammenzuhalten, nach Süden und Osten verlängern müssen.

Zugleich wuchs auch die Entschlossenheit derer, die eine andere DDR wollten. Sie brauchten Mut, denn niemand wußte sicher, ob die sowjetischen Truppen in den Kasernen bleiben würden; Polizei und »Stasi« hatten abschreckende Proben ihrer Brutalität gegeben. Dennoch bekamen die Demonstrationen immer mehr Zulauf, die Opposition hatte Erfolg, weil in den achtziger Jahren auch viele Unpolitische selbstbewußt geworden waren gegenüber ihrem Staat. Die Massendemonstrationen im Oktober konnte nur noch ein Regime eindämmen, das sich nicht scheute, Blut zu vergießen. Aber ohne sowjetischen Rückhalt getrauten sich die Verantwortlichen nicht, ihre vorhandenen und sogar vorbereiteten Gewaltmittel anzuwenden. Sie hatten, da lag der tiefste Grund, den Mut zu ihrer Sache und zu sich selbst verloren. Honeckers letzte Energien erschöpften sich darin, ohne Katastrophen noch den vierzigsten Jahrestag der DDR am 7. Oktober zu erreichen. Er pries seinen Staat als den Höhepunkt der deutschen Geschichte, zehn Tage später erfuhr er den Tiefpunkt der DDR, das Politbüro zwang ihn zum Rücktritt.

Auch seine Nachfolger hatten keine Chance mehr. Egon Krenz war viel zu eng mit Honeckers Regime verbunden, um zu überzeugen; er blieb nur wenige Wochen Generalsekretär. Ministerpräsident Hans Modrow, von Honecker immer ganz klein gehalten, war als Reformator glaubhaft und wollte reformieren, aber er konnte kaum mehr regieren, weil der Staat zerfiel; zuerst mußte er die Opposition zu Hilfe holen und dann sogar die – erstmals freien – Volkskammerwahlen vom Mai auf den März vorverlegen. Lothar de Maizière hatte zwar die demokratische Legitimation, aber nicht mehr die Kraft und den Willen, die DDR zu erhalten. Er vermochte nicht einmal mehr die Ostdeutschen gegen die Überwältigung durch die Westeutschen zu verteidigen, weil seine Landsleute ihn verließen, die einen durch Übersiedlung in die Bundesrepublik, die anderen durch Gleichgültigkeit.

Die Verführung

Die DDR starb an sich selbst, doch die Bundesrepublik wirkte dabei mit. Sie tat es vor allem durch ihre schiere Existenz, die jedem DDR-Bürger zeigte, wie man die Wirtschaft und die öffentlichen Angelegenheiten anders regeln und wie man das meiste besser machen kann. Und da nicht eine fremde Nation, sondern die eigenen Landsleute das Beispiel gaben, war die Bundesrepublik eine Herausforderung an die Regenten der DDR und eine Verlockung für deren Bürger, wie kein anderer kommunistischer Staat sie zu bestehen hatte. In der Anziehungskraft der demokratisch-liberalen Wohlstandsgesellschaft lag die fünfte Ursache für den Untergang der DDR. Je mehr der ostdeutsche Staat versagte, desto attraktiver wurde der westdeutsche. Der Drang zur Übersiedlung nahm zu, und als am 9. November 1989 die Grenzen geöffnet wurden, strömte nahezu alles, was sich bewegen konnte, hinüber. Fast ohne Ausnahme, so scheint es, sah sich jeder Ostdeutsche die Bundesrepublik an, für viele war es die erste flüchtige Bekanntschaft in euphorischer Stimmung, die kaum mehr als die glänzende Oberfläche erkennen ließ und den Eindruck nahelegte, hier seien alle Probleme gelöst, unter denen die DDR litt. Wozu sich noch weiter mit dem maroden Oststaat abmühen? Als im Frühjahr 1990 die westdeutschen Politiker kräftig in den Wahlkampf für die neue, demokratische Volkskammer eingriffen, wählte die Mehrheit der Ostdeutschen die Parteien, die am stärksten für eine Vereinigung Deutschlands eintraten.

Wie die DDR an sich selbst zu Grunde ging, so siegte die Bundesrepublik durch sich selbst. Sie gewann den »Wettkampf der Systeme« nicht durch diese oder jene Politik, sondern durch ihre Unbefangenheit; sie war am stärksten immer dann, wenn sie sich gab, wie sie war. Doch solange es der SED-Führung gelang, »den Westen« von der DDR fernzuhalten, blieb die Anziehungskraft der Bundesrepublik größtenteils abstrakt, nur vermittelt durch Funk, Fernsehen und die wenigen Besucher. Der verborgene Sinn der Entspannungspolitik lag deshalb darin, das Modell Bundesrepublik zur Wirkung zu bringen, es den

Ostdeutschen möglichst konkret vor Augen zu führen. Wie die DDR einen großen Teil ihrer Kraft für die Abgrenzung verbrauchte, so bestand die halbe Deutschlandpolitik Bonns seit 1970 darin, die Abgrenzung zu durchbrechen. Es war ein zäher, teils offener, meist aber stiller Kampf, oft geführt um fast lächerliche Kleinigkeiten, die für die Betroffenen aber Bedeutung hatten. Allmählich erwies sich die Bundesrepublik als der Stärkere, denn die kommunistischen Regenten erlagen selbst der kapitalistischen Verführung, vor der sie ihr »Volk« bewahren wollten.

Um die DDR-Wirtschaft am Leben zu erhalten und um außenpolitischer Erfolge willen, ließ sich Honecker mit Bonn auf Geschäfte ein, die ihm kurzfristig halfen, aber langfristig die DDR untergruben. Drei Jahrzehnte hatte die SED-Führung in der Furcht vor dem überlegenen Westdeutschland gelebt; aber sie hatte auch *von* dieser Furcht gelebt, indem sie die Bonner »Imperialisten« und »Revanchisten« als Rechtfertigung benutzte – für Mauerbau und Abgrenzung, für Reiseverbote und Fernhaltung von Westliteratur, für alles, was den Westen auf Abstand hielt. Und nun sollte der Feind auf einmal nicht mehr Feind sein, sondern Partner.

Wenn der Staatsratsvorsitzende fast täglich mit einem westdeutschen Politiker auf der ersten Seite des ›Neuen Deutschland‹ prangte, dann konnte der »Imperialismus« so furchtbar doch nicht sein. Wenn die Beziehungen zum Bonner Staat demonstrativ gepflegt wurden, dann konnten kollegiale und private Beziehungen zu Bundesbürgern nicht mehr bedenklich sein. Wenn die SED mit der SPD über ideologische Grundsatzfragen sprach und Rüstungskontrollabkommen schloß, dann konnte der »Sozialdemokratismus« so gefährlich nicht sein. Und wenn Honecker seine Schwester im Saarland besuchte, dann konnte es keinen vertretbaren Grund mehr geben, den Normal-Bürgern Verwandtenbesuche im Bundesgebiet zu verbieten. Das Eingehen auf innerdeutsche Entspannung hat der SED ihr Feindbild genommen. Mit der Beschwörung der großen Gefahr aus dem Westen waren die eigenen Mängel nicht mehr zu verdecken und Abgrenzung nicht mehr zu rechtfertigen.

Ebenso bedenklich für das Regime war: Je enger es sich mit Bonn einließ und wirtschaftliche und politische Bindungen einging, desto mehr wurde es in ein Netz aus Vorteilen und Verpflichtungen eingefangen, aus dem es sich schließlich kaum

mehr zu lösen vermochte. Honecker beschwor zwar bei jeder
Gelegenheit die Souveränität seines Staates. Er wucherte auch
mit dem einzigen Pfand, das er hatte, den humanitären Zugeständnissen; seine Unterhändler »verkauften« auch die geringste Erleichterung im Reiseverkehr zu Höchstpreisen – dennoch
schränkte sich sein Manövrierraum ein.

Die DDR-Führung mußte in einem Maße, das sie nie gekannt
hatte, auf die Bundesrepublik Rücksicht nehmen: auf die Überzeugungen, Gefühle und Vorurteile dort, auf die Empfind-
lichkeiten und Rivalitäten der Parteien und nicht zuletzt auf die
Medien. Auch in Ostberlin wußte man, daß in Bonn die
Deutschlandpolitik sehr stark innenpolitisch bedingt war: Gegen die Stimmung im Lande und gegen einflußreiche Stim-
mungsmacher konnte keine Bundesregierung es wagen, der
kommunistischen DDR unter die Arme zu greifen.

Die DDR erhielt Finanz- und Wirtschaftshilfe, Honecker bekam politische und persönliche Anerkennung – aber alles mußte mit gewissem Wohlverhalten bezahlt werden. Selbst die Aufwertung der SED durch die Sozialdemokraten, die Abmachung
über eine »Streitkultur«, verlangte einen hohen Preis: Wenn die
SED mit der SPD von gleich zu gleich verhandelte und sich von
den sozialdemokratischen »Arbeiterverrätern« sogar Reformfä-
higkeit, also auch Reformbedürftigkeit bescheinigen ließ – was
unterschied die Kommunisten dann noch von einer gewöhnli-
chen Partei? Wie konnten sie dann noch ihren Unfehlbarkeits-
anspruch als Marxisten-Leninisten behaupten? Was gab der
SED dann noch das Recht, für alle Zeit die »führende Rolle« im
Staat zu spielen?

Die dritte Folge der erzwungenen Öffnung nach Westen lag
darin, daß die Wirkung der Mauer mehr und mehr nachließ.
Die Führung sah sich gezwungen, dem Druck von unten und
dem Drängen aus Bonn nachzugeben, und lockerte die Sperren
für Reisen in die Bundesrepublik. Mehr als ein Vierteljahrhundert lang war die Grenze für Normalbürger unpassierbar gewesen; die meisten Jüngeren machten jetzt zum erstenmal Bekanntschaft mit der Bundesrepublik. Der westliche Teil
Deutschlands konkretisierte sich vom Fernsehbild zu einer
selbst erfahrenen Wirklichkeit. Der Austausch der Reiseein-
drücke wurde zu einem Hauptgesprächsthema, die Bundesrepublik lag nicht mehr auf einem anderen Stern, sie trat als ein
erreichbares Land ins allgemeine Bewußtsein. Die Möglichkeit,
nach Westen zu reisen, beflügelte den Wunsch, nach Westen

»auszureisen«; manchen brachte erst ein Besuch der Bundesrepublik auf den Gedanken, ins andere Deutschland überzusiedeln.

Die wichtigste Wirkung der Mauer war, den Ostdeutschen die Alternative zu nehmen: es gab nur noch ein Leben in der DDR und unter den Bedingungen der DDR. Mit der Erlaubnis zur Auswanderung schwand diese Wirkung. So sehr die Funktionäre die Ausreise erschwerten, sie war möglich geworden, und jeder kannte jemanden, dem sie gelungen war. Vielleicht hat nichts die politische Stabilität der DDR so unterhöhlt wie das Wiedererstehen der Alternative: Man konnte ein neues Leben im Westen beginnen – auch wer es gar nicht wollte, wurde innerlich freier; er mußte nicht mehr alles hinnehmen, denn im Notfall konnte er mit seinem Weggang drohen; der Ausreiseantrag wurde in den letzten Jahren der DDR zum Druckmittel des kleinen Mannes, zuweilen sogar mit Erfolg. Schon bevor die Mauer fiel, hatte sie ihre Wirkung als Herrschaftsschutz teilweise eingebüßt.

Was Honecker sich bei alledem gedacht hat, wissen wir nicht. Vermutlich hoffte er, die Bundesrepublik nutzen und die Gefahren, die von ihr ausgingen, bewältigen zu können. Jedenfalls trieb er eine Politik, die Julij Kwizinskij mit dem fatalen Bild beschreibt: »Die DDR schluckte den goldenen Angelhaken immer tiefer, von dem sie dann nicht mehr loskam.«[3] Aber möglich wurde das nur, weil es einen goldenen Angelhaken gab. Die Regierungen Brandt, Schmidt und Kohl erlaubten der DDR-Führung nicht nur, Hilfe in Bonn zu suchen; sie ermunterten dazu, luden förmlich ein und dachten sich immer neue Geschäfte aus, die den Ostdeutschen Erleichterungen und Ostberlin Geld und Prestige brachten.

Die DDR-Politik der drei Kanzler hat keine Reform des SED-Staates bewirkt, aber dessen Ruin gefördert. Sie hat die Opposition nicht gestützt, aber erheblich zu einem Zustand beigetragen, in dem Opposition überhaupt möglich wurde. Sie hat die Staaten nicht vereinigt, aber einander näher gebracht, so nahe, daß sie nicht mehr voneinander loskamen. Sie hat die Teilung nicht überwunden, aber die Trennung der Menschen sehr gemildert. Nochmals zwanzig Jahre hermetischer Abriegelung – die Deutschen hätten sich noch tiefer entfremdet und das »Zusammenwachsen« würde noch viel schwerer.

[3] Julij A. Kwizinskij, Vor dem Sturm. Erinnerungen eines Diplomaten. Berlin 1993, S. 261.

Die Vereinigung Deutschlands war die Folge des Zusammenbruchs der DDR. Honeckers Nachfolger Egon Krenz öffnete die Grenzen, um seinen Willen zu einem Neubeginn zu beweisen, doch er wußte nicht, was er tat, denn er öffnete die Schleusen für einen Strom, den niemand eindämmen konnte. Der Bau der Mauer am 13. August 1961 hatte die Teilung Deutschlands vollendet und siebenundzwanzig Jahre lang zur unverrückbaren Realität gemacht, der Fall der Mauer am 9. November 1989 beendete die Teilung: Deutschland floß zusammen.

Die Ostdeutschen überfluteten Westdeutschland und wollten in ihrer großen Mehrheit die Vereinigung, die Westdeutschen mußten sie daher ebenfalls wollen. Sie waren auch nicht dagegen, achtzig Prozent sprachen sich 1990 dafür aus, aber ein Herzenswunsch war es nicht und ein starkes Interesse auch nicht. Die Bundesrepublik war längst zu einem Gemeinwesen geworden, das sich selbst genügte, sie hieß ja auch (Bundesrepublik) Deutschland und wurde als endgültige staatliche Form empfurden, die keiner »Vollendung«, wie das Grundgesetz sie forderte, mehr bedurfte. Die Westdeutschen, in ihrer großen Mehrheit, lebten in der westlichen Welt, ohne ihre Landsleute jenseits der Elbe zu vermissen. Von der nationalen Frage wurde zwar, seit die Konservativen regierten, mehr geredet, doch in der politischen Praxis wie im Empfinden der meisten Bundesbürger war sie zu einer humanitären Aufgabe geschrumpft. Nur eine Minderheit nahm ernstlich am Schicksal der Ostdeutschen teil.

Als dann über Nacht plötzlich die Grenzen fielen, begannen aber auch viele Westdeutsche die neue Lage zu erkunden und zu nutzen. Die Parteien schufen sich beim Volkskammerwahlkampf Anfang 1990 eine ostdeutsche Klientel, Konzerne teilten das Land in Interessenzonen unter sich auf, Institutionen und Verbände jeder Art nahmen alte Verbindungen auf und knüpften neue an. Nicht zuletzt machten sich viele Privatleute auf den Weg, um Verwandte und Freunde zu besuchen; Geflüchtete und Ausgewiesene besuchten ihre Heimat wieder. Expansionstrieb und Patriotismus, Geschäftssinn und Kollegialität, Neugier und echte Teilnahme vermischten sich zu einem Gegenstrom von West nach Ost.

Die Deutschen vereinigten sich, die Politiker mußten ihnen folgen und Deutschland vereinigen. Die Deutschen taten, was sie gar nicht durften, denn »Deutschland als Ganzes« lag nach wie vor in der Kompetenz der vier Siegermächte, aber gegen die elementare Kraft, mit der das Land zusammenfloß, waren alle Regierungen machtlos. Eine politische Größe war auf den Plan getreten, die in keiner Planung vorkam, »das Volk« in der DDR. Die Regierungen mußten die Ereignisse, die ihnen davongelaufen waren, einholen und in eine Form bringen, die haltbar und für alle Beteiligten erträglich war.

Die Organisation des Unvermeidlichen

Die Aufgabe, vor der Kohl und Genscher an der Jahreswende 1989/90 standen, hieß: Europa und die Vereinigten Staaten mit der deutschen Vereinigung versöhnen. Es war ein schwieriges Werk, das durchaus hätte mißlingen können, die Folgen wären unabsehbar gewesen. Bundesrepublik und DDR hätten Verträge schließen müssen, die mit den Rechten der Vier Mächte kollidierten. Deutschland wäre ein Land geworden, dessen Teile unterschiedlichen Militärbündnissen angehörten und konkurrierende fremde Armeen beherbergten. Es hätte eine Hauptstadt haben wollen, die noch Besatzungsgebiet war. Deutschland hätte sich Schritt für Schritt vereinigt, aber im Unfrieden mit seiner politischen Umwelt.

Kein Staat in Europa wünschte eine Machtkonzentration von achtzig Millionen Deutschen, viele fürchteten sie. Allein die Vereinigten Staaten waren groß und entfernt genug, um sich ein vereintes Deutschland leisten zu können. Für sie bedeutete es sogar einen stolzen Sieg, daß der Rivale Sowjetunion Mitteleuropa räumen mußte, während Amerika weiter dort blieb. Präsident George Bush und Außenminister James Baker begriffen die Unaufhaltsamkeit der Vereinigung früh, machten sich schnell zu deren Anwalt und stellten sogleich ihre Bedingung: Auch das vereinte Deutschland muß der NATO angehören.

Paris und London taten sich hingegen schwer. Schon der Teilstaat Bundesrepublik war ihnen fast zu groß für Westeuropa, ein noch größeres Deutschland, das geographisch, wirtschaftlich und vielleicht auch politisch dem Osten näher rückte, schreckte sie. Doch konnten sie als Kontrollmächte über Deutschland etwas verbieten, was zu unterstützen sie sich 1955 feierlich verpflichtet hatten? Die Westdeutschen waren seit mehr als dreißig Jahren Verbündete – konnte man sie bei der

Vereinigung mit ihren Landsleuten behindern, ohne sie sich zu entfremden? Was sich in Deutschland vollzog, war der lehrbuchreife Fall von Selbstbestimmung einer Nation – konnten sich Demokratien dem entgegenstemmen? Und welche Aussicht hätte Widerstand gehabt, nachdem sich Amerika zum Fürsprecher der deutschen Vereinigung gemacht hatte?

Am schwersten hatte es die Sowjetunion. Für die Westmächte änderte sich, außer der Vergrößerung Deutschlands, nichts. Moskau hingegen sollte die Politik eines halben Jahrhunderts liquidieren, das Zentrum Europas militärisch räumen, ein Imperium aufgeben und auf den Siegespreis des »Großen vaterländischen Krieges« verzichten. Die Sowjetunion sollte nicht nur einen Verlust an Macht hinnehmen, sondern eine Niederlage, die ihr Selbstgefühl erschüttern mußte. In Moskau war daher der Widerstand gegen die Vereinigung Deutschlands am heftigsten und besonders bitter.

Was im Bonner Politjargon die »äußeren Aspekte« der Vereinigung hieß, wurde deshalb vor allem zu einer Aufgabe der Ostpolitik, die hier ihre letzte Bewährungsprobe zu bestehen hatte. Aber auch jetzt blieb es bei der alten Rangordnung: Die Verpflichtung und Verflechtung in der Europäischen Gemeinschaft und NATO bildeten die Grundlage, auf der Kohl und Genscher sich um Moskaus Einverständnis zur Vereinigung bemühten. Die größte Unterstützung erhielten sie von den Vereinigten Staaten, und das war nötig.

Wie seit fast fünfzig Jahren spielte sich das Entscheidende zwischen den Großmächten ab; und wie seit vierzig Jahren ging es um den militärischen Status eines vereinten Deutschland. Den Standpunkt des Westens, es müsse der NATO angehören, hatte Moskau immer vehement abgelehnt; um das Unannehmbare jetzt doch hinzunehmen, brauchte Gorbatschow, auch für seine Kritiker im Lande, Sicherheitsgarantien. Kohl und Genscher versprachen ihm bei den letzten Verhandlungen Mitte Juli 1990, auch das künftige Deutschland werde auf nukleare, biologische und chemische Waffen verzichten, die Stärke der Bundeswehr werde auf 370 000 Mann verringert. Beides half, aber genügte nicht; das Wort Amerikas, der NATO-Vormacht, war unentbehrlich. Präsident Bush persönlich sagte Gorbatschow zu, die Sicherheit der Sowjetunion werde nicht beeinträchtigt werden, und die Allianz gab Zusicherungen: Die Länder des Warschauer Pakts würden nicht mehr als Gegner betrachtet, die NATO-Strategie werde revidiert und Ostdeutschland, das Gebiet der ehemaligen DDR, werde frei bleiben von Kernwaffen und von ausländischen Streitkräften. Schließlich scheint Moskau, wie auch die Regierungen in Prag und Warschau, eingesehen zu haben, daß eine deutsche Nationalarmee weit gefährlicher werden könne als eine Bundeswehr, die in die NATO integriert und damit von der NATO kontrolliert wäre. Öffentlich war davon nicht die Rede, aber Gorbatschow bestätigte Bush, Amerika sei ein Faktor der Stabilität in Europa – also auch eine Garantie gegen militärische Alleingänge der Deutschen.

Der Präsident und sein Außenminister James Baker begleiteten und stützten die deutschen Verhandlungen mit Moskau, manche bereiteten sie sogar vor. Bevor der Kanzler im Februar Gorbatschows Ja zur Vereinigung bekam, hatte Baker den Generalsekretär schon für die Form der Deutschlandverhandlungen – »Zwei-plus-vier« – halb gewonnen[4]. Und bevor Gorbatschow im Juli Kohl sein Einverständnis zur deutschen NATO-Mitgliedschaft gab, hatte Bush dem Russen das Einverständnis abgerungen, daß die Deutschen selbst entscheiden sollten, in welcher Allianz sie sein wollten[5]. Da jeder wußte, daß sie sich für die NATO entscheiden würden, hatte Gorbatschow indirekt sein Plazet gegeben.

Kohl mußte, um im Osten voranzukommen, zunächst Westpolitik betreiben; allein der Besuchskalender von Kanzler und Außenminister zeigte das. Je mehr Bonn mit der Sowjetunion auszumachen hatte, desto enger wurde die Kooperation mit den Amerikanern – so war es 1971 während der Berlin-Verhandlungen gewesen, so war es auch 1990, als es um die Zukunft Deutschlands ging. Ohne die tätige Hilfe der Vereinigten Staaten konnten die Deutschen das Wesentliche in Moskau nicht erreichen.

Doch der Rahmen, innerhalb dessen sich die letzte westdeutsche Ostpolitik bewegte, war viel weiter gezogen als früher. Bonn war stärker und alle seine Partner im Osten waren schwächer geworden, besonders der Hauptkontrahent, die Sowjetunion. Früher hatte Moskau die DDR fest in der Hand, sie diente ihm als politisches Faustpfand gegenüber der Bundesrepublik und als größtes Militärlager in Zentraleuropa. Doch in den achtziger Jahren entglitt die DDR der Sowjetunion, weil

[4] Teltschik a.a.O. S. 138, 141, 147. Kiessler/Elbe a.a.O. S. 91.
[5] Tschernajew a.a.O. S. 298, Teltschik a.a.O. S. 256.

nur die Bundesrepublik sie finanziell und ökonomisch am Leben erhalten konnte. Und die sowjetischen Soldaten in dem – für sie »westlich« wirkenden – Ostdeutschland wurden allmählich demoralisiert. Je mehr sich die DDR auflöste, desto weniger erschien es möglich, die Truppen dort für unbegrenzte Zeit zu stationieren. Der Kreml verlor seinen stärksten Trumpf: er konnte nicht mehr damit drohen, seinen Teil Deutschlands so lange besetzt zu halten, bis seine Bedingungen für eine Vereinigung erfüllt würden.

Die Öffnung der Berliner Mauer und der Grenzen zur Bundesrepublik am 9. November 1989 war mit Moskau nicht abgesprochen, nicht einmal die sowjetische Botschaft in Berlin, wo noch Vier-Mächte-Recht herrschte, war unterrichtet worden[6]. Aber was sollte Moskau tun? Die DDR, die nicht mehr Herr der Lage war, zur Schließung der Grenzen nötigen? Sowjetische Soldaten an die Übergänge und auf die Kontrolltürme schicken und die Deutschen wieder voneinander trennen? Breschnew hätte das vielleicht noch gekonnt, der Reformator Gorbatschow konnte es nicht mehr – die Glaubwürdigkeit seiner gesamten neuen Außenpolitik und damit auch die Perestrojka wären dahin gewesen. Gorbatschows Sorge richtete sich darauf, daß in Berlin »ein Chaos« entstünde und er gezwungen würde, die Ordnung mit sowjetischen Soldaten wiederherzustellen. Er erkundigte sich sogleich am 10. November bei Kohl und Brandt, ob die Lage beherrschbar sei; beide beruhigten ihn[7]. Die Verhältnisse hatten sich fast ins Gegenteil verkehrt: Früher garantierte Moskau mit seiner Armee die »Beherrschbarkeit«, jetzt bat Moskau westdeutsche Politiker, »beruhigend auf die Menschen einzuwirken«.

Je mehr die DDR seit Anfang 1990 verfiel, desto mehr wurde die einstige Bastion der sowjetischen Macht zur Verlegenheit. Damit veränderte sich das Kräfteverhältnis weiter zugunsten der Bundesrepublik. Die sich überstürzende Entwicklung setzte zwar Bonn ebenso wie Moskau unter Druck und in Sorge, doch bewältigen konnte die Krise nur Bonn, es hatte Geld und

[6] Wjatscheslaw Daschitschew, Deutschland Archiv 12/1993, S. 1469. Einen detaillierten Bericht gab Igor F. Maximitschew, 1989, Botschaftsrat an der sowjetischen Botschaft in Berlin in einer Vorlesung, die er im Sommersemester 1994 an der Freien Universität Berlin hielt.

[7] Kwizinskij a.a.O. S. 15. Teltschik a.a.O. S. 19f. Gorbatschows Sorge vor einer unkontrollierbaren Entwicklung in der DDR hielt an: Teltschik S. 23, 33, 167, 185.

politischen Einfluß, Moskau hatte nur Soldaten, die es nicht einsetzen wollte und konnte. Je mehr sich die Lage in der DDR verschlechterte, desto stärker wurde der Kanzler am Verhandlungstisch.

Ins Gegenteil verkehrt hatte sich auch die Rang- und Reihenfolge der Probleme. Nicht mehr Europa, sondern Deutschland stand als erstes zur Debatte. Es ging nicht mehr darum, wie die getrennten Hälften des Kontinents einander näherzubringen seien, woraus sich vielleicht eines fernen Tages eine Vereinigung der Deutschen ergeben könnte; jetzt hieß die Frage, wie ein sich vereinigendes Deutschland in die Architektur Europas einzufügen sei.

Damit wurde die Basis aller Ostpolitik, wie sie im Moskauer Vertrag von 1970 fixiert worden war, hinfällig. Kern des Vertrages war die Bestätigung des Status quo: Die beiderseits angestrebte »Zusammenarbeit« konnte sich damals nur »verbessern und erweitern«, weil Bonn den sowjetischen Besitzstand bis zur Elbe anerkannt hatte. Jetzt schmolz dieser Besitz dahin, und die Zusammenarbeit konnte künftig nur gedeihen, wenn Moskau den Verlust hinnahm und der Vereinigung Deutschlands zustimmte.

Gorbatschow und die meisten seiner Mitarbeiter brauchten einige Zeit, um sich auf die neue Lage einzustellen. Anfang 1990 hatten sie erkannt, daß sie gar nicht mehr über das Ob, sondern nur noch über das Wie einer deutschen Vereinigung mitbestimmen konnten und daß als deutscher Partner nur noch die Bundesrepublik in Betracht kam[8]. Der DDR-Ministerpräsident Hans Modrow wurde zwar noch in Moskau empfangen, das entscheidende Zugeständnis aber erhielt elf Tage später, am 10. Februar 1990, der Kanzler aus Bonn: Die Deutschen dürften über ihren Weg in die Zukunft selbst entscheiden. Die Vereinigung war gebilligt.

Im Streit über die »Frage der Fragen«[9], die NATO-Mitgliedschaft ganz Deutschlands, verging noch ein halbes Jahr, bis Gorbatschow dem Kanzler zubilligte, auch darüber sollten die Deutschen selbst entscheiden. Er tat den letzten, vielleicht schwersten Schritt nach harten Auseinandersetzungen mit Konservativen in Moskau, die ihn des »Ausverkaufs« beschuldigten.

[8] Tschernajew a.a.O. S. 296.
[9] Ausdruck des sowjetischen Außenministers Schewardnadse Kiessler/Elbe a.a.O. S. 133.

Er tat ihn mit einer Mischung aus Resignation und Hoffnung, mit Realismus und Weitsicht. Den Zug zur deutschen Einheit konnte er nicht aufhalten; und wenn er nicht nur die Schlußlichter sehen wollte, mußte er sich beeilen, um aus dem Unabänderlichen noch Vorteil zu schlagen. Ohne die Mitarbeit der ersten Industriemacht Europas schien ein Wiederaufbau der sowjetischen Wirtschaft aussichtslos. So entschloß er sich, das letzte, unwiderrufliche Einverständnis zur NATO-Mitgliedschaft ganz Deutschlands nicht Bush und auch nicht den drei Westmächten zu geben, sondern Kohl. Er tat es mit großer Geste. Zur Verwunderung des Kanzlers feilschte er nicht und stellte keine Bedingungen, er erwartete, daß sein politischer Verzicht mit ökonomischer Großzügigkeit beantwortet werde. Wo er in der Sache nichts Wesentliches mehr gewinnen konnte, wollte er Freunde gewinnen. Das Ergebnis war ein – bereits vorbesprochener – Vertrag über langfristige Zusammenarbeit, der alle früheren Verträge übertraf.

Wirtschaftshilfe gegen Vereinigungs-Plazet, das ist nicht einmal die halbe Wahrheit, aber ein wesentlicher Teil davon. Vor allem gelang Helmut Kohl der große Wurf, weil er im richtigen Augenblick entschlossen zugriff. Vorher hatte sich Moskau zu stark gefühlt, um Stalins Kriegsgewinn aufzugeben, nachher war es zu schwach. Kohl hatte im Kreml Erfolg, weil er sich nach seinem Ausrutscher – Vergleich Gorbatschow-Goebbels – konsequent und überzeugend als zuverlässiger Partner bewährt hatte; ein gutes, fast freundschaftliches Verhältnis war zwischen ihm und Gorbatschow entstanden[10]. Der Kanzler hatte aber auch Glück, wie keiner seiner Vorgänger es hatte: Er traf, nach einigen schwierigen Jahren, auf eine Sowjetunion, die schwach geworden war und zerfiel, und auf einen Generalsekretär, der sich vom Kommunismus verabschiedete.

Doch das »Wunder von Moskau«, wie Kohls Haupthelfer Teltschik es nennt[11], konnte nicht allein das Werk zweier Männer sein. Die Vereinigung wäre nicht, jedenfalls nicht ohne gefährliche Konflikte gelungen, wenn die Bundesrepublik sich nicht in den Jahrzehnten davor Vertrauen erworben hätte. Kohls und Genschers Erfolg gründete sich auf ihre Leistung, vor allem aber auf die Arbeit ihrer Vorgänger. Adenauers Westpolitik, die alle Kanzler fortsetzten, ermöglichte die Hilfe der

[10] Tschernajew a.a.O. S. 229.
[11] A.a.O. S. 313.

Amerikaner und die Duldung der Westeuropäer – doch die
Unterstützung der Verbündeten hätte nicht genügt. Brandts
Ostpolitik, die Schmidt und Kohl fortsetzten, war ebenfalls
unentbehrlich. Erst sie ermöglichte, daß sich die von Deutschen
mißhandelten Völker im Osten und ihre mißtrauischen Regierungen mit einem vergrößerten Deutschland abfanden und darauf sogar starke Hoffnungen setzten. Der Ost- und der Westpolitik gemeinsam ist es zu verdanken, daß sich die zweite Vereinigung Deutschlands, anders als die erste 1870/71, in Harmo-
nie mit ganz Europa vollziehen konnte.

1. Nicht-Anerkennung der DDR

Nach Gründung der DDR am 7. Oktober 1949 gab Bundeskanzler
Konrad Adenauer am 21. Oktober im Bundestag die folgende Grund-
satzerklärung ab.
    Quelle: Ingo von Münch (Hrsg.), Dokumente des geteilten Deutsch-
land. Bd. 1, Stuttgart 1976, S. 204 (Auszug).

Ich stelle folgendes fest. In der Sowjetzone gibt es keinen freien
Willen der deutschen Bevölkerung. Das, was jetzt dort geschieht, wird nicht von der Bevölkerung getragen und damit
legitimiert.
    Die Bundesrepublik Deutschland stützt sich dagegen auf die
Anerkennung durch den frei bekundeten Willen von rund 23
Millionen stimmberechtigter Deutscher. Die Bundesrepublik
Deutschland ist somit bis zur Erreichung der deutschen Einheit
insgesamt die alleinige legitimierte staatliche Organisation des
deutschen Volkes ...
    Die Bundesrepublik Deutschland fühlt sich auch verantwort-
lich für das Schicksal der 18 Millionen Deutscher, die in der
Sowjetzone leben.
    Sie versichert sie ihrer Treue und ihrer Sorge.
    Die Bundesrepublik Deutschland ist allein befugt, für das
deutsche Volk zu sprechen.
    Sie erkennt Erklärungen der Sowjetzone nicht als verbindlich
für das deutsche Volk an.
    Das gilt insbesondere auch für die Erklärungen, die in der
Sowjetzone über die Oder-Neiße-Linie abgegeben worden
sind.
    Ich stelle diese Tatsache mit allem Nachdruck vor dem deut-
schen Volk und der gesamten Weltöffentlichkeit fest.

2. Gründe für die Nicht-Anerkennung der DDR

Am 28. Juni 1956 faßte Außenminister Heinrich von Brentano vor dem Bundestag die Hauptgründe zusammen, aus denen eine Anerkennung der DDR nicht verantwortbar sei.
Quelle: Dokumente III/2, S. 513 (Auszug).

... während sich das Regime von Pankow nur durch Gewaltmethoden an der Macht zu halten und seine faktische Herrschaftsgewalt nur unter dem Schutz und mit der Unterstützung eines fremden Staates auszuüben vermag. Diesem Regime fehlt daher das für jede stabile und dauerhafte staatliche Herrschaft unerläßliche Mindestmaß an Zustimmung und Rückhalt in der Bevölkerung. Es fehlt ihm das für einen souveränen Staat unerläßliche Mindestmaß von Unabhängigkeit gegenüber jeder auswärtigen Macht. Es fehlt ihm endlich die für jedes Mitglied der Völkerrechtsgemeinschaft unerläßliche Vertrauenswürdigkeit in Bezug auf seine Bereitschaft, die Regeln des internationalen Rechts zu respektieren.

Eine Anerkennung dieser »DDR« ist unter keinem Gesichtspunkt zu verantworten. Sie wäre für die deutsche Einheit ebenso verhängnisvoll wie für das Schicksal der Zonenbevölkerung und darüber hinaus für eine gesunde Entwicklung der europäischen Staatenordnung und der internationalen Beziehungen. Es ist leider ein weit verbreiteter Irrtum, dem ich hier entgegentreten will, anzunehmen, daß es sich für die Bundesregierung dabei lediglich um eine Prestigefrage oder um einen juristischen Formalismus handle. Es geht in Wahrheit um eine eminent politische Frage.

Die Anerkennung der »DDR« bedeutet die völkerrechtliche Anerkennung der Teilung Deutschlands in zwei Staaten. Die Wiedervereinigung ist dann nicht mehr die Beseitigung einer vorübergehenden Störung im Organismus unseres gesamtdeutschen Staates; sie verwandelt sich dann vielmehr in die unendlich viel schwierigere Aufgabe, zwei verschiedene deutsche Staaten zu vereinigen. Würde die Bundesrepublik mit dieser Anerkennung vorangehen, so würde sie selbst dazu beitragen, daß Europa und die Welt das Bewußtsein für die Anomalie des gegenwärtigen Zustandes verlieren und sich mit ihm abfinden. Sie würde die Vier Mächte aus ihrer Verantwortung für die Wiederherstellung der staatlichen Einheit Deutschlands entlassen, die bisher stets auch die Sowjetunion anerkannt hat. Statt dessen würde sie Herrn Ulbricht und Herrn Grotewohl ein Vetorecht gegen die Wiedervereinigung Deutschlands einräumen. Darüber hinaus würde die Anerkennung der »DDR« den Verzicht der Bundesrepublik auf ihren Anspruch bedeuten, Sprecher des ganzen deutschen Volkes zu sein, eines Anspruchs, der in unserer Verfassung erhoben wird und dem sich, wie ich glaube, keine Bundesregierung entziehen darf.

3. Rechtsverwahrung des Bundestages zur Ostgrenze

Am 6. Juni 1950 erklärten Polen und die DDR ihre Absicht, die Oder-Neiße-Grenze als »unantastbare Friedens- und Freundschaftsgrenze« zu markieren; einen Monat später, am 6. Juli, taten sie das mit der Unterzeichnung des Görlitzer Vertrages. Den Protest der Bundesrepublik sprach Paul Löbe (SPD), der Alterspräsident des Bundestages, bereits am 13. Juni aus. Er sprach nicht für die KPD-Fraktion, aber mit Zustimmung von Bundesregierung und -rat.
  Quelle: Ingo von Münch (siehe Dokument 1), S. 497 (Auszug).

Gemäß dem Potsdamer Abkommen ist das deutsche Gebiet östlich von Oder und Neiße als Teil der sowjetischen Besatzungszone Deutschlands der Republik Polen nur zur einstweiligen Verwaltung übergeben worden. Das Gebiet bleibt ein Teil Deutschlands. Meine Damen und Herren, niemand hat das Recht, aus eigener Machtvollkommenheit Land und Leute preiszugeben oder eine Politik des Verzichts zu treiben.
  Die Regelung dieser wie aller Grenzfragen Deutschlands, der östlichen wie der westlichen, kann nur durch einen Friedensvertrag erfolgen, der von einer demokratisch gewählten deutschen Regierung als ein Vertrag der Freundschaft und der guten Nachbarschaft mit allen Nationen baldigst geschlossen werden muß.
  Meine Damen und Herren! Die Mitwirkung an der Markierung der Oder-Neiße-Linie als angeblich »unantastbare« Ostgrenze Deutschlands, zu der sich die sogenannte provisorische Regierung der Deutschen Demokratischen Republik bereitgefunden hat, ist ein Beweis für die beschämende Hörigkeit dieser Stelle gegenüber einer fremden Macht.
  Der Bundestag weiß, daß er bei der Zurückweisung dieser

Handlung auch im Namen der Deutschen in der sowjetischen
Besatzungszone spricht.

7

4. Kennedy in der Berlin-Krise

Interview des Zweiten Deutschen Fernsehens (ZDF) »Kennzeichen D«
am 10. 8. 1976 mit Kenneth P. O'Donnell, Terminsekretär des Präsidenten. »Er ist der Mitarbeiter des Weißen Hauses, den Kennedy am
häufigsten sieht, als ersten am Morgen, als letzten am Abend. Kennedy
vertraut Kenny vollständig.« O'Donnells Gedächtnis wurde von seinen
Mitarbeitern wie vom Präsidenten gerühmt. Mary McGrory in: Lester
Tanzer (Hrsg.), Die Männer um Kennedy. Stuttgart 1963, S. 111 und
115.

Frage: Wann hat Präsident Kennedy zum ersten Mal gespürt,
daß sich in Berlin etwas zusammenbraute?
Antwort: Das geht zurück bis 1959. In den Übergabegesprä-
chen nach Kennedys Wahl 1960 unterrichtete General Eisenhower Kennedy, daß Chruschtschow ihm in Camp David
gesagt habe, es gebe keinen anderen Weg zur Befriedigung
des russischen Volkes, als Berlin zu besetzen, gleichgültig ob
Nixon oder Kennedy an die Macht käme. *talked white*
Frage: Was erwarteten Sie im Weißen Haus, als Sie erkannten,
daß die Zone der Sowjets in der Gefahr stand, auszubluten?
Antwort: Nun, Präsident Kennedy ging nach Wien, und
Chruschtschow sagte ihm in meiner Gegenwart knallhart,
daß er vorhätte, ganz Berlin zu übernehmen, zu besetzen,
und daß Kennedy sich mit diesem Faktum abfinden müsse.
Wie Sie sich erinnern, kam der Präsident nach Washington
zurück, trat vors Fernsehen und erklärte dem amerikanischen
Volk, daß wir Reservisten einberufen müßten, daß wir unseren Militärhaushalt zu erhöhen hätten, daß wir unsere Verpflichtungen gegenüber Westberlin und Deutschland einhal-
ten würden, und daß Chruschtschow ihm Auge in Auge begegnen müsse. Das war's.
Frage: Was geschah unmittelbar vor dem Tag des Mauerbaus
– in den Tagen und Wochen davor? Gab es irgendwelche
Warnsignale?
Antwort: Nein, es gab keine. Wir lebten im Gefühl einer
schrecklichen täglichen Konfrontationsmöglichkeit – ver-

gleichbar mit dem Vietnam-Krieg später. Sie sehen hier ein Foto aus diesen Tagen – das war eine der Konferenzen zu der Frage, ob wir eine Militärkolonne von Helmstedt nach Berlin senden sollten, um unsere Einheiten dort zu unterstützen. Wir lebten in einer täglichen Konfrontation, und die Russen bedrängten uns ständig, aber das war nicht die Methode, uns einzuschüchtern. Denn obwohl wir im Weißen Haus den Gedanken an einen Atomkrieg fürchteten und verabscheuten, waren wir und war Kennedy entschlossen, Bündnisverpflichtungen einzuhalten. Nein, es gab keine Warnung vor so etwas wie dem Bau der Mauer. Ich war bei Kennedy an dem Tag, als die Sperren errichtet wurden. Während alle – nicht nur in Amerika, sondern überall in der Welt – sehr erregt waren, meinte er: Das bedeutet, Chruschtschow hat nachgegeben. Wenn er noch die Absicht hätte, ganz Berlin zu besetzen, hätte er diese Mauer nicht gebaut. Kennedy glaubte, daß die Berlin-Krise an diesem Tag endete. Und das stimmte ja auch, sie endete an jenem Tag.

Frage: Welche Vorschläge für Gegenmaßnahmen wurden dem Präsidenten gemacht?

Antwort: Es gab Senator Goldwater, der sagte: reißt die Mauer ein; aber niemand machte einen realistischen Vorschlag. Kennedy war sehr kühl und nüchtern in der ganzen Sache. Er glaubte, die Mauer signalisiere das Ende der großen Krise, die uns so sehr beunruhigt hatte. Wenn man über einen Nuklearkrieg spricht, heißt das, über den Tod von 200 Millionen Menschen nachzudenken. Und das ist keine leichte Sache – weder für einen amerikanischen Präsidenten noch für einen sowjetischen Premierminister.

Frage: Wie ist die Nachricht von dem, was in Berlin geschah, damals dem Präsidenten überbracht worden – von wem, und wie war seine Reaktion? *all kinds of things*

Antwort: Nun, *ich* hab's ihm gesagt. Es war schon, wie soll ich sagen, allerhand, daß man einen solchen Wall in 48 Stunden bauen konnte, das heißt natürlich, daß sie das Monate und Monate geplant hatten. Und wir wußten nichts davon. Das bedeutet, unsere Geheimdienste und die aller anderen westlichen Staaten waren nicht besonders gut; und als ich mit Kennedy darüber sprach, war er sehr aufgebracht. Und dann lehnte er sich in seiner Art zurück, beklopfte mit den Fingern die Zähne, wie er es immer tat, wenn er nachdachte, und

exhausted

sagte, das ist das Ende der Berlin-Krise. Nun haben wir es mit Leuten zu tun, die ihrerseits in Panik verfallen. Nicht wir. Wir unternehmen jetzt nichts, denn da gibt's nichts, was wir tun könnten – außer Krieg!

5. Chruschtschow in der Berlin-Krise

Hans Kroll, von 1958 bis 1962 Botschafter der Bundesrepublik in Moskau, hatte ein außergewöhnlich gutes Verhältnis zu Partei- und Regierungschef Chruschtschow. Im Herbst 1961, eine genaue Zeitangabe fehlt, sprach er mit ihm über den Mauerbau am 13. August.
   Quelle: Hans Kroll, Lebenserinnerungen eines Botschafters. Köln 1967, S. 512.

Ich sagte ihm, daß nicht nur die Berliner Bevölkerung, sondern das ganze deutsche Volk die Sperrmauer durch seine alte Hauptstadt als Provokation empfinde, und bat ihn, auf die nationalen Gefühle unseres Volkes etwas mehr Rücksicht zu nehmen. Zu meiner Überraschung gab Chruschtschow zu, daß er diese Gefühle des deutschen Volkes verstehe. Wörtlich fuhr er fort:
   »Ich weiß, die Mauer ist eine häßliche Sache. Sie wird auch eines Tages wieder verschwinden. Allerdings erst dann, wenn die Gründe fortgefallen sind, die zu ihrer Errichtung geführt haben. Was sollte ich denn tun? Mehr als 30 000 Menschen, und zwar mit die besten und tüchtigsten Menschen aus der DDR, verließen im Monat Juli das Land. Man kann sich unschwer ausrechnen, wann die ostdeutsche Wirtschaft zusammengebrochen wäre, wenn wir nicht alsbald etwas gegen die Massenflucht unternommen hätten. Es gab aber nur zwei Arten von Gegenmaßnahmen: die Lufttransportsperre oder die Mauer. Die erstgenannte hätte uns in einen ernsten Konflikt mit den Vereinigten Staaten gebracht, der möglicherweise zum Krieg geführt hätte. Das konnte und wollte ich nicht riskieren. Also blieb nur die Mauer übrig.
   Ich möchte Ihnen auch nicht verhehlen, daß ich es gewesen bin, der letzten Endes den Befehl dazu gegeben hat. Ulbricht hat mich zwar seit längerer Zeit und in den letzten Monaten immer heftiger gedrängt, aber ich möchte mich nicht hinter

einem Rücken verstecken. Er ist viel zu schmal für mich. Die
Mauer wird, wie ich schon gesagt habe, eines Tages wieder
erschwinden, aber erst dann, wenn die Gründe für ihre Errich-
ung fortgefallen sind.«

Die Berliner Passierschein-Verhandlungen

28 Monate nach dem Bau der Berliner Mauer erreichte den Senat im
Vestteil der Stadt ein Angebot der DDR-Regierung: Über Weihnach-
en und Neujahr 1963/64 sollten Westberliner ihre Verwandten im
Ostteil besuchen dürfen. Die Verhandlungen darüber wurden zum
Modell für Brandts spätere Ostpolitik. Der Verhandlungsführer Se-
atsrat Horst Korber (später Justizsenator) berichtete zehn Jahre da-
ach über die Einzelheiten.
   Quelle: Manfred Rexin (Autor und Interviewer), Politik der kleinen
chritte. Die ersten Passierscheine 1963. RIAS 19. 12. 1973 (Auszüge).

exin: Nach Absprache mit der Bundesregierung und den
   Westalliierten erwog der Senat zunächst, die Treuhandstelle
   für den Interzonenhandel, damals von Dr. Kurt Leopold geleitet, einzuschalten.
orber: Ja, das trifft zu. Wir hatten durchaus nicht die Absicht,
   selbst zu verhandeln oder durch einen Beamten wie mich
   verhandeln zu lassen, weil wir nicht den Eindruck erwecken
   wollten und auch nicht erwecken durften, als ob wir hier als
   ein selbständiges Staatsgebilde, als eine besondere politische
   Einheit auftreten würden. Nur – es wurde sehr bald deutlich,
   daß die DDR nicht bereit war, die Verhandlungen mit der
   Interzonentreuhandstelle zu führen.
exin: Daraufhin hat der Senat beschlossen, Sie mit diesen Gesprächen zu betrauen. Welche Funktion haben Sie damals
   gehabt?
orber: Ich war Leiter der Politischen und Grundsatzabteilung
   in der Senatskanzlei. Ich hatte mich schon Jahre vorher in
   dieser und in anderen Funktionen insbesondere mit Fragen
   des Status' Berlins, insbesondere auch mit dem Verhältnis
   Berlin – Bonn befaßt; und wenn Sie so wollen, ich komme
   aus der DDR. Ich habe dort studiert. Ich war Mitglied der
   SPD, später – nach der Übernahme – der SED und kannte

natürlich auch Taktiken, Denk- und Verhaltensweisen, und dies war sicher auch nützlich.

Rexin: Korber erinnert sich seines damaligen Gesprächspartners, des Staatssekretärs im DDR-Kulturministerium Erich Wendt:

Korber: Er war ein Altkommunist, ein Mann, der in jungen Jahren – um 1919 – der Kommunistischen Partei beigetreten ist, der 1931 schon in die Sowjetunion emigrierte, der 1947 erst zurückgekehrt war, aber ein Mann – noch voller sozialistischer Ideale, der in seiner ganzen Denk- und Verhaltensweise wohl weniger auf den Staat DDR fixiert war, als generell sozialistische oder kommunistische Ziele verwirklichen zu helfen. Ich selbst habe sehr bald einen – bei allen politischen Gegensätzen – einen respektablen Eindruck von ihm gewonnen. Ich kann ohne Übertreibung sagen – ich habe ihn als Menschen schätzen gelernt.

Rexin: Am 12. Dezember 1963 trafen Senatsrat Korber und DDR-Staatssekretär Wendt in Ost-Berlin zur ersten von insgesamt sieben Besprechungen zusammen. Hinter verschlossenen Türen, abwechselnd in Ost- und West-Berlin, verhandelten sie länger als dreißig Stunden. Allein am 13. Dezember dauerten ihre Gespräche – mit einer kurzen Unterbrechung – von elf Uhr vormittags bis zwei Uhr nachts. Die Zeit drängte – das Weihnachtsfest stand unmittelbar bevor.

Korber: Für uns war natürlich das wichtigste, schnell den Umfang derjenigen festzulegen, die von einer Besuchsmöglichkeit Gebrauch machen könnten – und das Verfahren. Die war schwierig, aber es war doch schon lösbar nach der zweiten oder nach der dritten Verhandlungsrunde, es gab dort eigentlich nur eine ganz schwierige Frage: Wir stellten nämlich fest, daß die Ostseite darauf bestand, und es war wirklich eine conditio sine qua non, das Verfahren in einer Hand zu behalten und Passierscheinstellen hier in West-Berlin zu errichten. Wir akzeptierten dies, aber wir mußten gleichzeitig sicherstellen, daß diese Passierscheinstellen nicht als Quasi-Konsulate fungierten, und wir mußten sicherstellen, daß hier in West-Berlin keine Hoheitsakte vorgenommen werden würden. Das haben wir durch eine Anzahl von Einzelmaßnahmen, Einzelbestimmungen sichergestellt, einmal daß das Hausrecht in den Passierscheinstellen dem Senat von Berlin zustand. Zweitens – daß es nur Postangehörige sein durften, die auch nur in Uniform ihre Funktionen hier ausübten, und drittens – daß sie nur die Anträge hier entgegennehmen durften. Sie durften sie nicht hier prüfen, sondern sie mußten sie drüben prüfen. Drüben wurden die Passierscheine ausgestellt und hier wurden sie nur ausgehändigt – es waren also wirklich Briefträgerfunktionen, auch wenn durch dieses komplizierte Verfahren die Aushändigung erst später erfolgen konnte. Die Nachteile, die technischen Nachteile, die dadurch entstanden, waren aber notwendig. Sie mußten einfach im Interesse der politischen und rechtlichen Absicherung in Kauf genommen werden.

Das war der eine Komplex, der zweite war viel, viel komplizierter, und der wurde eigentlich erst am letzten oder in den letzten Tagen, ja sogar in der letzten Stunde gelöst. Da war zunächst klar zu machen, daß diese Passierscheingespräche nicht bedeuten, daß wir von unserer grundsätzlichen politischen und rechtlichen Auffassung, insbesondere auch, was den Status dieser Stadt anbelangt, abweichen würden – das konnten wir dadurch sicherstellen, daß wir in die Übereinkunft die Passage einbauten: ›ungeachtet der unterschiedlichen politischen und rechtlichen Standpunkte‹ ließen sich beide Seiten davon leiten, daß es möglich sein sollte, dieses humanitäre Anliegen – also die Passierscheinregelung – zu verwirklichen.

Damit war es aber nicht getan. Es stellte sich heraus, daß die DDR darauf bestand, Ostberlin als Hauptstadt der DDR zu bezeichnen, obwohl dies ja keine Ortsbezeichnung ist, sondern eine reine Funktionsbezeichnung. Dies war für uns nicht akzeptabel, und so kam man dann in der vorletzten Sitzung darauf – wir unterbreiteten den Vorschlag – festzulegen, worin man sich nicht einig war, damit man wenigstens das regeln konnte, worüber man sich einig werden würde. Und so kam die zweite Formel zustande: Beide Seiten stellten fest, daß eine Einigung über die Orts-, Behörden- und Amtsbezeichnungen nicht erzielt werden konnte.

Und die dritte Frage, nicht minder wichtig, war die Frage der Vollmacht und die Frage der Unterschriftsform – beides hängt eng miteinander zusammen. Wir haben keine Vollmacht überreicht – ich habe auch später keine Vollmacht überreicht, einfach deshalb, weil wir klarstellen mußten, daß es sich um eine innerstädtische oder innerstaatliche Vereinbarung und nicht um eine zwischenstaatliche Vereinbarung handelte. Dort sind Vollmachten üblich. Wir fanden dann den Ausweg, daß ich handelte »auf Weisung des Chefs der Senatskanzlei«, der ja dienstlich mein Vorgesetzter war, und daß die Weisung im Auftrag des Regierenden Bürgermeisters gegeben wurde – hier sozusagen in dieser Form nur die optische Darlegung eines ohnehin bestehenden Unterordnungsverhältnisses gemäß der Geschäftsordnung des Senats.

Rexin: Nun, das klingt aus heutiger Sicht alles schlüssig und einleuchtend, war damals aber so klar von vornherein nicht, denn eine exakte Verhandlungsstrategie für alle Eventualitäten der Gespräche konnte es ja gar nicht geben.

Korber: Nein, es gab keine Verhandlungsstrategie. Da waren wir einfach nicht vorbereitet, und wir konnten ja auch nicht im einzelnen wissen, was die Ostseite verlangte, um dieser praktischen Regelung nun einen Staatsvertrags-ähnlichen Mantel zu geben, und wir haben weitgehend aus der Situation heraus gehandelt und entschieden. Wir haben also weitestgehend improvisiert, aber jetzt ohne uns, ohne mich selbst loben zu wollen, wenn man dies rückschauend einmal betrachtet, sind dies Formeln und Formulierungen, die jahrelang Bestand hatten und die selbst von denen letzten Endes anerkannt wurden, die an sich vom Grundsatz her Passierscheinverhandlungen abgelehnt hatten, weil sie die Auffassung vertraten, man müsse im Interesse der Gesamtpolitik durchaus auch bereit sein, eine Politik der blutenden Wunde hier zu betreiben. Dies haben wir allerdings abgelehnt, und in dieser Frage liegt – oder lag zumindest damals – der entscheidende Gegensatz zwischen dem sozialdemokratisch geführten Senat und der CDU als Oppositionspartei.

Rexin: Die CDU war in Berlin in der Opposition. Sie war in Bonn die Regierungspartei.

Korber: Ja, dies war natürlich in doppelter Hinsicht schwierig. Einmal stand für uns fest – und zwar aus tiefster Überzeugung – wir haben dies auch durchgehalten die ganzen Jahre, daß wir nichts tun würden ohne Einverständnis der Bundesregierung – und zwar aus übergeordneten Gründen. Auf der anderen Seite war die Bewertung des Vorgangs unterschiedlich, und man muß natürlich aus der Sicht der damaligen Bundesregierung sehen, daß ja Willy Brandt nicht nur Regierender Bürgermeister dieser Stadt war, sondern gleichzeitig Bundesvorsitzender der SPD, so daß bei der Bewertung dieses Vorganges« auch noch andere Erwägungen von seiten der

Bundesregierung mit einflossen, und es war fürwahr nicht leicht, dies alles unter einen Hut zu bringen.

Rexin: Zumal Sie ja unter Zeitdruck standen –

Korber: Ja, dieser Zeitdruck hatte natürlich auch einen Vorteil für uns. Wir haben zwar die Bundesregierung immer rechtzeitig und vollständig informiert, aber während der Informationsvorgang in Bonn stattfand, ging ich ja schon zur nächsten Verhandlungsrunde. Dies war also sozusagen – und konnte auch nur sein – ein Im-Nachhinein-Informieren, verbunden mit einer Art Blanko-Scheck. Allerdings haben wir erst unser Einverständnis für die abschließende Regelung gegeben, nachdem Staatssekretär Westrick uns telefonisch in den Morgenstunden des 17. Dezember das Einverständnis der Bundesregierung mitgeteilt hat.

Rexin: Vormittags gegen 11.45 Uhr setzten Korber und Wendt ihre Unterschriften unter das so mühsam ausgehandelte Protokoll. Aber schon der erste Tag danach brachte eine ernste Belastung: Die Büros öffneten um 13 Uhr, doch vielerorts hatten sich die Antragsteller schon um drei Uhr nachts eingefunden. Tausende warteten in eisiger Kälte Stunden und Stunden, und etliche mußten abends unverrichteter Dinge umkehren. Erneut trafen Korber und Wendt zusammen:

Korber: Wir mußten ständig die DDR drängeln, und sie ist dem Drängeln auch gefolgt, die Zahl der Bediensteten in den Passierscheinstellen zu erhöhen. Und dann kam die ganz tragische Situation, daß ausgerechnet am ersten Weihnachtsfeiertag der 18- oder 19jährige Schulz, der von Ost- nach West-Berlin wollte, an der Mauer erschossen wurde. Das gab in der Stadt verständlicherweise eine Stimmung und Empörung; und es war nicht einfach, in dieser Situation gleichwohl weiter an der verbesserten Durchführung zu arbeiten und gleichzeitig der DDR das zu sagen, was man ihr sagen mußte.

Rexin: Zehn Jahre danach kann Horst Korber mit größerem Freimut über einige Interna berichten – z.B. darüber, daß die zwischen ihm und Wendt entstandene persönliche Gesprächsebene in einem kritischen Stadium der Verhandlungen nützlich war:

Korber: Als ich im Vier-Augen-Gespräch ihm (Wendt) dann sagte, wo tatsächlich die Grenze meiner Verhandlungsmöglichkeit lag und ich ihm einen persönlichen Vorschlag unterbreitete, von dem ich sagte, ich würde mich bei meinen Vorgesetzten für ihn einsetzen, aber nur dann, wenn ich sicher sei, daß er auch die Zustimmung der anderen Seite finde, hat sich dies durchaus bewährt. Nach einer Unterbrechung wurde mir mitgeteilt, dieser mein persönlicher Vorschlag sei mit einer geringen Variante für sie akzeptabel, und ich habe mich dann für diesen Vorschlag eingesetzt, und dies ist letzten Endes auch dann der Inhalt der Passierscheinübereinkunft geworden.

Rexin: Wie groß war nach Ihrem Eindruck der Spielraum von Wendt und seinen Mitarbeitern? Es ist gelegentlich darüber berichtet worden, daß wichtige Entscheidungen immer nur dann reiften, wenn die Gespräche in Ost-Berlin stattfanden, wenn also kurzfristig eine Information und Konsultation von Herrn Wendt möglich war.

Korber: Ja, das kann ich uneingeschränkt bestätigen, mein Verhandlungsspielraum war viel größer. Es zeigte sich auch darin, daß Wendt alle wichtigen Passagen verlesen hat, teilweise auch im Namen seiner Regierung, während ich in der Regel aus der Situation heraus diskutiert und Vorschläge unterbreitet habe – aber dies ist natürlich systembedingt.

Wendt hat mir einmal gesagt, er war ja Staatssekretär im Kulturministerium, daß eigentlich Herr Winzer es lieber gesehen hätte, mir selbst gegenüberzusitzen, und ich habe darauf geantwortet, das könnte ich mir denken, aber dann würden wir hier nicht sitzen. Das war damals ausgeschlossen, daß etwa wir mit einem Vertreter des Auswärtigen Amtes drüben verhandelten. Wendt schmunzelte und ließ doch durchblicken, daß man bewußt auch in der Wahl seiner Person und seiner Funktion uns entgegenkommen wollte und in der Tat auch entgegengekommen ist.

Smiled.

7. Walter Ulbrichts Reise nach Ägypten

Vom 24. Februar bis zum 2. März 1965 besuchte der Staatsratsvorsitzende der DDR die »Vereinigte Arabische Republik«, es war die erste spektakuläre Durchbrechung der Hallstein-Doktrin, obwohl diplomatische Beziehungen nicht aufgenommen wurden. Ulbrichts Frau Lotte verfaßte darüber ein kleines Buch, das den Zusammenhang zwischen staatlicher und persönlicher Anerkennung illustriert.

Quelle: Lotte Ulbricht, Eine unvergeßliche Reise. Leipzig u. Berlin, 2. Aufl. 1966, S. 5–59. (Auszüge).

21. Februar. Ich bin freudig erregt. Zum ersten Mal geht es in ein Land der nichtpaktgebundenen Staaten und dazu noch nach Ägypten, das uns schon von der Schule her durch seine jahrtausendealten Kulturschätze bekannt ist und als unerreichbares Ziel unserer Träume galt (...) Mich erfüllt auch ein Gefühl tiefer Genugtuung. Was hatte die Bonner Regierung nicht alles versucht, um diese Reise zu verhindern; sogar ein König war bemüht worden. Als das nichts half, setzte Bonn politische »Hellseher« ein: Sicher würde wenigstens der Empfangsteppich etwas kürzer sein, oder ein paar Salutschüsse würden fehlen, und Ulbricht würde doch nicht im Kubbeh-Palast wohnen. Aber die Zeiten sind vorbei, da die deutschen Imperialisten anderen Völkern ungehindert ihren Willen aufzwingen konnten. Vor mir liegt das umfangreiche Reiseprogramm; daraus ist zu entnehmen, daß für den Empfang Walter Ulbrichts alle Ehrungen vorgesehen sind, die einem Staatsoberhaupt beim Besuch eines fremden Landes zukommen. Unser Arbeiter- und Bauern-Staat gilt also etwas in der Welt!

22./23. Februar. Wir sind auf hoher See. Zum ersten Mal in meinem Leben mache ich eine Mittelmeerreise! (...)

24. Februar. Alexandria (...) Dutzende von Überseefrachtern aus aller Herren Länder, die vor Anker liegen, veranstalten ein ohrenbetäubendes Konzert mit Nebelhörnern und Sirenen. Unsere »Völkerfreundschaft« antwortet fast ununterbrochen mit ihrem tiefen Brummen (...) Immer wieder ertönen Sprechchöre, von denen ich nur einen verstehe: »Nasser-Ulbricht« (...) mir dröhnt der Kopf, aber das Herz wird warm, und ich bekomme eine Vorstellung, mit welcher Freude uns das ägyptische Volk erwartet. Eine Barkasse bringt die ägyptische Ehrenbegleitung Walter Ulbrichts an Bord, zu der auch die Gattin des Leiters der Ehrenmission, Frau Dr. Taraff, gehört. In ihr werde ich von nun an eine ständige Begleiterin haben. Auch das ist für mich neu, aber ich freue mich. Besonders, als ich höre, wie gut sie Deutsch spricht. (...) Der Jubel klingt nicht ab, solange wir das langgestreckte Hafengelände durchfahren. Wir sind uns einig: Eine solche Begeisterung kann man nicht organisieren. (...) Wir fahren in den Kairoer Hauptbahnhof ein. Noch bevor der Zug zum Stehen kommt, dröhnen – zum zweiten Mal heute! – 21 Salutschüsse (...) Mein erster Eindruck von Präsident Nas-

ser: eine faszinierende Gestalt mit einem schönen, klugen Gesicht. (...) Das protokollarische Zeremoniell, um das sich Bonn völlig überflüssigerweise soviel Kopfschmerzen gemacht hat, läuft wie am Schnürchen ab. (...) Als beide Staatsoberhäupter aus der Halle treten, bricht auf dem Vorplatz, auf dem sich Hunderttausende Kairoer versammelt haben, ein Orkan los, wie ich ihn bisher nirgends erlebt habe. Er läßt auf der ganzen Fahrt bis zum Kubbeh-Palast nicht nach und zeigt ganz deutlich: Das ist die Antwort der arbeitenden Menschen von Kairo auf die Bonner Hetze gegen die Reise Walter Ulbrichts in die VAR. (...) Inzwischen hat sich die riesige Wagenkolonne dem Kubbeh-Palast, dem Amtssitz von Präsident Nasser, genähert. Auf dem hohen Portal gehen die Flaggen beider Länder hoch (...) ein Trompeter bläst, und die ganze Abteilung nimmt Habt-Acht-Stellung ein, der Offizier salutiert mit dem Degen (...) (dieses Schauspiel wiederholt sich in den kommenden Tagen, sobald Walter Ulbricht sich dem Portal nähert, auch bei der Ausfahrt) (...) Ich verstehe, wie schmerzlich es für die Bonner Monopolherren sein muß, daß ausgerechnet hier ein gelernter Tischler als Repräsentant des friedlichen Deutschlands wohnen wird. (...) Für mich ist das Aufregendste an diesem Abend der Augenblick, da Präsident Nasser mir in einem Kästchen aus rotem Leder einen wundervollen goldenen Orden überreicht, »for remember« (zur Erinnerung), wie er mit seinem sympathischen Lächeln hinzufügt.

25. Februar (...) In Shebin el Kom übertrifft der Empfang alles bisher Erlebte. (...) Das hat anscheinend sogar der Korrespondent der britischen Reuter-Agentur gemerkt, denn er berichtet über unsere Ankunft: »Die Menschenmenge geriet an diesem Morgen völlig außer Kontrolle (...) Die Menschenmassen begrüßten Herrn Walter Ulbricht so stürmisch, wie kaum jemals ein Staatsmann in dieser Stadt begrüßt worden ist«. (...) Ich selber fühle mich pudelwohl, trotz sommerlicher Wärme und Gedränge (...) Was kann es Schöneres geben, als sich unter Freunden zu fühlen.

26. Februar. Vom Flugzeug aus bekomme ich zum ersten Mal eine Vorstellung, was Wüste heißt: endloser Sand, graue Kalksteinfelsen, Sanddünen, wunderliche talförmige Vertiefungen (...) Luxor (...) Die Frauen werfen mir Kußhände zu. Einige westdeutsche Touristen (sie sind unverkennbar!) stehen in dieser Brandung wie zu Stein erstarrt mit reichlich dummen Gesichtern. Ein solcher Jubel der Bewohner Luxors scheint ihnen

292

unfaßbar. (...) Die Fotografen der westdeutschen Presse laufen uns dauernd vor die Füße, weil sie hoffen, einen erschöpften Ulbricht auf das Bild zu bekommen. Vergebens!

1. März. Ungeachtet der späten Stunde ist der Tag für mich
noch nicht zu Ende. Morgen geht es zurück in die Heimat,
und die Koffer müssen gepackt werden. Trotzdem machen
wir noch einen letzten Spaziergang durch den wunderschönen
Park. An der Vorderfront des Kubbeh-Palastes sind wie all-
abendlich die Palmen mit weißen und roten Lämpchen um-
wunden, so daß man sich wie im Märchen vorkommt.

interviewed   *fairytale*

48

3. Wiedervereinigung nicht mehr möglich

Interview der Wochenzeitung ›Die Zeit‹ mit dem CSU-Vorsitzenden
Franz Josef Strauß am 8. April 1966.
  Quelle: Dokumente IV/12, S. 435 ff. (Auszug).

Zeit: Sie schreiben in Ihrem Buch ›The Grand Design‹, Sie
    seien kein Utopist. Wenn Sie Wiedervereinigung sagen,
    woran denken Sie?
Strauß: Wenn ich kein Utopist sein will, dann drücke ich das
    aus: daß jetzt um keinen Preis, er mag heißen, wie er will,
    eine sowjetische Zustimmung zur Wiedervereinigung er-
    reicht werden kann. Ich bin zur Zeit sogar der Überzeu-
    gung, daß die Sowjets zwar sicherlich gern eine Konfödera-
    tion sehen würden, die uns aus dem Westgefüge heraus-
    bricht, daß sie aber zur Zeit nicht einmal übermäßig begei-
    stert wären von einem kommunistisch regierten Gesamt-
    deutschland. Weil ihnen die Entstehung dieses Machtpoten-
    tials an ihrer Westgrenze wenig ins Konzept zu passen
    scheint. Ich bin der festen Überzeugung, daß der Zweite
    Weltkrieg eine geschichtliche Katastrophe ist; daß die
    durch ihn hervorgerufenen Verschiebungen säkulare Pro-
    bleme sind, was für diejenigen besonders schmerzlich ist,
    die die Opfer dieser Verschiebungen sind; daß man aber
    geschichtliche Katastrophen nur durch große geschichtliche
    Veränderungen überwinden kann. Und nicht durch Neu-
    tralisierungspläne, Disengagements-Pläne, Grenzangebots-
    pläne. Das mag alles eines Tages einmal irgendwie auf den

Verhandlungstisch kommen, aber zur Zeit fehlt noch die Geschäftsgrundlage.

Zeit: Welche Art von neuem geschichtlichen Wandlungsprozeß sehen Sie denn voraus, und wie sollte er in Gang kommen?

Strauß: Ich sehe, so utopisch es heute klingt, nur eine einzige Möglichkeit, das bestehende Kräfteverhältnis so zu verschieben, daß die deutsche Frage keine Quelle der Unruhe mehr für die Nachbarn ist, weder im Westen noch im Osten: Sie führt über Europa. Das heißt noch lange nicht, daß es kommen wird, obwohl es kommen müßte ...

Zeit: Sie haben die Formel geprägt, man müsse die deutsche Frage europäisieren.

Strauß: Ja.

Zeit: Eine solche Forderung, vorgetragen auf der Basis deutscher Intransigenz – Festhalten an allem: Oder-Neiße-Forderungen, Münchner Abkommen, Atomwaffen-Option –, könnte von unseren Nachbarn im Osten wie im Westen eher ausgelegt werden als der Versuch, die europäische Frage zu germanisieren, Europa zum Vorspann deutscher Gelüste zu machen. Wird es nicht, damit Europa von solchen Verdächtigungen nicht belastet wird, notwendig sein, deutsche Konzessionsbereitschaft erkennen zu lassen?

Strauß: Das hat mit der Europäisierung der deutschen Frage nur indirekt etwas zu tun. Ich verstehe natürlich, was Sie meinen. Es geht aber um das historische Modell. Und ich glaube nicht an die Wiederherstellung eines deutschen Nationalstaates, auch nicht innerhalb der Grenzen der vier Besatzungszonen.

Zeit: Sie glauben an das normale Zusammenleben eines westdeutschen und eines ostdeutschen Staates innerhalb einer übergreifenden europäischen Struktur?

Strauß: Ja, aber nicht in der Form eines Zusammenlebens der Bundesrepublik mit einer zum Pseudostaat erhobenen sowjetischen Besatzungszone. Es mag ein Wunder geschehen, es mögen neue Entwicklungen eintreten, aber das ist ja alles dann politisches Kaffeesatz-Lesen. Ich kann mir unter den gegebenen und vorausschaubaren Umständen und den möglichen Entwicklungen und Entwicklungslinien nicht vorstellen, daß ein gesamtdeutscher Nationalstaat wieder entsteht, sei er auch neutralisiert, aber ungebunden.

Zeit: Man wirft Ihnen gelegentlich vor, Sie seien dabei, einen neuen deutschen Nationalismus zu definieren oder zu züch-

294

ten. Ihr letztes Argument läßt nicht darauf schließen. Frage: Würden Sie es sehr bedauern, wenn die Aussicht auf ein Wiederzusammenwachsen der beiden Deutschlands in einem nationalstaatlichen Rahmen nicht möglich wäre?

Strauß: Bedauern und nicht bedauern, das sind emotionale Kategorien. Ich halte es rational und nach geschichtlichen Erfahrungsmaßstäben in der vorausschaubaren Zukunft leider nicht für möglich. *lectum*

Zeit: Und Sie würden als deutscher Politiker vom Rednerpult des Bundestages herunter eine Lösung empfehlen, die Kontakte schafft, die innerhalb eines großen freiheitlich-europäischen Rahmens Freiheit schafft auch für das andere Deutschland, aber die nationale Wiedervereinigung im herkömmlichen Sinne zunächst ausschließt? *conventional*

Strauß: Zunächst ausschließt. Das ist ein kluger Ausdruck. Zunächst ausschließt und dann vielleicht diese Frage unter Umständen als nicht mehr existent erscheinen läßt. Eine Quelle der Beunruhigung ist im Westen wie im Osten die Frage: Kann man sich auf die Deutschen verlassen, was werden die Deutschen tun? Couve de Murville hat neulich gesagt: »Ein verantwortungsbewußter Bundesgenosse ist besser als ein allzu treuer, von dem man nicht weiß, wie er sich später einmal entscheidet.« Ich glaube, daß eine gewisse Klarheit und Transparenz der deutschen Politik notwendig ist.

9. Das Bahr-Papier

Im »Bahr-Papier« sind die Ergebnisse der Verhandlungen fixiert, die Außenminister Gromyko und Staatssekretär Bahr im Frühjahr 1970 führten. Die Leitsätze 1 bis 4 enthalten die Substanz, großenteils auch schon den Wortlaut des Moskauer Vertrages, die Ziffern 5 bis 10 geben die Absichten wieder, von denen sich beide Regierungen leiten lassen wollten bei der Gestaltung des künftigen Verhältnisses zwischen der Bundesrepublik und dem östlichen Europa. Das Papier wurde im Juni 1970 durch Indiskretion bekannt.

Quelle: Presse- und Informationsamt der Bundesregierung, Der Vertrag vom 12. August 1970 zwischen der Bundesrepublik Deutschland und der Union der Sozialistischen Sowjetrepubliken. Bundesdruckerei Bonn 022694 10. 70, S. 15 ff.

1

Die Bundesrepublik Deutschland und die Union der Sozialistischen Sowjetrepubliken betrachten es als wichtiges Ziel ihrer Politik, den internationalen Frieden aufrechtzuerhalten und die Entspannung zu erreichen.

Sie bekunden ihr Bestreben, die Normalisierung der Lage in Europa zu fördern und gehen hierbei von der in diesem Raum bestehenden wirklichen Lage und der Entwicklung friedlicher Beziehungen auf dieser Grundlage zwischen allen europäischen Staaten aus.

2

Die Bundesrepublik Deutschland und die Union der Sozialistischen Sowjetrepubliken werden sich in ihren gegenseitigen Beziehungen sowie in Fragen der Gewährleistung der europäischen und internationalen Sicherheit von den Zielen und Prinzipien, die in der Satzung der Vereinten Nationen niedergelegt sind, leiten lassen.

Demgemäß werden sie ihre Streitfragen ausschließlich mit friedlichen Mitteln lösen und übernehmen die Verpflichtung, sich in Fragen, die die europäische Sicherheit berühren, sowie in ihren bilateralen Beziehungen gemäß Artikel 2 der Satzung der Vereinten Nationen, der Drohung mit Gewalt oder der Anwendung von Gewalt zu enthalten.

3

Die BRD und die SU stimmen in der Erkenntnis überein, daß der Friede in Europa nur erhalten werden kann, wenn niemand die gegenwärtigen Grenzen antastet.

Sie verpflichten sich, die territoriale Integrität aller Staaten in Europa in ihren heutigen Grenzen uneingeschränkt zu achten.

Sie erklären, daß sie keine Gebietsansprüche gegen irgend jemand haben und solche in Zukunft auch nicht erheben werden.

Sie betrachten heute und künftig die Grenzen aller Staaten in Europa als unverletzlich, wie sie am Tage der Unterzeichnung dieses Abkommens verlaufen, einschließlich der Oder-Neiße-Linie, die die Westgrenze der Volksrepublik Polen bildet, und der Grenze zwischen der BRD und der DDR.

4

Das Abkommen zwischen der Bundesrepublik Deutschland und der Union der Sozialistischen Sowjetrepubliken berührt nicht die früher geschlossenen zweiseitigen und mehrseitigen Verträge und Abkommen beider Seiten.

5

Zwischen der Regierung der Bundesrepublik Deutschland und der Regierung der Union der Sozialistischen Sowjetrepubliken besteht Einvernehmen darüber, daß das von ihnen zu schließende Abkommen über ... (einzusetzen die offizielle Bezeichnung des Abkommens) und entsprechende Abkommen (Verträge) der Bundesrepublik Deutschland mit anderen sozialistischen Ländern, insbesondere die Abkommen (Verträge) mit der Deutschen Demokratischen Republik (vgl. Ziffer 6), der Volksrepublik Polen und der Tschechoslowakischen Sozialistischen Republik (vgl. Ziffer 8), ein einheitliches Ganzes bilden.

6

Die Regierung der Bundesrepublik Deutschland erklärt ihre Bereitschaft, mit der Regierung der Deutschen Demokratischen Republik ein Abkommen zu schließen, das die zwischen Staaten übliche gleiche verbindliche Kraft haben wird wie andere Abkommen, die die Bundesrepublik Deutschland und die Deutsche Demokratische Republik mit dritten Ländern schließen. Demgemäß will sie ihre Beziehungen zur Deutschen Demokratischen Republik auf der Grundlage der vollen Gleichberechtigung, der Nichtdiskriminierung, der Achtung der Unabhängigkeit und der Selbständigkeit jedes der beiden Staaten in Angelegenheiten, die ihre innere Kompetenz in ihren entsprechenden Grenzen betreffen, gestalten.

Die Regierung der Bundesrepublik Deutschland geht davon aus, daß sich auf dieser Grundlage, nach der keiner der beiden Staaten den anderen im Ausland vertreten oder in seinem Namen handeln kann, die Beziehungen der Deutschen Demokratischen Republik und der Bundesrepublik Deutschland zu dritten Staaten entwickeln werden.

7

Die Regierung der Bundesrepublik Deutschland und die Regierung der Union der Sozialistischen Sowjetrepubliken bekunden ihre Bereitschaft, im Zuge der Entspannung in Europa und im Interesse der Verbesserung der Beziehungen zwischen den europäischen Ländern, insbesondere der Bundesrepublik Deutschland und der Deutschen Demokratischen Republik,

Schritte zu unternehmen, die sich aus ihrer entsprechenden Stellung ergeben, um den Beitritt der Bundesrepublik Deutschland und der Deutschen Demokratischen Republik zur Organisation der Vereinten Nationen und zu deren Sonderorganisationen zu fördern.

8

Zwischen der Regierung der Bundesrepublik Deutschland und der Regierung der Union der Sozialistischen Sowjetrepubliken besteht Einvernehmen darüber, daß die mit der Ungültigkeit des Münchener Abkommens verbundenen Fragen in Verhandlungen zwischen der Bundesrepublik Deutschland und der Tschechoslowakischen Sozialistischen Republik in einer für beide Seiten annehmbaren Form geregelt werden sollen.

9

Die Regierung der Bundesrepublik Deutschland und die Regierung der Union der Sozialistischen Sowjetrepubliken werden die wirtschaftlichen, wissenschaftlich-technischen, kulturellen und sonstigen Beziehungen zwischen der Bundesrepublik Deutschland und der Union der Sozialistischen Sowjetrepubliken im Interesse beider Seiten und der Festigung des Friedens in Europa fortentwickeln.

10

Die Regierung der Bundesrepublik Deutschland und die Regierung der Union der Sozialistischen Sowjetrepubliken begrüßen den Plan einer Konferenz über Fragen der Festigung der Sicherheit und Zusammenarbeit in Europa und werden alles von ihnen Abhängende für ihre Vorbereitung und erfolgreiche Durchführung tun.

10. Der Moskauer Vertrag vom 12. August 1970

Quelle: wie Bahr-Papier (Dokument Nr. 9), S. 7ff.

Vertrag zwischen der
Bundesrepublik Deutschland
und der Union der
Sozialistischen Sowjetrepubliken

appreciation

Die Hohen Vertragschließenden Parteien

IN DEM BESTREBEN, zur Festigung des Friedens und der Sicherheit in Europa und in der Welt beizutragen,
IN DER ÜBERZEUGUNG, daß die friedliche Zusammenarbeit zwischen den Staaten auf der Grundlage der Ziele und Grundsätze der Charta der Vereinten Nationen den sehnlichen Wünschen der Völker und den allgemeinen Interessen des internationalen Friedens entspricht,
IN WÜRDIGUNG der Tatsache, daß die früher von ihnen verwirklichten vereinbarten Maßnahmen, insbesondere der Abschluß des Abkommens vom 13. September 1955 über die Aufnahme der diplomatischen Beziehungen, günstige Bedingungen für neue wichtige Schritte zur Weiterentwicklung und Festigung ihrer gegenseitigen Beziehungen geschaffen haben,
IN DEM WUNSCHE, in vertraglicher Form ihrer Entschlossenheit zur Verbesserung und Erweiterung der Zusammenarbeit zwischen ihnen Ausdruck zu verleihen, einschließlich der wirtschaftlichen Beziehungen sowie der wissenschaftlichen, technischen und kulturellen Verbindungen, im Interesse beider Staaten,
SIND wie folgt übereingekommen:

Artikel 1
Die Bundesrepublik Deutschland und die Union der Sozialistischen Sowjetrepubliken betrachten es als wichtiges Ziel ihrer Politik, den internationalen Frieden aufrechtzuerhalten und die Entspannung zu erreichen.

Sie bekunden ihr Bestreben, die Normalisierung der Lage in Europa und die Entwicklung friedlicher Beziehungen zwischen allen europäischen Staaten zu fördern und gehen dabei von der in diesem Raum bestehenden wirklichen Lage aus.

Artikel 2
Die Bundesrepublik Deutschland und die Union der Sozialistischen Sowjetrepubliken werden sich in ihren gegenseitigen Beziehungen sowie in Fragen der Gewährleistung der europäischen und der internationalen Sicherheit von den Zielen und Grundsätzen, die in der Charta der Vereinten Nationen niedergelegt sind, leiten lassen. Demgemäß werden sie ihre Streitfragen ausschließlich mit friedlichen Mitteln lösen und übernehmen die Verpflichtung, sich in Fragen, die die Sicherheit in Europa und die internationale Sicherheit berühren, sowie in ihren gegenseitigen Beziehungen gemäß Artikel 2 der Charta der Vereinten Nationen der Drohung mit Gewalt oder der Anwendung von Gewalt zu enthalten.

Artikel 3
In Übereinstimmung mit den vorstehenden Zielen und Prinzipien stimmen die Bundesrepublik Deutschland und die Union der Sozialistischen Sowjetrepubliken in der Erkenntnis überein, daß der Friede in Europa nur erhalten werden kann, wenn niemand die gegenwärtigen Grenzen antastet.
- Sie verpflichten sich, die territoriale Integrität aller Staaten in Europa in ihren heutigen Grenzen uneingeschränkt zu achten;
- sie erklären, daß sie keine Gebietsansprüche gegen irgend jemand haben und solche in Zukunft auch nicht erheben werden;
- sie betrachten heute und künftig die Grenzen aller Staaten in Europa als unverletzlich, wie sie am Tage der Unterzeichnung dieses Vertrages verlaufen, einschließlich der Oder-Neiße-Linie, die die Westgrenze der Volksrepublik Polen bildet, und der Grenze zwischen der Bundesrepublik Deutschland und der Deutschen Demokratischen Republik.

Artikel 4
Dieser Vertrag zwischen der Bundesrepublik Deutschland und der Union der Sozialistischen Sowjetrepubliken berührt nicht die von ihnen früher abgeschlossenen zweiseitigen und mehrseitigen Verträge und Vereinbarungen.

Artikel 5
Dieser Vertrag bedarf der Ratifikation und tritt am Tage des Austausches der Ratifikationsurkunden in Kraft, der in Bonn stattfinden soll.

GESCHEHEN zu Moskau
am 12. August 1970 in zwei Urschriften, jede in deutscher und russischer Sprache, wobei jeder Wortlaut gleichermaßen verbindlich ist.

Für die	Für die
Bundesrepublik	Union der Sozialistischen
Deutschland	Sowjetrepubliken
Willy Brandt	Alexej N. Kossygin
Walter Scheel	Andrej A. Gromyko

11. Brief zur deutschen Einheit

Bei der Unterzeichnung des Moskauer Vertrages (wie des Grundlagenvertrages mit der DDR) machte die Bundesregierung ihren Wiedervereinigungsanspruch geltend. Das geschah in Form eines Briefes, der zwischen den Vertragspartnern ausgehandelt worden war und von der sowjetischen (sowie der DDR-Regierung) widerspruchslos entgegengenommen wurde.

Quelle: wie Bahr-Papier (Dokument Nr. 9), S. 10ff.

Sehr geehrter Herr Minister,
im Zusammenhang mit der heutigen Unterzeichnung des Vertrages zwischen der Bundesrepublik Deutschland und der Union der Sozialistischen Sowjetrepubliken beehrt sich die Regierung der Bundesrepublik Deutschland festzustellen, daß dieser Vertrag nicht im Widerspruch zu dem politischen Ziel der Bundesrepublik Deutschland steht, auf einen Zustand des Friedens in Europa hinzuwirken, in dem das deutsche Volk in freier Selbstbestimmung seine Einheit wiedererlangt.
Genehmigen Sie, Herr Minister, die Versicherung meiner ausgezeichnetsten Hochachtung.   Walter Scheel

12. Der Warschauer Vertrag vom 7. 12. 1970

Quelle: Presse- und Informationsamt der Bundesregierung, Der Vertrag zwischen der Bundesrepublik Deutschland und der Volksrepublik Polen. Bundesdruckerei Bonn 022835 12.70, S. 7ff.

Vertrag zwischen der Bundesrepublik Deutschland
und der Volksrepublik Polen
über die Grundlagen der Normalisierung
ihrer gegenseitigen Beziehungen

Die Bundesrepublik Deutschland
und die
Volksrepublik Polen

IN DER ERWÄGUNG, daß mehr als 25 Jahre seit Ende des Zweiten Weltkrieges vergangen sind, dessen erstes Opfer Polen wurde und der über die Völker Europas schweres Leid gebracht hat,

EINGEDENK DESSEN, daß in beiden Ländern inzwischen eine neue Generation herangewachsen ist, der eine friedliche Zukunft gesichert werden soll,

IN DEM WUNSCHE, dauerhafte Grundlagen für ein friedliches Zusammenleben und die Entwicklung normaler und guter Beziehungen zwischen ihnen zu schaffen,

IN DEM BESTREBEN, den Frieden und die Sicherheit in Europa zu festigen,

IN DEM BEWUSSTSEIN, daß die Unverletzlichkeit der Grenzen und die Achtung der territorialen Integrität und der Souveränität aller Staaten in Europa in ihren gegenwärtigen Grenzen eine grundlegende Bedingung für den Frieden sind,

SIND wie folgt übereingekommen:

Artikel I

(1) Die Bundesrepublik Deutschland und die Volksrepublik Polen stellen übereinstimmend fest, daß die bestehende Grenzlinie, deren Verlauf im Kapitel IX der Beschlüsse der Potsdamer Konferenz vom 2. August 1945 von der Ostsee unmittelbar westlich von Swinemünde und von dort die Oder entlang bis zur Einmündung der Lausitzer Neiße und die Lausitzer Neiße entlang bis zur Grenze mit der Tschechoslowakei festgelegt worden ist, die westliche Staatsgrenze der Volksrepublik Polen bildet.

(2) Sie bekräftigen die Unverletzlichkeit ihrer bestehenden Grenzen jetzt und in der Zukunft und verpflichten sich gegenseitig zur uneingeschränkten Achtung ihrer territorialen Integrität.
(3) Sie erklären, daß sie gegeneinander keinerlei Gebietsansprüche haben und solche auch in Zukunft nicht erheben werden.

Artikel II
(1) Die Bundesrepublik Deutschland und die Volksrepublik Polen werden sich in ihren gegenseitigen Beziehungen sowie in Fragen der Gewährleistung der Sicherheit in Europa und in der Welt von den Zielen und Grundsätzen, die in der Charta der Vereinten Nationen niedergelegt sind, leiten lassen.
(2) Demgemäß werden sie entsprechend den Artikeln 1 und 2 der Charta der Vereinten Nationen alle ihre Streitfragen ausschließlich mit friedlichen Mitteln lösen und sich in Fragen, die die europäische und internationale Sicherheit berühren, sowie in ihren gegenseitigen Beziehungen der Drohung mit Gewalt oder der Anwendung von Gewalt enthalten.

Artikel III
(1) Die Bundesrepublik Deutschland und die Volksrepublik Polen werden weitere Schritte zur vollen Normalisierung und umfassenden Entwicklung ihrer gegenseitigen Beziehungen unternehmen, deren feste Grundlage dieser Vertrag bildet.
(2) Sie stimmen darin überein, daß eine Erweiterung ihrer Zusammenarbeit im Bereich der wirtschaftlichen, wissenschaftlichen, wissenschaftlich-technischen, kulturellen und sonstigen Beziehungen in ihrem beiderseitigen Interesse liegt.

Artikel IV
Dieser Vertrag berührt nicht die von den Parteien früher geschlossenen oder sie betreffenden zweiseitigen oder mehrseitigen internationalen Vereinbarungen.

Artikel V
Dieser Vertrag bedarf der Ratifikation und tritt am Tage des Austausches der Ratifikationsurkunden in Kraft, der in Bonn stattfinden soll.

ZU URKUND DESSEN haben die Bevollmächtigten der Vertragsparteien diesen Vertrag unterschrieben.

GESCHEHEN zu Warschau am 7. Dezember 1970 in zwei Urschriften, jede in deutscher und polnischer Sprache, wobei jeder Wortlaut gleichermaßen verbindlich ist.

Für die
Bundesrepublik Deutschland
Willy Brandt
Walter Scheel

Für die
Volksrepublik Polen
Jozef Cyrankiewicz
Stefan Jedrychowski

13. »Information« der polnischen Regierung

Aus der vertraglichen Bestätigung der Oder-Neiße-Grenze ergab sich nach Auffassung der Bundesregierung die Konsequenz, alle Deutschen in die Bundesrepublik umsiedeln zu lassen, die noch östlich dieser Grenze lebten und das wünschten. Die polnische Regierung folgte dieser Forderung nur in Form einer, beiderseitig ausgehandelten, »Information«.
     Quelle: wie Warschauer Vertrag (Dokument Nr. 12), S. 13 ff.

Die Regierung der Volksrepublik Polen hat die Bundesregierung mit nachstehender Information über Maßnahmen zur Lösung humanitärer Probleme unterrichtet:

1.
Im Jahre 1955 hat die polnische Regierung dem Polnischen Roten Kreuz empfohlen, eine Vereinbarung mit dem Roten Kreuz der BRD über die Familienzusammenführung abzuschließen, auf Grund deren bis 1959 aus Polen etwa eine Viertelmillion Menschen ausgereist ist. In den Jahren von 1960 bis 1969 sind im normalen Verfahren zusätzlich etwa 150 000 Menschen aus Polen ausgereist. Bei der Aktion der Familienzusammenführung hat sich die polnische Regierung vor allem von humanitären Gründen leiten lassen. Sie war und ist jedoch nicht damit einverstanden, daß ihre positive Haltung in der Frage der Familienzusammenführung für eine Emigration zu Erwerbszwecken von Personen polnischer Nationalität ausgenutzt wird.

2.

In Polen ist bis heute aus verschiedenen Gründen (z.B. enge Bindung an den Geburtsort) eine gewisse Zahl von Personen mit unbestreitbarer deutscher Volkszugehörigkeit und von Personen aus gemischten Familien zurückgeblieben, bei denen im Laufe der vergangenen Jahre das Gefühl dieser Zugehörigkeit dominiert hat. Die polnische Regierung steht weiterhin auf dem Standpunkt, daß Personen, die auf Grund ihrer unbestreitbaren deutschen Volkszugehörigkeit in einen der beiden deutschen Staaten auszureisen wünschen, dies unter Beachtung der in Polen geltenden Gesetze und Rechtsvorschriften tun können.

Ferner werden die Lage von gemischten Familien und getrennten Familien sowie solche Fälle polnischer Staatsangehöriger berücksichtigt werden, die entweder infolge ihrer veränderten Familienverhältnisse oder infolge der Änderung ihrer früher getroffenen Entscheidung den Wunsch äußern werden, sich mit ihren in der BRD oder in der DDR lebenden nahen Verwandten zu vereinigen.

3.

Die zuständigen polnischen Behörden verfügen nicht einmal annähernd über solche Zahlen von Anträgen auf Ausreise in die BRD, wie sie in der BRD angegeben werden. Nach den bisherigen Untersuchungen der polnischen Behörden können die Kriterien, die zu einer eventuellen Ausreise aus Polen in die BRD oder die DDR berechtigen, einige Zehntausende Personen betreffen. Die polnische Regierung wird daher entsprechende Anordnungen erlassen, zwecks sorgfältiger Untersuchung, ob die Anträge, die eingereicht worden sind, begründet sind und zwecks Prüfung derselben in möglichst kurzer Zeit.

Die polnische Regierung wird das Polnische Rote Kreuz ermächtigen, vom Roten Kreuz der BRD Listen über die Personen entgegenzunehmen, deren Anträge sich im Besitz des DRK befinden, um diese Listen mit den entsprechenden Zusammenstellungen, die sich bei den zuständigen polnischen Behörden befinden, zu vergleichen und sorgfältig zu prüfen.

4.

Die Zusammenarbeit des Polnischen Roten Kreuzes mit dem Roten Kreuz der BRD wird in jeder erforderlichen Weise erleichtert werden. Das Polnische Rote Kreuz wird ermächtigt werden, Erläuterungen des DRK zu den Listen entgegenzunehmen und das DRK über das Ergebnis der Prüfung übermittelter Anträge durch die polnischen Behörden zu unterrichten. Das Polnische Rote Kreuz wird darüber hinaus ermächtigt sein, gemeinsam mit dem Roten Kreuz der BRD alle praktischen Fragen zu erwägen, die sich aus dieser Aktion etwa ergeben könnten.

5.
Was den Personenverkehr anbelangt, und zwar im Zusammenhang mit Besuchen von Familienangehörigen, so werden die zuständigen polnischen Behörden nach Inkrafttreten des Vertrages über die Grundlagen der Normalisierung der Beziehungen zwischen den beiden Staaten die gleichen Grundsätze anwenden, die gegenüber anderen Staaten Westeuropas üblich sind.

14. Das Berlin-Abkommen

Die Einigung, zu der die drei Westmächte im September 1971 über Berlin kamen und die am 3. Juni 1972 in Kraft trat, besteht aus einer ganzen Hierarchie von Haupt-, Neben- und Unter-Absprachen, dazu deutsch-deutsche Ergänzungsvereinbarungen im Auftrag der Vier Mächte.
Quelle: Ingo von Münch (Hrsg.), Dokumente des geteilten Deutschland. Band II: Seit 1968. Stuttgart 1974, S. 94 ff. Im folgenden nur das Abkommen ohne alle Anlagen.

Die Regierungen der Französischen Republik, der Union der Sozialistischen Sowjetrepubliken, des Vereinigten Königreichs Großbritannien und Nordirland, der Vereinigten Staaten von Amerika,
vertreten durch ihre Botschafter, die in dem früher vom Alliierten Kontrollrat benutzten Gebäude im amerikanischen Sektor Berlins eine Reihe von Sitzungen abgehalten haben,
handelnd auf der Grundlage ihrer Viermächte-Rechte und -Verantwortlichkeiten und der entsprechenden Vereinbarungen und Beschlüsse der Vier Mächte aus der Kriegs- und Nachkriegszeit, die nicht berührt werden,

unter Berücksichtigung der bestehenden Lage in dem betreffenden Gebiet,
von dem Wunsch geleitet, zu praktischen Verbesserungen der Lage beizutragen,
unbeschadet ihrer Rechtspositionen,
haben folgendes vereinbart:

I
Allgemeine Bestimmungen
1. Die Vier Regierungen werden bestrebt sein, die Beseitigung von Spannungen und die Verhütung von Komplikationen in dem betreffenden Gebiet zu fördern.
2. Unter Berücksichtigung ihrer Verpflichtungen nach der Charta der Vereinten Nationen stimmen die Vier Regierungen darin überein, daß in diesem Gebiet keine Anwendung oder Androhung von Gewalt erfolgt und daß Streitigkeiten ausschließlich mit friedlichen Mitteln beizulegen sind.
3. Die Vier Regierungen werden ihre individuellen und gemeinsamen Rechte und Verantwortlichkeiten, die unverändert bleiben, gegenseitig achten.
4. Die Vier Regierungen stimmen darin überein, daß ungeachtet der Unterschiede in den Rechtsauffassungen die Lage, die sich in diesem Gebiet entwickelt hat und wie sie in diesem Abkommen sowie in den anderen in diesem Abkommen genannten Vereinbarungen definiert ist, nicht einseitig verändert wird.

II
Bestimmungen, die die Westsektoren Berlins betreffen
A. Die Regierung der Union der Sozialistischen Sowjetrepubliken erklärt, daß der Transitverkehr von zivilen Personen und Gütern zwischen den Westsektoren Berlins und der Bundesrepublik Deutschland auf Straßen, Schienen- und Wasserwegen durch das Territorium der Deutschen Demokratischen Republik ohne Behinderungen sein wird, daß dieser Verkehr erleichtert werden wird, damit er in der einfachsten und schnellsten Weise vor sich geht und daß er Begünstigung erfahren wird.
Die diesen zivilen Verkehr betreffenden konkreten Regelungen, wie sie in Anlage I niedergelegt sind, werden von den zuständigen deutschen Behörden vereinbart.
B. Die Regierungen der Französischen Republik, des Vereinig-

ten Königreichs Großbritannien und der Vereinigten Staaten von Amerika erklären, daß die Bindungen zwischen den Westsektoren Berlins und der Bundesrepublik Deutschland aufrechterhalten und entwickelt werden, wobei sie berücksichtigen, daß diese Sektoren so wie bisher kein Bestandteil (konstitutiver Teil) der Bundesrepublik Deutschland sind und auch weiterhin nicht von ihr regiert werden.

Konkrete Regelungen, die das Verhältnis zwischen den Westsektoren Berlins und der Bundesrepublik Deutschland betreffen, sind in Anlage II niedergelegt.

C. Die Regierung der Union der Sozialistischen Sowjetrepubliken erklärt, daß die Kommunikationen zwischen den Westsektoren Berlins und Gebieten, die an diese Sektoren grenzen, sowie denjenigen Gebieten der Deutschen Demokratischen Republik, die nicht an diese Sektoren grenzen, verbessert werden. Personen mit ständigem Wohnsitz in den Westsektoren Berlins werden aus humanitären, familiären, religiösen, kulturellen oder kommerziellen Gründen oder als Touristen in diese Gebiete reisen und sie besuchen können, und zwar unter Bedingungen, die denen vergleichbar sind, die für andere in diese Gebiete einreisende Personen gelten.

Die Probleme der kleinen Enklaven einschließlich Steinstükkens und anderer kleiner Gebiete können durch Gebietsaustausch gelöst werden.

Konkrete Regelungen, die die Reisen, die Kommunikationen und den Gebietsaustausch betreffen, wie in Anlage III niedergelegt, werden zwischen den zuständigen deutschen Behörden vereinbart.

D. Die Vertretung der Interessen der Westsektoren Berlins im Ausland und die konsularische Tätigkeit der Union der Sozialistischen Sowjetrepubliken in den Westsektoren Berlins können wie in Anlage IV niedergelegt ausgeübt werden.

III
Schlußbestimmungen
Dieses Viermächte-Abkommen tritt an dem Tage in Kraft, der in einem Viermächte-Schlußprotokoll festgelegt wird, das abzuschließen ist, sobald die in Teil II dieses Viermächte-Abkommens und in seinen Anlagen vorgesehenen Maßnahmen vereinbart worden sind.

GESCHEHEN in dem früher vom Alliierten Kontrollrat benutzten Gebäude im amerikanischen Sektor Berlins am 3. September 1971, in vier Urschriften, jede in englischer, französi-
scher und russischer Sprache, wobei jeder Wortlaut gleichermaßen verbindlich ist.

34

15. Der Grundlagenvertrag mit der DDR

Die Regelung des Verhältnisses zwischen Bundesrepublik und DDR,
die am 21. Dezember 1972 unterzeichnet wurde, enthält außer dem
Vertrag selbst, der hier dokumentiert wird, eine Fülle von Ergänzungsvereinbarungen – von Reiseerleichterungen bis zum Verfahren des Bei-
tritts zu den Vereinten Nationen.
  Quelle: Ingo von Münch (siehe Dokument Nr. 14), S. 301 ff.

Vertrag über die Grundlagen der Beziehungen
zwischen der Bundesrepublik Deutschland
und der Deutschen Demokratischen Republik

Die Hohen Vertragschließenden Seiten
eingedenk ihrer Verantwortung für die Erhaltung des Friedens,
in dem Bestreben, einen Beitrag zur Entspannung und Sicherheit in Europa zu leisten,
in dem Bewußtsein, daß die Unverletzlichkeit der Grenzen und
die Achtung der territorialen Integrität und der Souveränität
aller Staaten in Europa in ihren gegenwärtigen Grenzen eine
grundlegende Bedingung für den Frieden sind,
in der Erkenntnis, daß sich daher die beiden deutschen Staaten
in ihren Beziehungen der Androhung oder Anwendung von
Gewalt zu enthalten haben,
ausgehend von den historischen Gegebenheiten und unbeschadet der unterschiedlichen Auffassungen der Bundesrepublik
Deutschland und der Deutschen Demokratischen Republik zu
grundsätzlichen Fragen, darunter zur nationalen Frage,
geleitet von dem Wunsch, zum Wohle der Menschen in den
beiden deutschen Staaten die Voraussetzungen für die Zusammenarbeit zwischen der Bundesrepublik Deutschland und der
Deutschen Demokratischen Republik zu schaffen,
sind wie folgt übereingekommen:

Artikel 1
Die Bundesrepublik Deutschland und die Deutsche Demokratische Republik entwickeln normale gutnachbarliche Beziehungen zueinander auf der Grundlage der Gleichberechtigung.

Artikel 2
Die Bundesrepublik Deutschland und die Deutsche Demokratische Republik werden sich von den Zielen und Prinzipien leiten lassen, die in der Charta der Vereinten Nationen niedergelegt sind, insbesondere der souveränen Gleichheit aller Staaten, der Achtung der Unabhängigkeit, Selbständigkeit und territorialen Integrität, dem Selbstbestimmungsrecht, der Wahrung der Menschenrechte und der Nichtdiskriminierung.

Artikel 3
Entsprechend der Charta der Vereinten Nationen werden die Bundesrepublik Deutschland und die Deutsche Demokratische Republik ihre Streitfragen ausschließlich mit friedlichen Mitteln lösen und sich der Drohung mit Gewalt oder der Anwendung von Gewalt enthalten.

Sie bekräftigen die Unverletzlichkeit der zwischen ihnen bestehenden Grenze jetzt und in der Zukunft und verpflichten sich zur uneingeschränkten Achtung ihrer territorialen Integrität.

Artikel 4
Die Bundesrepublik Deutschland und die Deutsche Demokratische Republik gehen davon aus, daß keiner der beiden Staaten den anderen international vertreten oder in seinem Namen handeln kann.

Artikel 5
Die Bundesrepublik Deutschland und die Deutsche Demokratische Republik werden friedliche Beziehungen zwischen den europäischen Staaten fördern und zur Sicherheit und Zusammenarbeit in Europa beitragen.

Sie unterstützen die Bemühungen um eine Verminderung der Streitkräfte und Rüstungen in Europa, ohne daß dadurch Nachteile für die Sicherheit der Beteiligten entstehen dürfen.

Die Bundesrepublik Deutschland und die Deutsche Demokratische Republik werden mit dem Ziel einer allgemeinen und vollständigen Abrüstung unter wirksamer internationaler Kontrolle der internationalen Sicherheit dienende Bemühungen um Rüstungsbegrenzung und Abrüstung, insbesondere auf dem Gebiet der Kernwaffen und anderen Massenvernichtungswaffen, unterstützen.

Artikel 6

Die Bundesrepublik Deutschland und die Deutsche Demokratische Republik gehen von dem Grundsatz aus, daß die Hoheitsgewalt jedes der beiden Staaten sich auf sein Staatsgebiet beschränkt. Sie respektieren die Unabhängigkeit und Selbständigkeit jedes der beiden Staaten in seinen inneren und äußeren Angelegenheiten.

Artikel 7

Die Bundesrepublik Deutschland und die Deutsche Demokratische Republik erklären ihre Bereitschaft, im Zuge der Normalisierung ihrer Beziehungen praktische und humanitäre Fragen zu regeln. Sie werden Abkommen schließen, um auf der Grundlage dieses Vertrages und zum beiderseitigen Vorteil die Zusammenarbeit auf dem Gebiet der Wirtschaft, der Wissenschaft und Technik, des Verkehrs, des Rechtsverkehrs, des Post- und Fernmeldewesens, des Gesundheitswesens, der Kultur, des Sports, des Umweltschutzes und auf anderen Gebieten zu entwickeln und zu fördern. Einzelheiten sind in dem Zusatzprotokoll geregelt.

Artikel 8

Die Bundesrepublik Deutschland und die Deutsche Demokratische Republik werden ständige Vertretungen austauschen. Sie werden am Sitz der jeweiligen Regierung errichtet.

Die praktischen Fragen, die mit der Einrichtung der Vertretungen zusammenhängen, werden zusätzlich geregelt.

Artikel 9

Die Bundesrepublik Deutschland und die Deutsche Demokratische Republik stimmen darin überein, daß durch diesen Vertrag die von ihnen früher abgeschlossenen oder sie betreffenden zweiseitigen und mehrseitigen internationalen Verträge und Vereinbarungen nicht berührt werden.

Artikel 10
Dieser Vertrag bedarf der Ratifikation und tritt am Tage nach
dem Austausch entsprechender Noten in Kraft.

ZU URKUND DESSEN haben die Bevollmächtigten der Hohen Vertragschließenden Seiten diesen Vertrag unterzeichnet.

GESCHEHEN in Berlin, am 21. Dezember 1972 in zwei Urschriften in deutscher Sprache.

<table>
<tr><td>Für die Bundesrepublik
Deutschland
Egon Bahr</td><td>Für die Deutsche
Demokratische Republik
Michael Kohl</td></tr>
</table>

16. Der Prager Vertrag

Quelle: Presse- und Informationsamt der Bundesregierung. Dokumentation zur Entspannungspolitik der Bundesregierung. 2. erw. Aufl.
11.74, S. 41 ff.

Die Bundesrepublik Deutschland
und die
Tschechoslowakische Sozialistische Republik –

IN DER HISTORISCHEN ERKENNTNIS, daß das harmo-
nische Zusammenleben der Völker in Europa ein Erfordernis
des Friedens bildet,
IN DEM FESTEN WILLEN, ein für allemal mit der unheilvollen Vergangenheit in ihren Beziehungen ein Ende zu machen, vor allem im Zusammenhang mit dem Zweiten Weltkrieg,
der den europäischen Völkern unermeßliche Leiden zugefügt
hat,
ANERKENNEND, daß das Münchener Abkommen vom
29. September 1938 der Tschechoslowakischen Republik durch
das nationalsozialistische Regime unter Androhung von Gewalt
aufgezwungen wurde,
ANGESICHTS DER TATSACHE, daß in beiden Ländern eine neue Generation herangewachsen ist, die ein Recht auf eine
gesicherte friedliche Zukunft hat,

IN DER ABSICHT, dauerhafte Grundlagen für die Entwicklung gutnachbarlicher Beziehungen zu schaffen,
IN DEM BESTREBEN, den Frieden und die Sicherheit in Europa zu festigen,
IN DER ÜBERZEUGUNG, daß die friedliche Zusammenarbeit auf der Grundlage der Ziele und Grundsätze der Charta der Vereinten Nationen dem Wunsche der Völker sowie dem Interesse des Friedens in der Welt entspricht –
sind wie folgt übereingekommen:

Artikel I
Die Bundesrepublik Deutschland und die Tschechoslowakische Sozialistische Republik betrachten das Münchener Abkommen vom 29. September 1938 im Hinblick auf ihre gegenseitigen Beziehungen nach Maßgabe dieses Vertrages als nichtig.

Artikel II
(1) Dieser Vertrag berührt nicht die Rechtswirkungen, die sich in bezug auf natürliche oder juristische Personen aus dem in der Zeit vom 30. September 1938 bis zum 9. Mai 1945 angewendeten Recht ergeben.
Ausgenommen hiervon sind die Auswirkungen von Maßnahmen, die beide vertragschließende Parteien wegen ihrer Unvereinbarkeit mit den fundamentalen Prinzipien der Gerechtigkeit als nichtig betrachten.
(2) Dieser Vertrag läßt die sich aus der Rechtsordnung jeder der beiden Vertragsparteien ergebende Staatsangehörigkeit lebender und verstorbener Personen unberührt.
(3) Dieser Vertrag bildet mit seinen Erklärungen über das Münchener Abkommen keine Rechtsgrundlage für materielle Ansprüche der Tschechoslowakischen Sozialistischen Republik und ihrer natürlichen und juristischen Personen.

Artikel III
(1) Die Bundesrepublik Deutschland und die Tschechoslowakische Sozialistische Republik lassen sich in ihren gegenseitigen Beziehungen sowie in Fragen der Gewährleistung der Sicherheit in Europa und in der Welt von den Zielen und Grundsätzen, die in der Charta der Vereinten Nationen niedergelegt sind, leiten.
(2) Demgemäß werden sie entsprechend den Artikeln 1 und 2 der Charta der Vereinten Nationen alle ihre Streitfragen aus-

schließlich mit friedlichen Mitteln lösen und sich in Fragen, die die europäische und internationale Sicherheit berühren, sowie in ihren gegenseitigen Beziehungen der Drohung mit Gewalt oder der Anwendung von Gewalt enthalten.

Artikel IV
(1) In Übereinstimmung mit den vorstehenden Zielen und Grundsätzen bekräftigen die Bundesrepublik Deutschland und die Tschechoslowakische Sozialistische Republik die Unverletzlichkeit ihrer gemeinsamen Grenze jetzt und in der Zukunft und verpflichten sich gegenseitig zur uneingeschränkten Achtung ihrer territorialen Integrität.
(2) Sie erklären, daß sie gegeneinander keinerlei Gebietsansprüche haben und solche auch in Zukunft nicht erheben werden.

Artikel V
(1) Die Bundesrepublik Deutschland und die Tschechoslowakische Sozialistische Republik werden weitere Schritte zur umfassenden Entwicklung ihrer gegenseitigen Beziehungen unternehmen.
(2) Sie stimmen darin überein, daß eine Erweiterung ihrer nachbarschaftlichen Zusammenarbeit auf den Gebieten der Wirtschaft, der Wissenschaft, der wissenschaftlich-technischen Beziehungen, der Kultur, des Umweltschutzes, des Sports, des Verkehrs und ihrer sonstigen Beziehungen in ihrem beiderseitigen Interesse liegt.

Artikel VI
Dieser Vertrag bedarf der Ratifikation und tritt am Tage des Austausches der Ratifikationsurkunden in Kraft, der in Bonn stattfinden soll.

ZU URKUND DESSEN haben die Bevollmächtigten der Vertragsparteien diesen Vertrag unterschrieben.
GESCHEHEN zu Prag am 11. Dezember 1973
in zwei Urschriften, jede in deutscher und tschechischer Sprache, wobei jeder Wortlaut gleichermaßen verbindlich ist.

Für die Bundesrepublik	Für die Tschechoslowakische
Deutschland	Sozialistische Republik
Willy Brandt	Strougal
Walter Scheel	B. Chnoupek

Quellen und Literatur

Politische Voraussetzungen

Bei der Frage, wie sich das demokratische Deutschland zum kommunistischen Osten verhalten solle, ging es niemals nur um Politik. Es ging, oft wirklich, oft scheinbar, um mehr: um Freiheit und Frieden, um Demokratie und Menschenrechte, um Solidarität und nationale Einheit. Ostpolitik war stärker moralisch aufgeladen als die übrige Außenpolitik. Hinzu kamen abrupte Wechsel. Während sich die Westpolitik von 1950 bis 1990 ohne Bruch weiterentwickelte, änderte sich die Ostpolitik zweimal von Grund auf. Mehr als ein Dutzend Jahre lang fand sie gar nicht statt und tat dann erste zögerliche Schritte. 1970 setzte sie sich durch, wurde zwanzig Jahre lang betrieben und galt schließlich als die einzig mögliche Politik. Mit dem Zusammenbruch des Ostens fand sie nicht nur ihr Ende, sondern erschien im Rückblick vielen als ein schwerer Fehler.

Unter solchen Umständen ist erklärlich, daß die politischen Wissenschaften der Politik folgten, sich zumindest dem Klima, das sie schuf, nie ganz entziehen konnten. Die ersten zwanzig Jahre wahrten auch sie Distanz zum Osten, dann öffneten sie sich ihm und entwickelten einen starken Nachholbedarf. Die Folgen sind bis heute spürbar. Nur wenige Politologen und Historiker wissen in West *und* Ost gut Bescheid, die meisten teilen sich, wie Politiker und Journalisten, in Kenner der einen oder der anderen Seite. Und da die alte Bundesrepublik ein Weststaat war, im Laufe der Jahrzehnte immer mehr mit sich selbst und der westlichen Welt befaßt, blieb der Osten Europas und auch Deutschlands eine wenig bekannte Region. Sogar namhafte Gelehrte ließen erkennen, daß sie nicht wissen, wie ein kommunistischer Staat aufgebaut war[1]. Wo elementare Kenntnis fehlt, wird Verständnis schwer möglich – für die Denkweise der Nachbarn im Osten und für eine Politik, die diese Denkweise berücksichtigte.

In der Vorstellungswelt der alten Bundesrepublik war auch der Osten geteilt: Da gab es Osteuropa, mit dem man Ostpolitik trieb, und da gab es den anderen Teil Deutschlands, dem die Deutschlandpolitik galt, die nicht dem Auswärtigen Amt unterstand. Doch da die DDR

---

[1] Hans-Peter Schwarz spricht von dem »ZK-Mitglied« Karl Schirdewan, der im Gegensatz zu Ulbricht stand – das ist, als wenn er den Bundestagsabgeordneten Heinemann und nicht den Bundesinnenminister gegen Adenauer opponieren ließe. Schirdewan war ZK-Sekretär, gehörte damit zur Spitzenführung der Partei. Die Ära Adenauer 1957–1963. Stuttgart 1983, S. 61.

nun einmal Teil des sowjetisch bestimmten Ostens war, erzeugte die Bonner Einteilung manche Fehldeutung. Der akademische Betrieb spiegelte das staatliche Schema: Da gab es Ost-Forscher und DDR-Forscher, sie hatten wenig miteinander zu tun, nur ganz selten bewegte sich einer auf beiden Gebieten. So entstand ein merkwürdiger Zustand. Wer über Deutschland schrieb, beschränkte sich meist auf die Bundesrepublik – die DDR blieb draußen, weil sie zwar Deutschland war, aber zum Osten gehörte. Wer über den Osten schrieb, beschränkte sich auf Länder östlich der Oder – die DDR blieb draußen, weil sie Deutschland war. Und wer über die DDR schrieb, beschränkte sich auf die DDR, weil der Osten und die Bundesrepublik dem DDR-Forscher großenteils fremd blieben. Der Erkenntnis diente diese Fragmentierung nicht.

Besonders deutlich zeigen sich die Einseitigkeiten beim Zeitvergleich. Bis zum Anfang der siebziger Jahre gab es z.B., von Wissenschaftlern verfaßt, nur eine Gesamtdarstellung und eine Geschichte der DDR[2]; nach 1972 erschien ein Buch nach dem anderen[3]. Obwohl sehr gute dabei waren, die Politik ging der Politologie sichtbar voraus. Das galt auch für den zweiten Fragenkomplex, was ein zweistaatliches Deutschland für die Deutschen wie für Europa bedeute[4]. Darauf folgte

[2] Ernst Richert, Das zweite Deutschland. Ein Staat, der nicht sein darf. Gütersloh 1964. Hermann Weber, Von der SBZ zur DDR. 1945–1968. Hannover 1968.

[3] Die erste große Publikation wurde vom innerdeutschen Ministerium initiiert, finanziert und herausgegeben: Materialien zum Bericht zur Lage der Nation 1971, 1972 und 1974 (zuerst jeweils als Bundestagsdrucksache erschienen). Eine der besten Darstellungen gab Hermann Rudolph, Die Gesellschaft der DDR – eine deutsche Möglichkeit? Anmerkungen zum Leben im anderen Deutschland. München 1972. Schon in 6. Auflage erschien 1977 Rüdiger Thomas, Modell DDR. Die kalkulierte Emanzipation. München 1972. Weitere Titel: Kurt Sontheimer u. Wilhelm Bleek, Die DDR. Politik, Gesellschaft, Wirtschaft. Hamburg 1972. Eberhard Schneider, Die DDR. Geschichte, Politik, Wirtschaft, Gesellschaft. Stuttgart 1975. Peter Christian Ludz, Die DDR zwischen Ost und West. Politische Analysen 1961 bis 1976. München 1977. Günter Erbe u.a., Politik, Wirtschaft und Gesellschaft in der DDR. Studientexte für politische Bildung. Opladen 1978. Hermann Weber führte seine Geschichte weiter: DDR. Grundriß der Geschichte 1945–1976. Hannover 1976; Kleine Geschichte der DDR. Köln 1980; Geschichte der DDR. München 1985. Hans-Adolf Jacobsen, Gert Leptin, Ulrich Scheuner, Eberhard Schulz (Hrsg.), Drei Jahrzehnte Außenpolitik der DDR. Bestimmungsfaktoren, Instrumente, Aktionsfelder. München u. Wien 1979.

[4] Außenpolitische Perspektiven des westdeutschen Staates. Schriften des Forschungsinstituts der Deutschen Gesellschaft für Auswärtige Politik. 3 Bde, München u. Wien 1971 und 1972. Heinrich End, Zweimal deutsche Außenpolitik. Internationale Dimensionen des innerdeutschen Konflikts 1949–1972. Köln 1973. Peter Christian Ludz, Deutschlands doppelte Zukunft. Bundesrepublik und DDR in der Welt von morgen. München 1974. Curt Gasteyger, Die beiden deutschen Staaten in der Weltpolitik. München 1976.

dann die, stellenweise zur Mode gewordene, Debatte über die deutsche »Identität«.

Als fruchtbare Provokation wirkte die neue Ostpolitik auch auf die CDU, in deren Umkreis nach 1970 das Bedürfnis entstand zu beweisen, daß nicht erst die sozialliberale Koalition Ostpolitik treibe. Der größte Teil der ›Adenauer-Studien‹, Bd. III, war den Ostversuchen des alten Kanzlers gewidmet[5]. Dabei gelang es, Heinrich Krone zu überreden, daß er wenigstens den ost- und deutschlandpolitischen Teil seines Tagebuches freigab – eine Quelle von hohem Wert, die vor allem vermittelt, was und wie im engsten Kreis um Adenauer gedacht wurde. Dessen ehemaliger Staatssekretär Hans Globke entschloß sich, seinen Plan von 1959/60 zu erläutern[6]. Als Helmut Kohl 1982 Kanzler wurde und die Ostverträge praktisch handhaben mußte, dehnten er und seine Freunde den Begriff »Kontinuität« bis zu Adenauers Moskaureise 1955, betonten Schröders und Kiesingers Verdienste und erweckten den Eindruck, als setze die Union ihre eigene Politik fort[7]. SPD und FDP ziehen hingegen die Zäsur von 1969 besonders scharf. Auch in Fragen der Periodisierung verbirgt sich zuweilen Politik.

Am stärksten wirkte die jeweilige Politik auf die staatlich geförderte Forschung. Bis zur großen Koalition, teilweise auch länger, war der Zweck vorgegeben: der Kommunismus sollte entlarvt und die DDR als Abirrung vom rechten Weg beschrieben werden, den Deutsche nach 1945 zu gehen hätten. So mußte der »Forschungsbeirat für Fragen der Wiedervereinigung« darüber nachdenken, wie nach dem Tage X das Land zwischen Mecklenburg und Sachsen möglichst schnell der Bundesrepublik anzugliedern sei. Trotzdem wurde, auch im Auftrag des Forschungsbeirats, viel sachliche Information über die DDR erarbeitet, besonders für die Wirtschaft und die Rechtsentwicklung. Politische Tabu-Themen blieben jedoch für politisch irgendwie abhängige Institutionen unberührbar oder unpublizierbar[8]. Um so mehr blühte der Zweig der Rechtswissenschaft, dessen juristische Konstruktionen hal-

[5] Rudolf Morsey und Konrad Repgen (Hrsg.), Adenauer-Studien. Bd. III. Mainz 1974. Dort auch Krones Tagebuch und erstmals der Globke-Plan im Wortlaut.

[6] Dieter Blumenwitz, Klaus Gotto u.a. (Hrsg.), Konrad Adenauer und seine Zeit. Politik und Persönlichkeit des ersten Bundeskanzlers. Beiträge von Weg- und Zeitgenossen. Stuttgart 1976, S. 665 ff.

[7] Zum Beispiel Helmut Kohl, Frankfurter Allgemeine Zeitung v. 12. 8. 1985. Rainer Barzel, Bulletin 15. 11. 1982.

[8] Als das Forschungsinstitut der Deutschen Gesellschaft für Auswärtige Politik 1967/68 untersuchte, welche Folgen eine Anerkennung der DDR haben könne, blieb das Ergebnis unter Verschluß; als die Studie von Brandts Politik überholt wurde und kritisch-bremsend hätte wirken können, sollte sie veröffentlicht werden, was einer der Hauptautoren aber verhinderte. Ebenfalls nicht publiziert wurde eine Untersuchung des Deutschen Instituts für Wirtschaftsforschung (DIW), in der 1969 Möglichkeiten für Westberlin vorgeschlagen wurden, die zu weit über die konservative Vorstellungswelt der Inselstadt-Politiker hinausgin-

fen, die politischen Illusionen zu bewahren. Die Oder-Neiße-Frage wurde lange fast allein als Rechtsfrage behandelt.

Die Vereinigung Deutschlands bedeutete nicht nur für die Geschichte, sondern auch für die Geschichtsbetrachtung eine tiefe Zäsur. Nun wurde auf einmal wieder fragwürdig, was im Laufe der achtziger Jahre weitgehend akzeptiert worden war. Der Osten hatte sich als schwächer erwiesen, als man angenommen hatte. Da fragte sich einmal, weshalb man das nicht früher bemerkt hatte, und zum anderen, ob man die Kommunisten nicht hätte hart bekämpfen müssen, statt mit ihnen zu verhandeln. Und nachdem sich die Vereinigung Deutschlands als möglich erwiesen hatte, verdrängten viele, daß sie daran gar nicht mehr geglaubt hatten. Wie hieltst Du's mit der Einheit, wurde zur Gretchenfrage an Bundesregierungen, Parteien und alle, die über den Osten, die DDR und die Lage der Deutschen geschrieben hatten.

Wiederum war es die Politik, großenteils die Parteipolitik, die ein neues, stark verändertes Klima schuf; und wiederum war die Politik moralisch eingefärbt. Nach einem so großen, überraschenden Wandel konnte es nicht anders sein. Die Deutschen waren gezwungen, sich in einer neuen Lage zurechtzufinden, dabei kam unvermeidlich auch ihr Geschichtsbild auf den Prüfstand.

Quellen

Für eine Zeit, da Akten noch nicht (oder nur nach Durchleuchtung durch den Verfassungsschutz) zugänglich sind, stehen aus der alten Bundesrepublik folgende Quellen zur Verfügung.

1. Zunächst was Regierungen, Parteien, politische Akteure jeder Art verlautbaren. Sorgfältig gelesen und über größere Zeiträume verglichen, ergibt sich daraus mehr, als denen, die sich äußern, manchmal lieb ist. Deshalb sind Dokumentationen außerordentlich hilfreich, oft die wichtigste Grundlage. Allerdings ist bei älteren Publikationen Vorsicht geboten. So ist die umfänglichste amtliche Dokumentation[9], die viel genannt wird, durchaus lückenhaft. Sie entsprang dem Bedürfnis der Regierung Erhard, den Vorwurf mangelnder deutschlandpolitischer Aktivität zu entkräften, doch sogar der amerikanische und französische Präsident kamen darin nur mit Äußerungen zu Wort, die zur

gen. Horst Lambrecht, einer der Autoren, zitierte später die Zitate anderer aus seinem unveröffentlichten Manuskript. Deutschland Archiv, Juni 1979, S. 590.

[9] Auswärtiges Amt (Hrsg.), Die Bemühungen der deutschen Regierung und ihrer Verbündeten um die Einheit Deutschlands 1955–1966. Bundesdruckerei April 1966. Zur Kritik siehe: Merkur, Juli 1966, S. 697 ff.

Bonner Regierungsmeinung paßten. Die Gewaltverzicht-Verhandlungen mit Moskau 1967/68 dokumentierte das Presse- und Informationsamt mit einer wichtigen Auslassung, die in einer Mitteilung des Auswärtigen Amts aber zu finden war[10]. Dahinter verbargen sich vermutlich Meinungsverschiedenheiten zwischen Kiesinger und Brandt. Doch sogar beim ›Europa Archiv‹, der auf zeitgeschichtliche Dokumentation angelegten Zeitschrift, konnte es 1955 passieren, daß ein Satz fortfiel, der die Bundesregierung ernstlich störte[11].

Große Verdienste erwarb sich schon früh Heinrich von Siegler, der in immer neuen Auflagen seit den fünfziger Jahren ›Wiedervereinigung und Sicherheit Deutschlands‹[12] dokumentierte und dabei die Einseitigkeiten anderer Werke vermied: er berücksichtigte Westen und Osten, Regierung und Opposition, offizielle und »nichtamtliche« Vorschläge und Stellungnahmen (z.B. die BBC-Vorträge George Kennans 1957). Ein Standardwerk sind die ›Dokumente zur Deutschlandpolitik‹[13], die seit 1961 vom gesamtdeutschen (später innerdeutschen) Ministerium herausgegeben wurden. Von der Souveränität der Bundesrepublik bis Ende 1968 bilden die 35 dicken Bände eine solide, breite Basis, hilfreich auch für jeden, der sich mit Bonns Verhältnis zu Moskau, Warschau und Prag beschäftigt. Memoiren und wichtige Zeitungskommentare wurden einbezogen, der Spürsinn der Bearbeiter für entlegenes Material beeindruckt. Für die Zeit danach bis zur Gegenwart, muß man zu den ›Texten zur Deutschlandpolitik‹[14] greifen, die vom selben Ministerium herausgegeben wurden und verhältnismäßig schnell erschienen. Nicht nur Juristen sind die ›Dokumente des geteilten Deutschland‹ zu empfehlen, die von Ingo von Münch herausgegeben sind und von 1941 bis 1975 das Wichtigste enthalten, auch viele Gesetzes-Texte aus der DDR, die schwer zugänglich sind[15].

Weitere Dokumentationen nennt die zweibändige »Bibliographie zur Deutschlandpolitik«, auf die auch für alle anderen Publikationen

---

[10] Presse- und Informationsamt der Bundesregierung, Die Politik des Gewaltverzichts. Eine Dokumentation der deutschen und sowjetischen Erklärungen zum Gewaltverzicht 1949 bis Juli 1968. Bonn 1968. Hier fehlt eine Erklärung des Außenamt-Staatssekretärs Duckwitz (bei Gewaltverzicht-Gesprächen könnten auch »andere Sachfragen« einbezogen werden), die in der Dokumentation des Auswärtigen Amtes für die Presse enthalten ist. Nachgedruckt im Deutschland Archiv, August 1968, S. 540 ff.

[11] Siehe S. 41, Anm. 11.

[12] Dokumentationen der Deutschen Gesellschaft für Auswärtige Politik. 6. Aufl. Bonn 1967 und 1968.

[13] Siehe Abkürzungen.

[14] Siehe Abkürzungen.

[15] Quellentexte zur Rechtslage des Deutschen Reiches, der Bundesrepublik Deutschland und der Deutschen Demokratischen Republik. Stuttgart 1968 (Bd. I) und 1974 (Bd. II).

320

zur Deutschlandfrage bis Ende 1982 verwiesen werden muß[16]. Boris Meißner und Hans-Adolf Jacobsen sind Dokumentationen zur Ostpolitik und KSZE zu verdanken[17], dem Bundespresseamt eine zusammenfassende Dokumentation der Ostpolitik sowie der KSZE und KVAE (Konferenz für Vertrauensbildung und Abrüstung in Europa) bis Anfang 1989[18]. Das Verhältnis Bonn- Ostberlin in den achtziger Jahren ist dokumentiert vom innerdeutschen Ministerium[19]. Die wichtigsten außenpolitischen Erklärungen, Verträge und Vereinbarungen zur Vereinigung Deutschlands, vom Juni 1989 bis zum März 1991, finden sich in einer Schrift des Forschungsinstituts der Deutschen Gesellschaft für Auswärtige Politik[20]. Die Gedanken, Programme und Statuten der DDR-Opposition dokumentiert Gerhard Rein, der seit 1984 als ständiger Reisekorrespondent über die DDR berichtete[21].

Seit dem Ende der SED-Herrschaft sprudeln Quellen, von denen Historiker früher höchstens träumen konnten. Die Staats- und Parteiarchive der DDR sowie die Akten des Ministeriums für Staatssicherheit sind großenteils für die Forschung zugänglich geworden. Deren Erschließung und Nutzung werden allerdings noch stark von politischen oder persönlichen Absichten bestimmt; über die Bonner DDR-Politik gibt es bisher mehr Enthüllungen als Erkenntnisse. Wo sich westdeutsche Politiker vielleicht zu gut mit ihren SED-Partnern verstanden haben, das erregte viel Entdeckerdrang; wenig aber war aus neuen Quellen bisher darüber zu erfahren, unter welchen Zwängen und mit welchen Absichten die Ostberliner Führung ihre Deutschlandpolitik betrieb und wie die verschiedenen Bevölkerungsgruppen in der DDR über die Bonner Ostpolitik dachten. Aufschluß ist aus den Archiven auch über die Rolle des späten Ulbricht zu erhoffen, der 1970 bei Breschnew in Verdacht geriet, sich gefährlich eng mit dem sozialdemo-

[16] Beiheft 1 und 6 zu Dokumente zur Deutschlandpolitik, Fankfurt a. M. 1975 und 1983.

[17] Meißner siehe Abkürzungen. Hans-Adolf Jacobsen (Hrsg.), Mißtrauische Nachbarn. Deutsche Ostpolitik 1919/1970. Dokumentation und Analyse. Düsseldorf 1970. Hans-Adolf Jacobsen, Wolfgang Mallmann, Christian Meier (Hrsg.), Sicherheit und Zusammenarbeit in Europa (KSZE), Analyse und Dokumentation. Köln 1973 und 1979.

[18] Dokumentation zur Ostpolitik der Bundesregierung. Verträge, Vereinbarungen und Erklärungen. Presse- und Informationsamt der Bundesregierung (Hrsg.), 13. Auflage 1990.

[19] Innerdeutsche Beziehungen. Die Entwicklung der Beziehungen zwischen der Bundesrepublik Deutschland und der Deutschen Demokratischen Republik 1980–1986. Eine Dokumentation. Bonn 1986.

[20] Karl Kaiser, Deutschlands Vereinigung. Die internationalen Aspekte. Mit den wichtigen Dokumenten. Bergisch Gladbach 1991.

[21] Die Opposition in der DDR. Entwürfe für einen anderen Sozialismus. Berlin 1989.

kratischen Kanzler Brandt einlassen zu wollen[22]. Wieweit der Verdacht begründet war und wie sich Ulbricht eine Kooperation mit einer SPD-Regierung, die er schon 1966 anstrebte, vorstellte, bleibt noch im Dunkeln.

Schließlich ist die Enquete-Kommission zu nennen, die der Bundestag zur »Aufarbeitung von Geschichte und Folgen der SED-Diktatur in Deutschland« eingesetzt hat und die ihre Arbeit im Sommer 1994 beendete. Rechthaberei und Rechtfertigungsdrang der Parteien, zumal im Wahljahr 1994, deformierten oft die Verhandlungen und auch den Abschlußbericht. Dennoch bleiben viele Expertengutachten von Wert und vor allem die Aussagen der zahlreichen Zeitzeugen, von Pastoren aus der DDR bis zu Bundeskanzler Kohl.

2. Die Erinnerungsliteratur vermehrt sich ständig. Für die Adenauerzeit stehen an erster Stelle die vier Bände des Kanzlers selbst sowie die Tagebuchnotizen seines Vertrauten Heinrich Krone[23]. Auch die Kanzler der sozialliberalen Koalition haben sich ausführlich geäußert. Willy Brandts »Begegnungen und Einsichten« reichen von 1960 bis 1975 und sind größtenteils der Außen- und Deutschlandpolitik gewidmet[24]. Sie werden ergänzt und fortgeführt von den »Erinnerungen«, die auch die achtziger Jahre umfassen[25]. Für Brandts Überlegungen Mitte der Sechziger ist auch »Friedenspolitik in Europa«[26] aufschlußreich, für seine Gedanken im Wendejahr 1989/90 die Redensammlung »... was zusammengehört«[27]. Von Brandts Vertrautem Egon Bahr gibt es noch keine Memoiren, sondern nur ein langes Gespräch mit Dettmar Cramer[28], eine Sammlung von Reden und Aufsätzen von 1963 bis 1990[29] und eine Antwort auf Gorbatschow aus dem Jahr 1988[30]. Über Brandts Ostpolitik berichten auch sein Kanzleramtsminister Horst Ehmke[31], ferner Karl Moersch[32], seit 1964 FDP-Bundestagsabgeordneter und von 1970 bis 1976 Parlamentarischer Staatssekretär und später Staatsminister im Auswärtigen Amt, ebenso Paul Frank[33], beamteter Staatssekretär dort von 1970 bis 1974.

---

[22] Peter Przybylski, Tatort Politbüro. Die Akte Honecker, Berlin 1991, S. 280ff. Die Dokumente dieses Bandes sind hochinteressant, der Text peinlich: Der ehemalige Pressesprecher des Generalstaatsanwalts der DDR denunziert seinen obersten Chef Honecker.

[23] Siehe Abkürzungen.

[24] Siehe Abkürzungen.

[25] Berlin 1989.

[26] Frankfurt a. M. 1968.

[27] Bonn 1990.

[28] Dettmer Cramer, Gefragt: Egon Bahr. Bornheim 1975.

[29] Egon Bahr, Sicherheit für und vor Deutschland. Vom Wandel durch Annäherung zur Europäischen Sicherheitsgemeinschaft. München 1991.

[30] Zum europäischen Frieden. Berlin 1988.

[31] Mittendrin. Von der Großen Koalition zur Deutschen Einheit. Berlin 1994.

[32] Kurs-Revision. Deutsche Politik nach Adenauer. Frankfurt a. M. 1978.

[33] Entschlüsselte Botschaft. Ein Diplomat macht Inventur. Stuttgart 1981.

Helmut Schmidt hat seine außenpolitischen Erfahrungen und Entscheidungen in zwei umfangreichen Bänden niedergelegt[34]. Sein Vertrauter Klaus Bölling berichtet über seine Erfahrungen als »Ständiger Vertreter« in Ostberlin[35]. Von Hans-Dietrich Genscher gibt es bisher eine Redensammlung, die von 1966 bis Anfang 1991 reicht[36], seine Erinnerungen sollen im Herbst 1995 erscheinen.

Aus der Sicht der Union und aus seiner eigenen Sicht berichtet Rainer Barzel[37], am interessantesten über die Zeit als Oppositionsführer und gescheiterter Kanzlerkandidat gegen Brandt. In seinem letzten Lebensjahr diktierte Franz Josef Strauß »Die Erinnerungen«[38], die er nicht ganz vollenden und überarbeiten konnte; sie umfassen, obwohl in unterschiedlicher Dichte, auch die Zeit vom Ende der Fünfziger bis in die Achtziger. Erheblichen Zeugniswert hat, was Kurt Birrenbach[39], einer der erfahrensten CDU-Außenpolitiker, über seine Gespräche mit westlichen Staatsmännern, vor allem in den USA, aufzeichnete. Seine »Sondermissionen« galten u. a. der Berlin-Krise (1961/62), den nuklearen Problemen (MLF und Nichtverbreitungsvertrag), der Prager Krise (1968) und den Ostverträgen Brandts, über die er das Urteil der Verbündeten einholte. Zu nennen ist schließlich Erich Mende[40], ein vorwärts drängender Deutschlandpolitiker, solange er die FDP führte, seit 1968 in Opposition gegen seinen Nachfolger Scheel und dessen Koalition mit der SPD, 1970 zur CDU übergetreten. Keines Kommentars bedürfen Henry Kissingers ›Memoiren 1968–1973‹[41], eine unentbehrliche Quelle für die Jahre nach 1969. Nützlich, weil sie die jeweilige Situation spiegeln, Reden- und Aufsatz-Sammlungen, Grundsatz-Interviews und Bücher maßgeblicher Politiker, vor allem von Herbert Wehner[42], Franz

[34] Menschen und Mächte. Berlin 1987. Die Deutschen und ihre Nachbarn. Berlin 1990.

[35] Die fernen Nachbarn. Erfahrungen in der DDR. Hamburg 1983.

[36] Unterwegs zur Einheit. Reden und Dokuemnte aus bewegter Zeit. Berlin 1991.

[37] Auf dem Drahtseil. München 1987. Im Streit und umstritten. Anmerkungen zu Adenauer, Erhard und den Ostverträgen. Frankfurt a. M. 1986.

[38] Berlin 1989.

[39] Meine Sondermissionen. Rückblick auf zwei Jahrzehnte bundesdeutscher Außenpolitik. Düsseldorf u. Wien 1984.

[40] Die FDP. Daten, Fakten, Hintergründe. Stuttgart 1972.

[41] München 1979.

[42] Hans-Werner Graf Finckenstein und Gerhard Jahn (Hrsg.), Herbert Wehner. Wandel und Bewährung. Ausgewählte Reden und Schriften 1930–1967, Frankfurt a. M. 1968. Günter Gaus, Staatserhaltende Opposition oder Hat die SPD kapituliert? Gespräche mit Herbert Wehner. Reinbek 1966.

Josef Strauß[43], Johann Baptist Gradl[44] und dem Freiherrn zu Gutten-berg[45].

Außer Paul Franks ›Inventur‹ sind noch die Erinnerungen dreier Diplomaten zu nennen. Hans Kroll[46] war Botschafter in Moskau von 1958 bis 1962, also während der Berlin-Krise; er hatte trotzdem ein gutes Verhältnis zu Chruschtschow und das Vertrauen Adenauers, die er an einen Tisch zu bringen suchte. In denselben Jahren vertrat Wilhelm Grewe[47] die Bundesrepublik in Washington; als einer der führenden Köpfe der Bonner Außenpolitik in den fünfziger Jahren geriet er mit Kennedy in ein gespanntes Verhältnis. Helmut Allardt[48] führte als Botschafter in Moskau 1969 die ersten Gespräche mit Gromyko und läßt allzu deutlich seinen Ärger spüren, daß Bahr Anfang 1970 die Verhandlungen übernahm.

Über die Regierungszeit Kohls gibt es noch keine Erinnerungslitera-tur, mit zwei gewichtigen Ausnahmen. Horst Teltschik, der Vertraute des Kanzlers und engste Mitarbeiter in der Außenpolitik, veröffentlich-te seine, natürlich überarbeiteten, Tagebuchnotizen vom Tag der Mau-eröffnung am 9. November 1989 bis in die Nacht vom 3. Oktober 1990, dem Tag der Vereinigung[49]. Wolfgang Schäuble, Bundesinnenmi-nister von 1989 bis 1991, handelte mit der DDR den Einigungsvertrag aus, zu großen Teilen ist er sein Werk, Schäuble diktierte seinen Bericht zwei ›Spiegel‹-Korrespondenten und überarbeitete ihn[50].

Seit Beginn der neunziger Jahre stehen erstmals Memoiren und per-sönliche Zeugnisse aus dem Osten zur Verfügung. Valentin Falin be-richtet nicht nur über seine Zeit als sowjetischer Botschafter während Brandts Ostpolitik, sondern geht weiter bis in die Gorbatschow-Zeit[51]. Julij A. Kiwizinskij war Botschafter in Bonn und dann Stellvertreten-der Außenminister im Entscheidungsjahr 1989/90[52]. Sogar Außenmini-ster Eduard Schewardnadse selbst schilderte seine Sicht der Ereignis-

---

[43] Entwurf für Europa. Stuttgart 1966. Herausforderung und Antwort. Ein Programm für Europa. Stuttgart 1968.

[44] Karl Willy Beer (Hrsg.), Johann Baptist Gradl. Im Interesse der Einheit. Zeugnisse eines Engagements. Stuttgart 1971. Christian Hacke (Hrsg.), J. B. Gradl. Stets auf der Suche. Reden, Äußerungen und Aufsätze zur Deutschland-politik. Köln 1979.

[45] Karl Theodor Freiherr zu Guttenberg, Wenn der Westen will. Plädoyer für eine mutige Politik. Stuttgart 1965.

[46] Lebenserinnerungen eines Botschafters. Köln 1967.

[47] Rückblenden. Aufzeichnungen eines Augenzeugen deutscher Außenpolitik von Adenauer bis Schmidt. Frankfurt a. M. 1979.

[48] Moskauer Tagebuch. Beobachtungen, Notizen, Erlebnisse. Düsseldorf u. Wien 1973.

[49] 329 Tage. Innenansichten der Einigung. Berlin 1991.

[50] Der Vertrag. Wie ich über die deutsche Einheit verhandelte. Stuttgart 1991.

[51] Politische Erinnerungen. München 1993.

[52] Vor dem Sturm. Erinnerungen eines Diplomaten. Berlin 1993.

se[53], ebenso Gorbatschows außenpolitischer Berater Anatoli Tschernajew[54]; bei beiden dominieren verständlicherweise die Weltpolitik und die inneren Auseinandersetzungen in Moskau. Erich Honeckers Äußerungen nach seinem Sturz gehen selten über Rechtfertigungsversuche hinaus, doch da er fast zwei Jahrzehnte die DDR regierte, ist manches für seine Denkweise Aufschlußreiche darin zu finden[55]. Sein Nachfolger Erich Krenz ist als Politiker wie als Berichterstatter gleich belanglos[56]. Um die Verhältnisse in der Spitzenführung zu verstehen, lohnt es zu lesen, was Günter Schabowski erzählt, ein jüngeres Mitglied des Politbüros und wohl der am meisten kritische, auch selbstkritische Kopf dort[57].

3. Am schwersten faßbar, zuweilen aber am wichtigsten sind die privaten Aussagen der Akteure, Planer und unmittelbaren Zeugen. Dabei handelt es sich nicht nur um nachträgliche Befragungen, sondern vor allem um Äußerungen in der jeweiligen Situation, die notiert, aktuell verarbeitet oder in Erinnerung geblieben sind. Die unsichtbar fließenden Quellen haben besondere Bedeutung im Osten. Das Bild, das sich von der Politik und den Motiven dort ergibt, setzt sich aus offiziellen Verlautbarungen (einschließlich Presse) und einer Fülle von Einzelgesprächen zusammen, von denen oft nur ein erhellender Halbsatz aus einer mehrstündigen Unterhaltung bleibt. Die meisten Gesprächspartner öffnen sich erst mit näherer Bekanntschaft, manche Quelle erschließt sich erst nach Jahren. Das Herausfragen von Fakten erbringt selten viel, das Wesentliche zeigt sich beim sachlichen Meinungsaustausch über Probleme. Nur die ständige Beobachtung schafft beständige Eindrücke und ermöglicht es, den wirklichen Wandel hinter den taktischen Änderungen zu erkennen.

Schließlich ist die Zeit selbst Quelle für den Zeithistoriker, der sich lange bewußt für ein Thema interessiert: er hat im Gefühl und »weiß« daher, wie sich das Klima der fünfziger, der sechziger und der siebziger Jahre unterschied und was wann denkbar, aussprechbar und möglich war. Beweisen läßt sich das meiste nicht, aber bestätigen durch die Erfahrungen der Zeitgenossen.

4. Da Ost- und Deutschlandpolitik fast immer stark durch die öffentliche Meinung bedingt waren oder erschienen, liegt es nahe, Meinungsbefragungen heranzuziehen. Doch die Vorsicht bei der Nutzung

[53] Die Zukunft gehört der Freiheit. Berlin 1991.

[54] Die letzten Jahre einer Weltmacht. Der Kreml von innen. Stuttgart 1993.

[55] Reinhold Andert, Wolfgang Herzberg (Interviewer), Der Sturz. Berlin 1990. Honeckers politische Erklärung vor Gericht am 2. 12. 1992 in Deutschland Archiv 1/1993, S. 97ff. Erich Honecker, Moabiter Notizen. Letztes schriftliches Zeugnis und Gesprächsprotokolle vom BRD-Besuch 1987 aus dem persönlichen Besitz Erich Honeckers. Berlin 1994.

[56] Wenn Mauern fallen. Die Friedliche Revolution. Wien 1990.

[57] Das Politbüro. Ende eines Mythos. Reinbek 1990. Der Absturz. Berlin 1991.

dieser Quelle ist kaum zu übertreiben; die Gründe sind bekannt, nur ein Beispiel. Von Juni bis Oktober 1967 fragten drei Institute nach der Oder-Neiße-Grenze, zwei Befragungen erbrachten nur 19 Prozent für »Anerkennen«, die dritte erbrachte hingegen 35 Prozent für »Sich-Abfinden«. Als im November 1967 für die Anerkennung ein »besseres Verhältnis zum Osten« in Aussicht gestellt wurde, waren 53 Prozent dafür[58]. Die Fragestellung, oft auch die allgemeine Situation können gegenteilige Ergebnisse erzeugen. Aussagekraft hat vor allem ein Vergleich der Antworten auf dieselbe Frage über lange Zeiträume – dabei ergeben sich sinkende Hoffnungen und steigende Bereitschaft, sich mit der Ostgrenze und der Zweistaatlichkeit abzufinden, vom Anfang der fünfziger bis zum Ende der sechziger Jahre. Ebenfalls erkennbar ist: Politiker, die entschlossen handeln und das einleuchtend begründen, können Minderheiten in Mehrheiten verändern – Adenauer wie Brandt gaben dafür Beispiele. Einen sehr interessanten Versuch, Meinungsumfragen zu nutzen, machte Gebhard Schweigler, der mit dem Material bis 1972 die Entwicklung eines gesonderten ost- und westdeutschen Nationalbewußtseins registriert[59].

Literatur

Schriften darüber, was die Deutschen für Deutschland tun sollten, gibt es seit den fünfziger Jahren in Überfülle; Darstellungen dessen, was sie taten, sind hingegen rar und wurden erst zu Beginn der siebziger Jahre geschrieben – vorher fand wohl niemand etwas zu schreiben, was ein Buch oder auch nur eine größere Monographie gelohnt hätte. 1974 aber erschienen drei Bücher, denen außer dem Erscheinungsjahr die weltpolitische Betrachtungsweise gemeinsam ist. Ernst Nolte[60] schildert auf 600 Seiten eine ganze Epoche, ein Werk, das Themenvielfalt und Stofffülle mit origineller Deutung verbindet. Anregend durch Gedankenreichtum (allerdings nicht in allen Details zuverlässig) ist Andreas Hillgrubers[61] auf die deutsche Frage konzentrierte ›Deutsche Geschichte

[58] Divo, Emnid, Allensbach. Die Ergebnisse der November-Untersuchung wurden vom Bund der Vertriebenen angezweifelt. Antwort von Allensbach: Frankfurter Rundschau v. 8. 12. 1967.
[59] Nationalbewußtsein in der BRD und der DDR. Düsseldorf 1973.
[60] Deutschland und der Kalte Krieg. München 1974.
[61] Deutsche Geschichte 1945–1982. Die »deutsche Frage« in der Weltpolitik. Stuttgart, Berlin, Köln, Mainz 1983.

1945–1982‹. Richard Löwenthal[62] zeichnete in knapp 100 Seiten Bonns
Entwicklung »vom Kalten Krieg zur Ostpolitik« nach; er sieht darin
die Bewältigung des »Sonderkonflikts«, den die Bundesrepublik – neben dem allgemeinen Ost-West-Konflikt – mit dem Osten hatte, weil
sie Wiedervereinigung und Grenzrevision verlangte. Während Löwenthal Brandts Politik zustimmend beschreibt, bleiben Nolte und Hill-
gruber skeptisch bis kritisch, nicht zuletzt aus dem (vermutlich auf den
Universitäten damals gewonnenen) Eindruck heraus, das Arrangement
mit den kommunistischen Staaten sei von einer gefährlichen marxi-
stisch-kommunistischen Tendenz innerhalb der Bundesrepublik begleitet[63]. Was bis jetzt fehlt, ist eine Geschichte der deutsch-deutschen
Beziehungen oder auch nur der Deutschlandpolitik einer Seite. Vielleicht ist es kein Zufall, daß man über Ostberlins Politik gegenüber
Bonn mehr zu lesen findet als umgekehrt: in einem Sammelband über
die DDR-Außenpolitik und im Artikel ›Deutschlandpolitik der SED‹
im DDR-Handbuch, das 1985 in dritter, sehr erweiterter Auflage her-
auskam und für alles, was mit der DDR zusammenhängt, ein unent-
behrlicher Helfer ist.[64]

Aber natürlich erscheinen die Ostprobleme Bonns in jeder deut-
schen, oder westdeutschen, Nachkriegsgeschichte. Thilo Vogelsang
setzte die Teilung sogar in den Titel und behandelte sie als »das bestim-
mende Faktum«; das bis 1972 in immer neuen Auflagen aktualisierte
Buch bildet nach wie vor eine gute Orientierung[65]. Das gleiche gilt für
Alfred Grosser, ›Geschichte Deutschlands seit 1945‹[66]. Einen großen
Fortschritt an Kenntnis, zum Teil auch Erkenntnis, brachte Hans-Peter
Schwarz in seinem Teil der ›Geschichte der Bundesrepublik‹[67]; über die
Nöte und Absichten Adenauers, besonders während der Berlin-Krise,
ist dort mehr zu erfahren als sonst irgendwo. Doch so vertraut dem
Autor der Kanzler ist, so fremd blieben ihm dessen Gegenspieler in
Moskau, Warschau und Ostberlin. Schwarz' abschließenden Urteilen
gegenüber empfiehlt sich daher Skepsis.

Auch in den drei folgenden Bänden der ›Geschichte der Bundesrepublik‹ werden Ost- und Deutschlandpolitik hinreichend behandelt, von
Klaus Hildebrand (1963–69) mit wenig und von Werner Link (1969–
82) mit viel Sinn für die veränderten Verhältnisse und neuen Notwen-

---

[62] In: Richard Löwenthal, Hans-Peter Schwarz (Hrsg.), Die Zweite Republik.
25 Jahre Bundesrepublik Deutschland – eine Bilanz. Stuttgart 1974. Auch als
eigene Schrift erhältlich.
[63] So vermutet schon Baring, Machtwechsel, S. 784.
[64] Wissenschaftliche Leitung Hartmut Zimmermann, Hrsg. Bundesministerium für innerdeutsche Beziehungen.
[65] Das geteilte Deutschland. München 12. Aufl. 1983.
[66] München 12. Aufl. 1985. Überarbeitete Fassung von: Deutschlandbilanz.
Geschichte Deutschlands seit 1945.
[67] Die Ära Adenauer. Gründerjahre der Republik 1949–1957. Stuttgart 1981.
Die Ära Adenauer. Epochenwechsel 1957–1963. Stuttgart 1983.

digkeiten[68]. Mehr innen- als außenpolitisch bestimmt ist der zweite Band von Christoph Kleßmanns gesamtdeutscher Nachkriegsgeschichte[69].

Zu verweisen ist ferner auf Studien zur Außenpolitik der Bundesrepublik. Waldemar Bessons Arbeit behält ihren Wert[70]. Christian Hacke verdanken wir die erste Gesamtgeschichte der westdeutschen Außenpolitik und ihrer Voraussetzungen, von 1945 bis 1990[71]. Zwei wichtige Arbeiten stammen von Helga Haftendorn, einmal über die außenpolitischen Probleme der Ära Schmidt[72] und zum anderen über das Verhältnis von Sicherheit und Entspannung[73]; dabei rückt manches in einen größeren Zusammenhang, was sonst leicht auf eine germanozentrische Betrachtung schrumpft. Aus demselben Grunde erscheint Manfred Görtemakers ›Geschichte der Entspannungspolitik von 1943 bis 1979‹[74] sehr nützlich.

Spezialarbeiten über die westdeutsche Ostpolitik beschränken sich fast ganz auf die Jahre nach 1969. Arnulf Barings ›Machtwechsel‹ umfaßt die gesamte »Ära Brandt-Scheel«[75], aber die Ostpolitik spielt darin eine wesentliche Rolle. Die gute Lesbarkeit des Buches täuscht leicht über die Solidität, mit der es gearbeitet ist (von einigen mißlungenen Charakterisierungen abgesehen). Niemand, der sich mit dieser Zeit beschäftigt, wird an Baring vorbeikommen. Der Wert wie die Grenzen liegen in der Konzentration auf Personen und das Persönliche – das ergibt Anschaulichkeit und Wirklichkeitsnähe, aber läßt die Umstände zuweilen zu sehr in den Hintergrund geraten. Eine vorzügliche Darstellung der Ostverträge erschien unter dem Namen Benno Zündorf[76]; dahinter verbirgt sich Antonius Eitel, Beamter des Auswärtigen Amts, der Egon Bahr von 1970 bis 1973 als dessen persönlicher Referent begleitete. Juristischer Sachverstand verbindet sich hier mit Intimkenntnis der Politik. Als Materialsammlung und Faktengrundlage ist überaus nützlich die Untersuchung von Günther Schmid[77], der alle erreichbaren Zeugen und Zeugnisse zu den Verhandlungen mit Mos-

---

[68] Stuttgart 1984, 1986, 1987.

[69] Zwei Staaten, eine Nation. Deutsche Geschichte 1955–1970. Bonn 1988.

[70] Die Außenpolitik der Bundesrepublik. Erfahrungen und Maßstäbe. München 1970.

[71] Weltmacht wider Willen. Die Außenpolitik der Bundesrepublik Deutschland. Frankfurt a. M. 1993.

[72] Sicherheit und Stabilität. Außenbeziehungen der Bundesrepublik zwischen Ölkrise und NATO-Doppelbeschluß. München 1986 (in der dtv-Reihe Deutsche Geschichte der neuesten Zeit).

[73] Untertitel: Zur Außenpolitik der Bundesrepublik Deutschland 1955–1982 Baden-Baden 1983.

[74] Obertitel: Die unheilige Allianz. München 1979.

[75] Stuttgart 1982, Taschenbuchausgabe München 1984.

[76] Siehe Abkürzungen.

[77] Entscheidung in Bonn. Die Entstehung der Ost- und Deutschlandpolitik 1969/1970. Köln 1979.

kau und Warschau 1969/70 heranzog. Eine vor allem deutschlandpolitische Bilanz zog schon 1973 Dettmar Cramer[78], einer der bestinformierten journalistischen Kenner. Interessante Beiträge zur innenpolitischen Auseinandersetzung finden sich bei Karlheinz Niclauß[79] und Christian Hacke[80], der die Haltung seiner Partei, der CDU, kritisch bedauernd schildert. Die größte, gründlichste, kritische Arbeit über die gesamte Ost- und Deutschlandpolitik von Brandt bis Kohl stammt von Timothy Gartou Ash[81]. Der Autor ist ein guter und engagierter Kenner der Oppositionsbewegungen im östlichen Mitteleuropa und beurteilt auch aus deren Sicht Bonns Bemühungen um Interessenausgleich mit den Ost-Regimen. Da Garton Ash viele Akteure (sogar Honecker im Moabiter Gefängnis) befragt hat, kommt seinem umfangreichen Buch stellenweise Quellenwert zu. Wer sich über die Deutschlandpolitik der Regierung Kohl informieren will, findet in der Dissertation von Matthias Zimmer[82] eine vorzügliche Untersuchung mit ausgewogenen Urteilen. Der Autor stützt sich ausschließlich auf veröffentlichtes Material und gelangt zu einem Gesamtbild, das sich, wenn alle verschlossenen Quellen offen sind, wahrscheinlich nur in Einzelheiten ändern wird.

Für Spezialfragen jeder Art, die DDR wie die deutsch-deutschen Beziehungen betreffend, muß an das Deutschland Archiv erinnert werden, das ebenso solide wie kontinuierlich die deutschen Fragen und die Literatur darüber verfolgt und in seiner, erst 1991 abgebrochenen, laufenden Chronik zuverlässiger informiert als viele andere Zeittafeln.

Zum Verhältnis Bonn-Moskau gibt es erstaunlicherweise noch keine größere Darstellung; über die Beziehungen Bonn-Warschau hingegen berichtet Dieter Bingen[83], der seit langem mit dem Thema vertraut ist; Hans-Adolf Jacobsen und sein polnischer Kollege Mieczyslaw Tomala gaben dazu einen Sammelband heraus[84]. Viel Kritik an Bonns Haltung gegenüber dem polnischen Kriegsrecht steht in einem Taschenbuch, das Heinrich Böll, Freimut Duve und Klaus Staeck edierten[85]. Eine weitgehend positive Bilanz über ›Zwanzig Jahre Ostpolitik‹ findet sich

[78] Deutschland nach dem Grundvertrag. Bonn 1973.

[79] Kontroverse Deutschlandpolitik. Die politische Auseinandersetzung in der Bundesrepublik Deutschland über den Grundlagenvertrag mit der DDR (Beiheft 3 zu Dokumente zur Deutschlandpolitik). Frankfurt a.M. 1977.

[80] Die Ost- und Deutschlandpolitik der CDU/CSU. Wege und Irrwege der Opposition seit 1969. Köln 1975.

[81] Im Namen Europas. Deutschland und der geteilte Kontinent. München 1993.

[82] Nationales Interesse und Staatsräson. Zur Deutschlandpolitik der Regierung Kohl 1982–1989. Paderborn 1992.

[83] Bonn-Warschau 1949–1988: Von der kontroversen Grenzfrage zur gemeinsamen europäischen Perspektive? Berichte des Bundesinstituts für ostwissenschaftliche und internationale Studien 13. Köln 1988.

[84] Bonn-Warschau. Die deutsch-polnischen Beziehungen. 1945–1991. Köln 1992.

[85] Verantwortlich für Polen? Reinbek 1982.

dagegen in einem Band, für den Horst Ehmke, Karlheinz Koppe und Herbert Wehner als Herausgeber zeichnen[86]; darin äußern sich west- und ostdeutsche, sowjetische, polnische und ungarische Autoren, allerdings kein Oppositioneller. Über die Ostpolitik der SPD in den achtziger Jahren schreibt Klaus Moseleit[87]; über das heikle Thema des Freikaufs politischer Gefangener berichtet Ludwig A. Rehlinger[88], der das Problem schon in seinem Anfang bald nach dem Mauerbau kennenlernte und in den achtziger Jahren wieder damit konfrontiert wurde, als er unter Kohl Staatssekretär im innerdeutschen Ministerium wurde.

Lage und Schicksal Berlins erklären, daß an Berlin-Literatur kein Mangel herrscht. Juristisch wie politisch hat die europäische Ost-West-Geschichte kein Objekt, das so reizvoll und zeitweise so wichtig war; die ›Bibliographie zur Deutschlandpolitik‹ verzeichnet bis 1982 (wissenschaftliche Aufsätze eingeschlossen) 279 Titel. Von denen, die Bestand behalten werden, seien zwei genannt, beides Arbeiten amerikanischer Autoren: Kurt L. Shell[89] beschrieb die Situation der Stadt nach dem Mauerbau; da erscheinen internationale Politik wie Bevölkerungsstimmung, das Verhältnis zwischen Westmächten und Deutschen, die Wirtschaft und die Diskussionen über die Zukunft der Stadt. Honoré M. Catudal schreibt über ›Kennedy in der Mauer-Krise‹[90]. Er befragte alle erreichbaren Zeugen (mit einer Ausnahme, Dokument 4), um Meinungsentwicklung und Entscheidungsfindung in Washington bis in die Einzelheiten zu rekonstruieren. Die Maschinerie einer Bürokratie wird ebenso sichtbar wie der Zwiespalt zwischen Friedenswahrung und Schutzpflicht. Nennenswert ist eine dritte Arbeit, bei der es nicht mehr um Berlin geht, sondern um die Wirkung von Mauerbau und Krise auf die Entstehung der Brandtschen Ostpolitik. Der Autor Diethelm Prowe[91] sieht bei Brandt und dessen Umkreis allerdings zu viel Anpassung an die amerikanische Politik und übersieht die Stärke der deutschen Wurzeln. Kennedy gab Anstoß, aber noch mehr bot er Rechtfertigung.

Auch über die Westpolitik des Ostens ist die Literatur kaum übersehbar. Zur Orientierung über die sowjetische Außenpolitik hilft zu-

---

[86] Bonn 1986.

[87] Die Zweite Phase der Entspannungspolitik der SPD, 1983–1989. Eine Analyse ihrer Entstehungsgeschichte, Entwicklung und der konzeptionellen Ansätze. Frankfurt a. M. 1991.

[88] Freikauf: Die Geschäfte der DDR mit politisch Verfolgten 1963–1989. Berlin 1991.

[89] Bedrohung und Bewährung. Führung und Bevölkerung in der Berlin-Krise. Köln u. Opladen 1965.

[90] Eine Fallstudie zur Entscheidungsfindung in USA. Berlin 1981.

[91] Die Anfänge der Brandtschen Ostpolitik 1961–1963. Eine Untersuchung zur Endphase des Kalten Krieges. In: Wolfgang Benz, Hermann Graml (Hrsg.), Aspekte deutscher Außenpolitik im 20. Jahrhundert. Aufsätze. Hans Rothfels zum Gedächtnis. Schriftenreihe der Vierteljahrshefte für Zeitgeschichte, Sondernummer, Stuttgart 1977.

nächst das ›Osteuropa-Handbuch‹[92]; einen knappen Überblick über die sowjetische Deutschlandpolitik bietet Renata Fritsch-Bournazel[93]. Am Beispiel der Berlin-Krisen (1948/49 und 1958/62) untersuchte Hannes Adomeit[94], wie Moskau sich in Krisen verhält und wieviel es riskiert – sein Ergebnis ist: unnachgiebig bei vitalen Sicherheitsinteressen, sonst rational, überlegt und vorsichtig. Gerhard Wettig[95] erörtert die Haltung in Moskau und Ostberlin von 1965 bis 1976 unter dem fruchtbaren Gesichtspunkt, wo die Interessen der sowjetischen und der DDR-Führung sich decken und wo sie sich trennen. Obwohl Meinungsverschiedenheiten im Osten öffentlich nur indirekt zum Ausdruck kamen und vertrauliche Informationen gering waren, erreicht Wettig meist einen hohen Grad an Plausibilität. Für Polen bleibt die beste Auskunft, was Hansjakob Stehle darüber schrieb. Stehle war von 1957 bis 1962 Korrespondent der ›Frankfurter Allgemeinen‹ in Warschau, danach bis 1970 für den Funk und ›Die Zeit‹ zuständig für das gesamte östliche Europa außer Sowjetunion und DDR[96]. Als ständiger Beobachter mit besten Quellen vermittelt er in seinen Berichten und Büchern vieles, was auch scharfsinnige Analyse aus der Distanz nicht zu klären vermag. Wie die Polen nach Brandts Regierungsübernahme die Bundesrepublik betrachteten, untersuchte Dieter Bingen nach einem Studienaufenthalt in Warschau[97].

Für den Historiker, den die Geschichte des Denkens interessiert, ist manches lesenswert, was seit Anfang der sechziger Jahre zur Reform der Ostpolitik geschrieben wurde und damit – in der Summe – zu dieser Reform beitrug. Plädoyers für eine neue Politik hielten z.B der Philosoph Karl Jaspers Mitte 1960 in einem Fernsehinterview: der Bismarckstaat kein Maßstab mehr, Wiedervereinigung durch deutsche Schuld historisch verspielt, wünschenswert allein Freiheit für die Landsleute in der DDR[98]. Der Historiker Golo Mann fünf Tage nach dem 13. August 1961: Ersetzung des Ulbricht-Regimes durch ein erträgliches Regiment, dafür Anerkennung der DDR und der Oder-Nei-

[92] Dietrich Geyer (Hrsg.), Sowjetunion. Außenpolitik 1955–1973. Köln u. Wien 1976.
[93] Die Sowjetunion und die deutsche Teilung. Die sowjetische Deutschlandpolitik 1945–1979. Opladen 1979.
[94] Die Sowjetunion in internationalen Krisen und Konflikten. Verhaltensmuster, Handlungsprinzipien, Bestimmungsfaktoren. Baden-Baden 1983.
[95] Die Sowjetunion, die DDR und die Deutschland-Frage 1965–1976. Einvernehmen und Konflikt im sozialistischen Lager. Stuttgart 1976.
[96] Nachbar Polen. Erweiterte Neuausgabe, Frankfurt a.M. 1968. Nachbarn im Osten. Herausforderung zu einer neuen Politik. Frankfurt a.M. 1971.
[97] Die Stellung der Bundesrepublik Deutschland in der internationalen Politik aus polnischer Sicht 1969–1976. Königstein/Ts. 1980.
[98] Dokumente IV/5, S. 145.

ße-Grenze[99]. Ganz ähnlich der Schriftsteller Rolf Schroers im April 1962[100], der den »deutschen« Kommunisten in der SED aufhelfen wollte. Realistischer der Soziologe Dietrich Goldschmidt[101], der über Anerkennung und Konsolidierung der territorialen und gesellschaftlichen Verhältnisse zu Entspannung und neuer Beziehung zu kommen hoffte. Im ›Tübinger Memorandum der Acht‹ vom November 1961 äußerten sich Philosophen, Theologen, Juristen, Pädagogen und der Intendant des WDR: Anerkennung der Oder-Neiße-Grenze, Verzicht auf Atomwaffen und Verteidigung gegen den Kommunismus durch Sozial- und Kulturpolitik[102]. Der »damals noch in der Wirtschaft tätige« Richard von Weizsäcker 1962[103]: Kritik an der mangelnden »Bereitschaft zu offener Auseinandersetzung« mit dem Kommunismus, Kritik an der Hallstein-Doktrin, Vorrang der »Freiheiten für die Zone« vor der Einheit, Europäisierung der Wiedervereinigungspolitik. Im selben Jahr der Geschäftsführer des Deutschen Industrie- und Handelstages Rüdiger Altmann: Anerkennung der Oder-Neiße-Grenze, Entspannung als geplante Politik, Wirtschaftshilfe für Osteuropa. 1966 verursachte Altmann eine große Diskussion durch eine Fernsehfiktion ›Der deutsche Bund‹ (zwischen Bundesrepublik und DDR)[104].

Die Debatte setzte sich durch das ganze Jahrzehnt fort, manchmal mehr ost-, mehr deutschland- oder mehr europa-politisch orientiert, manchmal mehr moralisch begründet oder von der Sorge um den Frieden bestimmt. So verschiedene Naturen wie Theodor Eschenburg[105] und Rudolf Augstein[106], Strauß' Berater Klaus Bloemer[107] und Karl-

---

[99] Dokumente IV/7, S. 107ff. Ein, stellenweise selbstkritischer, Rückblick Manns aus der Mitte der siebziger Jahre in: Dieter Blumenwitz, Klaus Gotto (Hrsg.), Konrad Adenauer und seine Zeit (Anm. 6), Bd. II, S. 579ff.

[100] Merkur, April 1962. Diskussion darüber: Merkur, Juli 1962. Schroers Aufsatz nachgedruckt in: Rolf Schroers, Meine deutsche Frage. Politische und literarische Vermessungen 1961–1979. Stuttgart 1979.

[101] Der westdeutsche Beitrag zum Frieden in: Ansgar Skriver (Hrsg.), Berlin und keine Illusion. Hamburg 1962. Der Sammelband gibt einen guten Querschnitt durch die Meinungen damals. Ein Stimmungsbild vor allem der Schriftsteller bietet Hans Werner Richter (Hrsg.), Die Mauer oder der 13. August. Reinbek 1961.

[102] Dokumente IV/7, S. 919ff. Vgl. IV/8, S. 189.

[103] Nachgedruckt in: Richard von Weizsäcker, Die deutsche Geschichte geht weiter. Berlin 1983, S. 183ff.; Taschenbuchausgabe München 1985.

[104] Das deutsche Risiko. Außenpolitische Perspektiven. Stuttgart 1962. Text der Fernseh-Fiktion in: Theo Sommer (Hrsg.), Denken an Deutschland. Zum Problem der Wiedervereinigung – Ansichten und Einsichten. Hamburg 1966.

[105] Ebd., S. 141.

[106] Dokumente IV/11, S. 647ff.

[107] In: Sommer, Denken an Deutschland.

Hermann Flach[108], ebenso Karl Kaiser[109] und Eberhard Schulz[110], schließlich mit besonderer Vehemenz und Originalität Sebastian Haffner[111] – alle fochten, obwohl die meisten eine Koalition geleugnet hätten, auf derselben Seite. Sogar Wilhelm Wolfgang Schütz, der Geschäftsführende Vorsitzende des überparteilichen »Kuratorium Unteilbares Deutschland« exponierte sich 1967 so sehr, daß von »Skandal« die Rede war[112]. Von Haffner und Augstein stammen bleibende Bemerkungen über das Verhältnis der Deutschen zum Kommunismus[113].

Zur »Entdeckung« der DDR: Marion Gräfin Dönhoff, Theo Sommer, R. W. Leonhardt[114], Hanns Werner Schwarze[115], Wolfgang Nette[116], Joachim Nawrocki[117] – aber nichts von wissenschaftlicher Seite, mit einer, jedoch bedeutenden Ausnahme: Ernst Richert, der Altvater der DDR-Forschung, gab schon 1964 ein Bild von der Wirklichkeit des »zweiten Deutschland«[118]. Ihm folgte Hermann Weber. Ein realistisches Bild von den ehemals deutschen Ostprovinzen gaben zwei Fernsehfilme, der erste kam 1963 von Jürgen Neven DuMont, der zweite 1964 von Hansjakob Stehle. Die Reaktion auf Stehles Film, in einem Taschenbuch festgehalten, ist ein Dokument für den Geist dieser Jahre[119].

Die Literatur über die deutsche Vereinigung bordete bereits über, als die Vereinigung noch kaum vollzogen war. Das meiste ist so schnell geschrieben, daß es auch schnell vergessen werden darf. Die innere Vereinigung ist nicht mehr Thema dieses Buches. Die »äußeren Aspekte« werden von Karl Kaiser dargestellt und durch die wichtigsten Do-

[108] Erhards schwerer Weg. Stuttgart 1963, S. 68 ff.

[109] Frankfurter Hefte, November und Dezember 1965, Januar 1966. German Foreign Policy in Transition. Bonn Between East and West. London, Oxford, New York 1968.

[110] An Ulbricht führt kein Weg mehr vorbei. Provozierende Thesen zur deutschen Frage. Hamburg 1967.

[111] In seiner Kolumne im Stern während der sechziger Jahre, einiges nachgedruckt in den Dokumenten zur Deutschlandpolitik.

[112] Deutschland-Memorandum. Eine Denkschrift und ihre Folgen. Frankfurt a. M. 1968. Eine weitere Denkschrift und einen Meinungsspiegel am Ende der sechziger Jahre gibt: Heinrich Albertz und Dietrich Goldschmidt (Hrsg.), Konsequenzen oder Thesen, Analysen und Dokumente zur Deutschlandpolitik. Reinbek 1969.

[113] Dokumente IV/9, S. 304 und IV/11, S. 655.

[114] Reise in ein fernes Land. Bericht über Kultur, Wirtschaft und Politik in der DDR. Hamburg 1964.

[115] Die DDR ist keine Zone mehr. Köln 1969.

[116] DDR Report. Düsseldorf 1968.

[117] Das geplante Wunder. Leben und Wirtschaften im anderen Deutschland. Hamburg 1967.

[118] Siehe Anm. 2.

[119] Hansjakob Stehle (Hrsg.), Deutschlands Osten – Polens Westen? Eine Dokumentation. Frankfurt a. M. 1965.

kumente ergänzt[120]. Während Horst Teltschik aus der Sicht des Kanzlers berichtet, geben Genschers Büroleiter Frank Elbe und der Spiegel-Korrespondent Richard Kiessler[121] die Perspektive des Außenministers wieder. Da Kohl und Genscher miteinander konkurrierten und sich nicht immer einig waren, enthält das Buch nützliche Korrekturen und Ergänzungen. Die Rolle der Vereinigten Staaten behandelt Heinrich Bortfeld[122]. Auch drei Amerikaner haben bereits detaillierte Untersuchungen vorgelegt. Michael R. Beschloss und Strobe Talbott[123] sowie Elisabeth Pond[124], nach vielen Korrespondentenjahren eine gute Kennerin der deutschen Verhältnisse.

[120] Deutschlands Vereinigung. Die internationalen Aspekte. Bergisch Gladbach 1991.

[121] Ein runder Tisch mit scharfen Ecken. Der diplomatische Weg zur deutschen Einheit. Baden-Baden 1993.

[122] Washington-Bonn-Berlin. Die USA und die deutsche Einheit. Bonn 1993.

[123] Auf höchster Ebene. Das Ende des Kalten Krieges und die Geheimdiplomatie der Supermächte 1989–1991. Düsseldorf 1993.

[124] Beyond The Wall. New York 1993.

Zeittafel

1945

17. 7.–2. 8. Potsdamer Konferenz zwischen Stalin, Truman und Churchill (am Ende Attlee). Das nördliche Ostpreußen wird in die Sowjetunion einbezogen, das übrige deutsche Gebiet östlich der Oder und Lausitzer Neiße polnischer Verwaltung unterstellt und der Verantwortung des Alliierten Kontrollrats für Deutschland entzogen. Briten und Amerikaner stimmen einer Aussiedlung der Deutschen zu.

1948

24. 6. Beginn der sowjetischen Blockade Westberlins, das durch eine Luftbrücke der Westmächte versorgt wird.

1949

4. 5. Ende der Blockade.

23. 5. Verkündung des Grundgesetzes.

7. 10. Gründung der DDR.

1952

10. 3. Erste sowjetische Note mit dem Angebot, ein neutralisiertes Deutschland wiederzuvereinigen.

1955

14. 1. Erklärung der sowjetischen Regierung, gesamtdeutsche »freie Wahlen« unter »internationaler Aufsicht« zuzulassen, wenn alle Teile Deutschlands frei bleiben von militärischen Bindungen.

5./6. 5. Die Bundesrepublik wird souverän, tritt der NATO bei, die drei Westmächte verpflichten sich zur Unterstützung der Wiedervereinigung.

14. 5. Gründung des Warschauer Pakts unter Teilnahme der DDR.

7. 6. Sowjetische Einladung an Bundeskanzler Adenauer zu einem Besuch der Sowjetunion.

18.–23. 7. Genfer Gipfelkonferenz der Vier Mächte über europäische Sicherheit und Wiedervereinigung. Erster Entspannungsversuch.

26. 7. Der Erste Sekretär der KPdSU, Chruschtschow, erklärt auf der Rückreise von Genf in Ostberlin, die

	»politischen und sozialen Errungenschaften« der DDR könnten nicht preisgegeben werden, eine Wiedervereinigung sei nur möglich durch ein »System der kollektiven Sicherheit in Europa« und eine »Entwicklung wirtschaftlicher und politischer Kontakte zwischen beiden Teilen Deutschlands«.
9.–13. 9.	Adenauer in Moskau. Aufnahme diplomatischer Beziehungen zur Sowjetunion, die Entlassung der letzten Kriegsgefangenen zusichert.
20. 9.	Die DDR wird souverän, auch in ihren Beziehungen zur Bundesrepublik, und erhält die Kontrolle über Land- und Wasserwege nach Westberlin – abgesehen vom Verkehr der drei Westmächte.
27. 10.–6. 11.	Genfer Außenministerkonferenz der Vier Mächte über europäische Sicherheit und Deutschland – ohne Ergebnis.
27. 10.–10. 11.	DDR-Außenhandelsminister Rau besucht Indien und Ägypten, wird von Nehru und Nasser empfangen.
8./9. 12.	Einführung der Hallstein-Doktrin, die Maßnahmen bis zum Abbruch der diplomatischen Beziehungen androht, wenn ein Staat die DDR anerkennt.

1956

14.–25. 2.	XX. Parteitag der KPdSU: Entstalinisierung, Kriege nicht mehr unvermeidlich, friedliche Koexistenz.
27. 4.–19. 5.	DDR-Außenhandelsminister Rau besucht den Sudan, Syrien, Libanon und Ägypten.
18. 8.	Das Bundesverfassungsgericht verbietet die KPD.
19. 10.	Chruschtschow fliegt unangemeldet nach Warschau und versucht vergeblich, die Wahl Gomulkas zum Parteichef zu verhindern. Beginn der polnischen »Besonderheiten«.
21. 10.–11. 11.	Aufstand in Ungarn, Niederschlagung durch sowjetische Streitkräfte.
31. 12.	Der Erste Sekretär der SED Walter Ulbricht empfiehlt erstmalig eine Konföderation der beiden deutschen Staaten, als »Zwischenlösung« bis zur Wiedervereinigung.

1957

3. 10.	Der polnische Außenminister Rapacki schlägt (vor den Vereinten Nationen) eine atomwaffenfreie Zone in Mitteleuropa vor.
4. 10.	Start des »Sputnik«, des ersten künstlichen Erdsatelliten. Wachsendes sowjetisches Stärkegefühl.

336

19. 10.	Abbruch der diplomatischen Beziehungen zu Jugoslawien, das die DDR anerkannt hatte; erste Anwendung der Hallstein-Doktrin.

1958

19. 3.	Adenauer schlägt Moskau vor, der DDR den Status Österreichs zu geben.
25.–28. 4.	Der Stellvertretende sowjetische Ministerpräsident Mikojan besucht Bonn. Unterzeichnung eines Handelsabkommens und eines Konsularvertrages, ferner Vereinbarungen über Repatriierung und Familienzusammenführung. Sowjetische Sorgen wegen atomarer Bewaffnung der Bundeswehr, keine Reaktion auf Adenauers Österreich-Vorschlag.
27. 11.	»Chruschtschow-Ultimatum«. Die sowjetische Regierung erklärt die Rechte der Westmächte in Berlin für verwirkt und verlangt, binnen sechs Monaten einen Freie-Stadt-Status für Westberlin zu vereinbaren, sonst würden die sowjetischen Berlin-Rechte an die DDR übertragen.
31. 12.	Die Westmächte erklären sich bereit, über Berlin im Rahmen der Probleme Deutschland und europäische Sicherheit zu verhandeln.

1959

10. 1.	Sowjetischer Entwurf für einen Friedensvertrag mit zwei deutschen Staaten oder einer deutschen Konföderation.
4. 1.–16. 1.	DDR-Ministerpräsident Grotewohl besucht Ägypten, den Irak und Indien.
Anfang Januar	Erste Fassung des Globke-Plans, der mit der völkerrechtlichen Anerkennung beider deutscher Staaten beginnt, mit getrennten Volksabstimmungen über eine Wiedervereinigung endet.
18. u. 20. 3.	Deutschlandpläne der SPD und FDP veröffentlicht. Verhandlungen für eine Wiedervereinigung zwischen den Vier Mächten und zwischen der Bundesrepublik und der DDR. Ziel: ein vereintes, blockfreies Deutschland in einem gesamteuropäischen Sicherheitssystem.
25. 3.	Der französische Staatspräsident de Gaulle plädiert für eine Wiedervereinigung unter Anerkennung der Oder-Neiße-Grenze und empfiehlt verstärkte Beziehungen zwischen Bundesrepublik und DDR »auf allen praktischen Gebieten«.
11. 5.–5. 8.	Genfer Außenministerkonferenz der Vier Mächte

	und, an »Katzentischen«, der Bundesrepublik und der DDR – ohne Ergebnis. Der Herter-Plan ist, bis 1990, der letzte gemeinsame Vorschlag des Westens für eine Wiedervereinigung.
15.–27. 9.	Chruschtschow zu Besuch in den USA; Vertagung, nicht Aufhebung des Berlin-Ultimatums.

1960

| 16./17. 5. | Die Gipfelkonferenz der Vier Mächte in Paris scheitert, bevor sie beginnt. |
| 30. 6. | Bundestagsrede Herbert Wehners, mit der die SPD die Westbindungen der Bundesrepublik akzeptiert und als Grundlage künftiger Außen- und Einheitspolitik betrachtet. |

1961

3./4. 6.	Bei einer Begegnung in Wien setzt Chruschtschow den neuen amerikanischen Präsidenten Kennedy wegen Berlin stark unter Druck.
25. 7.	Kennedy proklamiert in einer Fernsehrede die Entschlossenheit, Westberlin zu verteidigen.
13. 8.	Abriegelung Ostberlins nach Westberlin, drei Tage später Beginn des Mauerbaus.
27. 10.	Konfrontation amerikanischer und sowjetischer Panzer am »Checkpoint Charlie« in Berlin.

1962

6. 6.	Adenauer schlägt der Sowjetunion einen zehnjährigen »Burgfrieden« vor, wenn die Menschen in der DDR freier leben könnten.
17. 8.	Der 18jährige Ostberliner Bauarbeiter Peter Fechter verblutet bei einem Fluchtversuch an der Mauer, ohne daß ihm DDR-Grenztruppen und amerikanische Einheiten helfen. Unruhen in Westberlin.
18.–28. 10.	Cuba-Krise, verursacht durch die Stationierung sowjetischer Raketen auf Cuba.
19. 12.	Die Bundesregierung schließt sich dem Röhren-Embargo der NATO an, zwingt unter amerikanischem Druck deutsche Firmen zum Vertragsbruch mit Moskau.

1963

| 14. 1. | Die Bundesrepublik bricht die diplomatischen Beziehungen zu Cuba ab, das die DDR anerkannt hatte. Zweite Anwendung der Hallstein-Doktrin. |
| 17. 1. | Berlins Regierender Bürgermeister Brandt sagt ein |

	Gespräch mit Chruschtschow ab, weil die CDU droht, die Senatskoalition zu kündigen.
7. 3.	Errichtung einer Handelsmission in Warschau vereinbart.
23.–26. 6.	Besuch Kennedys in der Bundesrepublik und in Westberlin.
15. 7.	Bahr-Vortrag in Tutzing, ›Wandel durch Annäherung‹.
5. 8.	»Teststop-Abkommen«. Vereinbarung der USA, Englands und der Sowjetunion, Atomwaffenversuche, außer den unterirdischen, einzustellen.
17. 10.	Errichtung von Handelsmissionen mit Rumänien vereinbart.
10. 11.	Errichtung von Handelsmissionen mit Ungarn vereinbart.
22. 11.	Präsident Kennedy ermordet, Nachfolger Lyndon B. Johnson.
17. 12.	Unterzeichnung des ersten Passierschein-Abkommens, das Westberlinern über Weihnachten und Neujahr Verwandtenbesuche in Ostberlin ermöglicht.

1964

6. 3.	Errichtung von Handelsmissionen mit Bulgarien vereinbart.
12. 6.	»Vertrag über Freundschaft, gegenseitigen Beistand und Zusammenarbeit« zwischen der Sowjetunion und der DDR.
1. 7.	Die Bundesversammlung tagt in Westberlin und wählt Heinrich Lübke nochmals zum Bundespräsidenten.
28. 7.	Bundeskanzler Erhard empfängt Chruschtschows Schwiegersohn Adschubej, Einvernehmen über Chruschtschow-Besuch in Bonn.
28. 7.–3. 8.	Der rumänische Ministerpräsident Maurer besucht als erster Regierungschef des östlichen Europa (außer der UdSSR) Paris. Im Laufe eines Jahres folgen der tschechische, bulgarische und ungarische Außenminister.
August bis Anfang Oktober	DDR-Maßnahmen zur Entlastung des deutsch-deutschen Verhältnisses (S. 96/7).
15. 10.	Sturz Chruschtschows, Nachfolger Breschnew (Parteichef) und Kossygin (Regierungschef).
25. 11.	Einführung eines Pflichtumtauschs für West-Besucher der DDR.

1965

24. 2.–2. 3.	Staatsbesuch Ulbrichts in Ägypten.
7. 4.	Letzte Plenarsitzung des Bundestags in Berlin.
9.–16. 9.	Der polnische Ministerpräsident Cyrankiewicz besucht Paris.

1966

11. 2.–29. 6.	Briefwechsel und Verhandlungen zwischen SPD und SED über einen »Redneraustausch«.
25. 3.	»Friedensnote« der Bundesregierung an alle Staaten, auch in Osteuropa.
1.–5. 6.	SPD-Parteitag in Dortmund mit neuen ost- und deutschlandpolitischen Positionen.
21. 6.–1. 7.	de Gaulle besucht, genau 25 Jahre nach dem deutschen Angriff auf die Sowjetunion, Moskau und das frühere Stalingrad.
4.–6. 7.	»Bukarester Erklärung« der Spitzen des Warschauer Pakts: Auflösung der Militärblocks, Europäische Sicherheitskonferenz, europäische Zusammenarbeit.
6. 10.	Ende der Berliner Passierschein-Regelung. Verhandlungen über die Fortsetzung scheitern, es bleibt nur eine »Härtestelle« für dringende Familienangelegenheiten.
1. 12.	Große Koalition in Bonn. Bundeskanzler Kiesinger (CDU), Außenminister Brandt (SPD).

1967

31. 1.	Diplomatische Beziehungen mit Rumänien vereinbart.
8.–10. 2.	»Ulbricht-Doktrin«. Die Außenminister des Warschauer Pakts einigen sich: kein Pakt-Mitglied solle sein Verhältnis zur Bundesrepublik normalisieren, bevor die DDR dies getan habe.
15. u. 17. 3.	Die DDR wird in das bilaterale Vertragsnetz des östlichen Europa einbezogen: Verträge über »Freundschaft, Zusammenarbeit und gegenseitigen Beistand« mit Polen und der Tschechoslowakei, mit Ungarn am 18. 5. und Bulgarien am 7. 9.
13. 6.	Kiesinger beantwortet – als erster Bundeskanzler – einen Brief des DDR-Ministerpräsidenten.
6.–12. 9.	de Gaulle besucht Polen und nennt Zabrze, das frühere Hindenburg, »die polnischste aller polnischen Städte«.
18. 9.	DDR-Ministerpräsident Stoph schickt Kiesinger einen Vertragsentwurf über die Beziehungen Bundesrepublik-DDR.

2. 10.	Beginn des Noten- und Meinungsaustauschs über einen Gewaltverzicht zwischen Bonn und Moskau.
4. 12.	»Harmel-Bericht«. Die NATO gründet ihre Sicherheit auf Verteidigung und Entspannung.

1968

29.–31. 1.	FDP-Parteitag wählt Scheel als Nachfolger Mendes zum Parteivorsitzenden.
31. 1.	Diplomatische Beziehungen zu Jugoslawien wieder aufgenommen, erste Revision der Hallstein-Doktrin.
11. 6.	DDR führt den Paß- und Visum-Zwang für Transit nach Westberlin ein.
25. 6.	»Signal von Reykjavik« für eine Truppenverminderung in Europa.
1. 7.	Vertrag über Nicht-Verbreitung von Kernwaffen unterzeichnet. Teilnehmer USA, Sowjetunion und England; aufgefordert zur Teilnahme sind alle Staaten.
11. 7.	Die Sowjetunion bricht die Gewaltverzichts-Gespräche mit der Bundesrepublik ab, indem sie die sowjetischen Dokumente dazu veröffentlicht.
21. 8.	Besetzung der Tschechoslowakei durch Truppen des Warschauer Pakts (außer Rumänien), Ende des »Prager Frühlings«.

1969

20. 1.	Richard Nixon neuer Präsident der USA, Sicherheitsberater Henry Kissinger.
24. 1.	FDP legt den Entwurf eines Generalvertrags mit der DDR vor.
26./27. 2.	Nixon besucht die Bundesrepublik und Westberlin, regt Gespräche über Spannungsminderung in Berlin an.
2. 3.	Kämpfe zwischen sowjetischen und chinesischen Truppen am Grenzfluß Ussuri.
5. 3.	Letzte Tagung der Bundesversammlung in Berlin; SPD und FDP wählen Gustav Heinemann zum Bundespräsidenten.
17. 3.	»Budapester Appell« des Warschauer Pakts empfiehlt wiederum eine Konferenz aller europäischen Staaten über Sicherheit und Zusammenarbeit.
24. 4.	Rücktritt de Gaulles, Nachfolger als französischer Staatspräsident George Pompidou.
28. 4.	Der sowjetische Außenhandelsminister Patolitschew besucht die Hannover-Messe und spricht mit Bundeswirtschaftsminister Schiller. Erstes Ministertreffen seit Mikojans Bonn-Reise 1958. Auf der Messe

	wird der erste Vertragsabschluß über Großröhren seit dem Embargo von 1962 bekanntgegeben.
8. 5.	Kambodscha erkennt die DDR an.
10. 5.	Der Irak erkennt die DDR an.
17. 5.	Der polnische Parteichef Gomulka schlägt der Bundesrepublik einen zweiseitigen Grenz- und Normalisierungs-Vertrag vor, ohne die Anerkennung der DDR zur Bedingung zu machen.
3. 6.	Der Sudan erkennt die DDR an.
4. 6.	Die Bundesregierung beschließt ohne den Außenminister, die Beziehungen zu Kambodscha »einzufrieren«; daraufhin bricht Kambodscha am 11. 6. die Beziehungen zu Bonn ab.
5. 6.	Syrien erkennt die DDR an.
3. 7.	Fortführung des Notenaustauschs mit Moskau über Gewaltverzicht.
10. 7.	Der sowjetische Außenminister erklärt grundsätzliche Bereitschaft zu Berlin-Gesprächen. – Volksdemokratische Republik Jemen (Süd-Jemen) erkennt die DDR an.
11. 7.	Vereinigte Arabische Republik (Ägypten) erkennt die DDR an.
24./25. 7.	Der FDP-Vorsitzende Scheel in Moskau.
20.–23. 8.	Der SPD-Fraktionsvorsitzende Helmut Schmidt in Moskau.
21. 10.	Bildung der sozialliberalen Koalition. Bundeskanzler Brandt (SPD), Außenminister Scheel (FDP).
17. 11.	Die USA und die Sowjetunion beginnen Vorgespräche über die Begrenzung strategischer Waffen (SALT).
18. 11.	Die Bundesregierung unterzeichnet den Nicht-Verbreitungsvertrag und entsagt damit militärischem Atomehrgeiz.
8. 12.	Bonns Botschafter in Moskau Allardt führt dort ein erstes Gespräch über Gewaltverzicht mit Außenminister Gromyko.
18. 12.	Ulbricht schickt einen Vertragsentwurf für die Beziehungen Bundesrepublik–DDR an Bundespräsident Heinemann.
1970	
8. 1.	Volksrepublik Kongo erkennt die DDR an.
30. 1.–18. 2.	Erste Verhandlungsrunde zwischen Kanzleramts-Staatssekretär Bahr und Außenminister Gromyko. Thema: das Gesamtverhältnis der Bundesrepublik zum östlichen Europa.

1. 2.	Unterzeichnung des ersten Erdgas-Röhren-Geschäfts: westdeutsche Firmen liefern Großröhren zum Bau einer Erdgasleitung aus Sibirien; die Sowjetunion »bezahlt« mit 20jähriger Erdgaslieferung; 17 deutsche Banken kreditieren, staatliche Bürgschaft für die Hälfte des Kredits.
5./6. 2.	Erste Verhandlungsrunde zwischen Außenamts-Staatssekretär Duckwitz und dem stellvertretenden polnischen Außenminister Winiewicz. Thema: Gewaltverzichts-, Grenz- und Normalisierungsvertrag.
24.–27. 2.	Gromyko in Ostberlin.
28. 2.–21. 3.	Zweite Verhandlungsrunde Bahr-Gromyko.
9.–11. 3.	Zweite Verhandlungsrunde Duckwitz-Winiewicz.
19. 3.	Treffen zwischen Brandt und Stoph in Erfurt.
26. 3.	Beginn der Vier-Mächte-Verhandlungen über Berlin. Verhandlungsführer sind die drei Botschafter der Westmächte in Bonn und der sowjetische Botschafter bei der DDR; Verhandlungsort ist das Gebäude des ehemaligen Kontrollrats in Westberlin.
5.–11. 4.	Brandt in den Vereinigten Staaten, Nixon sichert Unterstützung der Ostpolitik zu.
8. 4.	Somalia erkennt die DDR an.
16. 4.	Beginn der amerikanisch-sowjetischen Verhandlungen über die Begrenzung strategischer Waffen (SALT I).
22.–24. 4.	Dritte Verhandlungsrunde Duckwitz-Winiewicz.
12. 5.	Beginn der letzten Verhandlungen Bahr-Gromyko.
15. 5.	Ulbricht in Moskau.
20. 5.	Algerien erkennt die DDR an.
21. 5.	Treffen zwischen Brandt und Stoph in Kassel. »Denkpause«.
22. 5.	Abschluß der Verhandlungen Bahr-Gromyko.
8.–10. 6.	Vierte Verhandlungsrunde Duckwitz-Winiewicz.
12. 6.	Teile des Bahr-Papiers durch Indiskretion veröffentlicht.
23. 6.	Bundeswirtschaftsminister Schiller in Warschau.
16.–18. 7.	Scheel in London und Washington, informiert über den Stand der Ost-Verhandlungen.
23.–25. 7.	Fünfte Verhandlungsrunde Duckwitz-Winiewicz.
26. 7.–7. 8.	Scheel handelt endgültigen Text des Moskauer Vertrages aus.
12. 8.	Unterzeichnung des Moskauer Vertrages durch Brandt und Kossygin sowie Scheel und Gromyko.
3.–13. 11.	Scheel handelt endgültigen Text des Warschauer Vertrags und die »Information« über Umsiedlung aus.
27. 11.	Erstes Treffen der Staatssekretäre Bahr und Kohl.

	Eröffnung einer ständigen deutsch-deutschen Verhandlungsschiene.
7. 12.	Unterzeichnung des Warschauer Vertrags durch Brandt und Cyrankiewicz sowie Scheel und Jedrychowski.
20. 12.	Rücktritt Gomulkas. Preiserhöhungen bei Grundnahrungsmitteln, verfügt in der Euphorie des Warschauer Vertrags, führten zu Streiks und Unruhen, die eine Ablösung der polnischen Führung erzwangen. Neuer Parteichef Edward Gierek.

1971

16. 3.	Chile erkennt die DDR an.
3. 5.	Ulbricht tritt als Parteichef zurück, bleibt zwar Staatsratsvorsitzender, verliert aber Macht und Einfluß. Nachfolger als Erster Sekretär Erich Honecker.
9.–11. 7.	Geheimreise Kissingers nach Peking.
15. 7.	Nixon kündigt China-Besuch an.
10. 8.	Nixon wird nach Moskau eingeladen.
3. 9.	Unterzeichnung des Vier-Mächte-Abkommens über Berlin, das aber erst in Kraft treten kann, wenn die deutsch-deutschen Zusatzvereinbarungen ausgehandelt und die Ostverträge ratifiziert sind.
16.–18. 9.	Brandt spricht mit Breschnew in Oreanda auf der Krim.
20. 10.	Brandt wird in Oslo der Friedens-Nobelpreis für 1971 zugesprochen.
17. 12.	Bahr und Kohl unterzeichnen das Transit-Abkommen, die deutsch-deutsche Ergänzung des Vier-Mächte-Abkommens.

1972

21.–28. 2.	Besuch Nixons in China.
23.–25. 2.	Beginn der Bundestagsdebatte über die Ostverträge.
29. 3.	DDR-Regierung setzt die Reiseerleichterungen des Berlin-Abkommens vorzeitig und befristet auf Ostern und Pfingsten in Kraft. Weit über eine Million Westberliner besuchen erstmals seit 1966 Ostberlin und erstmals seit Mitte der fünfziger Jahre die DDR.
12. 4.	Gromyko unterrichtet die außenpolitischen Ausschüsse des Obersten Sowjet über den Moskauer Vertrag und den Brief zur deutschen Einheit.
23. 4.	Die sozialliberale Koalition verliert die absolute Mehrheit im Bundestag.
26. 4.	Abschluß der Verhandlungen über einen Verkehrs-

344

	vertrag zwischen Bundesrepublik und DDR, Ankündigung von »menschlichen Erleichterungen«.
27. 4.	Scheitern des konstruktiven Mißtrauensvotums Barzel gegen Brandt.
9. 5.	Einigung aller Parteien über eine gemeinsame Bundestagsentschließung zu den Ostverträgen.
12. 5.	Bahr und Kohl paraphieren den Verkehrsvertrag, dessen Wortlaut, mit allen »menschlichen Erleichterungen«, veröffentlicht wird.
17. 5.	Der Bundestag billigt – bei weitgehender Stimmenthaltung der CDU/CSU – den Moskauer und den Warschauer Vertrag.
22.–30. 5.	Nixon besucht die Sowjetunion, Unterzeichnung von SALT I.
26. 5.	Bahr und Kohl unterzeichnen den Verkehrsvertrag.
3. 6.	Der Moskauer und der Warschauer Vertrag sowie das Berlin-Abkommen treten in Kraft.
15. 6.	Bahr und Kohl beginnen die Vorverhandlungen für einen Grundlagenvertrag zwischen Bundesrepublik und DDR.
13./14. 9.	Der polnische Außenminister Olszowski besucht die Bundesrepublik, Umwandlung der Handelsmissionen in Botschaften vereinbart.
22. 9.	Der Bundestag billigt ohne Gegenstimmen, bei neun Enthaltungen, den Verkehrsvertrag mit der DDR.
8. 10.	Indien erkennt die DDR an.
10.–14. 10.	Scheel besucht China, Aufnahme diplomatischer Beziehungen vereinbart.
8. 11.	Bahr und Kohl paraphieren den Grundlagenvertrag.
15. 11.	Pakistan erkennt die DDR an.
19. 11.	Bundestagswahlen geben der sozialliberalen Koalition eine sichere Mehrheit.
21. 11.	USA und Sowjetunion beginnen Vorgespräche für SALT II.
22. 11.	Alle Staaten Europas (außer Albanien) sowie die USA und Kanada beginnen in Helsinki Vorgespräche für eine »Konferenz über Sicherheit und Zusammenarbeit in Europa« (KSZE).
7. 12.	Iran erkennt die DDR an. Im Laufe des Dezember folgen 20 weitere Staaten, u.a. die Schweiz, Schweden, Österreich und als erstes NATO-Land Belgien.
21. 12.	Bahr und Kohl unterzeichnen in Ostberlin den Grundlagenvertrag.
1973	
5. 1.	Die Niederlande erkennen die DDR an. Im Laufe des

	Jahres folgen 46 weitere Staaten, darunter auch Großbritannien und Frankreich (8. und 9. 2.).
31. 1.	Beginn der Vorgespräche über eine Truppenverringerung in Mitteleuropa (MBFR).
18.–22. 5.	Staatsbesuch von Generalsekretär Breschnew in der Bundesrepublik.
28. 5.	Die Bayerische Staatsregierung ruft das Bundesverfassungsgericht gegen den Grundlagenvertrag an.
31. 5.	Herbert Wehner und Wolfgang Mischnick, die Fraktionsvorsitzenden von SPD und FDP, bei Honecker.
18.–25. 6.	Staatsbesuch Breschnews in den USA.
18. 6.	Das Bundesverfassungsgericht lehnt den zweiten bayerischen Antrag ab, durch einstweilige Anordnung die Inkraftsetzung des Grundlagenvertrags anzuhalten.
20. 6.	Durch Notenaustausch mit der DDR tritt der Grundlagenvertrag am 21. 6. in Kraft.
26.–30. 6.	Der rumänische Staats- und Parteichef Ceauşescu besucht die Bundesrepublik, Abkommen über wirtschaftliche, industrielle und technische Zusammenarbeit. Gleiche Abkommen mit Polen am 1. 11. 1974, Ungarn am 11. 11. 1974, Tschechoslowakei am 22. 1. 1975, Bulgarien am 14. 5. 1975.
3.–7. 7.	Eröffnung der KSZE durch die Außenminister in Helsinki.
31. 7.	Das Bundesverfassungsgericht erklärt den Grundlagenvertrag für vereinbar mit dem Grundgesetz.
18. 9.	Bundesrepublik und DDR werden Mitglieder der Vereinten Nationen.
25. 9.	USA und Sowjetunion beginnen in Genf die SALT-II-Verhandlungen.
30. 10.	Beginn der MBFR-Verhandlungen in Wien.
15. 11.	Die DDR verdoppelt den Pflichtumtausch für West-Besucher von 10.– DM auf 20.– DM pro Tag.
11. 12.	Unterzeichnung des Prager Vertrags durch Brandt und Strougal sowie Scheel und Chnoupek. Aufnahme diplomatischer Beziehungen mit Prag und Warschau.
21. 12.	Aufnahme diplomatischer Beziehungen mit Sofia und Budapest.
1974	
18. 1.	Wirtschaftskommission Bundesrepublik-Sowjetunion vereinbart langfristige Kooperation.
14. 3.	Bundesrepublik und DDR eröffnen ihre Ständigen Vertretungen in Ostberlin und Bonn.

6. 5.	Rücktritt von Bundeskanzler Willy Brandt, Nachfolger (16. 5.) Helmut Schmidt.
15. 5	Walter Scheel wird Bundespräsident, Nachfolger als Außenminister Hans-Dietrich Genscher (17. 5.).
19. 6.	Gesetz über Errichtung eines Umweltbundesamts in Westberlin.
20. 6.	Bundestag ratifiziert den Prager Vertrag.
24.–27. 6.	Erster Staatsbesuch des jugoslawischen Staatspräsidenten Josip Broz Tito in der Bundesrepublik.
27. 6–3. 7.	Präsident Richard Nixon besucht die Sowjetunion.
9. 8.	Rücktritt Nixons, Nachfolger Gerald Ford.
21. 8.	Bundesrepublik und DDR werden Mitglieder der UN-Abrüstungskonferenz in Genf.
4. 9.	USA erkennen die DDR an.
7. 10.	Die »deutsche Nation« wird aus der DDR-Verfassung getilgt.
26. 10.	Die DDR senkt Pflichtumtausch für West-Besucher von 20.– DM auf 13.– DM pro Tag.
28.–31. 10.	Bundeskanzler Schmidt und Außenminister Genscher besuchen die Sowjetunion und vereinbaren regelmäßige Konsultationen.

1975

18. 1.	Die Bundesrepublik nimmt die wegen der Hallsteindoktrin 1963 abgebrochenen diplomatischen Beziehungen zu Cuba wieder auf.
30. 7.–1. 8.	Gipfeltreffen der 35 Staats- oder Regierungschefs der KSZE in Helsinki, Verabschiedung der Schlußakte. Am Rande der Konferenz einigen sich Bundeskanzler Schmidt und der polnische Parteichef Edward Gierek über Wirtschaftshilfe, Umsiedlung und Rentenfragen.
22.–30. 9.	Der CDU-Vorsitzende Helmut Kohl besucht die Sowjetunion.
7. 10.	Neuer »Vertrag über Freundschaft, Zusammenarbeit und gegenseitigen Beistand« zwischen Sowjetunion und DDR.
9.–10. 10.	Außenminister Genscher in Polen.
10.–16. 11.	Bundespräsident Scheel besucht die Sowjetunion.
24.–28. 11.	Der bulgarische Partei- und Staatchef Todor Schiwkow besucht die Bundesrepublik.
19. 12.	Abkommen Bonn-DDR über Verbesserung des Verkehrs Westberlin-Bundesrepublik. Erhöhung der Transitpauschale, Absprachen über Ausbau der Transitwege.

1976

19. 2.	Bundestag ratifiziert die Abkommen mit Polen.
30. 3.	Abkommen Bundesrepublik-DDR über Post- und Fernmelde-Verbesserungen.
8.–12. 6.	Der polnische Parteichef Edward Gierek besucht die Bundesrepublik.
3. 10.	Wahlen zum Bundestag, Bestätigung der sozialliberalen Koalition.
16. 11.	Die DDR verweigert dem Liedermacher Wolf Biermann die Rückkehr von einer Konzertreise in der Bundesrepublik und bürgert ihn aus.

1977

20. 1.	Jimmy Carter wird Präsident der USA.
27.–28. 5.	Bundeskanzler Schmidt besucht Jugoslawien.
13.–15. 6.	Außenminister Genscher besucht die Sowjetunion.
4.–7. 7.	Der ungarische Parteichef Janos Kádár besucht die Bundesrepublik.
4. 10.	Beginn der KSZE-Folgekonferenz in Belgrad, beendet am 9. 3. 1978.
28. 10.	Rede von Bundeskanzler Schmidt über Sicherheitserfordernisse Westeuropas, erster Anstoß für die Stationierung amerikanischer Mittelstrecken-Raketen als Gegengewicht zu den sowjetischen SS 20.
21.–25. 11.	Bundeskanzler Schmidt besucht Polen und spricht in Auschwitz.

1978

6.–7. 1.	Bundeskanzler Schmidt besucht Rumänien.
15. 1.	Die DDR verweigert dem CDU-Vorsitzenden Helmut Kohl in Berlin die Einreise.
10.–13. 4.	Der Partei- und Staatschef der Tschechoslowakei Gustáv Husák besucht die Bundesrepublik.
4.–7. 5.	Der sowjetische Partei- und Staatschef Leonid Breschnew besucht zum zweiten Mal die Bundesrepublik und unterzeichnet ein Abkommen über die weitere wirtschaftliche und industrielle Zusammenarbeit.
16. 10.	Karol Wojtyla, Erzbischof von Krakau, wird zum Papst gewählt.
15. 11.	Vereinbarung mit der DDR über Bau einer Autobahn Berlin-Hamburg und Öffnung des Teltowkanals.
29. 11.	Nach fast sechsjähriger Arbeit wird ein Regierungsprotokoll unterzeichnet, in dem die Grenze zwischen Bundesrepublik und DDR festgelegt wird. Offen

| | bleibt der Verlauf der Elbgrenze: in der Strommitte oder am rechten Ufer? |
| 15. 12. | Weitere Verbesserungen im Telephonverkehr: 631 Ortsnetze in der DDR vom Westen direkt erreichbar. 440 Leitungen zwischen Bundesrepublik und DDR (1970 waren es 34) und 501 Leitungen zwischen West- und Ostberlin (1970 gab es keine). |

1979

11. 4.	Die DDR beschränkt die Arbeitsmöglichkeiten westlicher Journalisten.
2.–4. 5.	Bundeskanzler Schmidt besucht Bulgarien.
2.–10. 6.	Papst Johannes Paul II. besucht Polen.
25. 6.	Bundeskanzler Schmidt spricht in Moskau mit Ministerpräsident Kossygin und Außenminister Gromyko.
19. 8.	Bundeskanzler Schmidt trifft sich mit dem polnischen Parteichef Gierek privat auf der Halbinsel Hela.
5. 9.	Unterzeichnung eines Energieabkommens zwischen Bundesrepublik und DDR.
31. 10.	Weitere Verkehrsabkommen zwischen Bundesrepublik und DDR.
21.–24. 11.	Der sowjetische Außenminister Gromyko besucht Bonn.
12. 12.	NATO-Doppelbeschluß: Der Sowjetunion werden Verhandlungen über nukleare Mittelstrecken-Raketen in Europa angeboten, bei Scheitern der Verhandlungen sollen von 1983 an 572 amerikanische Mittelstreckenraketen in Westeuropa, vor allem in der Bundesrepublik stationiert werden.
21. 12.	Veterinär-Abkommen zwischen Bundesrepublik und DDR.
27. 12.	Die Sowjetunion marschiert in Afghanistan ein.

1980

4. 1.	Präsident Carter unterbricht den Ratifizierungsprozeß bei SALT II. Wirtschaftssanktionen gegen die Sowjetunion, Boykott der Olympischen Spiele in Moskau angedroht.
5. 2.	Deutsch-französische Konsultationen in Paris wegen Afghanistan.
18. 2.–3. 3.	Wissenschafts-Forum der KSZE in Hamburg.
4.–6. 3.	Bundeskanzler Schmidt zu Afghanistan-Gesprächen in den USA.
30. 4.	Rahmenvereinbarung Bundesrepublik-DDR über den Ausbau der Verkehrswege.

8. 5.	Bei der Beisetzung Titos in Belgrad sprechen Bundeskanzler Schmidt und Parteichef Honecker über Afghanistan.
15. 5.	Auf Empfehlung der Bundesregierung beschließt das NOK der Bundesrepublik Boykott der Olympischen Spiele in Moskau.
19. 5.	Der französische Staatspräsident Giscard d'Estaing trifft sich mit dem sowjetischen Parteichef Breschnew in Warschau.
30. 6.–1. 7.	Bundeskanzler Schmidt und Außenminister Genscher in Moskau.
10.–12. 8.	Bundestagsdelegation besucht Moskau zum 10. Jahrestag des Moskauer Vertrages.
22. 8.	Bundeskanzler Schmidt sagt wegen der Krise in Polen einen für Ende August geplanten DDR-Besuch ab.
31. 8.	Abkommen in Danzig zwischen Regierung und Streikenden ermöglicht die Gründung der ersten unabhängigen Gewerkschaft (Solidarność) im sowjetisch bestimmten Osten.
5. 10.	Wahlen zum Bundestag, Bestätigung der sozialliberalen Koalition.
9. 10.	Die DDR erhöht den Pflichtumtausch für westliche Besucher von 13.– DM auf 25.– DM pro Tag.
13. 10.	»Geraer Forderungen«: SED-Chef Honecker verlangt Anerkennung der DDR-Staatsbürgerschaft, Umwandlung der Ständigen Vertretungen in Botschaften, Regelung des Grenzverlaufs in der Elbe, Auflösung der »Zentralen Erfassungsstelle« (in Salzgitter) für Rechtsverletzungen und Verbrechen in der DDR.
17. 10.	Amerikanisch-sowjetische Verhandlungen über nukleare Mittelstrecken-Raketen (INF) in Genf.
12. 11.	Beginn der KSZE-Folgekonferenz in Madrid, beendet am 15. 7. 1983.
1981	
20. 1.	Ronald Reagan wird Präsident der USA.
1. 6.	Richard von Weizsäcker wird Regierender Bürgermeister von Berlin.
29. 6.	Willy Brandt spricht in Moskau mit Breschnew über die Mittelstrecken-Raketen.
10. 10.	Massendemonstrationen der Friedensbewegung gegen die Stationierung amerikanischer Raketen.
20. 11.	Weiteres Röhren-Gas-Abkommen mit der Sowjetunion: Die westdeutsche Industrie liefert Großröh-

	ren zum Bau von Erdgas-Leitungen aus Sibirien, die Sowjetunion zahlt mit Gas-Lieferungen.
22.–25. 11.	Der sowjetische Parteichef Breschnew besucht die Bundesrepublik zum dritten Mal.
11.–13. 12.	Bundeskanzler Schmidt trifft sich mit Parteichef Honecker am Werbellinsee nördlich von Berlin: Die deutsch-deutschen Beziehungen sollen nach Möglichkeit ausgebaut werden.
13. 12.	Ministerpräsident General Wojciech Jaruzelski verhängt den Ausnahmezustand, genannt »Kriegsrecht«: Solidarność wird aufgelöst, das Streikrecht aufgehoben, ein Versammlungsverbot erlassen, die Führer und Träger von Solidarność werden interniert.
29. 12.	Präsident Reagan verfügt Sanktionen gegen Polen.

1982

4.–6. 6.	Auf dem Weltwirtschaftsgipfel in Versailles wird die Fortführung des Ost-West-Handels zum Streitpunkt.
18. 6.	Präsident Reagan dehnt die Wirtschaftssanktionen gegen die Sowjetunion auch auf Anlagen zur Öl- und Gas-Förderung aus, die mit amerikanischer Lizenz arbeiten oder von amerikanischen Tochterfirmen im Ausland hergestellt werden.
16. 7.	Der »Waldspaziergang«: Der amerikanische und der sowjetische Unterhändler finden – informell – zu einem Kompromiß in der Raketenfrage, den aber beide Regierungen ablehnen.
20. 9.	Abkommen zwischen Bundesrepublik und DDR über Jugendaustausch.
28. 9.	Abkommen zwischen Bundesrepublik und DDR über Umweltschutz.
1. 10.	Durch konstruktives Mißtrauensvotum von CDU/CSU und FDP wird Helmut Kohl zum Bundeskanzler gewählt.
10. 11.	Tod von Parteichef Leonid Breschnew, Juri Andropow wird Nachfolger.
31. 12.	Ausnahmezustand in Polen wird ausgesetzt.

1983

16.–19. 1.	Der sowjetische Außenminister Gromyko besucht die Bundesrepublik.
6. 3.	Wahlen zum Bundestag, Bestätigung der christdemokratisch-liberalen Koalition.
29. 4.	Der DDR-Staatsratsvorsitzende Honecker verschiebt geplanten Besuch in der Bundesrepublik.

351

28. 5.	Der SPD-Bundestagsfraktionsvorsitzende Hans-Jochen Vogel trifft sich mit Honecker in der DDR.
16.–23. 6.	Zweiter Papstbesuch in Polen.
29. 6.	Erster »Milliardenkredit«, von Franz Josef Strauß »eingefädelt«, für die DDR. Die Bundesregierung garantiert Bankenkredit und darf im Garantiefall auf die Transitpauschale zurückgreifen.
4.–7. 7.	Bundeskanzler Kohl und Außenminister Genscher sprechen in Moskau mit Partei- und Staatchef Andropow.
22. 7.	Aufhebung des Ausnahmezustands in Polen.
24. 7.	Der bayerische Ministerpräsident und CSU-Vorsitzende Strauß trifft sich bei Berlin mit Honecker, vorher Besuche in Prag und bei Jaruzelski in Warschau.
1. 9.	Die evangelischen Kirchen in Bundesrepublik und DDR appellieren gemeinsam an beide deutsche Regierungen, für Rüstungsbegrenzung zu wirken, besonders bei Mittelstrecken-Raketen.
15. 9.	Als erster Regierender Bürgermeister des westlichen Berlin trifft Richard von Weizsäcker mit Honecker zusammen.
10.–16. 11.	Die deutsch-sowjetische Wirtschaftskommission tagt, unter Teilnahme von Wirtschaftsminister Otto Graf Lambsdorff, in Moskau.
22. 11.	Der Bundestag stimmt der Stationierung amerikanischer Mittelstrecken-Raketen in der Bundesrepublik zu, SPD und Grüne stimmen dagegen.
1984	
17. 1.	Beginn der Konferenz über Vertrauensbildung und Abrüstung in Europa (KVAE, Parallelkonferenz zur KSZE) in Stockholm.
9. 2.	Tod von Staats- und Parteichef Andropow, Nachfolger Konstantin Tschernenko.
13. 2.	Am Rande der Trauerfeierlichkeiten für Andropow treffen Kohl und Honecker erstmals zusammen.
20.–22. 5.	Außenminister Genscher in Moskau.
25. 7.	Zweiter »Milliardenkredit«: 950 Millionen von der Bundesregierung garantiert; am 1. 8. setzt DDR Pflichtumtausch für Rentner von 25.– DM auf 15.– DM pro Tag herab.
4. 9.	Zweite Verschiebung des Honecker-Besuchs in der Bundesrepublik.
21. 11.	Außenminister Genscher sagt geplanten Polen-Besuch kurzfristig ab.

1985

10. 3.   Tod von Staats- und Parteichef Tschernenko, Nach-
                folger Michail Gorbatschow.

8. 5.   Bundespräsident Richard von Weizsäcker spricht
                zum 40. Jahrestag des Kriegsendes.

19. 6.   Vertragsentwurf von SPD und SED für eine chemie-
                waffenfreie Zone in Mitteleuropa.

2. 7.   Eduard Schewardnadse wird sowjetischer Außenmi-
                nister.

19.–21. 11.   Erstes Treffen zwischen Präsident Reagan und Par-
                teichef Gorbatschow in Genf.

7.–8. 12.   Willy Brandt zum 15. Jahrestag des Warschauer Ver-
                trages in Warschau.

1986

6. 5.   Nach zwölfjährigen Verhandlungen wird ein Kul-
                turabkommen zwischen Bundesrepublik und DDR
                unterzeichnet.

20.–22. 7.   Außenminister Genscher spricht mit Parteichef
                Gorbatschow und ebnet Weg zu besseren Beziehun-
                gen.

21.–22. 9.   Entschließung der KVAE über vertrauens- und si-
                cherheitsbildende Maßnahmen.

6. 10.   Saarlouis und Eisenhüttenstadt vereinbaren die erste
                deutsch-deutsche Städtepartnerschaft.

10.–12. 10.   Zweites Treffen zwischen Präsident Reagan und
                Parteichef Gorbatschow in Reykjavik.

21. 10.   Gemeinsame Erklärung von SPD und SED über
                atomwaffenfreien Korridor in Mitteleuropa.

4. 11.   KSZE-Nachfolge-Konferenz beginnt in Wien, been-
                det am 15. 1. 1989.

1987

25. 1.   Wahlen zum Bundestag, Bestätigung der christde-
                mokratisch-liberalen Koalition.

25. 3.   Erste offizielle Manöverbeobachtung zweier Bun-
                deswehroffiziere in der DDR, wo die Sowjet- und
                DDR-Armee gemeinsam üben.

22. 4.   Bundesforschungsminister Riesenhuber unterzeich-
                net in Moskau ein Kooperationsabkommen für die
                friedliche Nutzung der Atomenergie.

23. 4.   Gesundheitsministerin Süßmuth unterzeichnet in
                Moskau ein Gesundheitsabkommen.

8. 6.   Die DDR-Polizei geht gegen etwa 2000 Jugendliche
                vor, die auf der Ostseite der Berliner Mauer ein
                Pop-Konzert aus Westberlin hören wollen.

12. 6.	Präsident Reagan besucht Westberlin, spricht vor der Mauer und fordert Gorbatschow auf, sie einzureißen.
6.–11. 7.	Staatsbesuch von Bundespräsident von Weizsäcker in der Sowjetunion.
27. 8.	Gemeinsames »Papier« von SPD und SED »Der Streit der Ideologien und die gemeinsame Sicherheit«.
7.–11. 9.	Der Staatsratsvorsitzende Honecker wird in Bonn mit allen Ehren eines Staatsoberhaupts empfangen und besucht vier Bundesländer.
21. 10.	Erstmals seit der Teilung Berlins begegnen sich beide Bürgermeister in der Ostberliner Marienkirche.
8. 12.	Präsident Reagan und Parteichef Gorbatschow unterzeichnen in Washington einen Vertrag über die Abschaffung aller atomaren Mittelstrecken-Waffen.
28. 12.	Der bayerische Ministerpräsident Strauß besucht Moskau und spricht mit Gorbatschow.

1988

17. 1.	Verhaftung von oppositionellen Demonstranten, die sich der SED-Demonstration zum Gedenken an Rosa Luxemburg und Karl Liebknecht angeschlossen hatten und ein Transparent mit dem Luxemburg-Wort trugen, daß Freiheit immer die Freiheit der Andersdenkenden sei.
17. 1.	Der sowjetische Außenminister Schewardnadse besucht Bonn.
10. 3.	Die ungarische Regierung nimmt keine Rücksicht mehr auf die DDR und läßt auch ein Kulturinstitut der Bundesrepublik in Budapest zu.
5. 4.	SPD, SED und KPTsch schlagen eine chemiewaffenfreie Zone in Mitteleuropa vor.
22. 5.	Janos Kádár tritt als ungarischer Parteichef zurück.
1. 6.	Viertes Treffen zwischen Präsident Reagan und Parteichef Gorbatschow in Moskau.
23. 6.	Zwanzig Thesen des Wittenberger Pfarrers Friedrich Schorlemmer zur politischen und gesellschaftlichen Erneuerung der DDR.
31. 8.	Nach großen Streiks erste offizielle Gespräche zwischen der polnischen Regierung und Solidarność am Runden Tisch.
1. 10.	Gorbatschow wird auch Staatspräsident.
24.–27. 10.	Bundeskanzler Kohl in Moskau.

1989

| 20. 1. | George Bush wird Präsident der USA. |

2. 2.	Beendigung der sechzehnjährigen MBFR-Verhandlungen in Wien.
21. 2.	Václav Havel wird zu neun Monaten Gefängnis verurteilt.
25. 2.	Der Abzug der sowjetischen Truppen aus Afghanistan wird abgeschlossen.
19. 3.	Beginn neuer Verhandlungen über Verminderung »konventioneller« Rüstungen zwischen NATO und Warschauer Pakt.
17. 4.	Solidarność wird wieder legalisiert.
2. 5.	Ungarn öffnet seine Grenze zu Österreich.
7. 5.	Kommunalwahlen in der DDR, beobachtet von Oppositionellen, die Fälschungen feststellen.
4. 6.	Blutige Niederschlagung chinesischer Demonstranten auf dem »Platz des himmlischen Friedens«.
12.–15. 6.	Partei- und Staatschef Gorbatschow in Bonn, Verabschiedung der »Bonner Erklärung«.
13. 6.	In Ungarn beginnen Gespräche am eckigen Tisch.
18. 6.	Erste halbfreie Wahlen in Polen, Solidarność gewinnt alle ihr erreichbaren Sitze (35% im Sejm, 99 von 100 im Senat).
9.–12. 7.	Präsident Bush besucht Polen und Ungarn.
19. 7.	General Jaruzelski wird zum Staatspräsidenten Polens gewählt.
Anfang Juli	Beginn der großen Fluchtbewegung aus der DDR über westliche Botschaften.
24. 8.	Tadeusz Mazowiecki, katholischer Politiker und Solidarność-Berater, wird Ministerpräsident.
25. 8.	Ungarns Ministerpräsident Miklós Németh und Außenminister Gyula Horn verhandeln mit Kohl und Genscher.
28. 8.	Initiative zur Gründung einer sozialdemokratischen Partei in der DDR.
9. 9.	Gründung der Bürgerrechtsbewegung »Neues Forum« in der DDR.
10. 9.	Ungarn öffnet seine Westgrenze auch für DDR-Bürger, etwa 50000 überschreiten sie.
25. 9.	Tausende demonstrieren in Leipzig.
30. 9.	Etwa 6000 DDR-Bürger dürfen die bundesdeutsche Botschaft in Prag verlassen und in Sonderzügen, die durch die DDR fahren, in die Bundesrepublik ausreisen.
2. 10.	Etwa 15000 demonstrieren in Leipzig, die Polizei geht gewaltsam vor.
1.–5. 10.	Botschaftsbesetzer in Warschau und Prag dürfen in die Bundesrepublik ausreisen, auf dem Dresdner

	Hauptbahnhof schwere Auseinandersetzungen der Polizei mit Ausreisewilligen, die auf den Zug aufspringen wollen.
6. 10.	Die Feiern zum 40. Jahrestag der DDR beginnen mit einem Fackelzug von (laut ADN) 100 000 FDJlern.
7. 10.	Feiern zum 40. Jahrestag der DDR unter Teilnahme Gorbatschows und anderer Parteiführer. Gründung der sozial-demokratischen Partei in der DDR (SDP).
9. 10.	Etwa 70 000 demonstrieren in Leipzig: »Wir sind das Volk.« Die Polizei greift nicht ein.
16. 10.	Etwa 120 000 demonstrieren in Leipzig, Demonstrationen auch in anderen Städten.
18. 10.	SED-Generalsekretär Honecker tritt zurück, Nachfolger Egon Krenz.
23. 10.	Mehr als 300 000 demonstrieren in Leipzig.
4. 11.	Massenkundgebung in Berlin (höchste Schätzung eine Million) unter Teilnahme literarischer Prominenz: Christa Wolf, Stefan Heym, Christoph Hein.
6. 11.	Etwa 500 000 demonstrieren in Leipzig.
9. 11.	Öffnung der Berliner Mauer und der Grenze zwischen Bundesrepublik und DDR. Polen-Besuch von Bundeskanzler Kohl, unterbrochen durch kurze Reise nach Berlin.
10. 11.	Rücktritt des bulgarischen Partei- und Staatschefs Todor Schiwkow.
13. 11.	Hans Modrow wird Ministerpräsident der DDR.
17. 11.	DDR-Regierung schlägt »Vertragsgemeinschaft« mit der Bundesrepublik vor. Polizei in Prag geht gegen Demonstranten vor.
20. 11.	Etwa 20 000 demonstrieren in Prag, Demonstrationen auch in anderen Städten der ČSSR. Auf der Leipziger »Montagsdemonstration« erstmals auch: »Wir sind *ein* Volk«.
28. 11.	Bundeskanzler Kohl legt dem Bundestag einen 10-Punkte-Plan vor: »Konföderative Strukturen … entwickeln mit dem Ziel, eine Föderation, das heißt eine bundesstaatliche Ordnung, in Deutschland« zu schaffen.
2.–3. 12.	Die Präsidenten Bush und Gorbatschow treffen sich auf Malta.
3. 12.	Unter dem Druck von Demonstrationen von SED-Mitgliedern treten Krenz, das Politbüro und Zentralkomitee zurück.
6. 12.	Der französische und sowjetische Staatspräsident, Mitterand und Gorbatschow, treffen sich in Kiew.

10. 12.	Neue Regierung in Prag, die von Nicht-Kommunisten geführt wird. Massendemonstration in Sofia.
16.–18. 12.	Bundeskanzler Kohl besucht Ungarn.
19. 12.	Bundeskanzler Kohl von großer Menge in Dresden begrüßt, verabredet mit Ministerpräsident Modrow eine Vertragsgemeinschaft.
20.–21. 12.	Staatspräsident Mitterand macht als erstes und letztes Staatsoberhaupt der Westmächte Staatsbesuch in der DDR.
25. 12.	Der rumänische Partei- und Staatschef Nicolae Ceaușescu wird standrechtlich erschossen.
29. 12.	Václav Havel wird Staatspräsident der Tschechoslowakei.

1990	
28. 1.	Ministerpräsident Modrow und der Runde Tisch vereinbaren, die Volkskammerwahlen vom 6. Mai auf den 18. März 1990 vorzuverlegen.
30. 1.	Modrow bei Gorbatschow in Moskau, legt anschließend Plan zu deutscher Vereinigung vor.
8.–10. 2.	US-Außenminister Baker spricht in Moskau über Wege zur deutschen Vereinigung.
10.–11. 2.	Bundeskanzler Kohl und Außenminister Genscher erhalten in Moskau Gorbatschows Einverständnis mit einer Vereinigung der Deutschen.
12.–14. 2.	Gemeinsame Konferenz der Außenminister der NATO- und Warschauer-Pakt-Staaten in Ottawa. Einigung über die Form »2+4«: Die zwei deutschen Staaten und die vier Mächte verhandeln über die außenpolitische Seite der deutschen Vereinigung.
13.–14. 2.	Ministerpräsident Modrow mit Ministern der ehemaligen Opposition in Bonn. Keine Kredite für die DDR, Vorbereitung für Wirtschaftsunion.
24. 2.	Bundeskanzler Kohl bei Präsident Bush.
18. 3.	Freie Wahlen zur Volkskammer, Sieg der CDU.
12. 4.	Lothar de Maizière (CDU) bildet Koalitionsregierung und erklärt Einverständnis zum Beitritt der DDR zur Bundesrepublik nach Artikel 23 des Grundgesetzes.
2.–5. 5.	Bundespräsident von Weizsäcker besucht Polen.
5. 5.	Erste »2+4«-Verhandlungen der Außenminister in Bonn.
30. 5.–3. 6.	Die Präsidenten Bush und Gorbatschow treffen sich in Washington.
5.–8. 6.	Bundeskanzler Kohl trifft Bush in Washington.
22. 6.	Zweite »2+4«-Verhandlungen in Ostberlin.

1. 7.	Währungs-, Wirtschafts- und Sozialunion zwischen Bundesrepublik und DDR.
1.–13. 7.	Parteitag der KPdSU, Bestätigung Gorbatschows.
5.–6. 7.	NATO-Gipfel in London reicht dem Warschauer Pakt »die Hand zur Freundschaft«.
14.–16. 7.	Bundeskanzler Kohl und Außenminister Genscher in Moskau und im Kaukasus, Gorbatschow stimmt NATO-Mitgliedschaft des vereinten Deutschland zu.
17. 7.	Dritte »2+4«-Verhandlungen in Paris unter Teilnahme des polnischen Außenministers Skubiszewski.
31. 8.	Unterzeichnung des Einigungsvertrages zwischen Bundesrepublik und DDR.
8. 9.	Die Präsidenten Bush und Gorbatschow treffen sich in Helsinki.
11.–12. 9.	Vierte und abschließende »2+4«-Verhandlungen in Moskau, Unterzeichnung der Vereinbarungen.
13. 9.	Die Außenminister Genscher und Schewardnadse paraphieren Vertrag über »gute Nachbarschaft, Partnerschaft und Zusammenarbeit«.
1. 10.	Aufhebung der Vier-Mächte-Rechte über Deutschland.
3. 10.	Vereinigung Deutschlands durch Beitritt der DDR zur Bundesrepublik.
9. 11.	Bundeskanzler Kohl und Präsident Gorbatschow unterzeichnen Verträge über gute Nachbarschaft und wirtschaftliche Zusammenarbeit in Bonn.
14. 11.	Unterzeichnung des deutsch-polnischen Grenzvertrages durch die Außenminister in Warschau.
19.–21. 11.	Gipfeltreffen der 34 KSZE-Staaten: Charta von Paris für ein neues Europa.
2. 12.	Erste gesamtdeutsche Bundestagswahlen, Bestätigung der christdemokratisch-liberalen Koalition.
1991	
25. 2.	Der Warschauer Pakt löst sich auf.
17. 6.	Unterzeichnung des deutsch-polnischen Vertrags über gutnachbarliche und freundschaftliche Zusammenarbeit. Entsprechende Verträge mit Bulgarien am 9. 10., mit Ungarn am 6. 2. 1992, mit der tschechischen und slowakischen Republik am 27. 2. 1992, mit Rumänien am 21. 4. 1992.
18. 10.	Ratifizierung der Verträge mit Polen.

1. Reisen (nicht Reisende) aus der Bundesrepublik und (ab 4. 6. 1972) Westberlin in die DDR (in Millionen)

1967	1,124		1979	2,923	Westdeutsche	
1968	1,261			3,036	Westberliner	
1969	1,107			5,959		
1970	1,254		1980	2,746	Westdeutsche	
1971	1,267			2,554	Westberliner	
1972	1,540	Westdeutsche		5,300		
	2,078	Westberliner	1981	2,088	Westdeutsche	
	3,618			1,728	Westberliner	
1973	2,279	Westdeutsche		3,816		
	3,818	Westberliner	1982	2,218	Westdeutsche	
	6,097			1,718	Westberliner	
1974	1,191	Westdeutsche		3,936		
	2,555	Westberliner	1983	2,220	Westdeutsche	
	4,474			1,502	Westberliner	
1975	3,124	Westdeutsche		3,722		
	3,194	Westberliner	1984	2500	Westdeutsche	
	6,318			1600	Westberliner	
1976	3,121	Westdeutsche		4100		
	3,380	Westberliner	1985	2600	Westdeutsche	
	6,501			1900	Westberliner	
1977	2,988	Westdeutsche		4500		
	3,373	Westberliner	1986	3790	Westdeutsche	
	6,361			1800	Westberliner	
1978	3,177	Westdeutsche		5590		
	3,201	Westberliner	1987	5500	insgesamt	
	6,378		1988	5660	insgesamt	

Im November 1973 und Oktober 1980 wurde der Mindestumtausch pro Aufenthaltstag verdoppelt.

2. Westdeutsche Reisende im grenznahen Verkehr

1973*	193 000	1979	416 000	1985	319 000
1974	331 000	1980	392 000	1986	325 000
1975	463 000	1981	280 000	1987	336 000
1976	445 000	1982	299 000	1988	350 000
1977	443 000	1983	310 000		
1978	480 000	1984	343 000		
*ab Juli					

Die Reisen im grenznahen Verkehr sind in Tabelle 1 enthalten.

3. Übersicht über die Entwicklung des Fernsprechverkehrs mit der DDR (Zahl der Leitungen in beiden Richtungen)

	Bundes-gebiet	Berlin (West)		Bundes-gebiet	Berlin (West)
1969	34		1978	440	501
1970	74		1979	524	537
1971	134	150	1980	608	573
1972	182	201	1981	692	609
1974	278	201	1982	764	657
1975	278	441	1984–87	860	657
1977	368	453	1988	860	669

4. Telefongespräche in West-Ost-Richtung in Millionen

1969	0,5	1977	12,8	1985	26,4
1970	0,7	1978	16,7	1987	35,5
1971	1,8	1979	20,6	1988	40,0
1972	5,1	1980	23,0		
1973	5,8	1981	23,4		
1974	6,1	1982	23,1		
1975	9,7	1983	23,2		
1976	11,3	1984	25,6		

5. Reisen von DDR-Bewohnern, die nicht Rentner waren, in die Bundesrepublik Deutschland – ohne Berlin (West)

1972*	11 421	1978	48 659	1984	61 000
1973	41 498	1979	41 474	1985	66 000
1974	38 298	1980	40 455	1986	242 000
1975	40 442	1981	36 767	1987	1 200 000
1976	42 751	1982	45 709	1988	1 460 000
1977	41 462	1983	64 025		

* Nov./Dez.

6. Personenverkehr aus dem Bundesgebiet von und nach Berlin (West) auf dem Landweg (bis 1976 nur Westdeutsche und West-Berliner, ab 1977 einschließlich Ausländer)

1967	7 995 000	1976	14 852 000	1986	23 920 000
1968	7 337 000	1977	18 084 000	1987	24 000 000
1969	7 249 000	1978	18 560 000	1988	26 920 000
1970	7 103 000	1979	18 577 000		
1971	7 633 000	1980	19 410 000		
1972	10 478 000	1981	19 562 000		
1973	13 667 000	1982	19 523 000		
1974	13 554 000	1983	20 130 800		
1975	14 794 000	1985	23 760 000		

Quellen (1–6): DDR-Handbuch (3. Aufl., 1985) sowie Auskunft des Presse- und Informationsamtes des Landes Berlin.

7. Flucht und Abwanderung aus der DDR und Ostberlin 1949–1961

a. Insgesamt:

1949[1]	129 245
1950	197 788
1951	165 648
1952	182 393
1953	331 390
1954	184 198
1955	252 870
1956	279 189
1957	261 622
1958	204 092
1959	143 917
1960	199 188
1961[2]	155 402
	2 686 942

[1] Berlin ab Januar. Gießen und Uelzen ab September.
[2] 1. 1.–13. 8.
Quelle: Zusammengestellt nach: Dokumente zur Deutschlandpolitik. IV. Reihe, B. 6 (1961), S. 1591.

b. Über Westberlin:

1949–1952	193227
1952	118300
1953	305737
1954	104399
1955	153693
1956	156377
1957	129579
1958	119552
1959	90862
1960	152291
1961, bis 13. 8.	125053

Quelle: Klaus Horn, Die Berlin-Krise 1958–1961. Frankfurt a. M. 1970, S. 27, die Zahlen beruhen auf Angaben des Informationszentrums Berlin.

c. Im Jahr 1961:

Monat	Personen	davon: Jugendliche bis unter 25 Jahren in Prozent
Januar	16697	47,8
Februar	13576	49,5
März	16094	50,6
April	19803	49,4
Mai	17791	50,0
Juni	19198	50,2
Juli	30415	51,4
August	47433	48,2
September	14821	44,3
Oktober	5366	50,0
November	3412	51,4
Dezember	2420	52,8
Insgesamt	207026	49,2

Quelle: Dokumente zur Deutschlandpolitik. IV. Reihe, B.6 (1961), S. 1592.

d. Aufschlüsselung nach Berufsgruppen:

Berufsgruppe	(1952/62)
Pflanzenbau u. Tierwirtschaft	155461
Industrie u. Handwerk	470080
Technische Berufe	47561
Handel und Verkehr	268082
Haushalt, Gesundheitsdienst usw.	113500
Verwaltung u. Rechtswesen	71595
Geistes- u. Kunstleben	38467
Unbestimmte Berufe	234285
Erwerbspersonen:	**1399631**
Pensions- u. Rentenempfänger	131724
Hausfrauen	257261
Kinder u. Schüler	466074
Studenten	15079
Insgesamt:	**2269769**

Intelligenzberufe	(1954/62)
Ärzte	3948
Zahnärzte u. Dentisten	1495
Tierärzte	344
Apotheker	1018
Richter u. Staatsanwälte	194
Rechtsanwälte u. Notare	704
Hochschullehrer	775
Sonstige Lehrer	17995
Ingenieure u. Techniker	19102

Quelle: A–Z. Ein Taschen- und Nachschlagebuch über den anderen Teil Deutschlands. Hrsg. vom Bundesministerium für gesamtdeutsche Fragen, 11. Aufl., Bonn 1969, S. 213.

8. Entwicklung des Westhandels[1] der RGW-Länder[2]

a. in Milliarden US-Dollar[3]

	1960	1965	1966	1967	1968	1969	1970	1971	1972	1973	1974	1975	1976	1977	1978	1979	1980
AUSFUHR[4]																	
Bulgarien	0,07	0,18	0,24	0,24	0,24	0,26	0,29	0,31	0,34	0,45	0,45	0,49	0,62	0,66	0,74	1,39	1,76
CSSR	0,33	0,47	0,52	0,56	0,59	0,71	0,78	0,85	0,97	1,30	1,64	1,62	1,60	1,86	2,18	2,69	3,39
DDR[5]	0,42	0,58	0,59	0,62	0,67	0,73	1,00	1,07	1,30	1,73	2,36	2,34	2,73	2,51	2,86	3,57	4,52
Polen	0,39	0,64	0,69	0,72	0,78	0,85	1,01	1,14	1,48	2,18	2,93	3,36	3,51	3,83	4,42	5,08	6,19
Rumänien	0,15	0,28	0,36	0,44	0,44	0,50	0,60	0,71	0,88	1,33	2,02	1,93	2,21	2,18	2,77	3,71	4,32
Ungarn	0,20	0,35	0,41	0,42	0,41	0,54	0,67	0,57	0,78	1,10	1,18	1,32	1,55	1,71	1,95	2,63	3,05
RGW (6)	1,56	2,50	2,81	3,00	3,13	3,59	4,35	4,66	5,76	8,09	10,57	11,06	12,22	12,74	14,92	19,07	23,23
UdSSR	1,02	1,51	1,78	1,96	2,13	2,34	2,45	2,83	3,08	5,14	8,34	8,56	10,49	12,07	12,92	19,54	24,82
RGW (7)	2,58	4,01	4,59	4,96	5,26	5,93	6,80	7,49	8,84	13,23	18,91	19,62	22,71	24,81	27,84	38,61	48,05
EINFUHR[4]																	
Bulgarien	0,09	0,26	0,41	0,34	0,33	0,26	0,36	0,36	0,39	0,53	0,90	1,33	1,04	1,01	1,11	1,31	1,69
CSSR	0,37	0,51	0,59	0,55	0,67	0,73	0,91	1,01	1,11	1,53	2,03	2,18	2,32	2,48	2,94	3,46	3,88
DDR[5]	0,45	0,59	0,72	0,67	0,63	0,85	1,31	1,37	1,83	2,56	3,24	3,40	4,17	3,83	4,05	5,69	6,30
Polen	0,45	0,58	0,71	0,76	0,83	0,90	0,93	1,11	1,81	3,48	5,22	6,42	6,78	6,32	6,46	6,56	6,91
Rumänien	0,15	0,36	0,46	0,73	0,70	0,74	0,78	0,84	1,08	1,51	2,41	2,33	2,22	2,59	3,55	3,94	4,26
Ungarn	0,25	0,40	0,43	0,48	0,46	0,52	0,75	0,83	0,89	1,15	1,79	1,96	2,03	2,45	3,17	3,33	3,73
RGW (6)	1,76	2,70	3,32	3,53	3,62	4,00	5,04	5,51	7,11	10,75	15,58	17,62	18,55	18,69	21,29	24,29	26,77
UdSSR	1,11	1,65	1,80	1,84	2,21	2,56	2,85	2,93	4,21	6,19	8,18	13,52	14,87	14,46	16,52	20,41	24,27
RGW (7)	2,87	4,35	5,11	5,37	6,03	6,56	7,89	8,44	11,31	16,94	23,76	31,14	33,42	33,15	37,81	44,69	51,04

b. Anteile in Prozent an der Gesamtausfuhr bzw. -einfuhr des jeweiligen Landes

AUSFUHR

	1960	1965	1966	1967	1968	1969	1970	1971	1972	1973	1974	1975	1976	1977	1978	1979	1980
Bulgarien	12,9	15,6	18,6	16,7	15,2	13,4	14,2	14,1	12,9	13,5	11,9	10,1	11,7	10,4	10,3	15,8	16,8
CSSR	17,2	17,2	18,9	19,4	19,5	21,3	20,6	20,4	19,8	21,9	24,1	20,4	18,4	18,8	18,5	20,4	22,1
DDR	19,3	18,8	18,5	17,9	17,5	17,6	21,9	21,1	20,9	22,9	27,3	22,4	24,3	20,6	19,7	20,8	24,2
Polen	29,1	28,7	30,5	28,7	27,3	27,1	28,5	29,5	29,9	33,9	35,7	31,5	31,9	30,7	31,3	31,2	34,6
Rumänien	21,3	25,1	30,2	31,5	30,2	30,4	32,2	33,9	33,9	35,7	42,1	34,9	35,9	31,1	33,7	38,1	36,9
Ungarn	22,5	22,8	25,5	24,8	22,9	25,9	28,5	22,9	23,7	25,4	24,8	22,3	23,7	22,1	22,5	24,2	25,1
RGW (6)	20,8	21,5	25,1	24,9	24,1	24,7	23,9	23,4	23,4	25,9	28,6	24,3	24,9	22,9	23,1	25,2	26,9
UdSSR	18,4	18,4	20,2	20,3	20,1	20,1	19,1	20,5	19,9	24,3	30,5	25,7	28,2	26,7	24,6	30,2	32,6
RGW (7)	19,6	19,9	21,8	21,6	20,9	21,3	22,1	22,2	22,1	25,2	29,4	24,9	26,4	24,6	23,8	27,4	29,6

EINFUHR

	1960	1965	1966	1967	1968	1969	1970	1971	1972	1973	1974	1975	1976	1977	1978	1979	1980
Bulgarien	14,1	22,2	27,7	21,6	18,4	16,9	19,1	17,1	14,9	16,1	21,1	23,8	18,7	15,9	15,2	15,5	17,2
CSSR	19,7	19,1	21,6	20,6	21,6	22,1	24,8	25,1	23,7	25,6	27,9	24,8	24,9	23,6	23,4	24,3	24,8
DDR	20,6	20,9	22,4	20,5	18,5	20,7	26,7	27,6	30,8	32,6	34,1	29,1	31,8	26,4	25,4	30,8	30,6
Polen	29,8	24,8	28,6	28,8	29,1	27,9	25,9	27,5	33,9	44,2	50,5	49,5	49,1	42,5	40,2	37,3	34,4
Rumänien	23,5	33,5	38,3	47,3	43,5	42,4	39,6	39,7	41,2	43,1	47,5	42,2	36,5	36,9	39,1	36,1	31,4
Ungarn	25,6	26,3	27,7	27,2	25,5	27,1	29,6	27,6	28,1	29,9	34,7	28,4	28,2	28,9	30,1	28,3	29,3
RGW (6)	22,8	29,1	29,1	28,8	24,3	27,6	27,2	27,2	29,1	33,3	37,4	34,2	33,7	30,3	29,8	29,8	29,1
UdSSR	19,8	20,4	22,7	21,6	23,5	24,4	24,3	23,5	26,1	29,7	32,9	36,6	38,5	34,6	32,3	35,3	35,6
RGW (7)	21,3	22,1	24,9	24,4	24,3	23,6	26,1	25,8	27,9	31,9	35,7	35,2	35,6	31,9	30,8	32,1	31,8

[1] OECD-Länder [2] RGW = Rat für Gegenseitige Wirtschaftshilfe = COMECON [3] Zu den jeweiligen Preisen, umgerechnet in US-Dollar mit Hilfe der amtlichen Währungsparitäten [4] Werstellung; FOB; Ungarn CIF Generalhandel. Einkaufs- und Verkäuferland; UdSSR und Ungarn (ab 1975): Herkunfts- und Bestimmungsland [5] Sogn. kapitalistische Industrieländer (Gruppenausweis).
Quelle: Berechnungen der DIW.

Deutsche Geschichte der neuesten Zeit
vom 19. Jahrhundert bis zur Gegenwart
Herausgegeben von Martin Broszat, Wolfgang Benz, Hermann
Graml in Verbindung mit dem Institut für Zeitgeschichte

Die »neueste« Geschichte setzt ein mit den nachnapoleonischen Evolutionen und Umbrüchen auf dem Wege zur Entstehung des modernen deutschen National-, Verfassungs- und Industriestaates. Sie reicht bis zum Ende der sozial-liberalen Koalition (1982). Die großen Themen der deutschen Geschichte des 19. und 20. Jahrhunderts werden, auf die Gegenwart hin gestaffelt, in dreißig konzentriert geschriebenen Bänden abgehandelt. Ihre Gestaltung folgt einer einheitlichen Konzeption, die die verschiedenen Elemente der Geschichtsvermittlung zur Geltung bringen soll: die erzählerische Vertiefung einzelner Ereignisse, Konflikte, Konstellationen; Gesamtdarstellung und Deutung; Dokumentation mit ausgewählten Quellentexten, Statistiken, Zeittafeln; Workshop-Informationen über die Quellenproblematik, leitende Fragestellungen und Kontroversen der historischen Literatur. Erstklassige Autoren machen die wichtigsten Kapitel dieser deutschen Geschichte auf methodisch neue Weise lebendig.

Personenregister

Architektur und Architekten im zwanzigsten Jahrhundert

Die Geschichte der deutschen Architektur im 20. Jahrhundert ist auch die Geschichte ihrer Architekten. Werner Durth verfolgt in seiner grundlegenden Untersuchung ihren beruflichen Werdegang, ihre biographischen Verflechtungen, ihre politischen Verstrickungen in das NS-Regime und ihre Karriere als unangefochtene Experten für den Wiederaufbau.

Werner Durth
Deutsche Architekten
Biographische Verflechtungen
1900 - 1970
Mit zahlreichen Abbildungen
dtv 4579

Dieses Buch bietet eine Fülle von Material zum Wiederaufbau nach dem Zweiten Weltkrieg: Dokumente, Entwürfe und Pläne vor allem aus den Jahren 1940 bis 1950 – verwirklichte und nicht verwirklichte Architektenträume, von »authentischer« Rekonstruktion der alten Stadt bis hin zu entschiedener Neugestaltung, wie sie angesichts der Ruinenfelder des Zweiten Weltkrieges möglich wurden.

Werner Durth/Niels Gutschow
Träume in Trümmern
Stadtplanung 1940 - 1950
Mit zahlreichen Abbildungen
dtv 4604

Gegen das Vergessen – Taschenbücher über das Dritte Reich

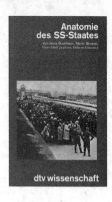

Hans Buchheim/
Martin Broszat/Hans-
Adolf Jacobsen/
Helmut Krausnick:
**Anatomie des
SS-Staates**
dtv 4637

Martin Broszat:
Der Staat Hitlers
dtv 4009
Nach Hitler
dtv 4474

Karl Dietrich
Erdmann:
**Deutschland unter
der Herrschaft des
Nationalsozialismus**
dtv 4220
**Der Zweite
Weltkrieg**
dtv 4221
**Das Ende des
Reiches und die
Entstehung der
Republik Öster-
reich, der Bundes-
republik Deutsch-
land und der DDR**
dtv 4222

Lothar Gruchmann:
**Der Zweite
Weltkrieg**
dtv 4010

**Hitlers Macht-
ergreifung 1933**
Hrsg. v. Josef und
Ruth Becker
dtv 2938

Rudolf Höß:
**Kommandant in
Auschwitz**
Autobiographische
Aufzeichnungen
dtv 2908

Ian Kershaw:
Hitlers Macht
dtv 4582

Kurt Meier:
**Kreuz und
Hakenkreuz**
Die evangelische
Kirche im Dritten
Reich
dtv 4590

**Die Rückseite des
Hakenkreuzes**
Absonderliches aus
den Akten des
Dritten Reiches
Hrsg. v. Beatrice und
Helmut Heiber
dtv 2967

Bernd Rüthers:
Entartetes Recht
dtv 4630

**Legenden, Lügen,
Vorurteile**
Ein Wörterbuch
zur Zeitgeschichte
Hrsg. v. Wolfgang
Benz
dtv 3295

Die Dachauer Hefte

Heft 1: **Die
Befreiung**
dtv 4606
Heft 2: **Sklaven-
arbeit im KZ**
dtv 4607
Heft 3: **Frauen.
Verfolgung und
Widerstand**
dtv 4608
Heft 4: **Medizin im
NS-Staat**
dtv 4609
Heft 5: **Die verges-
senen Lager**
dtv 4634
Heft 6: **Erinnern
oder Verweigern**
dtv 4635

Gesellschaft
Politik
Wirtschaft

Christoph
Buchheim:
**Industrielle
Revolutionen**
dtv 4622

Ralf Dahrendorf:
**Der moderne
soziale Konflikt**
dtv 4628

Gilberto Freyre:
**Das Land in der
Stadt**
Die Entwicklung
Brasiliens
dtv/Klett-Cotta
4537

Erich Fromm:
**Arbeiter und
Angestellte am
Vorabend des
Dritten Reiches**
dtv 4409

Ernest Gellner:
**Der Islam als Gesell-
schaftsordnung**
dtv 4588

Bronislaw Geremek:
**Geschichte der
Armut**
dtv 4558

Gerd Hardach:
Der Marshall-Plan
Auslandshilfe und
Wiederaufbau in
Westdeutschland
1948-1952
dtv 4636

Indianische Realität
Nordamerikanische
Indianer in der
Gegenwart
Herausgegeben von
Wolfgang Lindig
dtv 4614

**Klassische Texte
der Staatsphilo-
sophie**
Herausgegeben von
Norbert Hoerster
dtv 4455

Hans van der Loo/
Willem van Reijen:
Modernisierung
Projekt und Paradox
dtv 4573

Herbert Marcuse:
**Der eindimen-
sionale Mensch**
Studien zur Ideologie
der fortgeschrittenen
Industriegesellschaft
dtv 4623

Peter Cornelius
Mayer-Tasch:
**Politische Theorie
des Verfassungs-
staates**
dtv 4557

Jörg P. Müller:
**Demokratische
Gerechtigkeit**
dtv 4610

Oskar Weggel:
Die Asiaten
dtv 4629

dtv-dokumente

Die Reihe bietet Materialien zu einem weit
gespannten Spektrum an Themen.
Verfassungsdokumente, Vertragstexte, Reden,
Protokolle, persönliche Berichte, Briefe oder
Tagebuchaufzeichnungen erhellen das jewei-
lige Thema lebendig und facettenreich.
So vereinen die Bände Information und
Anschaulichkeit, bieten spannende Lektüre
und einen reichhaltigen Materialfundus für
Forschung und Lehre, aber auch für alle,
die es genauer wissen wollen.

Kaiser Friedrich II.
dtv 2901

**Hexen und Hexen-
prozesse in
Deutschland**
dtv 2957

**Der Prozeß
Jeanne d'Arc**
dtv 2909

Mozart
Dokumente seines
Lebens
dtv 2927

**Hitlers Machter-
greifung 1933**
dtv 2938

**Die Rückseite des
Hakenkreuzes**
Absonderliches aus
den Akten des
Dritten Reiches
dtv 2967

Rudolf Höß:
**Kommandant in
Auschwitz**
Autobiographische
Aufzeichnungen
dtv 2908

Hans Graf von
Lehndorff:
**Ostpreußisches
Tagebuch**
Aufzeichnungen
eines Arztes aus den
Jahren 1945-1947
dtv 2923

Entnazifizierung
1945 – 1949
dtv 2962

**Frauen in der
Nachkriegszeit**
dtv 2952

**Stalins Lager in
Deutschland**
1945 – 1950
dtv 2966

DDR
Dokumente zur
Geschichte der
Deutschen Demo-
kratischen Republik
1945-1985
dtv 2953

**Wann bricht schon
mal ein Staat
zusammen!**
Die Debatte über die
Stasi-Akten auf dem
39. Historikertag
1992
dtv 2965

Die Sowjetunion
Band 1:
Staat und Partei
Band 2:
**Wirtschaft und
Gesellschaft**
dtv 2948/2949

**Die Sowjetmen-
schen 1989 - 1991**
Soziogramm eines
Zerfalls
dtv 2964

Denkanstöße –
Philosophie
im dtv

Christian Meier:
Caesar

dtv wissenschaft

Was das Schöne sei

Klassische Texte von Platon bis Adorno
Herausgegeben von Michael Hauskeller

dtv wissenschaft

Wolfgang Bauer:
**China und
die Hoffnung
auf Glück**
Paradiese, Utopien,
Idealvorstellungen in
der Geistesgeschichte
Chinas
dtv 4547

William K. Frankena:
Analytische Ethik
dtv 4640

Ernest Gellner:
**Pflug, Schwert und
Buch**
Grundlinien der
Menschheits-
geschichte
dtv 4602

Christopher Robert
Hallpike:
**Die Grundlagen
primitiven Denkens**
dtv 4534

Willy Hochkeppel:
Endspiele
Zur Philosophie des
20. Jahrhunderts
dtv 4594

**Klassiker des
philosophischen
Denkens**
Hrsg. N. Hoerster
2 Bände
dtv 4386/4387

**Klassische Texte
der
Staatsphilosophie**
Hrsg. N. Hoerster
dtv 4455

Panajotis Kondylis:
**Die Aufklärung
im Rahmen des
neuzeitlichen
Rationalismus**
dtv 4450

Jacques Le Goff:
**Die Intellektuellen
im Mittelalter**
dtv 4581

Ernst R. Sandvoss:
**Geschichte der
Philosophie**

Band 1: **Indien,
China, Griechen-
land, Rom**
dtv 4440

Band 2: **Mittelalter,
Neuzeit, Gegenwart**
dtv 4441

Peter F. Strawson:
**Analyse und
Metaphysik**
dtv 4615

Texte zur Ethik
Hrsg. D. Birnbacher
und N. Hoerster
dtv 4456

Was das Schöne sei
Hrsg. M. Hauskeller
dtv 4626

**dtv-Atlas zur
Philosophie**
dtv 3229